V&R

Wissenschaftliche Monographien zum Alten und Neuen Testament

Begründet von
Günther Bornkamm und Gerhard von Rad

Herausgegeben von
David S. du Toit, Martin Leuenberger,
Johannes Schnocks und Michael Tilly

176. Band

Miriam von Nordheim-Diehl

Streit um Korach

Eine biblische Figur zwischen Numeri,
den Psalmen und der Chronik

Vandenhoeck & Ruprecht

Bibliografische Information der Deutschen Nationalbibliothek:
Die Deutsche Nationalbibliothek verzeichnet diese Publikation in der
Deutschen Nationalbibliografie; detaillierte bibliografische Daten
sind im Internet über https://dnb.de abrufbar.

© 2023 Vandenhoeck & Ruprecht, Robert-Bosch-Breite 10, D-37079 Göttingen,
ein Imprint der Brill-Gruppe
(Koninklijke Brill NV, Leiden, Niederlande; Brill USA Inc., Boston MA, USA;
Brill Asia Pte Ltd, Singapore; Brill Deutschland GmbH, Paderborn, Deutschland;
Brill Österreich GmbH, Wien, Österreich)
Koninklijke Brill NV umfasst die Imprints Brill, Brill Nijhoff, Brill Hotei,
Brill Schöningh, Brill Fink, Brill mentis, Vandenhoeck & Ruprecht, Böhlau,
V&R unipress und Wageningen Academic.

Alle Rechte vorbehalten.
Das Werk und seine Teile sind urheberrechtlich geschützt.
Jede Verwertung in anderen als den gesetzlich zugelassenen Fällen bedarf
der vorherigen schriftlichen Einwilligung des Verlages.

Satz: le-tex publishing services GmbH, Leipzig
Druck und Bindung: Hubert & Co BuchPartner, Göttingen
Printed in the EU

Vandenhoeck & Ruprecht Verlage | www.vandenhoeck-ruprecht-verlage.com

ISSN 0512-1582
ISBN 978-3-525-56087-7

Vorwort

Die Bibel erzählt gleichermaßen von

Korach – dem Frevler gegen Mose und Aaron,
der mit allen, die zu ihm gehörten, vom Erdboden verschluckt worden war.
Und von den Söhnen Korachs und den Korachitern –
Psalmendichter und angesehenes Tempelpersonal.
Nachkommen eines Frevler und zugleich Psalmendichter – wie kann das sein?
Es gibt in der Hebräischen Bibel ein Korach-Problem.

Diesem Problem möchte sich die vorliegende Arbeit stellen und es zu lösen versuchen. Sie wurde am Fachbereich Ev. Theologie der Goethe-Universität Frankfurt/ Main 2019 als Habilitation angenommen und für die Veröffentlichung punktuell überarbeitet. In ihrem Entstehungsprozess habe ich vielfältige Unterstützung erfahren. Mein herzlicher Dank geht an meinen langjährigen Betreuer und Doktorvater Prof. Dr. Markus Witte. Er gab mir in vielen Gesprächen und auch Sozietäten in Frankfurt und Berlin die Möglichkeit, exegetische Fragen zu stellen und über meine Arbeit zu diskutieren. Daneben möchte ich mich ebenso bei Frau Prof. Dr. Melanie Köhlmoos herzlich bedanken, die mich weiterhin in Frankfurt förderte und jederzeit ein offenes Ohr für meine Fragen und für Diskussionen hatte. Für das Zweit-Gutachten danke ich herzlich Herrn Prof. Dr. Michael Pietsch. Auch bedanke ich mich bei Herrn Prof. Dr. Jan C. Gertz und Herrn Prof. Dr. Manfred Oeming, dass ich Teil der Heidelberger Sozietät sein und dort auch Thesen meiner Arbeit diskutieren konnte. Ich freue mich und bin Prof. Dr. Johannes Schnocks und Prof. Dr. Martin Leuenberger sehr dankbar, dass meine Arbeit in die Reihe WMANT aufgenommen und bei der Drucklegung von PD Dr. Izaak de Hulster betreut wurde.

Unter den vielen Menschen, die mich in den Jahren der Entstehung dieser Arbeit begleitet haben, gilt mein herzlicher Dank meinen Eltern Ingrid und Eckhard von Nordheim. Sie förderten mich im Studium, gaben mir stets ein Diskussionsforum, um meine Ergebnisse durchzuspielen und investierten viel Zeit und Mühe in das Korrekturlesen dieser Arbeit. Und meinem Ehemann Johannes und meinem Sohn Josia danke ich sehr herzlich für den liebevollen Rückhalt und den Freiraum, den sie mir für die Entstehung dieser Arbeit einräumten. Meinem Sohn sei dieses Buch gewidmet.

Rohrbach, im Oktober 2022   Miriam von Nordheim-Diehl

Für Josia

Inhalt

Vorwort 5

Einleitung 13

1. Korach im Buch Numeri 21
   1.1 Korach in Num 16,1–17,15 23
      1.1.1 Num 16,1–17,15: Übersetzung, Beschreibung, Gliederung 23
      1.1.2 Literargeschichtliche Analyse von Num 16,1–17,15 33
         a) Die Erzählung über Datans und Abirams
           Aufstand gegen Mose 39
         b) Die Erzählung über den Aufstand der 250 Männer 47
         c) Die Korachbearbeitung 52
      1.1.3 Die literarischen Zusammenhänge von Num 16f – Ergebnis 58
   1.2 Korach und die Leviten-Thematik im Buch Numeri 67
      1.2.1 Der Auftakt in Num 1 67
      1.2.2 Die Leviten-Thematik in Num 3 69
      1.2.3 Aaron und die Leviten in Num 8 75
      1.2.4 Die Androhung gegen die Aufrührer in Num 14,35 78
      1.2.5 Aaron und die Leviten in Num 18,1–7 80
      1.2.6 Die Sühne wirkende Tat des Pinhas in Num 25,6–13 81
      1.2.7 Korach und seine Söhne in Num 26 84
      1.2.8 Korach in Num 27 89
      1.2.9 Ausblick: Die Leviten in Dtn 10,8 // IChr 23,13 92
   1.3 Die innerbiblischen Bezüge von Num 16,1–17,15 – Ergebnis 93
   1.4 Redaktionsgeschichtliche Überlegungen zum Buch Numeri
      anhand der Figur des Korach und der Leviten 99

2. Korach und die „Söhne Korachs" im Psalter 109
   2.1 Bedeutung und Funktion von לבני קרח in den Psalmüberschriften 113
   2.2 Die Korachpsalmen – eine eigenständige Sammlung? 118
   2.3 Die Gattungen innerhalb der ersten Korachpsalmensammlung 127
      2.3.1 Inhalt und Motive der Korachpsalmen 130
      2.3.2 Zusammenfassung: Die „Söhne Korachs" in den Pss 42–48 139
      2.3.3 Psalm 49 142
   2.4 Die Korachpsalmen 84f.87f 147
      2.4.1 Psalm 84 148

10 | Inhalt

2.4.2 Psalm 85 150
2.4.3 Psalm 87 151
2.4.4 Psalm 88 152
2.4.5 Zusammenfassung: Die „Söhne Korachs" in den
Pss 84f und 87f 156
2.5 Analyse von Ps 106,16–18 156
2.6 Redaktionsgeschichtliche Überlegungen zu Korach und
den Korachitern in den Psalmen und Einordnung in die
aktuelle Psalm-Forschung 161

3. Korach und die Korachiter in der Chronik 167
3.1 Aufbau der „genealogischen Vorhalle" 168
3.2 Korach und seine Nachkommen in IChr 6 171
3.2.1 Literargeschichtliche Analyse von IChr 6,1–38 171
3.2.2 Zusammenfassung 196
3.3 Die Korachiter als Torhüter, Sänger und Helden an der
Seite Davids in der Chronik 200
3.3.1 Analyse von IChr 9,17–19.31–34 201
3.3.2 Analyse von IChr 12,1–8 205
3.3.3 Analyse von IChr 26,1b.19 206
3.3.4 Analyse von IIChr 20,19 208
3.3.5 Zusammenfassung: Die Korachiter als Torhüter,
Sänger und Helden an der Seite Davids 208
3.4 Ein Vergleichspunkt: Überlegungen zum Stamm Juda in
der „genealogischen Vorhalle" (IChr 1–9) 210
3.4.1 Analyse des Juda-Stammbaums in IChr 2 212
3.4.2 Schlussfolgerungen zur Juda-Genealogie 219
3.4.3 Ein Vergleich der Stammbäume Judas und Levis in
der Chronik 220
3.5 Bietet die Chronik eine Alternative zu Numeri und zu den
anderen Geschichtsbüchern? Redaktionsgeschichtliche
Überlegungen zur Chronik anhand der Figur des Korach
und anderer Figuren aus Levi und Juda 224

4. Gesamtschau – Korach zwischen Numeri, den Psalmen
und der Chronik und die Frage nach dem „Wozu?" 241

5. Wirkungsgeschichtlicher Ausblick 257
5.1 „Korach und seine Schar" in der Literatur der
hellenistisch-römischen Zeit 257
5.1.1 Korach in der Septuaginta 257

5.1.2 Korach bei Josephus, Philo und Pseudo-Philo 259
5.1.3 Korach in rabbinischer Literatur 262
5.1.4 Korach in frühchristlichen Schriften 268
5.2 Ergebnis: „Korach und seine Schar" in der Literatur der
hellenistisch-römischen Zeit 270

Anhang: Die Tendenz von Num 16f in der Septuaginta 273

Literatur 283

Namen und Sachen 297

Einleitung

„Die Söhne Korachs [...] haben ihre Psalmen in der Stunde der Auseinandersetzung ihres Vaters gesungen, als alles um sie herum verschlungen wurde und die Erde ihren Mund öffnete. Ihr Platz blieb in der Mitte des Mundes der Erde [...]. Dort gaben sie den Gesang von sich und stiegen auf, und dort legten sie den Grund der Lob-Psalmen, und der heilige Geist diente ihnen und sie prophezeiten über die Exile, über die Zerstörung des Tempels und über die Königsherrschaft des Hauses David.“[1]

Dieses Zitat spiegelt den Versuch wider, den der große mittelalterliche Talmudgelehrte Raschi unternahm, das „Korach-Problem" der Hebräischen Bibel zu lösen. Als das „Korach-Problem" lässt sich folgende Frage beschreiben:

Wie kann es sein, dass – wie Num 16f berichtet – ein Levit mit Namen Korach einen Aufstand gegen Mose und Aaron anführte, er als Strafe mitsamt allen, die zu ihm gehörten, vom Erdboden verschluckt wurde, und trotzdem seine Nachkommen, die Söhne Korachs, als Psalmendichter Berühmtheit erlangten?

Die Söhne Korachs werden gemäß den Psalmüberschriften als Verfasser oder zumindest Sammler und Herausgeber der sogenannten Korachpsalmen angegeben – Psalmen, die zum Teil eine ausgeprägte Zionstheologie enthalten (so Ps 46 und 48). Aber nicht nur das verwundert. Darüber hinaus stellen die Korachiter für die Verfasser der Chronik eine elementare Stütze des Tempelpersonals dar. Der Chronik zufolge waren die Korachiter nicht bloß Leviten, sondern sie waren berühmte Sänger und Torwächter und kämpften sogar als Helden an der Seite Davids. Historisch gesehen wäre eine solche Karriere für die Nachkommen eines Aufrührers, eines Rebellen gegen Mose, undenkbar.

Wie kann dieses „Korach-Problem" gelöst werden?

Schon früh verbreitete sich in jüdischer Bibelauslegung (ähnlich zu Raschi) die Vorstellung, dass zwar die Söhne Korachs gemeinsam mit ihrem Vater vom Erdboden verschluckt wurden, sie aber auf dem Weg hinunter zur Scheol noch ihre Lieder dichteten, diese nach oben drangen und uns so überliefert werden konnten. Die Söhne Korachs stellten sich dazu auf einen Stein der Umkehr, wie es in den Pirqe de Rabbi Elieser heißt,[2] und wurden dort vom Geist erfüllt. Dies ist ein Versuch,

---

1 RASCHI zu Ps 42 als Einleitung zu den Korachpsalmen; Mikraot Gᵉdolot, 132.
2 ‏וראה שם אבן שתיה קבועה בתהומות, וראה שם בני קרח עומדין ומתפללין עליה‎ (Kapitel ט).

14 | Einleitung

die widersprüchlichen Bibelstellen über die Korachiter in Numeri, Chronik und dem Psalter miteinander zu harmonisieren.

In der heutigen alttestamentlichen Forschung sind dagegen nur wenige Ansätze zu finden, die zur Lösung dieses Problems beitragen. Das „Korach-Problem" wird zwar gelegentlich erwähnt,[3] aber nicht zu lösen versucht. Eine Monographie dezidiert zu Korach gibt es bisher nicht; es existieren lediglich vereinzelte (kleinere) Versuche, Korach oder die Korachiter genauer zu identifizieren wie in Untersuchungen speziell der Korachpsalmen (so beispielsweise Gunther Wanke mit seiner Dissertationsschrift zur Zionstheologie der Korachiten). Natürlich gibt es, zum Teil umfassende, Analysen von Num 16f.[4] Diese haben jedoch meist in erster Linie die Literargeschichte des Textes beziehungsweise des Numeribuches im Blick, und wenige bis gar keine öffnen den Blick hin zu den anderen Korach-Belegen in der Hebräischen Bibel. Die Korachiter in der Chronik finden kaum Beachtung.

„Streit um Korach" – der erste Teil der Überschrift dieser Studie soll verdeutlichen, dass es hinsichtlich der Figur des Korach keine einheitliche biblische Sicht gibt. Trotz dieser fehlenden einheitlichen Sicht – oder gerade deswegen – ist es notwendig, für das Verständnis auch nur *einer* dieser Stellen *alle* Korach-Belege in den Blick zu nehmen. Wenn „Korach, der Levit" an mehreren Stellen in der Hebräischen Bibel vorkommt, dann befindet sich Korach in einem Textgefüge, in einem Zusammenhang, in welchem einzelne Stücke nicht isoliert betrachtet werden können. Nur in einer Gesamtschau kann man die Schwerpunktsetzungen, die zentralen Aussagen der einzelnen Texte deutlich erkennen ebenso wie Reaktionen, Diskussionen, Referenzen oder Alternativen von Text zu Text. Eine solche Gesamtschau zu Korach mit der Wahrnehmung der verschiedenen Schwerpunkte der einzelnen Bücher herauszuarbeiten, ist Ziel dieser Studie, und dies soll der zweite Teil der Überschrift unterstreichen: „eine biblische Figur zwischen Numeri, den Psalmen und der Chronik". Gerade die Bücher Numeri und Chronik teilen viele Gemeinsamkeiten, doch weisen sie auch (manchmal eklatante) Unterschiede auf. So berichten beide beispielsweise über die Wüstenzeit, in der die Korach-Episode spielt, doch sind Schwerpunktsetzung und sprachliche Ausformung so,

---

3 Kurt Möhlenbrink gebraucht die Wendung „Korach-Problem" nur mit dem Blick auf die Korachiter in Psalmen und Chronik. Er gelangt aufgrund deren unterschiedlicher Darstellung zu dem Schluss, dass die „Söhne Korachs (בני קרח)" der Psalmüberschriften von den „Korachitern (הקרחים)" der Chronik zu trennen seien (MÖHLENBRINK, Überlieferungen, 230). Dass beide Gruppen nichts miteinander gemein haben, ist vor dem Hintergrund, dass von beiden als Sängerfamilien gesprochen wird, aber eher unwahrscheinlich.

4 Neben der vor einigen Jahren veröffentlichten Dissertation zu Num 16–17 von K. Pyschny (PYSCHNY, Führung) sind früher zahlreiche Aufsätze erschienen, unter anderem sei hier C. Berner genannt (BERNER, Laien) oder auch die etwas ältere Monographie von F. Ahuis (AHUIS, Autorität).

wie sie unterschiedlicher nicht sein könnten: Während sich im Buch Numeri viele narrative und legislative Texte finden, gibt die Chronik wichtige Details aus der Wüstenzeit in Genealogieform wieder, aber gerade hinter diesen Genealogien steht eine bestimmte Theologie, die sich in manchen Punkten von der des Numeribuches unterscheidet.

Nimmt man nun diese beiden Bücher, Numeri und Chronik, näher in den Blick, so fällt auf, dass das Buch Numeri sich in der heutigen Forschung einer großen Aufmerksamkeit erfreut. Die Chronik hingegen führt eher ein „Aschenputtel"-Dasein – so drückt es Louis Jonker aus.[5] Thomas Willi gesteht zwar der wissenschaftlichen Beschäftigung mit den Chronikbüchern eine Besserung zu – langsam werde aus einem Nebenschauplatz ein Hauptschauplatz –, hält jedoch fest, dass die Chronikbücher immer noch nicht vollends in das Blickfeld der alttestamentlichen Forschung gerückt seien.[6] So einfach lässt sich ein Aschenputtel-Dasein der Chronikbücher natürlich nicht behaupten, schon gar nicht, wenn man die Arbeiten von Sara Japhet, Thomas Willi, Isaac Kalimi, Louis Jonker etc. berücksichtigt. Dem Buch Numeri wird allerdings in vielen Bereichen ein scheinbar höherer Stellenwert zugesprochen; hier liegt derzeit ein Schwerpunkt der aktuellen alttestamentlichen Forschung. Das wirkt sich auch dahingehend aus, dass zum Beispiel in der Chronik-Analyse „schwierige" Lesarten, vor allem anders lautende Namen, an Namen im Pentateuch oder im sogenannten Deuteronomistischen Geschichtswerk angeglichen werden. Diese Arbeitsweise ist nicht unproblematisch und soll hier besonders in den Blick genommen werden. Die Chronik hat ihre eigene Sicht der Dinge und will an mehreren Stellen den anderen Geschichtsbüchern widersprechen. Eine Angleichung durch (vorschnelle) Textänderungen verfälscht den Text beziehungsweise kehrt die beabsichtigte Intention ins Gegenteil. Gerade in Bezug auf die Chronik wird hier eine neue These aufgestellt: Die Chronik will an manchen Stellen als eine Art Alternative zum Pentateuch gelesen werden und keine Nacherzählung oder Ähnliches sein. Anhand der Figur des Korach aber auch anhand weiterer Leviten und Judäer sollen Vergleiche zwischen Chronik und Gen–2Sam durchgeführt und gefragt werden, inwiefern die Bücher Numeri und Chronik nahe Verwandte sind[7] und wie sich die Arbeitsweise „des Chronisten"[8] darstellen lässt. In diesem Punkt

---

5 JONKER, Genealogies, 316: "Cinderella of biblical scholarship".

6 Vgl. WILLI, Forschung, 65: „Damit gerät die Chr als literarische Schöpfung weitgehend aus dem Blickfeld – ein Zustand, der auch heute noch nicht restlos überwunden ist."

7 So lautet ein Aufsatztitel von HANS-PETER MATHYS: Numeri und Chronik: Nahe Verwandte, in: Th. Römer (Hg.), The Books of Leviticus and Numbers, BEThL 215, Leuven – Paris – Dudley 2008, 555–578.

8 „Der Chronist" ist in dieser Arbeit mit Anführungszeichen versehen, um zu verdeutlichen, dass vermutlich nicht *ein einziger* Chronist die Chronikbücher verfasst hat.

möchte sich die vorliegende Arbeit an der alttestamentlichen Diskussion um den Charakter der Chronik beteiligen.

Ferner soll durch die ausführlichen Analysen ausgewählter Kapitel im Numeribuch ein Beitrag zur aktuellen Debatte über das Buch Numeri und die Literaturgeschichte des Pentateuch geleistet werden, beispielsweise anhand der Frage, wie die Quellenlage zu beurteilen ist. Sollte man sich nicht von jeder Art eines „Modelldenkens" im Numeribuch verabschieden? Ohne zu behaupten, ein Entstehungsmodell für das Numeribuch zu entwerfen oder zu modifizieren sei obsolet, halte ich es doch für weiterführend, in erster Linie nach Funktion und Intention des Numeribuches zu fragen. Bildet Numeri eher eine Brücke zwischen Levitikus und Deuteronomium oder stellt es vor allem ein Konglomerat verschiedener Zusätze dar? Wie nehmen die Texte innerhalb des Numeribuches aufeinander Bezug: Diskutieren sie, erhellen sie sich gegenseitig, ergänzen oder widersprechen sie sich? Auch Num 16f spielt hierbei eine interessante Rolle.

Über die Bücher Numeri und Chronik hinaus müssen natürlich auch die sogenannten Korachpsalmen Beachtung finden. Dabei ist als Besonderheit und These dieser Arbeit herauszustellen, dass die Psalmüberschriften für die Interpretation der Psalmen mit zu berücksichtigen sind. Es handelt sich dabei um eine eigene Redaktionsschicht, die die Aussage der Psalmen verändern kann. „Für den Leser und die Leserin stellen sie im aktuellen Rezeptionsvorgang eine erste Leseanweisung dar und eröffnen das Verstehen eines Psalms in immer neuen Kontexten. Zugleich werden die Psalmen dadurch offen für eine Verknüpfung mit anderen biblischen Texten."[9] Für die Davidspsalmen wird diese Rolle der Psalmüberschriften meist wahrgenommen und analysiert – bei Exegesen der Korachpsalmen hingegen werden sie in der Forschung häufig abgetrennt oder gesondert betrachtet. Letzteres geschieht meist nur, um die Psalmen in verschiedene Psalmengruppen einzuordnen. Hier sollen die Überschriften jedoch dezidiert zur Interpretation herangezogen werden; denn durch die Nennung Korachs in einer Psalmüberschrift wird ein interessantes Netz von Verweiszusammenhängen geschaffen, das nicht ignoriert werden darf. Durch die Überschrift לבני קרח erhalten gerade die Korachpsalmen 49; 84f und 87f eine „andere", besondere Bedeutung.

Für „Korach in der Hebräischen Bibel" stellen sich somit konkret folgende Fragen: Lassen sich die verschiedenen Aussagen über Korach in Numeri, dem Psalter und der Chronik, so unterschiedlich diese auch sein mögen, in einen Gesamtzusammenhang stellen? Welche Theologien werden in den Texten vertreten, miteinander ins Gespräch gebracht oder widerlegt?

---

9 So ERBELE-KÜSTER, Lesen, 54.

Zur Methodik

Pointiert gesagt: Der Charakter der verschiedenen Korach-Bilder erklärt sich nur aus dem Kontext. Und der Kontext ist zum einen Num 16f selbst, zum andern auch das Numeribuch im Ganzen, der Psalter und die Chronik.

Ich möchte Korach zunächst in „seinem" Kapitel Num 16f wahrnehmen, welche Rolle er dort spielt und wie sich die Korach-Erzählung zu den anderen Aufstandsgeschichten in diesen beiden Kapiteln verhält. Hier ist es methodisch vonnöten, die Literargeschichte von Num 16f nachzuvollziehen; denn es ist Konsens in der Forschung, dass dieses Kapitel sich aus mehreren Aufstandsgeschichten speist. Nur nach einer literarkritischen und redaktionsgeschichtlichen Herangehensweise wird deutlich, wie Korach hier in den Text hineingewoben wurde. Daran anschließend wird das Numeribuch als Verstehenshintergrund mit in die Korach-Analyse einbezogen. Ab hier wird von der Methodik her nun schwerpunktmäßig die Sicht des Lesers[10] eingenommen, das heißt, die Texte werden vor allem synchron und in Leserichtung chronologisch untersucht. Für den Leser wurde Korach schließlich so geformt, wie er sich nun hier zeigt, und der Leser-Aspekt sollte nicht leichtfertig übergangen werden.[11] Es wird deutlich, dass die Korach-Erzählung im Kontext betrachtet die Schwerpunkte verändert oder anders gesagt: Erst im Kontext gelesen wird deutlich, dass die Korach-Erzählung eng mit der Leviten-Thematik verknüpft und als Antwort und Diskussionsbeitrag zu verstehen ist. Konsequent durchgespielt wird die Untersuchung dieses Konzeptes von Antwort und Diskussion, wenn man schließlich in den Hauptteilen 2 und 3 die weiteren Korach-Nennungen in der Hebräischen Bibel mit als Verstehenshorizont heranzieht. Im Hauptteil 2 stehen die Söhne Korachs als Psalmendichter im Fokus, in Hauptteil 3 Korach und die Korachiter in der Chronik. Gerade mit Blick auf die Söhne Korachs der Psalmüberschriften gerät der Bibelleser ins Grübeln: Wie können die Nachfahren eines großen Frevlers gegen Mose die Verfasser oder Herausgeber solcher Psalmen sein? Warum werden ihre Psalmen überhaupt tradiert? Zu diesen Fragestellungen werden Zusammenhänge von Überschrift und Psalminhalt herausgearbeitet. Anschließend wird Korach in der Chronik in den Blick genommen, wobei auch hier über die Figur des Korach hinausgreifend die chronistische Darstellung des Stammes Levi

---

10 Für die bessere Lesbarkeit der Arbeit wird hier nur von „dem Leser" gesprochen. Selbstverständlich sind damit nicht nur männliche Leser sondern alle Lesende gemeint.

11 Im Sinne J. Freys möchte ich die Numeri-Analyse verstanden wissen: „Denn man kann textliche Kommunikation erst dann zureichend erfassen, wenn nicht nur der Text und der hinter ihm stehende Autor Beachtung finden, sondern auch die jeweiligen Leser, mit denen dieser Autor durch seinen Text kommuniziert. Zwar ist umstritten, wo das interpretatorische Hauptgewicht liegen sollte, auf der Textkomponente oder auf dem Leseraspekt, doch wird man beide Seiten des Lesevorgangs nicht mehr voneinander trennen oder gegeneinander ausspielen können." (FREY, Leser, 267).

und auch Juda mit in die Analyse einbezogen wird; denn hier finden sich interessante Portraits einzelner Figuren, die prägnante Unterschiede zum Pentateuch und zum sogenannten Deuteronomistischen Geschichtswerk aufweisen. Redaktionsgeschichtliche Überlegungen zur Chronik anhand der Figur des Korach und anderer Figuren aus Levi und Juda schließen diesen analytischen Teil zur Chronik ab. Vor dem Hintergrund dieser Überlegungen lässt sich nun darüber nachdenken, ob oder inwiefern die Chronik eine Alternative zu Numeri und zu den anderen Geschichtsbüchern bietet. Eine Zusammenschau schließt sich daran an, in der die Rolle Korachs in der Hebräischen Bibel zusammenfassend dargestellt und interpretiert wird. In welchem Zusammenhang stehen all die Korach-Nennungen in der Hebräischen Bibel? Welche chronologische Abfolge der Korach-Belege ist zu vermuten, welcher Autor/Redaktor nimmt worauf Bezug? Wie ist das „Korach-Problem" zu lösen? Bei all dem muss meiner Ansicht nach auch die Frage nach der Intention von Num 16f gestellt werden: Wozu erhält Korach eine solch ausführliche Diffamierung, die biblisch kaum Ihresgleichen kennt?

Die meines Erachtens zentrale Frage, *wozu* Korach eine solche Diffamierung erhält, soll nun im Kapitel „Gesamtschau" eine Beantwortung finden. Worin liegt das Proprium von Num 16f? Nach Reinhard Achenbach markiert Num 16f „die theologische und entstehungsgeschichtliche Mitte des Numeribuches, also sein Proprium."[12] Geht es hier „lediglich" um priesterliche Rangstreitigkeiten oder könnte man in der Korach-Episode auch eine tief greifendere theologische Diskussion um Tempel und Tora wahrnehmen?

Die Gesamtschau schließt mit der Frage nach der Historizität von Korach und den Korachitern, auch von den Aaroniden. Dies wird in dieser Studie aber nur eine untergeordnete Rolle spielen. Ich schließe mich daher dem Urteil von Gerhard von Rad an:

> Es ist z. B. nicht möglich, die in sich uneinheitliche Geschichte vom Aufruhr Korachs geschichtlich als bestimmte Phase der Entwicklung Levis einzuordnen. Wir wissen zu wenig von diesen Fragen, Rückschlägen und Konflikten, und wüßten wir mehr, so wäre noch lange nichts über die Geschicke der Familie Korach im besonderen innerhalb der großen levitischen Bewegung ausgemacht.[13]

Auch wenn sich historisch gesehen Korach nicht in eine bestimmte Phase der Entwicklung Levis einordnen lässt, so soll der Blick in die Wirkungsgeschichte, in die Literatur der hellenistisch-römischen Zeit, zeigen, welches Korach-Bild sich in der

---

12 ACHENBACH, Vollendung, 34f.
13 VON RAD, Geschichtsbild, 89.

Tradition durchgesetzt hat: der frevelnde Rebell aus Num 16f oder der Stammvater der Korachiter, der Psalmendichter und wichtigen Tempeldiener. Ausgewählte Septuaginta-Stellen sind hierbei ebenso Grundlage einer kurzen Analyse wie das Korach-Portrait bei Josephus und (Pseudo-)Philo, desgleichen wird auf den Judas- und Ersten Clemensbrief Bezug genommen wie auch auf ausgewählte Belege im babylonischen Talmud und in den Targumim sowie auf die Darstellung von Korach in Werken der Midraschim.

1. Korach im Buch Numeri

Die Figur des Korach ist am ausführlichsten in den narrativen Kapiteln von Num 16f bezeugt. Korach ist nach dieser Darstellung ein Levit und Sohn des Jizhar und lehnt sich gemeinsam mit Datan und Abiram und 250 Männern gegen Mose (und Aaron) auf. Er maßt sich an, die Priesterwürde des Aaron in Frage zu stellen. Auf diesen Aufstand hin verlangt Mose ein Gottesurteil, das durch ein richtiges oder falsches Opfer herbeigeführt wird – dies endet mit dem Untergang der Aufrührer: Korach, seine Schar und alle, die zu ihm gehören, werden auf dramatische Weise vom Erdboden verschluckt, die 250 Männer werden von einem Gottesfeuer verzehrt. Das Schicksal von Datan und Abiram bleibt unerwähnt – das ist nur eine von vielen Spannungen in diesem Kapitel.

Die Erzählung um Korach, den Frevler, wird breit ausgemalt und befindet sich fast zentral in der Mitte des Buches Numeri, sie erlaubt jedoch keine „flüssige Lektüre"[1]. Deutlich sind einige literarkritische Spannungen zu erkennen, weshalb es Konsens in der alttestamentlichen Forschung ist, hier mehrere Erzählungen, Notizen oder allgemein Redaktionen anzunehmen. Wie diese jedoch genau aussehen, ist umstritten und soll in nachfolgender Analyse erörtert werden.

Vorweg lässt sich in aller Kürze festhalten: Korach ist im Numeribuch der Frevler par excellence gegen Mose und Aaron und erhält mit seiner Nachkommenschaft das Todesurteil. Dass aber seine gesamte Verwandt- und Nachkommenschaft auch gestorben sei, ist nicht eindeutig; denn in Num 26 wird der Aufstand der „Rotte Korach" innerhalb des Stammbaums von Ruben noch einmal erwähnt, hier aber mit der Besonderheit, dass dezidiert festgehalten wird, dass *die Söhne Korachs nicht starben*. Auch im Levi-Stammbaum, einige Verse weiter, werden die Korachiter durchaus als Geschlecht (hebr. משפחה) bezeichnet, das heißt, dass sie nicht ausgestorben sein können. Diese kurze Auflistung der Korach-Stellen im Buch Numeri lässt ein weiteres Problem aufleuchten: Auch innerhalb des Numeribuches gibt es verschiedene Interessen und theologische Schwerpunkte, sodass man nicht von einem einheitlichen Korach-Bild sprechen kann. Deutlich wird dies vor allem, wenn man die Leviten allgemein in den Blick nimmt. Gerade hinsichtlich der Leviten-Thematik kommen Fragen nach den zahlreichen theologischen Querverweisen auf, die sich in der Korach-Erzählung, aber auch schon in der Erzählung über die 250 aufständischen Männer finden: Welche dem Leser bekannten Ansichten, gerade über die Leviten und Aaron, werden hier untermauert, welchen wird widerspro-

---

1 So BLUM zu Num 16 (Studien, 263).

chen? Wo erfährt die Leviten-Thematik Zuspitzungen und wo Wendungen? Kurz gesagt: Welche Rolle spielt Num 16f in dieser Diskussion?

Reinhard Achenbach bezeichnet Num 16f sogar als Proprium des Numeribuches:

> Die hier sukzessive zueinandergefügten Stoffe des Datan-Abiram-Aufstandes, des Laien-aufstandes und der Korachitenrebellion führen literarisch und thematisch weit über den Horizont der Hexateucherzählung hinaus und markieren die theologische und entste-hungsgeschichtliche Mitte des Numeribuches, also sein Proprium.[2]

Worin genau das Proprium von Num 16f besteht, soll als Frage für die Analyse stets im Hintergrund stehen und am Schluss der Arbeit, in der Gesamtschau, beantwortet werden. Vorweg sei schlicht folgende Überlegung formuliert: Wäre als Proprium des Numeribuches, eines Buches des Pentateuch, nicht eher eine theologische Aussage zu vermuten anstatt den Streit zwischen den priesterlichen Ämtern in den Mittelpunkt zu stellen? Geht es hier eventuell um mehr?

Nacheinander sollen im Folgenden alle Vorkommen von Korach im Buch Numeri analysiert werden. Eine literarkritische und redaktionsgeschichtliche Untersuchung von Num 16f wird dabei großen Raum einnehmen. Hieran anknüpfend werden auch Übersetzungen und Analysen von weiteren Numeristellen dargestellt, in denen die Leviten-Thematik eine Rolle spielt; denn es lässt sich vorweg als These festhalten, dass die Korach-Erzählung in Num 16f Teil eines innerbiblischen Netzes von Querverweisen und Bezugnahmen mit Blick auf die Leviten ist, das Diskus-sionscharakter zeigt. Gerade durch die Figur des Korach, die nachträglich in die vorhandenen Erzählungen platziert wurde, treten einige zentrale Anliegen des Nu-meribuches hervor. Diese Studie tritt insofern in die aktuelle Pentateuch-Debatte ein, als das Problem erörtert wird, ob oder inwiefern man von der Existenz von „echten Quellen" oder größeren Erzählfäden überhaupt in Numeri sprechen kann oder ob man das Numeribuch als ein Werk mit vielen redaktionellen Zusätzen, Kor-rekturen und Auffüllungen intensiver zur Kenntnis nehmen muss. Funktion und Intention des Numeribuches sind hierbei verstärkt im Blick, weniger ein Modell zur Entstehungsgeschichte des Pentateuch oder eine Quellentheorie.

---

2 ACHENBACH, Vollendung, 34f.

Korach in Num 16,1–17,15 | **23**

1.1 Korach in Num 16,1–17,15

1.1.1 Num 16,1–17,15: Übersetzung[3], Beschreibung, Gliederung

Übersetzung:
1) Und Korach wurde hingerissen, der Sohn Jizhars, der Sohn Kehats, der Sohn Levis, ebenso Datan und Abiram, die Söhne Eliabs und On, der Sohn Pelets, einer der Söhne Rubens.

Exkurs zur Übersetzung von Vers 1:

V.1 ist in dreierlei Hinsicht auffällig: 1) bereitet die Übersetzung der ersten zwei Worte ויקח קרח Schwierigkeiten, da kein Objekt folgt – es wird nicht genannt, *was* Korach genommen habe; 2) gibt es in der Hebräischen Bibel sonst keine Figur namens „On"; und 3) ist an weiteren Vergleichsstellen der Ruben-Sohn „Pallu (פלוא)" und nicht „Pelet (פלת)" belegt.

Zunächst zu den zwei Worten zu Beginn des Verses: Die Schwierigkeiten im Verständnis des Versanfangs sind auch in den Varianten ablesbar, da diese andere Verben an dieser Stelle wiedergeben als Standardäquivalente der Wurzel לקח. So liest die Septuaginta statt „und er nahm" „und er sprach" (καὶ ἐλάλησεν). Die Peschitta und die Targumim (nicht aber Pseudo-Jonathan, dieser ergänzt ein fehlendes Objekt) geben diese Verbform mit „und er sonderte sich ab" wieder (פלג), während der Übersetzer der Vulgata „siehe aber" (ecce autem) verwendet. Die Qumranschrift 4Q27 liest wie der MT ויקח. Im Apparat der BHS wird nun einerseits vorgeschlagen, hier eine arabische Wurzel zu vermuten (waqiḥa), die im hebräischen Hifʻil im Text verwendet wird (וַיִּקַּח, vgl. auch HALAT). Diese wäre nach den Herausgebern der BHS mit „und er agierte übermütig" zu übersetzen. Dies entspräche dem Begriff ὑπερηφανεύθη in der Hexapla des Origenes. Andererseits wird vermutet, dass hier eine Verschreibung von ויקם vorliegen könnte. Beide Erklärungsmöglichkeiten überzeugen meines Erachtens nicht. Zum einen ist im Arabischen zwar die angenommene Wurzel belegt, nicht jedoch im 4. Stamm, der dem hebräischen Hifʻil entspricht.[4] Die Wurzel heißt im Arabischen zwar „frech, unverschämt sein", was inhaltlich durchaus passen würde, warum aber sollten die Übersetzer hier ein Hifʻil intendieren, wenn genau dieser Stamm nicht im Arabischen belegt ist? Nimmt man zum andern eine Verschreibung von ויקם an, folgt in V.2 das Wort ויקמו noch einmal – dies wäre eine auffällige (und unnötige) Doppelung derselben Wurzel. Darüber hinaus ist die Lautmalerei der Worte ויקח קרח sicher kein Zufall. Die Rabbinen erklären Num 16,1 als eine Ellipse vor dem Hintergrund von Hi 15,12 (so in BemR Par. 18). In Hi 15,12 steht: מה יקחך לבך „Was reißt dein Herz dich hin?" Danach folgt die

---

3 Da der masoretische Text von Num 16f aus sich heraus verständlich ist, wird hier zunächst der masoretische Text übersetzt. Textkritische Änderungen werden dann eigens diskutiert.

4 Vgl. Wehr, Arabisches Wörterbuch, 1423f.

Korach im Buch Numeri

Beschreibung einer Auflehnung gegen Gott. Um einen stilistisch schönen Kapitelanfang in Num 16 durch die ähnlich klingenden Worte ויקח קרח zu erhalten, könnte לב hier elliptisch ausgelassen sein. So wäre hier wortwörtlich zu übersetzen: „Und es riss (sein Herz/sein Verstand) Korach hin". Damit wäre Korach Objekt und das Subjekt würde fehlen. Anzumerken ist darüber hinaus, dass der Targum-Übersetzer vom Hiob-Buch in V.29 *desselben Kapitels* explizit auf Korach, Datan und Abiram Bezug nimmt. Zudem ist anzumerken, dass auch die Nennungen der anderen „Frevler vor dem Herrn" – Nadab und Abihu in Lev 10 und Achan in Jos 7 einen ähnlichen Satzanfang als Einleitung haben: ויקחו בני אהרן נדב ואביהוא איש מחתתו *Und es nahmen Nadab und Abihu ein jeder seine Räucherpfanne"*. Sowie: ויקח עכן בן כרמי בן זבדי בן זרח למטה יהודה מן החרם *Und es nahm Achan … vom Gebannten"*. Auch diese Ähnlichkeit in den Erzählungen ist sicherlich kein Zufall, sondern eine bewusste Parallelisierung.[5] Nach diesen Überlegungen legt sich für mich der Schluss nahe, dass der Versanfang im MT übersetzbar ist und auch bewusst so konstruiert wurde.

Das Wort ואון birgt ebenfalls Schwierigkeiten in V.1, die aber nicht auf der grammatischen sondern auf der inhaltlichen Ebene liegen. „On" ist in der Hebräischen Bibel stets ein Orts- und kein Personenname.[6] Darüber hinaus zeigt auch Num 26,5–9, eine Parallelstelle zum Ruben-Stammbaum, keine Person namens „On". Zudem kommt „On" in Num 16 nicht weiter vor, obwohl er als einer der Aufständischen eingeführt wird. Von allen sonst genannten Aufrührern – Korach, Datan und Abiram – wird im Folgenden ausführlich berichtet. Die Herausgeber der BHS vermuten deshalb, hier sei הוא zu lesen. Grammatisch wäre diese Lösung möglich, nur gibt es keinen Text, der diese Lesart bezeugt (4Q27 ist an dieser Stelle – leider – verderbt, die Targumim und die Septuaginta lesen „On").

Hinsichtlich des Namens פלת ist ebenfalls ein Vergleich mit Num 25,5–9 angebracht, ebenso mit Gen 46,9 und Ex 6,14, wo פלוא statt פלת bezeugt ist.

Eine meines Erachtens mögliche, aber keineswegs sichere Erklärung für das Verständnis von V.1 insgesamt wäre, dass און ein verschriebenes את ist, das zudem in der Zeile verrutscht ist. So könnte V.1 ursprünglich gelautet haben und so in Kolumnen geschrieben worden sein:

ויקח קרח בן יצהר בן קהת בן לוי את
דתן ואבירם בני אליאב בן פלוא בני ראובן

Dies wurde durch einen Abschreibfehler, einer Verschiebung des את, zu:

---

5 Eine bewusste Parallelisierung durch das Wort ויקח am Anfang der Erzählung erkennt auch Christoph Berner. Er sieht die parallele Konstruktion allerdings durch Aaron (Num 17,12) und Eleazar (Num 17,4) gegeben, von denen ebenfalls berichtet wird, dass sie etwas „nahmen" (vgl. BERNER, Laien, 17). Da der Korachbearbeiter, wie noch zu zeigen sein wird, auch zu einigen anderen Texten außerhalb der konkreten Korach-Erzählung eine Verbindung schuf, ist meines Erachtens eher anzunehmen, dass er Korach hier mit den anderen bekannten Frevlern aus den Geschichtsbüchern parallelisiert.

6 So in Gen 41,45.50; 46,20; Ez 30,17.

Korach in Num 16,1–17,15 | **25**

ויקח קרח בן יצהר בן קהת בן לוי

ודתן ואבירם בני אליאב <u>ואון</u> בן פל<u>ת</u> בני ראובן

Dementsprechend wäre ein möglicher „Urtext" zu übersetzen als:

Und Korach, der Sohn Jizhars, der Sohn Kehats, der Sohn Levis, nahm Datan und Abiram, die Söhne Eliabs, der Sohn Pallus, einer der Söhne Rubens.

Somit wäre das objektlose ויקח ebenso geklärt wie das Vorkommen des Namens „On" und die Abweichung von Pallu und Pelet. Diese Möglichkeit wird allerdings von keiner Variante gestützt und bleibt im Bereich des Spekulativen.

Da für diese mögliche Verschreibung kein Textzeuge vorliegt und die vorgestellte Variante sehr spekulativ ist, wird in dieser Arbeit der Text des MT übersetzt. Durch die Erklärung der Rabbinen des objektlosen ויקח קרח ist dieser Vers durchaus aus sich selbst heraus verständlich. Es wird hier demnach übersetzt als *„Und (sein Herz) riss Korach hin"* beziehungsweise *„Und Korach wurde hingerissen"*.

Dass am Schluss des Verses בני im Plural statt im Singular verwendet wird, bedarf keiner Korrektur. In Genealogien ist es möglich, den Plural zu verwenden, auch wenn anschließend nur ein Name genannt ist, falls der Vater mehrere Söhne hatte, hier aber nur einer von Bedeutung ist (vgl. Gen 46,23; Num 26,5–9; IChr 2,31; 3,22).

2) Und sie erhoben sich vor Mose und (zusätzlich) Männer von den Israeliten 250: Es waren Anführer der Schar, zur Zusammenkunft Berufene, Männer von Namen. 3) Und sie versammelten sich gegen Mose und gegen Aaron und sprachen zu ihnen: „Genug für euch! Denn die ganze Schar, sie alle sind ja doch Heilige und in ihrer Mitte ist JHWH.[7] Und warum erhebt ihr euch über die Versammlung JHWHs?" 4) Und Mose hörte (dies) und fiel auf sein Angesicht. 5) Und er redete zu Korach und zu seiner ganzen Schar: Morgen wird JHWH kundtun[8], wer zu ihm gehört und wer heilig ist, indem er (ihn) zu sich herannahen lässt. Und wen

---

7 Diese hebräische Konstruktion ist nach Diethelm Michel eine nominale Mitteilung durch כי eingeleitet mit der Satzteilfolge Mubtada – Chabar (determiniert – indeterminiert). Dies ist insofern wichtig, als in dieser Konstruktion כי keine echte Begründung darstellt, sondern auf eine als bekannt vorausgesetzte Tatsache hinweist. Am besten kann dies im Deutschen mit einem „ja doch" wiedergegeben werden (vgl. dazu MICHEL, Grundlegung, 93ff.). Die Septuaginta-Übersetzer ändern diese „bekannte Aussage" in eine Forderung ab (vgl. die Ausführungen zu Num 16f in der Septuaginta in „5. Wirkungsgeschichtlicher Ausblick").

8 Dieser Vers ist eine Pendens-Konstruktion. Nach GIBSON, Hebrew Grammar, 88, ist aber diese Art der Konstruktion insofern ungewöhnlich, als nach בקר eher ein wᵉ-Qatal zu vermuten wäre statt einer Yiqtol-Form (vgl. zum Beispiel Ex 16,6.7). Dieser Satzbau ist aber dennoch durchaus möglich und muss nicht nach LXX in בֹּקֶר וַיֵּדַע abgeändert werden, vgl. dazu die Analyse dieses Verses bei DIEHL, Imperfekt, 40. Nach Diehl liegt hier ein Imperfekt mit Waw copulativum vor, das ein zukünftiges

er (sich) erwählt, den wird er zu sich herannahen lassen. 6) Dies tut: Nehmt euch Räucherpfannen – Korach und seine ganze Schar! 7) Und gebt in sie Feuer und legt auf sie Räucherwerk vor JHWH morgen. Dann soll gelten: Der Mann, den JHWH erwählen wird, er ist der heilige. Genug für euch, Leviten!" 8) Und Mose sprach zu Korach: „Hört doch, Leviten! 9) Ist es zu wenig für euch, dass der Gott Israels euch ausgesondert hat aus der Schar Israels, um euch zu ihm nahen zu lassen (und) um den Dienst an der Stätte JHWHs zu leisten und um vor der Schar zu stehen, um ihnen zu dienen 10) und dass er dich hat nahen lassen und alle deine Brüder, die Leviten, mit dir, sodass ihr auch die Priesterschaft fordert?[9] 11) Daher bist du und deine ganze Schar – ihr seid diejenigen, die sich gegen JHWH auflehnen![10] Und Aaron: was ist er, dass ihr gegen ihn murrt?" 12) Und es schickte Mose (aus), um Datan und Abiram, die Söhne Eliabs, zu rufen. Und sie sprachen: „Wir werden nicht hinaufkommen! 13) Ist es zu wenig, dass du uns heraufgebracht hast aus einem Land, in dem Milch und Honig fließt, um uns sterben zu lassen in der Wüste; mehr noch, dass du dich (wahrlich) zum Herrn über uns aufwirfst? 14) Aber du hast uns nicht in ein Land, in dem Milch und Honig fließt, gebracht, und hast uns nicht gegeben ein Erbteil von Feld und Weinberg. Wirst du die Augen dieser Männer ausstechen? Wir werden nicht hinaufkommen!" 15) Da wurde Mose sehr zornig und er sprach zu JHWH: „Wende dich nicht ihrer Opfergabe zu! Nicht einen Esel habe ich von ihnen genommen[11] und ich habe nicht Böses getan einem von ihnen." 16) Und Mose sprach zu Korach: „Du und deine ganze Schar seid vor JHWH: Du und sie und Aaron morgen! 17) Und jeder nehme seine Räucherpfanne und ihr gebt auf sie Räucherwerk und naht euch (vor) JHWH, jeder mit seiner Räucherpfanne: 250 Räucherpfannen und du und Aaron, jeder mit seiner Räucherpfanne." 18) Und sie nahmen jeder seine Räucherpfanne und

---

Tempus und einen unabgeschlossenen Aspekt der Haupthandlung ausdrückt. Sprachpragmatisch ist das Imperfekt hier REPRÄSENTATIV.

9 Ein w^e-Qatal nach einem Narrativ ist ungewöhnlich. Somit ist sehr wahrscheinlich, dass die w^e-Qatal-Form von der Eingangsfrage abhängig ist und keinen eigenen Satz bildet (vgl. zum Beispiel GESENIUS/KAUTZSCH, Hebräische Grammatik, §112; JOÜON/MURAOKA, Grammar, §119d).

10 Diese Konstruktion überrascht an dieser Stelle, da auf den ersten Blick nicht klar wird, warum הנועדים determiniert ist. Viele Übersetzungen ignorieren deshalb den Artikel und geben V.11 wieder mit „Deshalb […] seid ihr euch Zusammenrottende gegen JHWH" (so beispielsweise PYSCHNY, Führung, 73) – dies würde folgender hebräischen Konstruktion entsprechen: לָכֵן אַתָּה וְכָל־עֲדָתְךָ נֹעָדִים עַל־יְהוָה Hier steht nun aber das Partizip mit einem Artikel, das heißt, es verweist auf eine bekannte Größe: „Ihr seid die Anflehenden gegen JHWH!" Zur Erläuterung, warum der Artikel hier gewählt wird, siehe das Kapitel: 1.2.4 Die Androhung gegen die Aufrührer in Num 14,35.

11 Möglich wäre auch eine Lesart, die Hans G. von Mutius aufgrund der Targumim in Erwägung zieht (vgl. VON MUTIUS, Verbform). Die Qal-Form נָשָׂאתִי könnte auch als Pi'el vokalisiert werden und נִשֵּׂאתִי lauten. Somit käme als Übersetzung dieses Teilverses in Frage: „Nicht einem Esel von ihnen habe ich Last aufgebürdet."

sie gaben Feuer auf sie und sie legten auf sie Räucherwerk und sie standen am Eingang des Zelts der Begegnung und Mose und Aaron. 19) Und es versammelte sich gegen sie Korach mit seiner ganzen Schar am Eingang des Zelts der Begegnung. Da erschien die Herrlichkeit JHWHs vor der ganzen Schar. 20) Und JHWH redete zu Mose und zu Aaron folgendes: 21) „Sondert euch aus der Mitte dieser Schar ab! Ich will sie in diesem Moment vernichten." 22) Und sie fielen auf ihr Angesicht und sprachen: „Gott, Gott der Geister allen Fleisches, ein einzelner Mann sündigt, über die ganze Schar aber zürnst du?"[12] 23) Und es sprach JHWH zu Mose: 24) „Sprich zur Schar Folgendes: ‚Entfernt euch rundherum der Stätte Korachs und Datans und Abirams!'" 25) Und Mose erhob sich und ging zu Datan und Abiram. Und hinter ihm gingen die Ältesten Israels. Und er redete zur Schar: „Weicht doch von den Zelten dieser frevelhaften Männer und berührt nichts von ihnen, sonst werdet ihr weggerafft wegen all ihrer Sünden." 27) Und sie entfernten sich von der Stätte Korachs und Datans und Abirams rundherum. Datan und Abiram aber traten heraus und standen am Eingang ihrer Zelte, ebenso ihre Frauen, ihre Söhne und ihre kleinen Töchter. 28) Und Mose sprach: „In diesem werdet ihr erkennen, dass JHWH mich gesandt hat, zu tun all diese Taten, das kam nicht aus meinem Herzen. 29) Wenn diese gemäß dem Tod aller Menschen sterben werden, wenn heimgesucht wird an ihnen die Heimsuchung aller Menschen, dann hat JHWH mich nicht gesandt hat. 30) Wenn aber JHWH eine Schöpfungstat tut, und zwar, indem der Erdboden seinen Mund aufreißt und sie verschluckt und alle, die zu ihnen gehören, und sie lebend zur Scheol hinunterfahren, dann werdet ihr erkennen, dass diese Männer JHWH verächtlich zurückgewiesen haben." 31) Und es geschah, nachdem er aufgehört hatte, alle diese Worte zu reden, da spaltete sich der Erdboden unter ihnen. 32) Und die Erde öffnete ihren Mund und verschluckte sie und ihre Häuser und alle Menschen, die zu Korach gehörten, und den ganzen Besitz. 33) Und sie und alle, die zu ihnen gehörten,[13] fuhren lebend hinunter zur Scheol. Und die Erde verschloss sich über ihnen. Und sie gingen zugrunde mitten aus der Versammlung.

---

12 Folgt man der masoretischen Punktation an dieser Stelle, so ist die Konstruktion insofern ungewöhnlich, als ein Nominalsatz als Subjekt für den Verbalsatz dient: „Der Mann ist einer, der sündigt". Der Samaritanus liest an dieser Stelle deshalb abweichend האיש האחד יחטא „Ein einziger Mann sündigt". Fasst man das ה zu Beginn dieser Konstruktion als Fragepartikel auf (und liest somit statt eines Patach ein Qamez), dann ist die Konstruktion grammatisch regelmäßig (so auch GESENIUS/KAUTZSCH, Hebräische Grammatik, §100m). Dies ist als „Urtext" zu bevorzugen. Möglicherweise wollten die Masoreten durch ihre Punktation hier unterstreichen, dass Mose und Aaron JHWHs Entschluss nicht infrage stellen, sondern schlicht eine Feststellung machen.

13 Die Übersetzung richtet sich nicht nach der masoretischen Akzentsetzung sondern lehnt sich an V.30 an. Die Masoreten intendierten bei V.33 aber folgende Aussage: „Und sie und alle, die bei ihnen lebten, fuhren hinunter zur Scheol." Es ist möglich, dass die Masoreten hier nicht die Ansicht vertreten wollten, dass lebendige Menschen in die Scheol hinab fahren können. Dies ist ihrer Meinung nach ausschließlich ein Totenreich.

28 | Korach im Buch Numeri

34) Da floh ganz Israel – alle, die um sie herum waren, – wegen ihres Geschreis, weil sie sagten, „sonst verschlingt uns die Erde!" 35) Und Feuer trat von JHWH hervor und aß die 250 Männer, die das Räucherwerk darbrachten.

Num 17,1–15:

1) Und JHWH redete zu Mose folgendermaßen: 2) „Sage zu Eleasar, dem Sohn Aarons, dem Priester, er soll die Räucherpfannen aus der Brandstätte herausheben. Und verteile das Feuer anschließend, weil die Räucherpfannen dieser Sünder geheiligt wurden,[14] 3) indem sie um ihr Leben hingegangen sind![15] Und macht sie zu sehr dünnen Platten[16] als Überzug für den Altar; denn sie haben sie vor JHWH dargebracht und sie sind heilig. Sie sollen zu einem Zeichen werden für die Israeliten." 4) Und Eleasar, der Priester, nahm die kupfernen Räucherpfannen, die die Verbrannten gebracht hatten, und sie hämmerten sie als Überzug für den Altar 5) als Erinnerung für die Israeliten, damit kein fremder Mann außer einem Nachkommen Aarons naht und Räucherwerk verbrennt vor JHWH, damit niemand so wird wie Korach und wie seine Schar, wie JHWH durch Mose zu ihm geredet hatte. 6) Und es murrte die ganze Schar der Israeliten am nächsten Morgen gegen Mose und gegen Aaron folgendermaßen: „Ihr habt das Volk JHWHs getötet!" 7) Und es

---

14 Die Übersetzung der Vv.2–3 richtet sich nicht nach der masoretischen Akzentsetzung und Versaufteilung. Ein Vergleich mit der Septuaginta-Version legt nahe, dass קדשו im Piʿel zu vokalisieren ist und das Objekt dazu in V.3 folgt. Die masoretische Lesart könnte den Text bewusst anders aufteilen, um zu betonen, dass nur JHWH selbst oder Aaron, der Priester, die Pfannen heiligen können. Frevler sind nicht imstande, Opfergeräte zu heiligen, auch nicht durch ihren Tod. Lev 10,3 unterstützt diese Argumentation, da hier – in einem Paralleltext zu der 250-Männer-Erzählung – JHWH sagt, dass er sich selbst als heilig erweist in seiner Mitte.

15 Das Wort בנפשתם ist nicht eindeutig. Wörtlich übersetzt heißt es „um ihrer Seelen/Leben willen". Diese Wendung scheint losgelöst wenig sinnvoll, von daher ist auch hier, wie in V.1, eine Ellipse zu vermuten. Mit Blick auf 2Sam 23,17 und IChr 11,19 wird dies deutlicher.

In 2Sam 23,17aβγ heißt es:

הֲדַם הָאֲנָשִׁים הַהֹלְכִים בְּנַפְשׁוֹתָם וְלֹא אָבָה לִשְׁתּוֹתָם

In der Parallelstelle in IChr 11,19aβγ steht:

הֲדַם הָאֲנָשִׁים הָאֵלֶּה אֶשְׁתֶּה בְנַפְשׁוֹתָם כִּי בְנַפְשׁוֹתָם הֱבִיאוּם וְלֹא אָבָה לִשְׁתּוֹתָם

IChr 11,19 zeigt die gleiche Wendung wie der Paralleltext 2Sam 23,17, nur dass die Chronik die Erläuterung ההלכים auslässt. Ebenso kann man in Num 17,3 vermuten, dass ההלכים ausgelassen wurde oder dass es an sich deutlich ist, dass es hierbei um den Tod geht. Die Verbindung von ב + נפש + Suffix intendiert auch an anderen Stellen, dass es sich hierbei um den Tod einzelner handelt: So findet sich in 1Sam 28,9 die Wendung „eine Falle stellen, um meines Lebens willen"; 1Reg 2,23 spricht davon, dass „um [den Preis] seines Lebens Adonija dieses Wort geredet hat"; Jer 42,20 hat die Formulierung, dass „ihr um [den Preis] eures Lebens geirrt habt"; Prov 7,23 schreibt, dass „er weiß, dass es um sein Leben geht"; in Thr 5,9 heißt es, dass „wir um unser Leben unser Brot holen werden."

16 Diese Konstruktion trägt eine superlative bzw. elative Nuance. Gemeint ist, dass durch Hämmern sehr dünne Platten entstehen, vgl. JOÜON/MURAOKA, Grammar, §141 .

geschah während sich die Schar gegen Mose und Aaron versammelte, da wendeten sie sich hin zum Zelt der Begegnung und siehe, da bedeckte es die Wolke und es erschien die Herrlichkeit JHWHs. 8) Und Mose und Aaron kamen vor das Zelt der Begegnung. 9) Und JHWH redete zu Mose folgendermaßen: 10) „Erhebt euch aus der Mitte dieser Schar! Ich will sie in diesem Moment vernichten." Da fielen sie auf ihr Angesicht. 11) Und Mose sprach zu Aaron: „Nimm die Räucherpfanne und gib auf sie Feuer über dem Altar und lege das Räucherwerk (auf sie) und bringe (es) schnell zur Schar und sühne für sie, denn der Zorn ist von JHWH gekommen, die Strafe hat begonnen. 12) Und es nahm Aaron, was Mose geredet hatte, und er rannte in die Mitte der Versammlung und siehe, die Strafe hatte (schon) im Volk begonnen. Und er gab Räucherwerk (darauf) und er sühnte für das Volk. 13) Und er stand zwischen den Getöteten und den Lebenden und die Strafe hörte auf. 14) Und es waren die Getöteten während der Strafe 14700 ohne die Getöteten wegen der Sache Korach. 15) Und Aaron kehrte zu Mose zurück zum Eingang des Zeltes der Begegnung, nachdem/weil die Strafe aufgehört hatte.

Beschreibung des Textes
Die Korach-Erzählung schließt an Kapitel 15 an, das mit folgenden Versen endet:

40 למען תזכרו ועשיתם את כל מצותי והייתם קדשים לאלהיכם

41 אני יהוה אלהיכם אשר הוצאתי אתכם מארץ מצרים להיות לכם לאלהים אני יהוה אלהיכם

40 Deshalb sollt ihr euch erinnern und alle meine Gebote tun, dass ihr heilig seid eurem Gott.
41 Ich bin JHWH, euer Gott, der euch aus dem Land Ägypten herausgeführt hat, um für euch Gott zu sein, ich, JHWH, euer Gott.

Kurz und knapp: Wer die Gebote JHWHs tut, ist heilig. Um zu zeigen, dass JHWH diese Aussage äußerst wichtig ist, folgt die Identifikationsformel „Ich-bin-JHWH". Damit wird V.40 Nachdruck verliehen, und sie gibt dem Text eine Art Unterschrift.[17] Durch diese Unterschrift ist das Kapitel 15 klar abgeschlossen, und mit Kapitel 16 beginnt ein neuer Erzählabschnitt. Num 16 knüpft allerdings deutlich an Num 15 an, indem das zentrale Lexem קדש „*heilig sein*" wieder aufgegriffen wird. Die Korach-Erzählung beginnt mit dem Vorwurf der Aufständischen an Mose (V.3): רב לכם כי כל העדה כלם קדשים „*Genug für euch! Wir alle sind heilig!*" Die große Kontroverse, die nun folgt, handelt vom Heilig-Sein – und dies hatte JHWH zuvor

---

17 Anja A. Diesel hält zu der *ᵃnî Yhwh*-Formel im Kontext von Num 15 fest (DIESEL, »*Ich bin Jahwe*«, 212): „An vielen Stellen v. a. in späteren Texten hat die Aussage nicht den theologisch reflektierten volltönenden Klang wie in Ex 6,2–8 oder Ex 12,12; sie verleiht Bestimmungen Nachdruck, legitimiert sie, wird zu einer Art Unterschrift, die die Verbindlichkeit der Anweisungen o. ä. verdeutlicht, ohne dass ihr eigentlicher Inhalt in jedem Fall eine Funktion im Textverlauf hat."

30 | Korach im Buch Numeri

in seiner Rede definiert. Schon hier ist deutlich, dass Num 16 keine vom Kontext losgelöste Erzählung ist.

Korach wird nun in Num 16,1 eingeführt, und in Num 17,14 wird er in diesem Erzählzusammenhang letztmalig genannt; V.15 bildet den Schluss dieser Erzähleinheit. Mit Num 17,1 setzt zwar bereits ein neuer Erzählabschnitt ein – zu erkennen an der Formel וידבר יהוה, die im Numeribuch als Abschnittsmarker fungiert[18]. Dass Num 17,1–15 jedoch noch zur Korach-Episode hinzu gehört, lässt sich zunächst aus der Thematik schließen, wenn man das gesamte Numeribuch im Blick hat: Beim Streit zwischen den Aaron-Söhnen und den Leviten gehört auch die Frage hinzu, wer eine Sühne wirkende Tat wirken darf. Dies wird in Num 17,11–15 verhandelt. Darüber hinaus weisen auch wörtliche Wiederaufnahmen von Num 16 aus 17,1–15 auf eine Zusammengehörigkeit hin wie auch die Motivik des Gottesfeuers. Beides wird unten ausführlich dargestellt. In Num 17,16 erfolgt schließlich wieder ein Abschnittswechsel, der durch וידבר יהוה eingeleitet wird. Diesmal steht Aaron im Zentrum der Erzählung, von Korach ist keine Rede mehr.

Die Form von Num 16 ist eine durch eine narrative Verbform (Imperfektum consecutivum) eingeleitete Erzählung mit großem Anteil wörtlicher Rede von unterschiedlichen Personen. Sie besitzt eine Einleitung, in der die handelnden Personen vorgestellt werden, einen Hauptteil, der keine flüssige Lektüre erlaubt, und zwei Schlussszenarien. An Num 16 schließt Num 17 mit einer kurzen Erzählung um Eleasar an, dann folgen Auftrag und Ausführung der Sühne wirkenden Tat Aarons für das Volk. Es endet mit der Nennung Korachs und der Beendigung der Plage. Ein konkreter Ort, an dem all diese Ereignisse stattfinden, wird nicht genannt. Der letztgenannte Ort ist „die Wüste" in Num 15,32. Das Zelt der Begegnung wird hingegen mehrfach erwähnt.[19]

Der Text Num 16,1–17,15 lässt sich vor allem durch einen Blick auf die unterschiedlichen Personenkonstellationen gliedern. Die Akteure des Textes sind Mose, Aaron und sein Sohn Eleasar auf der einen Seite, als Kontrast stehen ihnen Datan, Abiram, 250 namenlose Männer, Korach und seine Schar sowie das Volk Israel im Allgemeinen entgegen.

Als Leitworte oder zentrale Themenbereiche lassen sich folgende Diskussionspunkte festhalten: Wer ist heilig, wer darf sich JHWH nahen, indem er Opfer darbringt, wer ist erwählt? Und: Wer darf eine Sühne wirkende Tat leisten? Diese Fragen bilden eine Äquivalenz, die sich allerdings nicht in der Erzählung findet,

---

18 Vgl. den Buchauftakt Num 1,1; Num 1,48; 2,1; 3,14; 3,40; 4,1; 4,17; 4,21; 5,1; 5,5; 5,11; 6,1; 6,22; 7,4; 8,1; 8,5; 8,23; 9,1; 10,1; 12,1 (hier: ותדבר מרים); 13,1; 14,26; 15,1; 15,17; 15,37; 17,1; 17,16; 18,1; 19,1. Ab Num 20 sind die Abschnittswechsel in der Regel durch Ortswechsel gekennzeichnet.

19 In Num 16,18.19; Num 17,7.8.15.

sobald im Verlauf des Textes Datan und Abiram auftreten. Diesen beiden geht es im Wesentlichen um die Vormachtstellung von Mose über das Volk – dagegen lehnen sie sich auf. Diese verhandelten Themenkreise spielen nicht nur in Num 16f eine Rolle, sondern durchziehen das Numeribuch. Von daher wird es später von großem Interesse sein, welche Funktion der Korach-Episode im Numeribuch zukommt.

Neben den Personenkonstellationen und den gerade genannten kultischen Fragen spielen in dieser Erzählung die Wiederaufnahmen eine zentrale Rolle. Der Text ist mit Hilfe von Wiederaufnahmen zum einen aus demselben Kapitel gestaltet, zum andern nimmt Num 16f einige Themen und teilweise ganze Formulierungen aus den vorherigen Kapiteln auf. Es ist mehr als deutlich, dass der Text keineswegs losgelöst in seinem Kontext steht sondern auf Vieles in den vorherigen Kapiteln anspielt. Welche kontextbildende Funktion Num 16–17,15 genau einnimmt, wird ein Schwerpunkt der weiteren Analyse sein, nur auf V.1 soll hier schon einmal der Blick gelenkt werden:

Schon der Auftakt in Vers 1 ist ein Paukenschlag: Auf den ersten Blick scheint diese Erzählung nur in einem losen Zusammenhang mit den anderen Überlieferungen des Numeribuches beziehungsweise des Pentateuch zu stehen. Aber allein die ersten beiden Worte erregen Aufmerksamkeit; denn ויקח קרח (*und es nahm Korach)* ist ein (grammatisch gesehen unvollständiger) Reim, eine Lautmalerei, die auf der inhaltlichen Ebene keinen Sinn ergibt, da kein Objekt folgt. Es wird nicht klar, *was* Korach nimmt. Diese Formulierung ist meines Erachtens sowohl eine Anspielung an Lev 10,1–3 (und auch an Jos 7), um den Leser zu lenken, als auch eine Ellipse und ein Reim. Durch den Versanfang ויקח wird dem Leser die Episode um die frevelnden Aaron-Söhne aus Lev 10,1–3 ins Gedächtnis gerufen und auch der Frevel des Achan. In Lev 10 heißt es: Und es *nahmen* Nadab und Abihu ihre Räucherpfannen (ויקחו בני אהרן נדב ואביהוא איש מחתתו), brachten ein fremdes Feuer vor JHWH und wurden bestraft.[20] Dem kundigen Leser ist klar, dass der jetzt Genannte, der etwas nimmt, ein Frevler ist, genau wie Nadab und Abihu und auch Achan dies waren. Mit Korach also soll sich der Leser nicht identifizieren. Meines Erachtens liegt hier eine bewusste Anspielung des Verfassers auf Lev 10,1–3 vor und kein textkritisches Problem, das es zu lösen gilt, wie es der Apparat der BHS vorschlägt. Grammatisch gesehen ist es möglich, das objektlose ויקח als Ellipse zu begreifen. Während aber bei den Aaron-Söhnen deutlich ist, worin ihre Übertretung, ihr Frevel besteht, bleibt bei Korach und seiner Schar das Motiv für den Aufstand gegen Mose und

---

20 Siehe dazu oben die detaillierten Ausführungen zu V.1 im Kapitel 1.1.1 Übersetzung von Num 16,1 – 17,15. In Jos 7,1 steht:

וימעלו בני ישראל מעל בחרם ויקח עכן (...) מן החרם ויחר אף יהוה בבני ישראל

auch ihre genaue Verfehlung im Unklaren. Für alle Aufständischen gilt, dass sie Mose und Aaron den Vorwurf machen: Genug für euch! Wir alle sind heilig!

Die Korach-Episode also lässt sich – synchron gelesen – wie folgt gliedern[21]:

Szenische Fein-Gliederung von Num 16–17,15

Exposition:

V.1–2:	*Korach, Datan, Abiram* und *250 Männer* treten vor *Mose*
V.3:	wörtliche Rede *der 250 (oder aller Aufständischen?) gegen Mose* **und** *Aaron:* **Vorwurf:** Genug für euch! Wir alle sind heilig!

Hauptteil:

V.4:	*Mose* hört und fällt nieder
V.5:	wörtliche Rede von *Mose an Korach und seine Schar*
V.6–11:	*Mose* dezidiert noch einmal an *Korach und seine Schar* **als Leviten**
V.12:	*Mose* schickt zu *Datan und Abiram.* Sie sagen ihm: Wir kommen nicht!
V.13f:	wörtliche Rede von *Datan und Abiram* an *Mose,* **Vorwurf:** Warum bist du, Mose, unser Anführer?
V.15:	*Moses* zornige Rede zu *JHWH* als Reaktion auf *Datan und Abiram*
V.16:	*Mose* spricht zu *Korach:* Seid morgen vor JHWH!
V.17:	*Mose* an die *250 Männer und an Korach*
V.18:	Ausführung der Imperative *durch „sie", Mose und Aaron* vor dem אהל מועד
V.19:	*Korachs Schar* versammelt sich am Eingang des אהל מועד, JHWHs Herrlichkeit erscheint.
V.20–21:	*JHWH spricht zu Mose* **und** *Aaron,* dass sie sich absondern sollen, da er *die Schar* in diesem Moment vernichten will.
V.22:	*Mose* **und** *Aaron* fallen nieder, beide halten Fürbitte
V.23f:	*JHWH* nur an *Mose:* Haltet euch fern von *Korach, Datan u. Abiram*
V.25:	*Mose* geht mit den Ältesten zu *Datan u. Abiram,* nicht zu Korach
V.26:	*Mose* zur *Gemeinde* (hier wird עדה für Israel gebraucht, nicht für Korachs Schar!): Weicht zurück von diesen frevelhaften Menschen!
V.27:	Sie weichen zurück von *Korach, Datan und Abiram; Datan und Abiram* stehen am Zelteingang (nicht Korach)
V.28–30:	*Mose* spricht (Objekt nicht genannt): Bedingungssätze

---

21 Die handelnden Personen sind hierbei kursiv gesetzt, um diverse Sprünge zu kennzeichnen.

Schluss 1:

V.31–33:	Erfüllung der Bedingungssätze: die Erde schluckt „sie" und *alle, die zu Korach gehören (Datan und Abiram werden nicht erwähnt)*
V.34:	Reaktion Israels

Schluss 2:

V.35:	Gottesfeuer verschlingt die *250 Männer*

Aarons Sühne für Israel Num 17,1–15:

Einleitung:

Num 17,1–3: *JHWH* redet zu *Mose* über *Eleasar*

Hauptteil:

Vv.4–5:	*Eleasar* handelt
Vv.6–8:	Israel versammelt sich gegen *Mose und Aaron*, die Herrlichkeit JHWHs erscheint
Vv.9–10:	Befehl JHWHs an *Mose*, sich abzusondern aus der *Gemeinde* (hier wird עדה für Israel gebraucht, nicht für Korachs Schar!), da er sie in diesem Moment vernichten will. *Mose und Aaron* fallen nieder
V.11:	*Moses Auftrag an Aaron*
v.12–14	*Aaron* handelt und wehrt die Plage ab; *Korach* wird noch einmal genannt

Schluss:

V.15:	*Aaron* kehrt zu *Mose* zurück zum *Zelt der Begegnung* und die Plage hört auf.

1.1.2 Literargeschichtliche Analyse von Num 16,1–17,15

Dass die Korach-Erzählung nicht einheitlich sondern aus mehreren Textstücken zusammengesetzt ist, zeigt bereits ein erster Blick auf die Gliederung, dabei einerseits auf die Personenkonstellationen (so wird zum Beispiel zu Beginn von drei Parteien [Korach, Datan und Abiram und den 250 Männern] geredet, die sich gegen Mose [und Aaron] auflehnen, aber nur zwei werden dezidiert am Schluss bestraft[22]) und andererseits auf die unterschiedlichen Vorwürfe/Themenkreise oder Formulierungen (als עדה wird zum Beispiel meist die Schar Korachs bezeichnet,

---

22 Nach BLUM, Studien, 263, werden Datan und Abiram sowie die 250 Männer von Gott bestraft, nur Korach erhält keine Strafe. Nach Num 16,32 und 17,14 ist diese Ansicht jedoch problematisch, ebenso vor dem Hintergrund der Paralleltexte in Dtn 11,6 und Ps 106,17 (vgl. auch ACHENBACH, Vollendung, 43).

dann wiederum auch die Gemeinde Israels als Ganze). Es sind zahlreiche Spannungen in diesem Text erkennbar, sodass als common sense in der alttestamentlichen Forschung formuliert werden kann, dass sich Num 16f aus verschiedenen Erzählungen und Redaktionen zusammensetzt. Kein Konsens besteht allerdings darüber, wie man sich diese Zusammensetzung vorstellen kann. Letztlich existieren in der alttestamentlichen Forschung drei Modelle einer möglichen Textwerdung. Es wird entweder herausgestellt,

1) dass die Korach-Episode eine eigenständige Erzählung gewesen ist oder
2) dass die Einfügung von Korach als Bearbeitung der Erzählung der 250 Männer anzusehen ist oder
3) dass eine Korachbearbeitung am Werk war, *nachdem* die Erzählung von Datan und Abiram bereits mit der von den 250 Männern verwoben wurde.[23]

Diese verschiedenen Positionen seien zunächst kurz skizziert, bevor eine eigene literarkritische Untersuchung erfolgt.

Zu den Forschungspositionen:
Die Existenz einer eigenständigen Korach-Erzählung in Num 16 vertrat beispielsweise Wolfgang Zwickel. Die Korach-Geschichte sei dabei allerdings der Datan-Abiram-Erzählung nachempfunden. Die inhaltlichen und formalen Parallelen hätten dann dazu geführt, dass aus diesen drei Texten eine einzige Erzählung entstanden sei.[24] Ferdinand Ahuis sah in Num 16–17,15 ebenfalls drei literarische Versionen: die jahwistische Dathan/Abiram-Erzählung, die priesterschriftliche 250-Männer-Erzählung und die deuteronomistische Korach-Erzählung; „die jahwistische und die priesterschriftliche Erzählung sind je für sich eigenständig, die deuteronomistische Erzählung setzt diese beiden voraus und erweist sich damit als Bearbeitung.“[25] Der Unterschied zu dem Ansatz von Zwickel liegt demnach darin, dass die Korach-Erzählung zwar eigens überliefert wurde, aber doch schließlich als eine redaktionelle Bearbeitung der Datan-Abiram- *und* der 250-Männer-Erzählung zu begreifen ist.[26] Nach Ahuis stelle Num 16f „das Ergebnis eines Überlieferungsprozesses dar, der sich von den Anfängen des Königtums in Jerusalem und dessen Vorgeschichte bis hin zu den Anfängen neuer Herrschaftsformen in der jüdischen Kultgemeinde um die Wende von der exilischen zur nachexilischen Zeit, also über

---

23 Noch einen anderen Weg beschreitet Jacob Milgrom, der die These aufstellt, dass eine Überlieferung von Datan und Abiram erst durch Korach und durch die 250 Männer und anschließend durch die Leviten allgemein (Vv.5–11) ausgestaltet wurde (vgl. MILGROM, Korah's Rebellion).

24 ZWICKEL, Räucherkult, 297.

25 AHUIS, Autorität, 29. Im Gegensatz zu Fritz betont Ahuis, dass Datan und Abiram nicht die Landnahme sondern die Wallfahrt verweigern würden (Autorität, 55).

26 So seit KUENEN, opstand.

einen Zeitraum von fast 500 Jahren, hinweg erstreckt hat."[27] Die von Ahuis angenommene deuteronomistische Korach-Erzählung stamme seiner Ansicht nach aus levitischen Kreisen unmittelbar nach Ende des Exils. Diese Leviten hätten versucht, mäßigend auf die Korachiter einzuwirken.[28] Ähnlich wie Ahuis sieht auch Erhard Blum das redaktionelle Verhältnis in Num 16–17,15, er benannte aber die Quellen beziehungsweise Erzählfäden anders und gelangte auch zu anderen Datierungen. So ist nach Blum die Datan-Abiram-Erzählung KD zuzuordnen, die Erzählung um die 250 Männer ist priesterlich, und die Korach-Erzählung ist der priesterlichen Komposition (KP) zuzurechnen, die den Gesamttext mit der Korach-Leviten-Thematik ausgestaltete.[29] Volkmar Fritz sowie Rolf Knierim/George Coats vertreten die These, dass sich zwei Erzählungen in Num 16–17,15 entdecken lassen: zum einen die Erzählung um Datan und Abiram, zum andern die Korach-Erzählung. Bei letzterer war somit Korach von vorneherein der Anführer der 250 Männer, wobei Fritz jedoch festhält, dass die Korach-Erzählung nicht einheitlich sei.[30] Knierim/Coats konstatieren, dass die Korach-Erzählung nicht eigenständig existierte, sondern redaktionell mit Blick auf die Datan und Abiram-Erzählung gestaltet wurde. Die Datan-Abiram-Erzählung gehöre zu J, Korach zu P.[31] Ebenso rechnet Fritz die Datan-Abiram-Erzählung zu J (diese beiden Akteure wandten sich aber ursprünglich nicht gegen Mose, sondern gegen die Landnahme), Korach hingegen zu einer Sondertradition von P (mit einigen Auffüllungen).[32] Ähnlich sieht auch Ludwig Schmidt das Verhältnis von Korach zu der Erzählung über die 250 Männer, da die Korach-Erzählung klar zu der Erzählung von den 250 Männern zu rechnen sei; die Datan-Abiram-Erzählung sei vorpriesterlich, die über die 250 Männer priesterlich. Im Gegensatz zu Blum kam Schmidt zu dem Schluss, dass nicht beide Erzählungen mit der Korach-Leviten-Thematik ausgestaltet wurden, sondern dass die Korachbearbeitung vorgenommen wurde, „bevor die Geschichte von den 250 Männern mit der Datan-Abiram-Erzählung verbunden wurde."[33] David Frankel weist in Num 16 im Zuge seiner Analyse der „murmuring stories" ebenfalls drei Schichten nach: „We have found an early priestly story, a layer in which this material is combined with non-priestly material, and a post-editorial Korah layer."[34] Jede dieser drei

---

27 Ahuis, Autorität im Umbruch, 98.

28 Vgl. Ahuis, Autorität, 108. Dafür, dass diese Leviten nur „mäßigend" auf die Korachiten einwirken wollten, hat die Erzählung in Num 16f. allerdings einen sehr harten Ausgang. Von daher ist diese These fragwürdig.

29 Vgl. Blum, Studien, 270.

30 Vgl. Fritz, Israel, 24ff.

31 Vgl. Knierim/Coats, Numbers, 208.

32 Vgl. Fritz, Israel, 24ff.87f.

33 Schmidt, Studien, 146.

34 Frankel, Murmuring, 224.

Schichten habe ihre eigene ganz spezielle Ausrichtung. Noch einen anderen Weg beschreitet in neuerer Zeit Joel S. Baden, der in Num 16 eine Erzählung von E und eine der Quelle P erkennt. Redaktionelle Arbeit sei zudem nur an wenigen Versen erkennbar, so an der Einfügung der Namen Datan und Abiram in den Versen 24, 27 und 32.[35] Ganz anderer Ansicht ist dagegen Christoph Berner. Er hält zu Num 16–17 fest: „Die Annahme einer redaktionellen Kombination ehemals selbständiger Quellenfäden ist damit für den untersuchten Textbereich – wie im übrigen wohl auch sonst – mit Nachdruck zu verabschieden. Nichts anderes gilt freilich auch für all jene Entstehungsmodelle, die das Werden von Num 16–17 auf die Tätigkeit einiger weniger Großredaktionen zurückführen. Die Textgenese verlief weitaus kleinschrittiger"[36]. Berner sieht in Num 16–17 insgesamt neben einem literarischen Grundbestand um die Datan-Abiram-Erzählung neun weitere Bearbeiter am Werk. Ein erster Bearbeiter hätte die Erzählung dahingehend weiter ausgestaltet, indem er den Aufstand Datans und Abirams in Bezug zu den Ereignissen aus Gen 4 setzte und das Ende der Aufständischen zu einem Gottesurteil stilisierte, durch das JHWH selbst das Führungsamt des Mose bestätige. Im Element des Gottesurteils wäre nun der wesentliche Anknüpfungspunkt für die Erzählung von den 250 Männern angelegt, die den Text in entscheidender Weise modifiziere (ein zweiter Bearbeiter). Ein weiterer Bearbeiter würde das Volk erneut gegen Mose und Aaron aufbegehren lassen, woraufhin JHWH drohe, es mit einer Plage zu vernichten. Spätere Bearbeiter würden die Dramatik der Szene nun steigern, indem sie die Plage wirklich ausbrechen ließen, diesen Sachverhalt ausdrücklich vermerkt und in der Moserede in Num 17,11b verankert hätten. Die Hauptlinie der redaktionellen Entwicklung setze sich mit der Erzählung von Aarons grünendem Stab fort (ein vierter Bearbeiter). Diese Erzählung erfahre dann Modifikationen (fünfter Bearbeiter) dahingehend, dass der Aaronstab dauerhaft in der Stiftshütte deponiert sei. Ein nächster Bearbeiter notiere, dass der Ort des Zeichens seine Wirkung zunichtemacht, indem er mit Blick auf die sakralrechtlichen Bestimmungen in Num 18 betone, dass jeder Unberufene, der das Heiligtum betritt, sterben müsse (17,27–28). Ein nächster Bearbeiter schildere dann die Erzählung, dass Eleazar aus den bei der Opferprobe verwendeten Pfannen einen kupfernen Überzug für den Brandopferaltar anfertigen lässt, der so zu einem für alle sichtbaren Erinnerungszeichen werde. Ein weiterer Bearbeiter führe diese Aktion auf einen ausdrücklichen JHWH-Befehl zurück. Zu guter Letzt habe ein Bearbeiter vor dem Hintergrund von Konflikten zwischen den unterschiedlichen Klassen des nachexilischen Kultpersonals eine einschneidende Modifikation vorgenommen, indem er die 250 Laien mit Leviten identifizierte, die unter der Führung Korachs priesterliche Privilegien für

---

35 Vgl. BADEN, Redaction, 271f.
36 BERNER, Laien, 23.

Korach in Num 16,1–17,15 | **37**

sich beanspruchen und durch ihr Scheitern bei der Opferprobe in ihre Schranken verwiesen werden (Num 16,1a.5a*.6bβ.7b.8–11.16a.17a; 17,5a*bα.14b). Ein letzter Bearbeiter modifiziere die Erzählung dahingehend, dass er Korach zum Verführer der ganzen Gemeinde stilisiert, der schließlich das Schicksal Datans und Abirams erleidet (Num 16,7a*. 16b.17b.18*. 19–22.23–24[LXX].27a[LXX].32b).[37]

Reinhard Achenbach sieht in Num 16–17 eine „aus vier teils divergierenden, teils zusammengeführten Linien gestaltete Erzählung, welche vier Probleme beziehungsweise Fragestellungen behandelt […].[38] Erstens stelle sich die Frage, ob die Autorität des Mose und die durch ihn vermittelte Landnahmeverheißung göttlich legitimiert und generationenübergreifend gültig sei. Darauf antworte die Datan-Abiram-Erzählung, die sich in 16,b*.2aα…12–15.25.26 (ohne אל־העדה)*.27b–32a.33a.bα.34 finde. Sie sei eine nach-dtr. Überlieferung und dem Hexateuchredaktor zuzuweisen. Daneben werfe Num 16–17 als zweite Frage auf, ob die Heiligkeit und damit das Recht, sich im Kult der Gottheit zu nahen, allein auf Aaron beschränkt sei oder ob auch Laien am Kult teilhaben dürfen. Darauf antworte nach Achenbach die Erzählung der 250 Männer (16,1a*.2ab.*.3*.[16*]. 17–18.35; 17,11–13.[14f]). Sie sei durch den Pentateuchredaktor in das Buch Numeri gelangt. Damit erweitere dieser die Erzählung von Datan und Abiram. Drittens stelle sich die Frage, ob das Recht der Leviten auf die Teilnahme am Kultgeschehen das Recht auf Priestertum einschließe. Hierauf antworte eine redaktionelle Bearbeitung durch die Idee, dass der Aufstand im Kern auf die Leviten zurückgeführt werden müsse, als deren Protagonist Korach genannt wird. Dies ist nach Achenbach eine Theokratische Bearbeitung. Als vierte Fragestellung von Num 16–17 formuliert er schließlich: Wie weit reicht der Führungsanspruch Aarons? Hierauf antworte die Legende vom Aaronstab. Diese sei eine weitere Überarbeitung.[39]

Harald Samuel stellt in seiner Dissertation über die Leviten die These vor, dass es sich in Num 16,1–18,7 um ein dreistufiges Fortschreibungsmodell handele. Dies sei aber nicht exakt nach den drei Erzählungen zu trennen, sondern greife ineinander. So mache die erste Erweiterung aus einer Rebellion gegen Mose einen Disput um die Frage der Heiligkeit der ganzen Gemeinde. Die zweite Erweiterung spitze den Konflikt auf eine Auseinandersetzung innerhalb des Stammes beziehungsweise ein Duell zwischen Korach und Aaron zu.[40]

Katharina Pyschny widmet sich in ihrer Dissertation von 2017 ausführlich der Literargeschichte von Num 16–17 und stellte dabei die Prämisse voran, eine „modellunabhängige Analyse" durchzuführen, um „die hiesigen Ergebnisse mit der aktuellen Pentateuchforschung in ein Gespräch zu bringen und gegebenenfalls

---

37 Diesen ganzen Abschnitt über Christoph Berner vgl. BERNER, Laien, 23ff.
38 ACHENBACH, Vollendung, 39.
39 ACHENBACH, Vollendung, 39f.129.
40 Vgl. SAMUEL, Priestern, 224f.

neue Impulse aufscheinen zu lassen."[41] Trotz des Versuchs dieser Unabhängigkeit blieb Pyschny dem Modell-Denken verhaftet und beschrieb die Literargeschichte von Num 16–17 im Rahmen der „Fragmentenhypothese, wenn auch nicht in Reinform"[42]. Neu an ihrem Ansatz ist, dass sie die „Einbindung der Datan-Abiram-Erzähleinheit in das Textcluster Num 16–17 wesentlich später ansetzt als forschungsgeschichtlich üblich."[43] Diese Erzähleinheit ist nach Pyschny *nach* der ersten Korachbearbeitung und nach der Erweiterung um das Stabordal (Num 17,16–28) zu datieren. „Erst dann wird der Textbestand um die nichtpriesterliche Datan-Abiram-Erzähleinheit [...] erweitert. Redaktionstechnisch vollzieht sich das durch die restlichen Korach-Leviten-Elemente [...], die zum einen Korach mit Datan und Abiram zusammenbinden und zum anderen die Datan-Abiram-Erzähleinheit in den vorliegenden Textbestand integrieren."[44]

Wie lassen sich die hier skizzierten Positionen beurteilen? Die aufgeführten literar- und redaktionsgeschichtlichen Theorien zu Num 16f übersehen meines Erachtens die Frage, wozu, zu welchem Ziel Korach hier diffamiert wird. Ging es den Redaktoren tatsächlich nur um die Personen Korach und Aaron? Oder um die Leviten allgemein? Nach Achenbach ist Korach hier als Protagonist für die Leviten im Ganzen anzusehen, sodass es sich hier nicht konkret um Korach sondern um eine Denunzierung der Leviten handelt. Hier sei jedoch die Überlegung erlaubt, was der Redaktor hier mit einer Denunzierung Korachs erreicht, der nicht bloß ein Levit sondern auch der Stammvater der Psalmen-Dichter, der Söhne Korachs, ist. Diese Frage soll als Leitlinie der literar- und redaktionsgeschichtlichen Überlegungen dienen, die nun folgen.

Im Zuge der nachfolgenden Analyse von Num 16,1–17,15 lässt sich vorweg als These aufstellen, die im Weiteren begründet werden soll, dass hier zwei Erzählungen (über Datan und Abiram und über die 250 Männer) miteinander verwoben worden sind. *Nachdem* ein Redaktor diese beiden kompiliert hatte, fand eine Korachbearbeitung statt. Dass die Korachbearbeitung im Anschluss an die Kompilierung der beiden Erzählungen geschah, ist daran zu erkennen, dass der Korachbearbeiter Formulierungen aus beiden Erzählungen aufgenommen hat. Wie oben in der Gliederung dargestellt ist, wurde die Korachbearbeitung sprachlich sorgfältig in das Vokabular dieses Kapitels eingepasst. Der Redaktor übernahm den Vorwurf der 250 Männer aus V.3 רב לכם und deutete ihn auf Korach in V.7. Ebenso übernahm er den Beginn der wörtlichen Rede von Datan und Abiram aus V.13 כי המעט und legte

---

41 Pyschny, Führung, 31.
42 Pyschny, Führung, 348.
43 Pyschny, Führung, 349.
44 Pyschny, Führung, 273.

diese Worte Mose in V.9 in den Mund, der sich damit an Korach wandte. Bei diesen beiden Wendungen wird dezidiert noch einmal der Vorwurf wiederholt: In V.3 machen die 250 Männer Mose und Aaron den Vorwurf, dass es nun genug sei, in V.13 beschweren sich Datan und Abiram mit den Worten, ob es zu wenig sei (, dass Mose sie aus dem reichen Ägypten weggeführt habe). Beide Vorwürfe adaptiert der Korachbearbeiter für seine Korach-Episode.[45] Ebenso fallen die Doppelungen der Imperative hinsichtlich des Opfers (Vv.6f17) auf und die Ansage, dass *morgen* (V.5.7.16) etwas geschehen wird.

Zudem könnte Ps 106 einen Hinweis darauf liefern, dass erst die Erzählungen von Datan und Abiram und der 250 Männer miteinander verknüpft wurden und später die Korachbearbeitung erfolgt ist, da dieser Psalm nur die Erzählungen über Datan und Abiram und den Feuertod einer Schar „Gottloser" (entspricht den 250 Männern) kennt, aber Korach in diesem Zusammenhang nicht nennt (oder auch nicht nennen will).[46]

Dass es sich bei der Korach-Episode in erster Linie um eine Bearbeitung handelt und nicht um eine Erzählung, die (mündlich) eigenständig existiert hat, spricht auch, dass sich neben dem Block der Vv.6–11 nur ergänzende Glossen finden, aus denen sich keine eigenständige Erzählung rekonstruieren lässt.

Beide Erzählungen und die Korachbearbeitung lassen sich wie folgt trennen[47]:

a) Die Erzählung über Datans und Abirams Aufstand gegen Mose

Die Erzählung von Datan und Abiram umfasst folgende Verse:
V.1*.2*.12–15.23–34*[48]
Da sich deutlich zwei unterschiedliche thematische Schwerpunkte in den Aufstandsgeschichten von Num 16f hervorheben lassen (zum einen die Auseinandersetzung um das Heilig-Sein und zum andern die Infragestellung von Moses' Führungsposition), lassen sich im Großen und Ganzen gut zwei verschiedene Erzählungen

---

45 Dass der Redaktor bewusst mit Wiederaufnahmen aus demselben Kapitel gearbeitet hat, stellt ebenso Ahuis fest. Nur geht Ahuis von der Prämisse aus, dass der Redaktor sich nur an die Erzählung um die 250 Männer anlehnte, und hat somit nur die Wendung רב לכם im Blick und die Opferterminologie, nicht aber den Ausdruck המעט כי (vgl. AHUIS, Autorität, 77f.). Eine ausführliche Analyse zum Vorgehen des Korachbearbeiters inklusive einer szenischen Gliederung des Kapitels wird im Laufe dieses Kapitels vorgestellt.

46 Es könnte allerdings auch sein, dass Korach in Ps 106 bewusst verschwiegen wurde. Vgl. dazu Kapitel 2.5 Analyse von Ps 106,16–18.

47 Am Ende dieses Kapitels folgt eine Aufstellung der drei herausgearbeiteten Schichten.

48 Nur die Verse 24 und 27 enthalten ein zusätzliches „Korach und" als redaktionelle Einfügung der Korachbearbeitung, ebenso findet sich in V.32 die Einfügung „und alle Menschen, die zu Korach gehörten".

40 | Korach im Buch Numeri

voneinander trennen: die von Datan und Abiram und die der 250 Männer. Im Unterschied zur Geschichte über die 250 Männer richtet sich der Aufstand von Datan und Abiram lediglich gegen Mose und nicht gegen Aaron. Datan und Abiram zweifeln Moses' Führungsqualitäten an und diskutieren nicht, wie die 250 Männer, die priesterlichen Ämter und Befugnisse seines Bruders. Ebenso spielt die Frage nach der Heiligkeit keine Rolle. Darüber hinaus ist das Wort עדה als Marker für zwei unterschiedliche literarische Schichten zu begreifen: In dem Erzählbereich von Datan und Abiram wird mit עדה die ganze Gemeinde Israel bezeichnet (wie auch im Pentateuch üblich), in den Versen um Korach wird damit dezidiert die Gemeinde Korachs, also seine Schar bezeichnet. Der Tod, den Datan und Abiram erleiden, geschieht – vermutlich – durch das Wunder, dass sich die Erde auftut und sie verschluckt, obwohl sie bei dieser dramatischen Aktion nicht mehr explizit genannt werden. Wenn man allerdings ואת כל האדם אשר לקרח (*und alle Menschen, die zu Korach gehörten*) in V.32 als spätere Glosse begreift, dann ist das Schicksal von Datan und Abiram eindeutig: Sie, ihre Häuser und ihr ganzer Besitz, wurden von der Erde verschluckt und fuhren hinab zur Scheol.

Zu den einzelnen Versen:

Die Verse 1+2:
Die Entstehungsgeschichte der Verse 1 und 2 nachzuzeichnen, ist diffizil: In V.1 werden Korach, Datan und Abiram genannt, in V.2 werden die 250 Männer eingeführt. In der Gestalt des masoretischen Textes lässt sich Vers 1 jedoch nicht einfach von Vers 2 trennen, da Vers 2 auf Vers 1 rekurriert. Vers 2 hat zum Inhalt, dass *sie* gegen Mose aufstanden *und* (mit ihnen) noch 250 Männer.[49] Das heißt, die Subjekte aus Vers 1 werden in Vers 2 gebraucht, zumindest zwei davon – Datan und Abiram (und „On", der aber nicht weiter erwähnt wird). Die Einführung von Korach durch die eigentümliche Konstruktion ויקח קרח ist als wohlgestaltete Redaktion zu sehen, die später der Erzählung vorangesetzt wurde.[50] Es liegt nahe anzunehmen, dass eine eigenständige Datan-Abiram-Erzählung zu Beginn gelautet hat:

ודתן ואבירם בני אליאב ואון בן פלת בני ראובן יקמו לפני משה.
Datan und Abiram aber, die Söhne Eliabs, und On, der Sohn Pelets, die Söhne Rubens standen auf gegen Mose.

---

49 Das Waw vor אנשים wird in der Forschung meist übersehen. Ohne dieses Waw kann Vers 2 problemlos als eigenständiger Satz aufgefasst werden: Es standen auf vor Mose Männer von den Söhnen Israels 250… Mit Waw braucht man inhaltlich auf jeden Fall noch ein anderes Subjekt – die Genannten aus Vers 1.

50 Siehe dazu die Ausführungen zu V.1 oben und die Beschreibung der Korachbearbeitung unten.

Schwierig bleibt bei dieser Annahme jedoch die Syntax, da bei dieser Rekonstruktion mit יקמו ein w-x-Imperfekt entsteht. Diese Form drückt aber keine vergangene sondern eine zukünftige Handlung aus, sodass ursprünglich wohl ein Perfekt קמו gestanden haben müsste oder ein ursprünglicher Versanfang schlicht nicht mehr zu rekonstruieren ist. Der Redaktor, der die Erzählung von Datan und Abiram mit der Erzählung von den 250[51] Männern kompiliert hatte, fügte schließlich den verbleibenden Vers 2 ein:

ואנשים מבני ישראל חמשים ומאתים נשיאי עדה קראי מועד אנשי שם.

und (mit ihnen) Männer von den Israeliten 250: Es waren Anführer der Schar, zur Zusammenkunft Berufene, Männer von Namen.

Der Korachbearbeiter stellte schließlich V.1a voran.

Die Verse 12–15:
V.12 führt die Erzählung um Datan und Abiram fort. Die Vv.3–11 handeln von Mose, Korach und den 250 Aufständischen, auch Aaron wird genannt, Datan und Abiram nicht. Thematisch geht es um die Frage nach dem Heilig-Sein und den Dienst, den die Leviten bereits leisten. Nach dem Schluss der engagierten Rede von Mose an Korach in V.11 würde der Leser nun eine Reaktion von Korach erwarten, der zuletzt angesprochen war. Nach seiner Rede gegen Korach und seine Schar lässt Mose aber in V.12 nun Datan und Abiram rufen. Dass hier ein Einschnitt vorliegt und die Verse 12–14 zu der Datan-Abiram-Schicht gehören, ist Konsens in der Forschung. V.15 ist meiner Ansicht nach ebenso zu dieser Schicht zu zählen, da dieser Vers direkt eine Reaktion auf die aufständische Rede von Datan und Abiram darstellt.[52] Die Reaktion Moses auf den Aufstand der 250 Männer findet sich bereits in den Vv.4–5 und wäre hier demnach doppelt. V.15 spricht davon, dass Mose zornig wird und JHWH im Zuge dessen auffordert, dass er sich dem Opfer von Datan und Abiram nicht zuwenden soll. V.15 handelt zwar von einem Opfer wie auch bei der Erzählung über die 250 Männer, doch wird hier zum einen die Vokabel מנחה verwendet, die sonst in Num 16f nicht weiter belegt ist. Zum andern zeigt die Darstellung der Charaktere Unterschiede: Datan und Abiram liegen mit Mose im Streit, der sich um seinen Führungsanspruch dreht. Die 250 Männer

---

51 Nach H. Samuel klappt die Zahl 250 „syntaktisch auffällig nach", und sie „verträgt sich nicht gut mit der Angabe ‚Fürsten der Gemeinde'." (SAMUEL, Priestern, 216). Beiden Aussagen kann ich nicht zustimmen. Gerade für die Konstruktion mit dem Zahlwort am Ende des Verses lassen sich einige Parallelen aufzeigen, allen voran innerhalb derselben Erzählung in Num 17,14. H. Samuel ist aber dahingehend recht zu geben, dass der Anschluss von V.2 an V.1 nur durch das Waw vor den Männern gegeben ist. Dies wird in der literargeschichtlichen Analyse noch einmal aufgegriffen.
52 Mit zum Beispiel ACHENBACH, Vollendung, 43f.; gegen unter anderem SCHMIDT, Studien, 130.

wollen hingegen ihr Recht einfordern, dass auch sie Opfer vor JHWH darbringen dürfen und nicht nur Aaron. In letzterer Erzählung obliegt die Handlung schließlich JHWH, wen er an sich herannahen lässt und wen nicht. Mose steht in diesem Konflikt außen vor, beziehungsweise er hat lediglich die Rolle des Nachrichtenübermittlers inne. In der Erzählung über die 250 Männer braucht JHWH Mose demzufolge nicht als Ausführer einer Handlung.[53] Zudem erfordert der Aufstand von Datan und Abiram eine Reaktion von Mose, die ohne V.15 der Erzählung fehlen würde. Mit V.16 wechselt die Erzählung wieder das Thema hinüber zur Darbringung eines rechtmäßigen Räucheropfers. Diese Verse gehören demnach nicht zur Datan-Abiram-Episode.

Die Verse 23–34:
Des Weiteren besteht die Datan-Abiram-Schicht aus den Versen 23–34, in der allerdings einzelne redaktionelle Korach-Einfügungen zu finden sind. Folgerichtig schließt V.23 an V.15 an; denn in V.15 hatte sich Mose in seinem Ärger an JHWH gewandt und nun, in V.23f, erhält er seine Antwort. JHWH spricht zu Mose, dass er zur עדה sagen soll, dass sie sich rundherum von der Stätte Datans und Abirams entfernen sollen. Der Begriff עדה bezeichnet an den anderen Stellen in diesem Kapitel sonst die Schar Korachs. Dass diese sich hier allerdings entfernen soll, ergibt keinen Sinn. Mit עדה ist hier wie im übrigen Pentateuch die Gemeinde Israels gemeint. Somit liegt hier ein klarer Unterschied zur Korach-Episode vor.

Hat man nun den Endtext vor Augen, so scheint es, dass Datan und Abiram gar keine Strafe für ihren Aufstand erhalten haben. Erkennt man allerdings in V.32 den Halbsatz „und alle Menschen, die zu Korach gehörten" als redaktionelle Einfügung, so wird klar, dass Datan und Abiram ursprünglich durch das Wunder zu Tode kamen, dass sich der Erdboden öffnete und sie und ihre Häuser und ihren ganzen Besitz verschlang. Mit dieser Einfügung erleidet nun Korach mit seiner Schar dieses Schicksal – von Datan und Abiram ist keine Rede mehr.

Die Namen Datan und Abiram sind meines Erachtens an all ihren Vorkommen primär und somit keine redaktionellen Ergänzungen. Anders sieht dies Ludwig Schmidt, der davon ausgeht, dass es sich bei der Datan-Abiram-Erzählung um eine vorpriesterschriftliche Erzählung handelt und somit dabei weder von Israel als עדה gesprochen werden könne noch von einem profan gebrauchten משכן als

---

53 Auch Baruch A. Levine zählt V.15 zur Datan-Abiram-Episode und macht zu Recht darauf aufmerksam, dass man bei diesem Vers auf Thema und Ausdruck achten müsse (LEVINE, Offerings, 108). Die Datan-Abiram-Episode ist nach Levine JE zuzuordnen (vgl. LEVINE, Offerings, 110).

"Wohnstätte".[54] משכן würde in vorexilischer Zeit lediglich als Bezeichnung des (Wüsten-)Heiligtums verwendet. Nach Schmidt sind dementsprechend die Bezeichnung Israels als עדה (V.26) wie auch die Nennungen von Datan und Abiram hinter dem Wort משכן (V.24.27) sekundäre Glossen.[55] Somit hätte V.24 ursprünglich mit dem Wort משכן geendet, und die Erwähnungen Datans und Abirams sowie Korachs wären sekundär hinzu gekommen.[56] Das Problem bei diesem Vers ist jedoch, dass Mose sodann unaufgefordert ohne Auftrag JHWHs zu Datan und Abiram ginge; es gäbe somit keinen Befehl, der in V.26 ausgeführt würde.[57] Zudem gibt es durchaus Stellen außerhalb von P, in denen משכן parallel zu אהל verwendet wird.[58] Diese Parallelen sind in der Datierungsfrage relevant, der nun nachgegangen werden soll.

Zur Datierung und Entstehung:
Die Herangehensweise, dass man aus der Datan-Abiram-Erzählung alle priesterlichen Vokabeln ausscheidet, um somit die Erzählung früher datieren zu können, ist (noch) der Denkweise der Neueren Urkundenhypothese geschuldet, die man im Buch Numeri entdecken wollte. In der heutigen Pentateuch-Debatte ist jedoch deutlich ein Zusammenbruch der Urkundenhypothese wahrnehmbar. Dieser Zusammenbruch habe progressiv die Forschung seit einigen Jahren dazu geführt, immer mehr die Bedeutung der Arbeit der Endredaktoren und Herausgeber des Pentateuch zu unterstreichen.[59]

---

54 Gerade die unterschiedliche Verwendung des Wortes משכן unterstreicht in Num 16 noch einmal, dass dieses Kapitel aus verschiedenen Erzählungen und Bearbeitungen besteht. In Num 16,9, ein Vers aus der Korachbearbeitungsschicht, ist mit משכן wiederum deutlich JHWHs Heiligtum gemeint.

55 So SCHMIDT, Studien, 122.139f. Dazu ist anzumerken, dass „Israel als עדה" im Buch Numeri eine Standard-Vokabel ist: Sie kommt allein in diesem Buch – ohne die Kapitel 16f. – über 50x vor.

56 So auch Achenbach, Vollendung, 49: „Die Einfügung der Namen Korach, Datan und Abiram am Ende von v. 24 macht (wie auch in v. 27aβ) aus der Wohnung Jahwes eine Wohnung der Rebellen und ist nicht mehr als eine redaktionelle Brücke zwischen beiden Texten."

57 Auch gegen Achenbach, der konstatiert, V.25 schließe „durchaus sinnvoll" an V.15 an (ACHENBACH, Vollendung, 49).

58 Zum Beispiel in Num 24,5; Jer 30,18; Jes 54,2 und Hi 21,28 begegnet משכן in Parallele zu אהל; bei Hiob gibt es die Formulierung „Wohnstätte des Frevlers"; nach Ps 78 bestand das Lager der Israeliten aus משכנות; der Ausdruck „משכנות der Feinde" steht in Hab 1,6. Bei diesen Stellen ist vermutlich an vorübergehende – menschliche – Wohnstätten gedacht. Vgl. dazu auch KELLERMANN, Art. מִשְׁכָּן, 66.

59 So bringen dies u. a. Christophe Nihan und Thomas Römer auf den Punkt: "l'effondrement de la théorie documentaire traditionnelle" (NIHAN/RÖMER, formation, 109). Siehe dazu auch das unten stehende Kapitel 1.4 Redaktionsgeschichtliche Überlegungen zum Buch Numeri anhand der Figur des Korach und der Leviten.

44 | Korach im Buch Numeri

Auch die ersten Analysen zu Num 16f lassen den Schluss zu, dass sich hier keine Quellenstücke von J, E oder P finden[60], sondern dass sich in der Datan-Abiram-Erzählung einiges priesterliches wie auch dtr[61] Material findet, sodass der Text nachpriesterschriftlich zu datieren ist. Dies wäre nach Thomas Römer auch keine Besonderheit, sondern – ganz im Gegenteil – für das Gros der Texte im Numeribuch anzunehmen.[62] Römer votiert dafür, das Numeribuch im Ganzen nachpriesterlich anzusetzen, „und zwar im Zusammenhang mit der Publikation eines Pentateuchs, in welchem sich die verschiedenen theologischen Strömungen des Judentums wiederfinden konnten."[63] Dies schließt Römer aus den Beobachtungen, dass Numeri weit mehr dtr-priesterliche Mischtexte enthielte als die anderen Bücher des Pentateuch. „Anscheinend konnten diese Texte nur noch im Numeribuch Aufnahme finden, da die anderen vier Bücher wohl schon einen protokanonischen Status innehatten."[64] So stelle das Buch Numeri das Buch dar, das als letztes zum Pentateuch hinzugefügt wurde; es wäre von vornherein als Zusatz zu den anderen Büchern des Pentateuch geplant. Dies würde insbesondere den ganz eigenartigen Charakter dieses Buches erklären.[65]

So erhält man, statt starke redaktionelle Überarbeitung anzunehmen – vor allem durch das Aufteilen aller Verse, in denen von Israel als עדה und von einem profanen Gebrauch von משכן die Rede ist, – einen sinnvollen Block der Vv.23–34, in denen nur „Korach und seine Schar" ergänzt wurde, und dementsprechend ein nachexilisches Abfassungsdatum der gesamten Datan-Abiram-Erzählung.[66]

---

60 In dieser Arbeit wird die Existenz von P vorausgesetzt, die von J und E ist dagegen stark zu bezweifeln, wie dies auch die große Mehrheit der neueren Arbeiten sieht. Eine Ausnahme bildet hier Joel Baden, der sich seit seiner Dissertation (BADEN, Redaction) für eine Existenz der Quellen P, J, E und D im Pentateuch stark macht, dazu gäbe es noch einen Redaktor. Einen Redaktor, der nur J und E zusammengefügt habe, gab es Badens Ansicht nach nicht. In Bezug auf das Buch Numeri hält Baden die Quellen J, E und P für existent; speziell in Num 16 würden sich P und E-Texte finden (vgl. BADEN, Redaction, 2.183.308ff. u. ö.).

Als Grundannahme dieser Arbeit sei vorausgesetzt, dass P^G eine Quellenschrift ist und dass sich sowohl redaktionelle Zusätze in (einer eigenständigen) P als auch redaktionelle Arbeiten im Gesamtzusammenhang des Pentateuch finden. P^G ist demnach spätexilisch, eher frühperserzeitlich anzusetzen (vgl. zur Datierung zum Beispiel BLUM, Issues, 32, NIHAN, Covenant, 91, KRATZ, Komposition, 248, die die Abfassung von P in die [früh]persische Zeit datieren).

61 Die Wendung ארץ זבת חלב ודבש (*Land, in dem Milch und Honig fließt*) lässt auf eine dtn-dtr Sprache schließen (vgl. zum Beispiel SCHMIDT, Studien, 131.135).

62 Vgl. RÖMER, Numeri, 223. Römer führt als Beispiel für dtr-priesterliche Mischtexte auch die Kapitel Num 16–17 an.

63 RÖMER, Numeri, 229.

64 RÖMER, Numeri, 223.

65 Vgl. RÖMER, Nombres, 207.

66 Auch gegen ACHENBACH, Vollendung, 43f., der zur Erzählung von Datan und Abiram V.12–15.25.27b.28–32a.33a.bα.34 rechnet. Ebenso widerspricht die obige Verseinteilung an einer

In der Forschung wird diese Erzählung um Datan und Abiram als älter angesehen als die Erzählung über die 250 Männer und meistens J zugeschrieben.[67] Nach Schmidt sei sie allerdings „erheblich jünger als J" und wurde vermutlich vom Jehowisten gebildet.[68] Nach Achenbach seien die Datan-Abiram-Erzählung und die Paränese in Dtn 11,2–7 komplementäre Texte, die im kerygmatischen Feld des Hexateuch-Redaktors liegen würden (1. Hälfte des 5. Jh.s).[69] Es liegt nahe, mit Achenbach eine Entstehungszeit in der nachexilischen Zeit anzunehmen, doch wäre es meines Erachtens auch möglich, Dtn 11,6 jünger als die Datan-Abiram-Erzählung anzusetzen, da die Dtn-Stelle die „verwirrenden" Angaben zum Ruben-Stammbaum (פלת und און) auslässt. Auffällig ist aber, dass Mose in Dtn 11 nur auf Datan und Abiram und nicht auch auf die 250 Männer (geschweige denn auf Korach) anspielt. Zur Datierung der Datan-Abiram-Erzählung sei ein kurzer Blick auf Dtn 11,6 geworfen. Dort heißt es:

ואשר עשה לדתן ולאבירם בני אליאב בן ראובן אשר פצתה הארץ את פיה ותבלעם ואת בתיהם ואת אהליהם ואת כל היקום אשר ברגליהם בקרב כל ישראל

Und als er tat an Datan und an Abiram, den Söhnen Eliabs, den Söhnen Rubens, indem die Erde ihren Mund öffnete und sie verschluckte und ihre Häuser und ihre Zelte und den ganzen Bestand, der unter ihren Füßen war, mitten in ganz Israel.

Dieser Vers befindet sich in einer rückblickenden Rede des Mose an das Volk Israel. Mose will das Volk an vergangene Taten JHWHs erinnern und spielt dabei (nur) auf die Datan-Abiram-Erzählung an. Er erwähnt weder die 250 Männer noch Korach. Es könnte sein, dass der Verfasser von Dtn 11 die Kompilation der Erzählungen noch nicht kannte, somit auch nicht die Korachbearbeitung.

Ein Text, der auf die Kompilation der Erzählungen über Datan und Abiram und über die 250 Männer Bezug nimmt, ist Ps 106. Auch auf diesen sei kurz eingegangen, bevor er später noch eigens erläutert wird.[70]

Dort heißt es in den Vv.16–18:

Stelle der Einteilung von Artus, der den zweiten Block der Datan-Abiram-Erzählung mit V.25 und nicht mit V.23 beginnen lässt (ARTUS, Etudes, 193).

67 So zum Beispiel AHUIS, Autorität, 29, oder KNIERIM/COATS, Numbers, 208.

68 Vgl. SCHMIDT, Numeri, 4.

69 Vgl. ACHENBACH, Vollendung, 46. Wenn Achenbach allerdings dieses späte Abfassungsdatum annimmt, ist es unnötig, die priester(schrift)lichen Wendungen in dieser Erzählung literarkritisch auszuscheiden.

70 In Kapitel 2.5 Analyse von Ps 106,16–18.

46 | Korach im Buch Numeri

16 ויקנאו למשה במחנה לאהרון קדוש יהוה

17 תפתח ארץ ותבלע דתן ותכס על־עדת אבירם

18 ותבער אש בעדתם להבה תלהט רשעים

16 Und sie beneideten Mose im Lager, und Aaron, den Heiligen JHWHs.

17 Die Erde öffnete sich und verschluckte Datan und bedeckte die Schar Abirams.

18 Und ein Feuer entbrannte mitten in ihrer Schar/Versammlung, eine Flamme verzehrte die Gottlosen.

In diesen drei Versen werden die Akteure Datan und Abiram klar benannt. Das Motiv, dass sie Mose beneideten, ist eine Interpretation von Num 16 und dort nicht explizit zu finden. Die Zahl 250 wird nicht erwähnt, aber man kann aus zwei Gründen vermuten, dass auch auf diese Erzählung Bezug genommen wird. Zum einen wird Aaron der Heilige JHWHs genannt – dieser Streitpunkt, wer denn heilig ist, findet sich nur in der Erzählung über die 250 Männer. Zum andern werden in V.18 „Gottlose" von einem Feuer verzehrt. Da Datan und Abiram von der Erde verschluckt werden, sind mit diesem Motiv die 250 Männer gemeint.[71] Interessant ist, dass Korach hier nicht genannt wird.[72]

Zusammenfassend lässt sich über die Entstehung der Datan-Abiram-Erzählung sagen, dass hier sowohl dtr Sprache (ארץ זבת חלב ודבש *Land, in dem Milch und Honig fließt*) als auch priesterschriftliche Wendungen zu erkennen sind, sodass hier ein dtr-priesterlicher Mischtext vorliegt. Die priesterlichen Ausdrücke wie zum Beispiel עדה (als Gemeinde Israels), משכן (in profaner Weise) und die Verwendung der Wurzel ברא lassen vermuten, dass diese Erzählung nicht vor P entstanden ist. Diese schriftliche Form der Erzählung ist demzufolge nach P^G (also frühestens Ende des 6. Jh.s) entstanden. Wenn darüber hinaus Dtn 11,6 vermutlich nachpriesterschriftlich anzusetzen ist[73] und auf die Datan-Abiram-Erzählung, nicht aber auf die 250 Männer Bezug nimmt, ergibt sich für die Datierung der Datan-Abiram-Erzählung in Num 16 Folgendes:

Die Datan-Abiram-Erzählung ist vom Vokabular her dtr und (nach)priester-schriftlich. Sie ist vor Dtn 11,6 zu datieren, und die Kompilation beider Texte (Datan

---

71 Gegen Frank L. Hossfeld, der konstatiert, dass V.18 Lev 10,2 heranziehe (vgl. ZENGER/HOSSFELD, Psalmen. 101–150, 130). Dies ist aber unwahrscheinlich, da zum einen als Parallelismus von einer ganzen Schar Frevler die Rede ist und nicht nur von zweien (wie Nadab und Abihu in Lev 10,2). Zum andern bezieht sich V.16a auf Datan und Abiram, V.16b auf die Erzählung über die 250 Männer und ihren Angriff auf Aaron.

72 Dazu wird unten Stellung genommen, vgl. 2.5 Analyse von Ps 106,16–18.

73 Vgl. zum Beispiel ACHENBACH, Vollendung, 46: Sowohl die Datan-Abiram-Erzählung als auch Dtn 11,2–7 gehören in das Umfeld des Hexateuch-Redaktors. Veijola hält ohne konkrete Datierung fest, dass es sich bei Dtn 11,6 um „eine sekundäre Ergänzung unbekannter Herkunft" handelt (VEIJOLA, Deuteronomium, 248). Der eigentliche Gedankengang des DtrB laufe von V.5 in V.7 weiter (ebd.).

und Abiram und die 250 Männer) ist vor Ps 106 anzusetzen, da Ps 106 die Kompilation der beiden Erzählungen von Num 16 bereits kennt, Dtn 11,6 aber anscheinend nicht. Somit muss die Verschriftlichung der Datan-Abiram-Erzählung älter sein als Dtn 11,6, ihre Kompilation mit der Erzählung über die 250 Männer jünger als Dtn 11,6. Dementsprechend wäre eine Abfassungszeit der Datan-Abiram-Erzählung mit Achenbach im frühen 5. Jh. (oder im späten 6. Jh.) zu vermuten.[74]

Folglich stellt sich, wie auch Rüdiger Lux dies bereits formuliert hatte, hinsichtlich der Datan-Abiram-Episode die Frage nach dem Erzählinteresse: Wenn diese Erzählung relativ jung ist im Vergleich zu der Zeit, von der erzählt wird, dann ist hier wohl weder die Landnahme (so Fritz[75]) noch die Wallfahrt am Tempel der Königszeit (so Ahuis[76]) im Blick. Vielmehr ist Lux zuzustimmen, der die Aussagen des Textes innerhalb einer Ämterauseinandersetzung bestimmt. Dies würde auch die Zusammenstellung mit der Erzählung um die 250 Männer und die anschließende Korachbearbeitung erklären. Nach Lux handelt es sich hierbei nicht um eine *„Disziplinierungsgeschichte*" für die kleinen Leute. Sie stellte vielmehr eine Mahnung an die alten Herren dar, ihr Schicksal und ihren Machtverlust als Folge ihrer eigenen Rebellion gegen Mose und seine Tora zu begreifen."[77]

Auch die 250-Männer-Erzählung wie die Korachbearbeitung haben einen Aufstand mit negativen Folgen zum Thema – eine Mahnung, wie Lux dies zu Recht nennt, hierbei aber mit dem Fokus auf den priesterlichen Ämtern. So kann „der Aufstand und seine Folgen als Mahnung" als gemeinsame Basis aller drei Erzählungen in Num 16f bezeichnet werden.

b) Die Erzählung über den Aufstand der 250 Männer

Dieser Schicht lassen sich folgende Verse zuteilen:
V.2*–5*.17*–18.35; 17,1–15*[78]

---

74 Nach Lux handelt es sich bei der Datan-Abiram-Erzählung um einen Eingriff in die Debatte um die deuteronomische Ämtergesetzgebung aus der frühen Exilszeit (Lux, Erde, 206). In seinem Aufsatz führt Lux zunächst eine Argumentationsliste aus sprachlicher Hinsicht an (Lux, Erde, 192–195), die m. E. nur eine Datierung nach P zulässt (v. a. durch die Wurzel ברא in V.30 oder durch נאץ in V.30 [diese Wurzel wird in ‚relativ späten Texten verwendet']). Wie Lux nach dieser Argumentation auf eine frühe Exilszeit kommt, ist nicht nachvollziehbar.

75 Vgl. Fritz, Israel, 87f.

76 Vgl. Ahuis, Autorität, 55.

77 Lux, Erde, 207.

78 V.5 enthält ein redaktionelles „zu Korach und zu seiner ganzen Schar"; V.17 ein „und du", und in Num 17,5 wird „damit niemand so wird wie Korach und wie seine Schar" eingefügt, in Num 17,14 „ohne die Getöteten wegen der Sache Korach".

48 | Korach im Buch Numeri

Auch diese Erzählung hat der Redaktor, der beide Erzählungen miteinander verwoben hat, in Blöcken bestehen lassen, die danach mit redaktionellen Korachbe-
arbeitungen durchzogen wurden. Inhaltlich geht es in dieser Erzählung um die
Infragestellung der alleinigen Priesterschaft des Aaron. Um die Zuordnung der
oben genannten Verse zur Erzählung über die 250 Männer zu begründen, sei zunächst Lev 10,1–3 dargestellt, da sich in dieser kurzen Episode derselbe Plot findet
und sich deshalb ein Vergleich nahe legt. In Lev 10,1–3 heißt es:

1 ויקחו בני אהרן נדב ואביהוא איש מחתתו ויתנו בהן אש וישימו עליה קטרת ויקרבו לפני יהוה אש
זרה אשר לא צוה אתם
2 ותצא אש מלפני יהוה ותאכל אותם וימתו לפני יהוה
3 ויאמר משה אל אהרן הוא אשר דבר יהוה לאמר בקרבי אקדש ועל פני כל העם אכבד וידם אהרן

1 Und es nahmen die Söhne Aarons, Nadab und Abihu, ein jeder seine Räucherpfanne
und sie gaben in sie Feuer und legten auf sie Räucherwerk und sie opferten vor JHWH ein
fremdes Feuer, das er ihnen nicht geboten hatte.
2 Und Feuer trat aus von JHWH und aß sie. Und sie starben vor JHWH.
3 Und Mose sprach zu Aaron, das ist es, was JHWH geredet hatte: „In meiner Mitte erweise
ich mich selbst als heilig und vor dem ganzen Volk zeige ich mich in meiner Herrlichkeit.“
Und Aaron verhielt sich still.

Hier werden die Aaronsöhne Nadab und Abihu eingeführt, die ein „falsches Opfer"
(אש זרה *ein fremdes Feuer*) darbringen und deshalb durch ein Feuer vom Himmel
getötet werden. Im Vergleich mit dieser auffallend ähnlichen Erzählung liegt die
Annahme nahe, dass ein falsches Opfer mit dem Feuertod bestraft wird. Somit gehören sowohl die Opferthematik der Vv.17f als auch der Schluss in V.35 zusammen
und folglich zur Erzählung über die 250 Männer. Da sich auch ein Gottesfeuer
in Num 17,1–15 als Strafe gegen das gesamte Volk findet, sind auch diese Verse
zur 250-Männer-Erzählung zu rechnen. Zudem zählt zu dieser Feuer-Motivik die
Rede von der כבוד יהוה dazu, da das Erscheinen der Herrlichkeit JHWHs im Pentateuch oft mit Feuer in Verbindung steht[79]. Auch dieses Motiv hat in Lev 10,3
eine Parallele (in dem Wort אכבד *ich zeige mich in meiner Herrlichkeit*) ebenso
wie das Lexem des Heilig-Seins (אקדש *ich erweise mich selbst als heilig*). Somit
bildet die Erzählung über die 250 Männer einen Erzählfaden von einem Aufstand
gegen Aaron, über eine Forderung nach allgemeiner Heiligkeit, die Erscheinung
der Herrlichkeit JHWHs bis hin zum zweifachen Feuertod der Aufständischen:

---

79 Vgl. WEINFELD, Art.: כבוד, 32: „Der gefährliche Aspekt des *kābôḏ* JHWHs wird bes. deutlich in den
   Erzählungen vom Wüstenzug. Hier begegnet der *kābôḏ* JHWHs, um die Israeliten zu bedrohen,
   wenn sie gegen JHWH murren (Ex 16, 7. 10; Num 14, 10; 16, 19; 17, 7; 20, 6). Einmal entbrennt das
   „Feuer JHWHs" – als Teil der Manifestation des *kābôḏ* verstanden – gegen die Israeliten und ihre
   Revolte (Num 11, 1)."

Zunächst werden nur die 250 Männer bestraft, anschließend noch das Volk Israel, das sich über die Strafe Gottes erbost. Letzteres wird allerdings durch eine Sühne wirkende Tat Aarons noch abgemildert. Dieser Erzählfaden weist jedoch motivisch zwei Dubletten auf: Zweimal fordert Mose auf, sich für das Räucheropfer bereit zu machen, zweimal erscheint die Herrlichkeit JHWHs. Beide Motive sind in der Erzählung über die 250 Männer nur einfach enthalten, die Dubletten stellen Wiederaufnahmen der Korachbearbeitung dar. So gehören die Vv.6f und Vv.19–21[80] zur Korachbearbeitung. Innerhalb der Erzählung über die 250 Männer ist eine Dublette der Opferthematik wenig sinnvoll: So würden die 250 Männer zweimal hintereinander aufgefordert, ihre Räucherpfannen zu nehmen und Räucherwerk in sie zu legen. Wie unten gezeigt wird, besteht die Korachbearbeitung zum Großteil aus Dubletten und Neuformulierungen anderer Erzählungen – so auch hier.

Da die Erzählungen von Nadab und Abihu sowie die von den 250 Männern (und von Korach) auffällig denselben Erzähl-Plot innehaben, stellt sich die Frage nach ihrem literarischen Verhältnis. Ausgangspunkt vorliegender Analyse ist, beide Episoden nach P^G anzusetzen[81], da für den Grundbestand von P wie für P^S die Erzählung um die 250 Männer zu ausführlich und zu detailreich ist.[82] Dass hier aber eine priester(schrift)liche Intention auszumachen ist, ist nicht zu leugnen und das zeigen vor allem Vokabular und Thematik: Der Streitpunkt zwischen den 250 Männern und Mose liegt darin, von wem Opfer dargebracht werden dürfen. Dies wird drastisch dargestellt durch den Feuertod der 250 Männer, also zu Gunsten der Aaroniden beantwortet. Auch weisen die Wendungen כבוד יהוה in Num 17,7 und die Rede vom אהל מועד (Num 16,18; 17,7.8.15) in priester(schrift)liche Sprache.[83] Darüber hinaus findet sich jedoch in Num 17,11 mit dem Motiv des Sühnens (לכפר) für das Volk ein Hinweis für eine nachexilische Datierung. Da das Räucheropfer in Num 17,11ff eine schützende Funktion hat, ist diese Stelle wie Lev 16,17f ein Beleg „für die aufkommende neue *theologische* Bedeutung des Räucheropfers in nachexilischer Zeit."[84]

---

80 Diese Verse sind eine fast wörtliche Wiederaufnahme von Num 17,7–10; siehe dazu unten.

81 Zu Lev 10,1–3 vgl. zum Beispiel KRATZ, Komposition, 117. POLA, Priesterschrift, 42.

82 Mit ACHENBACH, Versagen, 56; gegen die mehrheitlich vertretene Forschermeinung, hier würde P vorliegen, somit gegen BLUM, Studien, 270, der die Episode um die 250 Männer unter P und die Korach-Leviten-Thematik unter K^P einordnet. Ebenso gegen SCHMIDT, Studien, 162, der konstatiert, dass die Erzählung von den 250 Männern eine literarische Neuschöpfung von P sei, in der sie die ihr bekannte Datan-Abiram-Erzählung neu gestaltet.

83 Vgl. KOCH, Art. אֹהֶל, 134: 120 von 133 Belegen des אהל מועד würden zu P gehören (sechs Stellen wären chronistisch).

84 ZWICKEL, Räucherkult, 298; ebd.: „Die sühnende und schützende Funktion stellen eine neue Charakterisierung dieses Opfers dar, wie sie nur im Rahmen der Wirklichkeitsbewältigung in nachexilischer Zeit verständlich ist."

50 | Korach im Buch Numeri

Wie ist aber nun das literarische Verhältnis zwischen Lev 10,1–3 und der 250-Männer-Erzählung zu bestimmen?

Reinhard Achenbach hält fest, dass Lev 10 literarisch jünger sei als die 250-Männer-Erzählung in Num 16, und diese sei schon nachpriesterschriftlich. „Hat also die 250-Männer-Erzählung in Num 16f zum Ziel, die alleinige Legitimation des Aaron zum Priestertum zu erweisen, so wird in Lev 10 mit Hilfe des gleichen Rituals die Familie des Aaron in der ersten Generation sozusagen bei der ersten sich bietenden Gelegenheit desavouiert."[85]

Es ist jedoch auch möglich, das literarische Verhältnis anders zu deuten. Folgende Beobachtungen könnten Indizien dafür sein, dass Lev 10,1–3 älter ist als Num 16f:

1) In Lev 10,1 wird erklärt, was ein „fremdes Feuer" ist. In Num 17,2 wird auf diese Erklärung verzichtet, da dies bereits bekannt ist (ebenso in Num 3,4a[86]). In Lev 10,1 heißt es, dass ein fremdes Feuer dasjenige ist, das JHWH nicht befohlen hat.

2) In Lev 10,3 ist die Rede davon, dass JHWH sich als heilig und in seiner Herrlichkeit erweist. Dieser Satz könnte in Num 16,3f und Num 17,7 seine narrative Ausgestaltung erfahren haben. In Lev 10,3 spricht JHWH kurz, dass er sich selbst in seiner Mitte als heilig erweist (בקרבי אקדש). In Num 16,3 erklären die 250 Männer, dass doch alle heilig seien und in ihrer Mitte JHWH sei. Während in Lev 10,3 kurz erwähnt wird, dass JHWH sich in seiner Herrlichkeit vor dem Volk zeigen will (ועל פני כל העם אכבד), geschieht dies in Num 17,7.

3) Wenn man annimmt, dass der Schwerpunkt von Lev 10,1–3 nicht auf der Desavouierung der Aaroniden liegt, sondern vor allem dem Leser zu erklären versucht, warum Eleasar der wichtige Nachkomme Aarons ist, obwohl er zwei ältere Brüder hatte, dann ist es durchaus möglich, Lev 10,1–3 als Nachtrag in priesterschriftlichem Sinne zu sehen. Dass ein priesterschriftlicher Zusatz das Priestergeschlecht der Aaroniden dermaßen desavouieren will, ist eher unwahrscheinlich. Somit ließe sich Lev 10,1–3 P[S] zuordnen. Da Lev 16,1 auch auf Nadab und Abihu anspielt (וידבר יהוה אל משה אחרי מות שני בני אהרן בקרבתם לפני יהוה וימתו) *Und JHWH redete zu Mose nach dem Tod der beiden Söhne Aarons,*

---

85 ACHENBACH, Versagen, 57.

86 Dort heißt es:

וימת נדב ואביהוא לפני יהוה בהקרבם אש זרה לפני יהוה במדבר סיני ובנים לא היו להם

Und es starben Nadab und Abihu vor JHWH, als sie opferten ein fremdes Feuer vor JHWH in der Wüste Sinai. Und Söhne hatten sie keine.

als sie vor JHWH traten und starben.), ließe sich auch dieser Vers zu P^S rechnen.[87] P^S ist vermutlich vor Num 16 anzusetzen.

Ob aber nun zuerst der kürzere Text in Lev 10 existierte und dieser dann in Num 16f ausgestaltet wurde oder ob der längeren Passage eine kurze Erklärung vorangestellt wurde, ist schwer zu beurteilen. Für eine stringente Erzähllinie muss jedoch vor Num 17 geklärt werden, warum dort Eleasar als Priester auftritt und nicht einer seiner beiden älteren Brüder.

Festzuhalten ist darüber hinaus, dass die Erzählung um ein falsches Opfer, das mit dem Tod bestraft wird, nicht zweimal sondern dreimal im Pentateuch vorliegt: Sowohl in der Erzählung über Nadab und Abihu als auch in der Episode über die 250 Männer in Num 16f bringen nicht von JHWH Autorisierte ein Opfer dar und sterben durch ein Gottesfeuer vom Himmel. Schließlich begeht Korach mit seiner Schar noch einmal denselben Frevel, wird aber dann vom Erdboden verschluckt. Zählt man Num 16,6f zur Korach-Schicht, dann begehen die Leviten, angeführt von Korach, dieselbe schändliche Tat wie die 250 Männer und die Söhne Aarons in Lev 10. Das heißt, dass – vermutlich – zunächst die Erzählung über Nadab und Abihu existierte, vor allem um zu erklären, warum weder Nadab noch Abihu (die beiden ältesten Söhne Aarons) den Vorsitz über den Priesterdienst hatten sondern Eleasar. Wahrscheinlich wurde anschließend Aarons Stellung wieder rehabilitiert, indem er sich gegen eine große Zahl berühmter Männer durchsetzt und seine Stellung im Volk untermauert. Daraufhin werden die Leviten in Form von Korach und seiner Schar durch dieselbe Art und Weise denunziert. Es liegt also *dreimal* derselbe Erzähl-Plot vor: einmal, indem die Nachkommen Aarons negativ dargestellt werden, um die Stellung Eleasars zu erklären, einmal, indem Aaron sehr positiv dargestellt wird, und einmal, indem die Leviten desavouiert werden.

Über diesen deutlichen Bezug zu Lev 10,1–3 hinaus zeigt die Erzählung der 250-Männer aber noch Bezugnahmen auf weitere Numeritexte. Damit steht diese Erzählung nicht allein – auch die Korachbearbeitung klinkt sich in die Reihe innerbiblischer Bezüge rund um die Leviten-Thematik ein. Es scheinen hier regelrecht Diskussionen darüber stattzufinden, wer die höhere Stellung innehat – Aaron oder die Leviten – und welche Rechte und Pflichten damit verbunden sind. Dabei werden sowohl deutliche Positionen als auch Kompromissversuche in den Texten des Buches Numeri sichtbar. Von daher soll nun erst die Korachbearbeitung vorgestellt werden. Daran schließt sich eine Darstellung der Texte an, auf die Num 16f Bezug nimmt – sowohl mittels der 250-Männer-Erzählung als auch durch die Korachbearbeitung.

---

87 Lev 10 und 16 zu P^S siehe auch Kratz, Komposition, 107.117.

52 | Korach im Buch Numeri

c)   Die Korachbearbeitung

Als letztes der drei großen Erzählblöcke von Num 16f bleibt die Korachbearbeitung zu untersuchen. Wie der Name schon verrät, wird sich bei der folgenden Analyse zeigen, dass die Korach-Erzählung nie als eigenständige Erzählung existiert hat, sondern dass Korach mit seiner Schar redaktionell in die vorhandenen beiden Aufstandserzählungen eingefügt worden ist.

Die Korachbearbeitung umfasst folgende Verse:
V.1*.5* (nur: „zu Korach und zu seiner ganzen Schar).**6–11.16.17*** (nur: „und du").**19–22.24*** (nur: „Korachs und").**27*** (nur: „Korachs und").**32*** (nur: „und alle Menschen, die zu Korach gehörten"); **Num 17,5*** (nur: damit niemand so wird wie Korach und wie seine Schar").**14*** (nur: „ohne die Getöteten wegen der Sache Korach")

Auffällig an den Korach-Ergänzungen ist, dass sie entweder Wiederaufnahmen aus demselben Kapitel (oder auch aus anderen Pentateuchstellen) oder schlicht Überleitungen oder Glossen sind:

–   V.1 hat denselben Kapitelanfang wie Lev 10,1 durch eine Form von לקח.
–   Die Verse 6 und 7 beinhalten die gleichen Imperative, die Mose gegenüber den 250 Männern ausspricht (V.17): Nehmt Räucherpfannen, legt darauf Räucherwerk und (erscheint) vor JHWH.
–   V.7b ist eine Wiederholung von V.5 (derjenige, den JHWH erwählt, ist heilig) und nimmt den Vorwurf רב לכם aus V.3 wieder auf.
–   V.8 ist eine Überleitung.
–   V.9 ist einerseits eine sprachliche Wiederaufnahme (synchron gelesen eine Vorwegnahme) des Fragesatzes המעט כי aus V.13, andererseits setzt sich V.9f sprachlich und inhaltlich mit Num 3,6–10 und Dtn 10,8 auseinander.[88]
–   V.11 ist ein wörtlicher Rückverweis auf Num 14,35.
–   V.16 ist eine Überleitung.
–   In V.19 stehen Korach und seine Schar am Eingang des Zeltes der Begegnung; in V.27 sind es Datan und Abiram, von denen gesagt wird, dass sie am Eingang ihrer Zelte stehen; ebenso erscheint die Herrlichkeit JHWHs wie in Num 17,7 (aber ohne Wolke).[89]

---

88 Siehe dazu unten.
89 Nach Thomas Wagner gibt es unterschiedliche Kābōd-Konzeptionen in der Hebräischen Bibel. In Num 16,19 ist eine andere Aussage festzustellen als in Num 17,7. Das ist schon daran zu erkennen, dass in Num 16,19 Gottes Herrlichkeit ohne eine Wolke erscheint. Dies deutet auf einen späteren Text hin. Dafür spricht auch die Formulierung in V.19 durch die Wurzel בדל im Nif'al (vgl. WAGNER, Herrlichkeit, 119).

- V.20f stellt eine inhaltlich gleiche, teilweise wörtliche Entsprechung zu Num 17,9f dar.
- V.22 ist eine Aufnahme von Num 27,16.

Insgesamt gesehen weisen die Vv.6–11.19–22 viele Gemeinsamkeiten mit den beiden anderen Erzählungen in Num 16f auf. Sprachlich ist diese redaktionelle Arbeit schön in das Kapitel integriert worden. Vor allem werden die in den anderen beiden Erzählungen genannten Vorwürfe dezidiert wiederholt: Zum einen wird in V.7b רב לכם noch einmal betont eingebaut und mit dem Zusatz versehen, dass es um Korach beziehungsweise die Leviten geht. Die nachfolgende Darstellung zeigt, dass die Vv.6f ein Konglomerat von Wiederaufnahmen aus insgesamt drei Versen darstellen: aus Num 16,3.5.17. An V.7 ist auffällig, dass er eigentlich auf eine einzelne Person gemünzt ist, am Schluss allerdings alle Leviten im Blick hat. Darüber hinaus wird am Ende von V.11 dezidiert betont, dass sich der Angriff (lediglich) gegen Aaron wendet. Zum andern findet sich in V.9 ebenso wie in V.13 eine rhetorische Frage mit המעט כי eingeleitet. In V.9 wird der Vorwurf, den in V.13 Datan und Abiram gegen Mose vorbringen, nun Mose gegen Korach in den Mund gelegt. Des Weiteren stellen die Vv.19–22 eine Wiederaufnahme von Num 17,7–10 dar.

Eine Fein-Gliederung soll die Verzahnung der Verse der Korachbearbeitung mit dem restlichen Kapitel unterstreichen. Die eingerückten Verse sind die der Korachbearbeitung. Diese Vernetzung der Korachbearbeitung mit den anderen beiden Erzählungen aus Num 16f soll unter folgender 1. These subsumiert werden:

These 1: Die Korachbearbeitungsschicht in Num 16,6–11.19–22 besteht zum Großteil aus Wiederaufnahmen aus den Versen 3, 5, 13 und 17 desselben Kapitels sowie aus Num 17,7–10.

54 | Korach im Buch Numeri

Szenische Fein-Gliederung von Num 16–17,15

Exposition:

V.1–2   *Korach, Datan, Abiram* und *250 Männer* treten vor *Mose*

V.3   wörtliche Rede *der 250 gegen Mose* **und** *Aaron*, Beginn mit רב לכם

Hauptteil:

V.4:   *Mose* hört und fällt nieder

V.5:   wörtliche Rede von *Mose an Korach*: Voraussage, was <u>morgen</u> geschieht. Thematisch geht es um das „Sich-Nahen-Lassen"

    V.6–7a: dieselben Imperative wie in V.17

    V.7b: <u>morgen</u> + רב לכם + „Leviten"

    V.8:   Hört doch, Leviten!

    V.9–11:   Beginn: <u>המעט ... כי</u>; es geht um das „Sich-Nahen-Lassen"

V.12:   Mose schickt zu *Datan und Abiram*, sie sagen ihm: Wir kommen nicht!

V.13f: wörtliche Rede von *Datan und Abiram*, Beginn: <u>המעט כי</u>

V.15:   Moses zornige Rede zu JHWH als Reaktion auf *Datan und Abiram*

    V.16:   Mose spricht zu *Korach*: Seid <u>morgen</u> vor JHWH!

V.17:   dieselben Imperative wie V.6f an d. *250 Männer* „und du" und Aaron

V.18:   Ausführung der Imperative *durch „sie" (die 250), Mose und Aaron* vor dem אהל מועד

    V.19:   *Korachs Schar* <u>versammelt sich</u> gegenüber vom <u>אהל מועד</u>, JHWHs <u>Herrlichkeit</u> erscheint.

    V.20–21:   *JHWH spricht zu Mose und Aaron*, dass sie sich absondern sollen, da er alle in diesem Moment vernichten will.

    V.22:   *Mose und Aaron* fallen nieder, beide halten Fürbitte.

V.23f: *JHWH an Mose*: Haltet euch fern von *Korach, Datan und Abiram!*

V.25:   Mose geht zu *Datan u. Abiram*, nicht zu Korach, mit den Ältesten.

V.26:   Mose zur *Gemeinde* (עדה!) (nicht zu *Datan und Abiram*): Weicht zurück von diesen frevelhaften Menschen!

V.27:   Sie weichen zurück (gleiches Verb wie in V.23) von *Korach, Datan und Abiram; Datan und Abiram* stehen am Zelteingang, nicht Korach.

V.28–30:   Mose spricht (an alle): Bedingungssätze

Schluss 1:

V.31–33: Erfüllung d. Bedingungssätze: Die Erde schluckt „sie" und *alle, die zu Korach gehören (Datan und Abiram werden nicht erwähnt).*

V.34: Reaktion Israels

Schluss 2:

V.35: Gottesfeuer verschlingt die *250 Männer.*

Aarons Sühne für Israel Num 17,1–15:

Einleitung:

Num 17, 1–3: *JHWH* redet zu *Mose* über *Eleasar.*

Hauptteil:

Vv.4–5: *Eleasar* handelt.

Vv.6–8: Israel versammelt sich gegen *Mose und Aaron,* die Herrlichkeit JHWHs erscheint.

Vv.9–10: Befehl JHWHs zu *Mose,* sich abzusondern aus der Gemeinde (עדה!), da er sie in diesem Moment vernichten will. *Mose und Aaron* fallen nieder.

V.11: *Moses Auftrag an Aaron*

Vv.12–14 *Aaron* handelt und wehrt die Plage ab; *Korach* wird noch einmal genannt.

Schluss:

V.15: *Aaron* kehrt zu *Mose* zurück zum *Zelt der Begegnung,* und die Plage hört auf.

In der graphischen Darstellung wird noch einmal deutlich, dass alle Einfügungen der Korachbearbeitung, die mehr als eine Glosse von zwei oder drei Wörtern betragen, mit dem restlichen Text verzahnt sind. Dies ist vor allem an den Korach-Passagen V.6–11 und 19–22 ersichtlich. Bei den Vv.6–11 bildet 1) der Anfang mit dem Tempusmarker „morgen" eine Klammer mit V.16, 2) ist die wörtliche Rede in V.9 gleich der in V.13 gestaltet und bildet mit V.5 eine Klammer wegen des Sich-Nahen-Lassens, 3) werden die gleichen Imperative in den Vv.6f wie in V.17 verwendet. Hinsichtlich des zweiten Blocks, der Vv.19–22, wird deutlich, dass V.19a zum einen durch die Nennung des אהל מועד an V.18 anschließt. Zum andern bilden die Vv.19–22 die gleiche Abfolge wie Num 17,7–10 mit teilweise wörtlichen Übereinstimmungen: Erst versammeln sich alle Akteure, dann erscheint die Herrlichkeit JHWHs, es folgt eine JHWH-Rede, in der er ankündigt, dass er alle in diesem Moment vernichten will, daraufhin fallen Mose und Aaron auf ihr Angesicht nieder.

Die Korach-Passage in Vv.6–11 greift sprachlich und thematisch sowohl auf die Datan-Abiram-Erzählung zurück (deutlich durch die Wiederholung des Vorwurfes המעט כי) als auch auf die Erzählung von den 250 Männern (deutlich durch die Wiederholung des Imperativs רב לכם). Zudem enthalten die Vv.19–22 Teilabschnitte aus der Erzählung von den 250 Männern (Num 17,7–10).

Somit lässt sich hier nicht davon sprechen, dass Korach und die 250 Männer gemeinsam zu einer (erweiterten) Priesterschrift gehörten, mit der dann die Pentateuchredaktion die Erzählung um Datan und Abiram verbunden hat[90], da der Korach-Redaktor auf beide Erzählungen zugreift.

Die längeren Passagen der Korachbearbeitung stellen obiger Analyse zufolge einerseits Wiederaufnahmen der Erzählung von Num 16/17 dar, andererseits sind es aber auch Wiederaufnahmen oder Ausgestaltungen von anderen Pentateuch-Stellen oder auch thematische Auseinandersetzungen mit ihnen. Hierzu zählen Lev 10,1, Num 3,6–10, Dtn 10,8 und Num 14,35. Auf Lev 10,1 wurde bereits im Rahmen der Übersetzung von V.1 ausführlich eingegangen. Die anderen Textstellen seien in den folgenden Kapiteln dargestellt.

Zurück zur Korachbearbeitung: Eine Bearbeitungsschicht, die die Figur des Korach in bestehende Erzählungen eingetragen hat, scheint sich nicht nur auf Num 16f zu begrenzen. Auch in andere Numerikapitel wurde der Name Korach eingetragen. Diese Nachträge im Zuge der Korachbearbeitungsschicht weisen allerdings unterschiedliche Intentionen auf:

- Die Korach-Erzählung aus Num 16f hat zum Ziel, Korach beziehungsweise die Korachiter (und die Leviten im Allgemeinen) zu denunzieren: Dazu zählen: **Num 16,1*.5*.6–11.16.17*.19–21.24*.27*.32*; 17,5*.14***
- Ebenso will die redaktionelle Glosse in **Num 27,3** nochmal an den frevelhaften Aufstand der Korachiter erinnern.
- **Num 16,22; 26,(7*–)11** will die Korach-Erzählung mit bestehenden Verhältnissen oder zumindest anderen Textstellen harmonisieren.
- In **Num 26,58** findet sich eine redaktionelle Glosse, um die Wichtigkeit der Korachiter hervorzuheben.

Die genannten Korach-Belege in Num 26 und 27 werden unten ausführlich besprochen, aber an dieser Stelle sei schon festgehalten: Die Korach-Redaktionen liegen inhaltlich nicht auf einer Linie. So gibt es Nachträge, die Korach denunzieren wollen, aber auch Glossen, die ihn teilweise rehabilitieren beziehungsweise sein Geschlecht wieder hervorheben wollen. Schließlich gibt es auch Notizen, die eine Harmonisierung der Texte zum Ziel haben. Im Stammbaum von Num 26,58

---

90 So SCHMIDT, Numeri, 4.

kommen die Korachiter ohne negativen Kommentar sondern eher mit besonderer Betonung vor, in Num 16* werden die Korachiter heftig denunziert und es wird sogar von ihrer kompletten Auslöschung gesprochen, in Num 16,22 und 26,(7–)11 werden diese Spannungen wiederum aufgelöst.

Schon die erste Korachbearbeitung ist relativ jung anzusetzen, da bereits auf nachpriesterschriftliche Texte (die Datan-Abiram-Erzählung und die Erzählung über die 250 Männer) Bezug genommen wird. Vom Vokabular her rückt die Korachbearbeitung durch die Formulierung von Korachs עדה in die Nähe des Hiobbuches. Betrachtet man die Formulierung „Korach und seine Schar", so fällt auf, dass die Bezeichnung עדה primär in der Hebräischen Bibel die Gemeinde Israels bezeichnet und nicht eine eigene, personengebundene Gruppierung. In der Hebräischen Bibel findet man nur ein einziges weiteres Mal ein solches Vorkommen (ein suffigiertes עדה, das an eine bestimmte Person gebunden ist) und zwar in Hi 16,7. Dort wird eine עדה Hiobs genannt.[91] Erst in Qumran werden zum einen auch gegnerische Gruppierungen als עדה bezeichnet, zum andern ist עדה dort ein terminus, der sich durch ein Suffix an eine Person binden lässt, zum Beispiel die עדה des Aufsehers.[92] Rein von der häufig vorkommenden Bezeichnung קרח וכל עדתו liegt die Annahme einer späten Abfassungszeit nahe, die vermutlich nicht vor dem Hiobbuch anzusetzen ist. Das würde auch die Formulierung in Num 16,1 unterstreichen, wenn diese von vornehrein (und nicht durch einen Abschreibfehler) elliptisch zu verstehen ist. Die angenommene elliptische Redeweise in Num 16,1 (das Subjekt „Herz" könnte ausgelassen worden sein) wird ebenfalls – nur – vor dem Hintergrund des Hiobbuches verständlich.[93] Die Interpretation von V.1 bleibt allerdings spekulativ. Eine zweite Korachbearbeitung mit anderer Intention, die sich in Num 16,22 findet, ist dementsprechend noch jünger.

Nach Achenbach gehört die Korach-Leviten-Bearbeitung in Num 16f einer nachendredaktionellen Theokratischen Bearbeitung des Pentateuch an (im 4. Jh. v. Chr.).[94] Dieser späten Datierung der Korachbearbeitung ist aufgrund der vielen Bezugnahmen auf und Vernetzungen mit anderen Bibelstellen klar zuzustimmen, doch ich möchte sie dahingehend modifizieren, dass in V.22 noch ein Nachtrag zur Korachbearbeitung zu finden ist, mit anderen Worten, dass die Korachbearbeitung mindestens zweistufig gewesen war. Die Datierung der (ersten) Korach-Leviten-Bearbeitung im 4. Jh. unterstützt auch die Annahme Wankes, der durch eine Analyse

---

91 Hiob spricht in Hi 16,7:

אך עתה הלאני השמות כל עדתי

Ja, jetzt hält er mich für kraftlos. Du hast meine ganze Schar verstört.

92 Zu Qumran vgl. Fabry, Art.: עדה, 1093. In CD 13,10f. ist beispielsweise zweimal von der עדה des „Aufsehers" (המבקר) die Rede.

93 Siehe dazu den Exkurs zur Übersetzung von V.1, S. 23ff.

94 Vgl. Achenbach, Vollendung, 123.129.

der Korachpsalmen zu einer Blütezeit der Korachiter im 4. Jh. v. Chr. gelangt ist.[95] In einer Blütezeit, einer Zeit des Erfolgs, lässt sich eine Diffamierung der Gegner leicht verorten; denn nur einer einflussreichen, berühmten Familie kommt die Ehre zu, denunziert zu werden. Die Thesen, dass diese Bearbeitung deuteronomistisch[96] oder unter der Perspektive der persischen „Reichsauthorisation" entstanden sei[97], setzen somit zu früh an. Als spätester terminus ad quem dient in jedem Fall der Sirach-Text in Sir 45,18f. Im Väterlob auf Aaron wird auf alle drei Erzählungen Bezug genommen, indem einerseits die Protagonisten Datan, Abiram und Korach namentlich genannt werden und andererseits, indem auf Num 16,35 und 17,3 – ein Ausschnitt aus der Erzählung um die 250 Männer – rekurriert wird.

In Sir 45,18f heißt es:

> 18 ἐπισυνέστησαν αὐτῷ ἀλλότριοι
> καὶ ἐζήλωσαν αὐτὸν ἐν τῇ ἐρήμῳ,
> ἄνδρες οἱ περὶ Δαθαν καὶ Αβιρων
> καὶ ἡ συναγωγὴ Κορε ἐν θυμῷ καὶ ὀργῇ·
> 19 εἶδεν κύριος καὶ οὐκ εὐδόκησεν,
> καὶ συνετελέσθησαν ἐν θυμῷ ὀργῆς·
> ἐποίησεν αὐτοῖς τέρατα
> καταναλῶσαι ἐν πυρὶ φλογὸς αὐτοῦ.
> *18 Verschworen gegen ihn [scil. Aaron] haben sich Feinde,*
> *und sie eiferten gegen ihn in der Wüste:*
> *Männer, die um Datan und Abiram herum (waren),*
> *und die Gemeinschaft des Korach in Zorn und Wut.*
> *19 Es sah der Herr (dies) und es gefiel ihm nicht.*
> *und sie fanden ein Ende in Zorneswüte;*
> *er machte ihnen schreckliche Zeichen,*
> *er verzehrte sie in flammendem Feuer.*

1.1.3 Die literarischen Zusammenhänge von Num 16f – Ergebnis

Num 16,1–17,15 bietet insgesamt drei verschiedene Erzählungen: die Datan-Abiram-Erzählung, die Erzählung über den Aufstand der 250 Männer und die Korach-Erzählung. Hier soll nun als Ergebnis die eigene Übersetzung des Textes

---

95 Vgl. WANKE, Zionstheologie, 31.

96 So AHUIS, Autorität, 74. Seine angenommene dtr Redaktion des Tetrateuch geschieht unmittelbar nach dem Ende des Exils (AHUIS, Autorität, 98).

97 So BLUM, Studien, 360. Nach Blum gehört die Korachbearbeitung zu K^P.

mit seinen verschiedenen Schichtungen dargestellt werden. Daran anschließend werden kurz die Ergebnisse zu Inhalt und Datierung zu den einzelnen Schichten präsentiert, bevor drittens die innerbiblischen Bezüge der Erzählungen aufgeführt werden.

Übersetzung von Num 16,1–17,15 in seinen literarischen Schichten[98]
1) Und Korach wurde hingerissen, der Sohn Jizhars, der Sohn Kehats, der Sohn Levis, ebenso Datan und Abiram, die Söhne Eliabs, und On, der Sohn Pelets, einer der Söhne Rubens. 2) Und sie erhoben sich vor *Mose und Männer der Israeliten 250: Es waren Anführer der Schar, zur Zusammenkunft Berufene, Männer von Namen. 3) Und sie versammelten sich gegen Mose und gegen Aaron und sprachen zu ihnen: „Genug für euch! Denn die ganze Schar, sie alle sind ja doch Heilige und in ihrer Mitte ist JHWH. Und warum erhebt ihr euch über die Versammlung JHWHs?" 4) Und Mose hörte (dies) und fiel auf sein Angesicht. 5) Und er redete* zu Korach und zu seiner ganzen Schar: *Morgen wird JHWH kundtun, wer zu ihm gehört und wer heilig ist, indem er (ihn) zu sich herannahen lässt. Und wen er (sich) erwählt, den wird er zu sich herannahen lassen.* 6) Dies tut: Nehmt euch Räucherpfannen – Korach und seine ganze Schar! 7) Und gebt in sie Feuer und legt auf sie Räucherwerk vor JHWH morgen. Dann soll gelten: Der Mann, den JHWH erwählen wird, er ist der heilige. Genug für euch, Leviten!" 8) Und Mose sprach zu Korach: „Hört doch, Leviten! 9) Ist es zu wenig für euch, dass der Gott Israels euch ausgesondert hat aus der Schar Israels, um euch zu ihm nahen zu lassen (und) um den Dienst an der Stätte JHWHs zu leisten und um vor der Schar zu stehen, um ihnen zu dienen 10) und dass er dich hat nahen lassen und alle deine Brüder, die Leviten, mit dir, sodass ihr auch die Priesterschaft fordert? 11) Daher bist du und deine ganze Schar – ihr seid diejenigen, die sich gegen JHWH auflehnen! Und Aaron: was ist er, dass ihr gegen ihn murrt?" 12) Und es schickte Mose (aus), um Datan und Abiram, die Söhne Eliabs, zu rufen. Und sie sprachen: „Wir werden nicht hinaufkommen! 13) Ist es zu wenig, dass du uns heraufgebracht hast aus einem Land, in dem Milch und Honig fließt, um uns sterben zu lassen in der Wüste; mehr noch, dass du dich (wahrlich) zum Herrn über uns aufwirfst? 14) Aber du hast uns nicht in ein Land, in dem Milch und Honig fließt, gebracht, und hast uns nicht gegeben ein Erbteil von Feld und Weinberg. Wirst du die Augen dieser Männer ausstechen? Wir werden nicht hinaufkommen!" 15) Da wurde Mose sehr zornig und er sprach zu JHWH: „Wende dich nicht ihrer Opfergabe zu! Nicht einen Esel habe ich von ihnen genommen und ich habe nicht Böses getan einem von ihnen." 16) Und Mose sprach zu Korach: „Du und deine ganze Schar seid vor JHWH: Du und sie und Aaron

---

98 Die Erzählung über die 250 Männer ist *kursiv* geschrieben, der Aufstand von Datan und Abiram normal, und die Korachbearbeitung wurde unterstrichen.

morgen! *17) Und jeder nehme seine Räucherpfanne und ihr gebt auf sie Räucherwerk und naht euch (vor) JHWH, jeder mit seiner Räucherpfanne: 250 Räucherpfannen und du und Aaron, jeder mit seiner Räucherpfanne.* 18) Und sie nahmen jeder seine Räucherpfanne und sie gaben Feuer auf sie und sie legten auf sie Räucherwerk und sie standen am Eingang des Zelts der Begegnung und Mose und Aaron.* 19) Und es versammelte sich gegen sie Korach mit seiner ganzen Schar am Eingang des Zelts der Begegnung. Und da erschien die Herrlichkeit JHWHs vor der ganzen Schar. 20) Und JHWH redete zu Mose und zu Aaron folgendes: 21) „Sondert euch aus der Mitte dieser Schar ab! Ich will sie in diesem Moment vernichten." 22) Und sie fielen auf ihr Angesicht und sprachen: „Gott, Gott der Geister allen Fleisches, ein einzelner Mann sündigt, über die ganze Schar aber zürnst du?" 23) Und es sprach JHWH zu Mose: 24) „Sprich zur Schar folgendes: ‚Entfernt euch rundherum der Stätte Korachs und Datans und Abirams!'" 25) Und Mose erhob sich und ging zu Datan und Abiram. Und hinter ihm gingen die Ältesten Israels. 26) Und er redete zur Schar: „Weicht doch von den Zelten dieser frevelhaften Männer und berührt nichts von ihnen, sonst werdet ihr weggerafft wegen all ihrer Sünden." 27) Und sie entfernten sich von der Stätte Korachs und Datans und Abirams rundherum. Datan und Abiram aber traten heraus und standen am Eingang ihrer Zelte, ebenso ihre Frauen, ihre Söhne und ihre kleinen Töchter. 28) Und Mose sprach: „In diesem werdet ihr erkennen, dass JHWH mich gesandt hat, zu tun all diese Taten, das kam nicht aus meinem Herzen. 29) Wenn diese gemäß des Todes aller Menschen sterben werden, wenn heimgesucht wird an ihnen die Heimsuchung aller Menschen, dann hat JHWH mich nicht gesandt hat. 30) Wenn aber JHWH eine Schöpfungstat tut, und zwar, indem der Erdboden seinen Mund aufreißt und sie verschluckt und alle, die zu ihnen gehören, und sie lebend zur Scheol hinunterfahren, dann werdet ihr erkennen, dass diese Männer JHWH verächtlich zurückgewiesen haben." 31) Und es geschah, nachdem er aufgehört hatte, alle diese Worte zu reden, da spaltete sich der Erdboden unter ihnen. 32) Und die Erde öffnete ihren Mund und verschluckte sie und ihre Häuser und alle Menschen, die zu Korach gehörten, und den ganzen Besitz. 33) Und sie und alle, die bei ihnen lebten, fuhren hinunter zur Scheol. Und die Erde verschloss sich über ihnen. Und sie gingen zugrunde mitten aus der Versammlung. 34) Da floh ganz Israel – alle, die um sie herum waren, – wegen ihres Geschreis, weil sie sprachen: „sonst verschlingt uns die Erde!" *35) Und Feuer trat von JHWH hervor und aß die 250 Männer, die das Räucherwerk darbrachten.*

17,1) Und JHWH redete zu Mose folgendermaßen: 2) „Sag zu Eleasar, dem Sohn Aarons, dem Priester, er soll die Räucherpfannen aus der Brandstätte herausheben. Und verteile das Feuer anschließend, da die Räucherpfannen dieser Sünder geheiligt wurden, 3) indem sie um ihr Leben hingegangen sind! Und macht sie zu sehr dünnen Platten als Überzug für den Altar, denn sie haben sie vor JHWH dargebracht und sie sind heilig. Sie sollen zu einem Zeichen werden für die Israeliten."

4) Und Eleasar, der Priester, nahm die kupfernen Räucherpfannen, die die Ver-brannten gebracht hatten, und sie hämmerten sie als Überzug für den Altar 5) als Erinnerung für die Israeliten, damit kein fremder Mann außer einem Nachkommen Aarons naht und Räucherwerk verbrennt vor JHWH, damit niemand so wird wie Korach und wie seine Schar, *wie JHWH durch Mose zu ihm geredet hatte. 6) Und es murrte die ganze Schar der Israeliten am nächsten Morgen gegen Mose und gegen Aaron folgendermaßen: „Ihr habt das Volk JHWHs getötet!" 7) Und es geschah während sich die Schar gegen Mose und Aaron versammelte, da wendeten sie sich hin zum Zelt der Begegnung und siehe, da bedeckte es die Wolke und es erschien die Herrlichkeit JHWHs. 8) Und Mose und Aaron kamen vor das Zelt der Begegnung. 9) Und JHWH redete zu Mose folgendermaßen: 10) „Erhebt euch aus der Mitte dieser Schar, ich will sie in diesem Moment vernichten!" Da fielen sie auf ihr Angesicht. 11) Und Mose sprach zu Aaron: „Nimm die Räucherpfanne und gib auf sie Feuer über dem Altar und lege das Räucherwerk (auf sie) und bringe (es) schnell zur Schar und sühne für sie, denn der Zorn ist von JHWH gekommen, die Strafe hat begonnen! 12) Und es nahm Aaron, was Mose geredet hatte, und er rannte in die Mitte der Versammlung und siehe, die Strafe hatte (schon) im Volk begonnen. Und er gab Räucherwerk (darauf) und er sühnte für das Volk. 13) Und er stand zwischen den Getöteten und den Lebenden und die Strafe hörte auf. 14) Und es waren die Getöteten während der Strafe 14700* ohne die Getöteten wegen der Sache Korach. *15) Und Aaron kehrte zu Mose zurück zum Eingang des Zeltes der Begegnung, nachdem/weil die Strafe aufgehört hatte.*

Ergebnis und Datierung der einzelnen literarischen Schichten
In dieser Arbeit wurden der Datan-Abiram-Aufstand und der Aufstand der 250 Männer als Grundschicht bezeichnet. Meines Erachtens ist kaum zu klären, ob ein Redaktor beide Erzählungen gemeinsam in einen vorhandenen Text eingefügt hatte oder ob dies nacheinander geschah, sodass die Erzählung um die 250 Männer auch als erste Fortschreibung anzusehen sein könnte, wie dies im Großen und Ganzen Harald Samuel annimmt.[99] Tatsache ist jedoch, dass die Korachbearbeitung eine Bearbeitungsschicht der Kompilation beider Erzählungen ist: Erst wurden Datan und Abiram mit den 250 Männern verwoben, dann Korach eingefügt. Die Korachbearbeitung speist sich aus dem Vokabular und den Motiven beider Erzählungen. Somit ist augenfällig: Die Erzählung hat literarisch nicht eigenständig existiert. Oder auch pointiert mit dem Blick auf die Geschichte ausgedrückt: Die Ereignisse aus der Korach-Erzählung sind so nie geschehen. Korach wurde – nur – zusätzlich als weiterer Aufständischer in vorhandene Aufstandserzählungen hinein geschrieben. Daran anschließend stellt sich natürlich die Frage, zu welchem Zweck dies geschah.

---

99 Vgl. Samuel, Priestern, 224f.

In Num 16f finden sich also insgesamt drei Erzählungen um eine Rebellion gegen Mose und/oder Aaron. Diese drei Erzählungen sind Teil eines thematischen Netzes der Wüstenerzählung und sind in sich nicht völlig abgeschlossen. Es gibt viele Querverweise. Die Erzählungen stellen zum einen Bezugnahmen ihrerseits auf andere Pentateuch-Texte dar, zum andern beziehen sich andere Texte, auch außerhalb des Pentateuch, auf Num 16,1–17,15.

Zur Datan-Abiram-Erzählung:

Die Datan-Abiram-Erzählung hebt sich auf den ersten Blick vor allem dadurch von den anderen Erzählsträngen ab, dass sich hier der Aufstand ausschließlich gegen Mose und seine Führungsqualität richtet. Priesterliche Themen werden ausgespart, Aaron wird nicht genannt. In einer ursprünglichen Datan-Abiram-Erzählung finden beide Aufständischen den Tod durch das Wunder, dass sich die Erde auftut und sie verschlingt. Nach der Korachbearbeitung aber erleidet Korach mit allen, die zu ihm gehören, diesen Tod. Vom Ende Datans und Abirams weiß der Leser nichts.

Die Erzählung über Datan und Abiram ist ein priesterschriftlich – dtr Mischtext, der Vokabular aus beiden theologischen Schulen beinhaltet. Der dem Leser bereits bekannte Ausdruck „Land, in dem Milch und Honig fließt" wird umgedeutet und als Vorwurf gegen Mose verwendet. Diese Art von „Mischtext" ist nach Thomas Römer typisch für das Numeribuch. Von der Datierung her ist es anzunehmen, dass die Datan-Abiram-Erzählung älter ist als Dtn 11,2–7, da die Dtn-Stelle die „verwirrenden" Angaben zum Ruben-Stammbaum aus Num 16 (פלת und אן) aus- lässt. Dementsprechend wäre eine Abfassungszeit der Datan-Abiram-Erzählung mit Reinhard Achenbach im frühen 5. Jh. (oder im späten 6. Jh.) zu vermuten. Da der Text somit weit nachexilisch ist, hat er wohl als Erzählinteresse weder die Landnahme noch eine Wallfahrt im Blick sondern stellt eher „eine Mahnung an die alten Herren dar, ihr Schicksal und ihren Machtverlust als Folge ihrer eigenen Rebellion gegen Mose und seine Tora zu begreifen."[100]

Zur 250-Männer-Erzählung:

Auch die Erzählung über die 250 Männer ist – entgegen vieler vor allem älterer For- schungsmeinungen – keiner Quellenschrift des Pentateuch und somit auch nicht P zuzuordnen, sondern nachpriesterschriftlich anzusetzen. Inhaltlich ist sie im Bereich priesterlicher Angelegenheiten zu verorten, geht es doch um die Forderung nach der Heiligkeit aller. Der alleinige Anspruch Aarons wird in Frage gestellt. Mose entgegnet den Aufständischen, dass allein JHWH entscheide, wer sich ihm nähern dürfe und wer nicht. Es folgt daraufhin derselbe Erzähl-Plot, wie er auch

---

100 So Lux, Erde, 207.

in Lev 10,1–3 vorliegt: Selbstbewusste „Aufrührer" bringen ein fremdes Feuer dar und sterben durch ein Gottesfeuer. In Lev 10,1–3 sind die Aaron-Söhne Nadab und Abihu die Akteure. Diese Erzählung ist kurz und prägnant. In Num 16f entfachen 250 namenlose Männer ein fremdes Feuer und sterben daraufhin durch ein Feuer vom Himmel. Diese Erzählung ist sehr ausführlich und detailreich. Es liegt nahe anzunehmen, dass Lev 10,1–3 älter ist als die 250-Männer-Erzählung. Da bereits Lev 10,1–3 höchstens ein Nachtrag zu P, also P^S sein kann, ist die 250-Männer-Erzählung in jedem Fall nachexilisch anzusetzen. Inhaltlich und auch sprachlich bietet die 250-Männer-Erzählung also priesterliches Vokabular (die Wendungen כבוד יהוה in Num 17,7 und die Rede vom אהל מועד in Num 16,18; 17,7.8.15), doch ist für P diese Erzählung zu ausführlich und detailreich. Darüber hinaus findet sich in Num 17,11 auch mit dem Motiv des Sühnens (לכפר) für das Volk ein Hinweis für eine nachexilische Datierung. Da das Räucheropfer in Num 17,11ff eine schützende Funktion hat, ist diese Stelle wie Lev 16,17f ein Beleg „für die aufkommende neue *theologische* Bedeutung des Räucheropfers in nachexilischer Zeit."[101] Zudem ist die 250-Männer-Erzählung Teil einer Diskussion um Aaron und die Leviten im Numeribuch. Erzählerisch wird demnach die Frage nach der alleinigen Priesterschaft Aarons so gelöst, dass nur Aarons Opfer von Gott angenommen wird, die anderen sterben. Dies ist eine Auslegung von Num 3: Wer sich (unbefugt) nähert, stirbt! Die Erzählung um die 250-Männer bezieht darüber hinaus auch Stellung zu der Frage, wer Sühne wirken darf: Auch dies ist nur Aaron erlaubt; es ist nicht etwa Aufgabe der Leviten. Damit wird ein deutlicher Bezug zu Num 3 und 8 hergestellt. Die 250-Männer-Erzählung stellt noch weitere Beziehungen zu anderen Texten her, die unten dargestellt werden sollen.

Zur Korachbearbeitung:
Eine eigenständige Korach-Erzählung hat nie existiert. Es wurde in den Analysen deutlich, dass „Korach und seine Schar" redaktionell in die Kompilation der anderen beiden Erzählungen eingefügt wurden. Nun ist es Korach mit seiner Schar, der sich gegen Mose und Aaron auflehnt. In der Mose-Rede gegen Korach und die Leviten im Allgemeinen kommt zum Ausdruck, dass Korach wohl gegen Aaron murrt, und dass die Leviten Dienste tun möchten, die Aaron vorbehalten sind.

Inhaltlich findet demnach eine zentral positionierte Diffamierung der Korachiter beziehungsweise dadurch auch der Leviten im Gegenüber zu Mose und Aaron statt. Dem Verfasser dieser Korach-Episode lag vor allem eines am Herzen: mit den (eigenen) Worten des Numeribuches (und anderer Textstellen) die Leviten

---

101 ZWICKEL, Räucherkult, 298; ebd.: „Die sühnende und schützende Funktion stellen eine neue Charakterisierung dieses Opfers dar, wie sie nur im Rahmen der Wirklichkeitsbewältigung in nachexilischer Zeit verständlich ist."

herabzusetzen. Die Korach-Episode bildet ein Netz von Querverweisen sowohl innerhalb des Numeribuches als auch über den Pentateuch hinausweisend. Es finden sich Aufnahmen aus beziehungsweise Auseinandersetzungen mit Num 3,6–10; Num 14,35 und Dtn 10,8 (und evtl. Lev 10,1) und vor allem wörtliche Bezüge innerhalb derselben Kapitel Num 16–17. So wird der kultische Frevel, den bereits Nadab und Abihu wie auch die 250 Männer begangen haben, mit Korach als Akteur noch einmal erzählt. Num 3 wird narrativ ausgestaltet und auf Num 14,35 und Dtn 10,8 wird Bezug genommen, um klar zu stellen, dass die Leviten bereits eine Öffnung ihrer Funktionen erfahren haben und sich trotz alledem bei Mose beschweren. Beide Vorwürfe, die Mose in den anderen beiden Erzählungen entgegen gehalten werden (zum einen, dass es nun genug sei, zum andern, ob es zu wenig sei), werden in der Korachbearbeitung gewendet und Mose gegen Korach in den Mund gelegt.[102]

Die Korachbearbeitung ist jedoch nicht aus einem Guss. Es ist Christoph Berner Recht zu geben, dass man nicht nur von einer Korachbearbeitung sprechen kann. Insgesamt arbeitet Berner dieselben Verse als Korachbearbeitung heraus, wie sie in dieser Arbeit vorliegen, er teilt sie jedoch in zwei andere Gruppen ein. Eine klare inhaltliche Verschiebung des Schwerpunkts ist meines Erachtens aber nur in Vers 22 zu entdecken, indem das harte Gottesurteil, das alle Korach-Anhänger bestraft werden sollen, zurückgenommen wird. Dass sich auch die Verse 7 und 16 in jeweils zwei Bearbeitungsschichten aufteilen lassen, halte ich für nicht genügend beweisbar. Klar ist aber, dass es mindestens zwei Korachbearbeiter in Num 16 gegeben haben muss. Der Name „Korach" ist aber nicht nur in Num 16f redaktionell eingefügt worden, auch in den anderen Kapiteln, in denen er genannt ist (Num 26 und 27), weisen die Nennungen redaktionellen Charakter auf und sind nachpriesterschriftlich anzusetzen.

Deutlich ist, und das stellt Reinhard Achenbach zu Recht heraus, dass die Korach-Episode eine zentrale Stellung im Numeribuch innehat und an diesem Platz eine Diffamierung der Leviten beziehungsweise zunächst von Korach darstellt. Die zum Großteil wörtliche Auseinandersetzung mit den oben genannten Stellen schließt eine eigenständig tradierte Korach-Erzählung aus – sie wurde von vornherein schriftlich für diese Position im Numeribuch verfasst. Ob man jedoch mit Achenbach formulieren kann, dass es sich bei Num 16/17 um das „Proprium des Numeribuches" handelt, ist schwierig zu beantworten. Es ist einerseits eine lange und zentral platzierte Murr- und Aufstandsgeschichte, die von den wohl wichtigsten Trägergruppen der Israel-Gemeinde handelt. Andererseits drehen sich diese Kapitel zumindest vordergründig primär um menschliche Auseinandersetzungen – JHWH

---

102 Die vielen innerbiblischen Querverweise werden im nächsten Kapitel noch einmal ausführlich dargestellt.

spielt dabei kaum eine Rolle. Wäre für ein „Proprium" eines Buches des Pentateuch nicht eher eine theologische Aussage angedacht? Auch ist es problematisch, die Korachbearbeitung mit Achenbach als *theo*kratische Schicht zu bezeichnen, wenn JHWH hierbei kaum eine Rolle zu spielen scheint. Von dezidiert *theo*logischen und *theo*kratischen Aussagen ist hier explizit nicht die Rede. Dabei stellt sich auch die Frage, warum es sich bei der Erzählung über die 250 Männer nicht auch um eine *theo*kratische Auseinandersetzung handelt (nach Josephus' Begriffsdefinition). Die 250 Männer stellen schließlich die Führung von Aaron als alleinigem Priester dezidiert in Frage.

Liest man Num 16f aber nun mit dem Wissen, dass die Söhne Korachs Herausgeber von wichtigen Zionspsalmen waren und wohl einen engen Bezug zu Tempel und Kult hatten, so stellt sich doch die Frage, was der Korachbearbeiter noch mit seiner Diffamierung bezweckte. Geht es hier wirklich „nur" um Rangstreitigkeiten oder kommt hier eine abwertende Haltung in der Mitte des Numeribuches zum Ausdruck, dass Tempel, Zion und das ganze Tempelpersonal an Wichtigkeit verlieren? Warum sonst sollte man einen Vertreter der Zionstheologie – Korach und seine Söhne als Herausgeber von Pss 46 und 48 – derart in Misskredit bringen? Diese Fragen sollen in der Gesamtschau aller Ergebnisse am Schluss der Arbeit eine mögliche Beantwortung finden.

Es gilt jedoch, dass, wenn man eine Anti-Haltung gegenüber dem Tempel in Num 16f ablesen würde, sie sich aber nicht für das gesamte Numeribuch konstatieren lässt; denn gerade innerhalb von Numeri gibt es verschiedene Haltungen. Es ist ein Buch gekennzeichnet durch viele Mischtexte und Kontroversen. So sind auch die weiteren Korach-Belege interessant. Num 26,11 zeigt dieselbe Intention wie Num 16,22 insofern, als die harte Todesstrafe für alle Leviten bzw. Korachiter revidiert wird. Das könnte, wie oben angedeutet, auf zwei unterschiedliche Redaktionsstufen der Korach-Episode in Num 16 schließen lassen. Dass sich in Num 16f mehrere Redaktionen ausmachen lassen, ist nicht ungewöhnlich für das Numeribuch; denn insbesondere „im Numeribuch, das viel spätes Textmaterial enthält, ist mit einer mehrfachen Abfolge von nicht-priesterlichen und priesterlichen Redaktionen zu rechnen."[103]

Die Korachbearbeitung in ihrer Verflechtung gerade mit der Erzählung über die 250 Männer ist Teil eines thematischen Netzes, das sich über das Numeribuch erstreckt. Oder anders ausgedrückt: Die Schwerpunkte der Erzählung verschieben sich, es treten andere Akzente hervor, wenn man nun auf synchroner Ebene die nun vorliegende kompilierte und überarbeitete Erzählung von Num 16 – 17,15 im Zusammenhang des gesamten Numeribuches liest. Der Kontext des Numeribuches macht deutlich, dass Num 16f nicht nur eine zentral platzierte Aufstandsgeschichte

---

103 ALBERTZ, Numeri (Teil I), 173.

ist, sondern dass hier auch Fragen beantwortet werden, die in anderen Kapiteln gestellt wurden.

Num 16f gilt es jetzt auf synchroner Ebene im Kontext des Numeribuches zu betrachten. Dabei lässt sich vorweg als These aufstellen:

These 2: Die Erzählung von Num 16f ist Teil einer Diskussion um die Stellung der Leviten und Aaroniden. Gerade dabei bietet Num 16,6–11 eine narrative Ausgestaltung von Num 3,1–10 und 14,35.

Liest man das Numeribuch in Gänze, so stößt der Leser fortwährend auf die Leviten-Thematik. Die Leviten, ihre Stellung und ihre Aufgaben werden über das gesamte Buch hinweg thematisiert, sodass man von einem Netz der Leviten-Thematik sprechen kann. Der Charakter dieses Netzes gleicht einer Diskussion: Es wird nicht nur das Thema aufgenommen, wiederholt oder weitergeführt, es wird auch das Gegenteil behauptet und diskutiert. Nun gilt es im Folgenden zu zeigen, inwiefern sich Num 16f (und im besonderen die Korachbearbeitung Num 16,6–11) in dieses Netz einfügt. Folgende Themen bietet Num 16f auf, die nun im gesamten Numeribuch untersucht werden sollen:

- Zunächst: Wer sind Korach und seine Nachkommen, wer genau ist als Strafe umgekommen?
- Korach und die Leviten „lehnen sich auf".
- Wer ist heilig?
- Wer darf sich JHWH nahen und wer nicht? Dem Fremden, der sich nähert, droht der Tod.
- Wen hat sich JHWH erwählt?
- Welche Stellung haben die Leviten, welche Arbeiten dürfen sie tun und welches Verhältnis haben sie zu Aaron und der Priesterschaft?
- Wer kann und darf eine Sühne wirkende Tat leisten?

All diese Fragestellungen rund um die Leviten im allgemeinen werden in Num 16f angesprochen oder erzählt. Ausgangspunkt der weiteren Analyse ist Num 1, da dieses Kapitel – aus Leser-Perspektive – die Leviten-Thematik zu Beginn des Buches eröffnet. Als nächstes ist der Textblock Num 3,1–13 im Blick. Von dieser Textstelle aus lässt sich das Netz der Leviten-Thematik weiter verfolgen und auch charakterisieren. Es folgen dann in Lese-Richtung die Untersuchungen der Kapitel Num 8; 14; 18; 25; 26 und 27. Es soll hier dezidiert keine literarkritische Untersuchung der Texte durchgeführt werden sondern eine Untersuchung auf synchroner Ebene, damit die verschiedenen Standpunkte im vorhandenen Text deutlich zu Tage treten. Die relevanten Texte hierzu werden übersetzt, und es wird auf Besonderheiten hingewiesen, die dann in einem späteren Überblick, einer Synthese, eine Rolle spielen. Die Kapitel werden der biblischen Lese-Reihenfolge entsprechend dargestellt; daraus darf aber nicht der Rückschluss gezogen werden, dass mit dem Kapitel

Korach und die Leviten-Thematik im Buch Numeri | **67**

Num 1 auch der älteste Diskussionsbeitrag zum Thema „Aaron und die Leviten"
vorliegt.

1.2 Korach und die Leviten-Thematik im Buch Numeri

1.2.1 Der Auftakt in Num 1

Bereits im ersten Kapitel des Numeribuches wird deutlich, dass den Leviten eine
Sonderrolle innerhalb des Volkes Israel zukommt. Das Buch beginnt zunächst mit
einer Zählung aller Wehrfähigen im Volk. Auch die Höhe der Zahlen wird genannt.
Die Leviten werden hierbei ausgespart; dafür werden ihre Aufgaben gesondert am
Ende des Kapitels aufgelistet. Diese Auflistung zeigt schon in aller Kürze, was die
Leviten-Thematik im Verlauf des Buches beinhaltet:

49 אך את מטה לוי לא תפקד ואת ראשם לא תשא בתוך בני ישראל

50 אתה הפקד את הלוים על משכן העדת ועל כל כליו ועל כל אשר לו המה ישאו את המשכן ואת כל
כליו והם ישרתהו וסביב למשכן יחנו

51 ובנסע המשכן יורידו אתו הלוים ובחנת המשכן יקימו אתו הלוים והזר הקרב יומת

52 וחנו בני ישראל איש על מחנהו ואיש על דגלו לצבאתם

53 והלוים יחנו סביב למשכן העדת ולא יהיה קצף על עדת בני ישראל ושמרו הלוים את משמרת משכן
העדות

54 ויעשו בני ישראל ככל אשר צוה יהוה את משה כן עשו

*49 Den Stamm Levi aber sollst du nicht mustern und seine Summe nicht aufnehmen unter
(die Summe der) Söhne Israels,*
*50 sondern vertraue den Leviten die Wohnung des Zeugnisses an und alle ihre Geräte und
alles, was zu ihr gehört! Sie sollen die Wohnung tragen und alle Geräte und sollen Dienst an
ihr leisten und um die Wohnung her sich lagern.*
*51 Wenn es an der Zeit ist, die Wohnung abzubrechen[104], dann sollen die Leviten sie abbauen.
Und wenn es an der Zeit ist, dass die Wohnung sich lagert, dann sollen die Leviten sie
aufschlagen, wobei ein Fremder, der sich nähert, sterben soll.*
*52 Und die Söhne Israels sollen sich lagern, ein jeder nach seinem Lager, ein jeder bei seinem
Feldzeichen gemäß ihren Heeresverbänden.*
*53 Aber was die Leviten betrifft: Sie sollen sich lagern rund um die Wohnung des Zeugnisses,
damit nicht ein Zorn über die Gemeinde der Söhne Israels komme. So sollen die Leviten
bewachen den Dienst an der Wohnung des Zeugnisses.*
54 Und die Söhne Israels taten alles, was JHWH Mose befohlen hatte. So taten sie es.

---

104 Die Konstruktion ובנסע wird im Deutschen in langer Form mit „Und wenn es an der Zeit ist"
übersetzt, um den temporalen Charakter herauszustellen, die ein ב plus Infinitv beinhaltet. Genau
so verhält es sich im Folgesatz.

Die Leviten werden hier samt ihrer Rolle, die sie im Volk Israel einnehmen sollen, eingeführt. Diese Einführung ist wohlwollend und würdevoll. Diese sechs Verse lassen sich noch in weitere Unterabschnitte feingliedern:

V.49–50: Den Leviten wird die Ehre zuteil, dass sie allein sich um die Wohnung des Zeugnisses kümmern dürfen mit allem, was dazu gehört. Dies beschreiben die Verse 49 und 50 knapp aber deutlich. Die Wohnung des Zeugnisses ist mit dem Zelt der Begegnung aus anderen Numeritexten zu identifizieren.

V.51: Hier wird den Leviten die Aufgabe zuteil, dass sie die Wohnung des Zeugnisses auf- und abbauen dürfen/sollen. In V.51b begegnet dann eine Formulierung, die den Leser im Verlauf des Numeribuches weiter beschäftigen wird: Der Fremde, der sich nähert, soll sterben. Dies ist ein besonderes Thema, auf das immer wieder rekurriert, ja, das richtiggehend diskutiert wird. Ein detaillierter Blick in die Syntax von Num 1,51 bringt erste Erkenntnisse: Der Teilsatz והזר הקרב יומת „*der Fremde, der sich nähert, soll sterben*" ist als invertierter Verbalsatz konstruiert. Das heißt, er beschreibt die Nebenumstände des vorherigen Satzes. So gelesen gibt die Satzkonstruktion einen deutlichen Hinweis darauf, wer als „Fremde" zu verstehen sind: Nur den Leviten ist es erlaubt, sich der Wohnung zu nähern, sie zu tragen, sie auf- und abzubauen. Alle Nicht-Leviten sind Fremde!

V.52–53: Auch diese beiden Verse unterstreichen, dass den Leviten eine hohe Aufgabe zuteil wird. V.52 beginnt mit einem Perfekt consecutiv, das heißt, dass sich dieser Satz dem nachfolgenden V.53 unterordnet: Während also alle Söhne Israels, die oben gemustert und den Heeresverbänden zugeteilt wurden, ihren Lagerplatz haben (Nebeninformation), so haben die Leviten den besonderen Platz rund um die Wohnung des Zeugnisses (Hauptaussage).

V.54: Dieser Vers beschließt das erste Kapitel und somit auch die erste Levitenthematik, indem berichtet wird, dass das Volk alles tat, was JHWH Mose befohlen hatte.

Vor diesem Hintergrund von Num 1, dem Auftaktkapitel, wird jetzt bereits schon deutlich: Die Leviten sind von Gott mit einer äußerst würdigen Aufgabe betraut worden – sie allein. Und der Aufstand der Korachiter in Num 16f erscheint „als Aufstand gegen ein schon von Anbeginn der Wüstenwanderung an verordnetes Prinzip und die Torot in Num 18 als dessen Bewährung."[105]

---

105 ACHENBACH, Vollendung,480.

1.2.2 Die Leviten-Thematik in Num 3

Nach zwei kurzen Nennungen der Leviten in Kapitel zwei (V.17 und 33 unter der Rubrik „Ordnung der Stämme") begegnen dem Leser des Numeribuches die Leviten schließlich ausführlich in Kapitel 3:

Num 3,1–13:

1 ואלה תולדת אהרן ומשה ביום דבר יהוה את משה בהר סיני

2 ואלה שמות בני אהרן הבכור נדב ואביהוא אלעזר ואיתמר

3 אלה שמות בני אהרן הכהנים המשחים אשר מלא ידם לכהן

4 וימת נדב ואביהוא לפני יהוה בהקרבם אש זרה לפני יהוה במדבר סיני ובנים לא היו להם ויכהן אלעזר
ואיתמר על פני אהרן אביהם

5 וידבר יהוה אל משה לאמר

6 הקרב את מטה לוי והעמדת אתו לפני אהרן הכהן ושרתו אתו

7 ושמרו את משמרתו ואת משמרת כל העדה לפני אהל מועד לעבד את עבדת המשכן

8 ושמרו את כל כלי אהל מועד ואת משמרת בני ישראל לעבד את עבדת המשכן

9 ונתתה את הליום לאהרן ולבניו נתונם נתונם המה לו מאת בני ישראל

10 ואת אהרן ואת בניו תפקד ושמרו את כהנתם והזר הקרב יומת

11 וידבר יהוה אל משה לאמר

12 ואני הנה לקחתי את הליום מתוך בני ישראל תחת כל בכור פטר רחם מבני ישראל והיו לי הליום

13 כי לי כל בכור ביום הכתי כל בכור בארץ מצרים הקדשתי לי כל בכור בישראל מאדם עד בהמה עד לי
יהיו אני יהוה

1 Und dies sind die Toledot Aarons und Moses, an dem Tag, als JHWH zu Mose auf dem Berg Sinai gesprochen hat.

2 Und dies sind die Namen der Söhne Aarons: Der Erstgeborene ist Nadab und (dann folgen) Abihu, Eleasar und Itamar.

3 Dies sind die Namen der Söhne Aarons, der gesalbten Priester, denen er ihre Hände gefüllt hat, um Priester zu sein.

4 Und es starb(en) Nadab und Abihu vor JHWH, als sie ein fremdes Feuer vor JHWH in der Wüste Sinai darbrachten. Söhne aber hatten sie keine. Da wurden Eleasar und Itamar Priester vor dem Angesicht Aarons, ihres Vaters.

5 Und es sprach JHWH zu Mose Folgendes:

6 „Hole den Stamm Levi und stelle ihn vor Aaron, den Priester, dass sie [scil. der Stamm Levi, also die Leviten] ihm dienen.

7 Und sie sollen seine Anordnungen befolgen und die Anordnungen der ganzen Schar vor dem Zelt der Begegnung, um den Dienst am Heiligtum zu leisten.

8 Und sie sollen alle Geräte des Zeltes der Begegnung bewachen und befolgen die Anordnungen der Israeliten, um zu leisten den Dienst am Heiligtum.

9 Und du sollst die Leviten dem Aaron und seinen Söhnen geben. Gegebene, Gegebene sind sie ihm von allen Israeliten.

*10 Und auf Aaron und seine Söhne sollst du aufpassen, damit sie ihre Priesterschaft bewahren.
Der Fremde aber, der sich nähert, soll sterben!"*

11 Und es sprach JHWH zu Mose Folgendes:
*12 „Ich aber, siehe, ich nahm die Leviten aus der Mitte der Israeliten anstelle aller Erstgeburt,
die den Mutterschoß durchbricht, von den Israeliten – und es gehören mir die Leviten.
13 Denn mir gehört alle Erstgeburt. Am Tag, als ich schlug alle Erstgeburt im Land Ägypten,
heiligte ich mir alle Erstgeburt in Israel, vom Mensch bis zum Vieh. Mir sind sie – ich bin
JHWH!"*

Die Verse 1–13 lassen sich zunächst in zwei größere Abschnitte unterteilen: V.1–10
und 11–13. Dass ein Einschnitt nach V.10 vorliegt, wird durch die von den Masoreten gesetzte P^{e}tucha deutlich. Die Masoreten unterstrichen damit, dass mit
V.11 inhaltlich etwas Neues, beziehungsweise sogar etwas Anderes folgt. Dies zeigt
auch der Neueinsatz der JHWH-Rede. Dieser wirkt wie eine Zäsur, indem dieselbe
Formulierung wie schon in V.5 verwendet wird. Auch inhaltlich ist diese Zäsur
deutlich erkennbar: Die Verse 11–13 handeln zwar auch von den Leviten und ihrem
Bezug zu JHWH, Aaron spielt hier jedoch keine Rolle mehr. Zudem erhalten die
Leviten hier einen weit höheren Stellenwert, als das in den vorherigen Versen der
Fall war. V.11 ließe sich auch mühelos an Kapitel zwei anschließen. So würden die
Verse 11–13 eine Überleitung von den bisher aufgezählten Stämmen darstellen hin
zur Sonderrolle der Leviten. Über eine nachträgliche Voranstellung der Verse 1–10
wäre demnach nachzudenken, ist hier aber nicht von Belang.

Im Einzelnen:
Num 3,1–10 lässt sich in drei Szenen gliedern: Vers 1 steht vorweg als eine Art
Überschrift, es folgt in den Versen 2–4 eine kurze Aaron-Genealogie mit Rückver-
weis auf die Geschehnisse von Lev 10 (dem Tod von Nadab und Abihu), und in
den Versen 5–10 findet sich eine JHWH-Rede an Mose.
  Auffällig ist gleich die Überschrift in V.1. Dazu hält Martin Noth in seinem
Kommentar fest: „Die Einleitung (V. 1) nennt neben Aaron auch Mose, obwohl
von letzterem weiterhin gar keine Rede ist, und bringt eine im Zusammenhang
ganz sinnlose Zeitangabe."[106] Noth geht recht in der Annahme, dass die Angabe
„Und dies sind die Toledot Aarons und Moses, an dem Tag, als JHWH zu Mose
auf dem Berg Sinai gesprochen hat" eine sinnlose Aussage über die Zeit ist. Eine
Abstammungslinie kann man in diesem Sinne nicht zeitlich verkünden. Nadab und

---

106 NOTH, Numeri, 31.

Abihu, Eleasar und Itamar waren auch schon vor der Sinai-Perikope die Söhne Aarons – aber diese Angabe ist trotzdem nicht sinnlos! Sowohl die Formulierung „Und dies sind die Toledot Aarons und Moses" als auch die Zeitangabe „an dem Tag, als JHWH zu Mose auf dem Berg Sinai gesprochen hat" sind wohl gewählt und tragen eine starke Aussagekraft in sich. „Durch die formal eigentümliche Toledotformel in v. 1 wird nach den Epochen der Schöpfung (Gen 2,4*), der Urzeit (Gen 6,9), der Urväter (Gen 10,1) und Väter (Gen 11,27; 25,12.19; 36,1.9; 37,2) nun der Beginn der Epoche des ‚Priestertums' markiert. [...] Der Einsetzung des Hohenpriesters und seiner Söhne soll demnach der Primat über der nun folgenden Einsetzung der Leviten zukommen."[107] Aber nicht nur die Toledotformel verleiht den Aaron-Söhne eine besondere Würde. Auch die Zeitangabe „an dem Tag, als JHWH zu Mose auf dem Berg Sinai gesprochen hat" bietet eine kaum zu überbietende Legitimation. Aus den rabbinischen Schriften ist eine ganz ähnliche Formulierung bekannt. Wenn in einer talmudischen Diskussion ein Rabbi seiner Argumentation Ausdruck verleihen will, wenn dies sogar den Endpunkt der Diskussion darstellen soll, dann verwendet er als Argument: הלכה למשה מסיני „dies ist die Halacha, die Mose am Berg Sinai von Gott erhalten hat". Das ist *das* Argument, das sich nicht aushebeln lässt. Darüber gibt es keine weitere Diskussion. Als Beispiel sei hier eine von zahlreichen Stellen aus dem babylonischen Talmud[108] vorgestellt:

Zu Beginn des Traktats Taʿanit wird diskutiert, zu welchem Zeitpunkt im Jahr man anfangen soll, Gott um Regen zu bitten. Dies bildet den Ausgangspunkt der nachfolgenden Diskussion. Es gibt im Judentum das eindeutige Gebot, dass man an Sukkot Gott um Regen bitten soll. Dieses Gebot ist jedoch nicht eindeutig, weil Sukkot nicht an einem sondern an mehreren Feiertagen begangen wird. Somit muss das Gebot dahingehend präzisiert werden, an welchem Tag von Sukkot man Gott um Regen bitten soll – und es beginnt eine rabbinische Diskussion. Die Frage ist, ob das Gebet/die Bitte um Regen am Anfang oder am Ende oder an allen Tagen von Sukkot gebetet werden soll. Es wird zunächst die Meinung von Rabbi Jᵉhoschua vorgestellt, der äußert, man dürfe Gott nur am letzten Feiertag um Regen bitten. Rabbi Akiba entgegnet, dass man am 2. und am 6. Tag Gott um Regen bitten soll. Rabbi Jehuda ben Betera vertritt schließlich die Auffassung, dass man Gott sechs Tage lang um Regen bitten soll. Die Begründungen der Rabbinen beruhen auf verschiedenen Schriftversen über Libationen (zum Beispiel über Num 28,7 und Num 29,27). Rabbi Ami bestätigt schließlich im Namen von Rabbi Jochanan und im Namen von Rabbi Nechunja die Auslegung, dass man Gott sechs Tage lang um

---

107 ACHENBACH, Vollendung, 490.

108 Vgl. auch zum Beispiel Traktat Schabbat 28b; Traktat Pesachim 110b; Traktat Sukka 34a; Traktat Megilla 34b u. ö.

Regen bitten soll: Dies sei הלכה למשה מסיני. Mit diesem Argument wird jegliche weitere Wortmeldung unterbunden – es ist das letztgültige Argument.

רבי אמי אמר רבי יוחנן משום רבי נחוניא איש בקעת בית חורתן עשר נטיעות ערבה וניסוך המים הלכה למשה מסיני

Rabbi Ami sagte im Namen Rabbi Jochanans, im Namen Rabbi Nechunjas, ein Mann aus dem Tal Bet-Churtan: [Die Lehren] von den zehn Sämlingen, der Bachweide und [der Prozession] des Wassergießens seien dem Mose am Sinai überlieferte Halacha.

Vergleicht man diese Art der Diskussion und Argumentation nun mit Num 3, so wird deutlich, dass V.1 „Und dies sind die Toledot Aarons und Moses, an dem Tag, als JHWH zu Mose auf dem Berg Sinai gesprochen hat" keine sinnlose Zeitangabe ist sondern einen sehr sinnvollen Charakter hat: Das, was nun folgt, hat in der vorhandenen Diskussion hohe Autorität, es kann nicht hinterfragt werden. Der Unterschied zur rabbinischen Argumentation ist lediglich die Stellung: Im Talmud bildet dieses Argument immer den Schlusspunkt einer Diskussion, wenn bereits alle Argumente ausgetauscht sind. In Num 3 wäre es als Ausgangspunkt, als eine Art Doppelpunkt zu verstehen. Das Problem, das anschließend präzisiert beziehungsweise in Numeri diskutiert wird, ist die Stellung der Leviten zu Aaron. Dazu vertritt das Numeribuch verschiedene Ansichten.

Biblisch betrachtet ist dieser Gebrauch der Redewendung „an dem Tag, als JHWH zu Mose auf dem Berg Sinai gesprochen hat" in Num 3,1 einzigartig. Wenn in biblischen Schriften eine solche oder eine ähnliche Phrase verwendet wird, dann steht sie im Kontext der Sinai-Perikope, wenn Gott direkt mit Mose redet. Im Nachhinein, im Rückblick auf diese Situation, findet sie nur hier Verwendung.

Übertragen auf den Bibeltext Num 3,1 könnte man also vermuten, dass die Angabe „an dem Tag, als JHWH zu Mose auf dem Berg Sinai gesprochen hat" unterstreichen möchte, dass das, was jetzt folgt, indiskutabel ist; denn es geht auf Gott selbst zurück, der es Mose persönlich auf dem Sinai gesagt hat. Eine größere Legitimation kann es nicht geben. Das heißt, hier wird klar die Stellung untermauert, dass Aaron und seine Söhne *das* wichtige Priestergeschlecht darstellen (wer dazu gehört, wird in den Vv.2–4 geklärt) und dass die Leviten ihm untergeordnet sind und ihm (und seinen Söhnen) zu dienen haben.

In seiner Rede legt JHWH schließlich in den Vv.5–10 fest, welche Stellung die Leviten gegenüber Aaron haben und welche Aufgaben die ihren sind. Diese Aussagen über die Leviten sind hier nicht einzigartig, sondern sie stehen „in einem Verweiszusammenhang mit Num 16,8–11 und in weiten Teilen wörtlich parallel zu Num 18,2–7."[109] Der Verweiszusammenhang beziehungsweise das gespannte

---

109 ACHENBACH, Vollendung, 490.

Netz der Leviten-Thematik im Buch Numeri lässt sich jedoch noch weiter ziehen. Num 3,9 weist eine auffällig parallele Formulierung zu Num 8,16 auf: In Num 3,9 wird über die Leviten gesagt, sie seien Aaron „Gegebene". Diese Formulierung לו המה נתונם נתונם wird in der Hebräischen Bibel nur an zwei Stellen in gleicher Weise gebraucht. Während hier in Num 3,9 über die Leviten gesagt wird: *Gegebene, Gegebene sind sie ihm (Aaron)*, wird in Num 8,16 über die Leviten gesagt:

כי נתנים נתנים המה לי

Denn Gegebene, Gegebene sind sie mir (JHWH).

Diese fast wörtlich parallele Verwendung unterstreicht, dass sich Num 3 und 8 aufeinander beziehen. Dabei widerspricht Num 8 dem Text der Aussage in Num 3 deutlich: Nicht Aaron gehören die Leviten, sondern JHWH allein. JHWH Gegebene sind sie!

Die JHWH-Rede schließt in Num 3,10 mit der Aussage: „Und auf Aaron und seine Söhne sollst du aufpassen, damit sie ihre Priesterschaft bewahren. Der Fremde aber, der sich nähert, soll sterben!" An dieser Stelle bleibt für den Leser offen, wer mit „dem Fremden" gemeint ist: Sind die Leviten auch Fremde oder dürfen sie sich JHWH nähern, das heißt, ihm Opfer darbringen? Die nun folgenden Verse 11–13 beantworten diese Frage nicht, sondern bringen eine zweite JHWH-Rede vor, in der JHWH die Leviten herausstellt und sagt, dass sie ihm gehören, weil sie seine Erstgeburt sind. Die Leviten also sind für JHWH wichtig.

Diese ersten zehn Verse von Num 3 haben trotz ihrer Knappheit eine Fülle an deutlichen Aussagen zu bieten: Die Aaroniden sind als Priestergeschlecht besonders hervorgehoben (V.1). Dazu zählen Aaron und seine Söhne Eleasar und Itamar (Vv.2–4). Die Leviten sind den Aaroniden deutlich untergeordnet; denn sie sind „ihm gegeben" (V.9) und sollen ihm dienen (V.6). Num 3,1–10 stellt also einen zentralen Text über die hohe Stellung der Aaroniden und sicher keine „theologische Hauptaussage über die Leviten" dar, wie dies Mathias Winkler in seinem Aufsatz festhält: „Die Stunde der theologischen Geburt der Leviten in Num 3f stattet jene mit einer ungeheuren theologischen Würde und einem enormen Horizont aus."[110] Num 3,1–10 tritt aber gerade für das Gegenteil ein – für die Abqualifizierung der Leviten, um deren niedere Stellung gegenüber Aaron und seinen Söhnen zu festigen. „Die Leviten sind Aaron untergeordnet!" bildet die Kernaussage dieses Textes – Gegebene, Gegebene sind sie *ihm*. Aaron und seine Söhne sind alleinige

---

110 WINKLER, Levit, 19.

Priester, alle anderen arbeiten für sie. Und der Fremde, der sich nähert, soll sterben. Im Kapitel 3 des Buches Numeri finden sich so unterschiedlich geartete Aussagen über die Leviten, dass man kaum ein derart pauschales Urteil über ihre „ungeheure theologische Würde in Num 3ff" fällen kann. In den Vv.1–10 ist definitiv keine solch hohe Würde für die Leviten zu entdecken. Anders sieht dies in den Vv.11–13 aus. Hier dreht sich der Blickwinkel wieder, was für einen redaktionellen Nachtrag spricht. In den Vv.11–13 werden die Leviten als Erstgeburt bezeichnet, die sich JHWH selbst erwählt hat. Sie gehören ihm. Hier kommt den Leviten eine hohe theologische Würde zu, die weiter innerhalb des Buches Numeri diskutiert wird.

Auch die weiteren Verse von Num 3 behandeln die Leviten, ihren Stammbaum und ihre Dienste. Der Stammbaum der Leviten nimmt die Verse 14–28 ein – auf ihn soll später noch Bezug genommen werden. Ab V.29 wird der levitische Dienst am Heiligtum näher spezifiziert, bevor V.32 prägnant festhält:

ונשיא נשיאי הלוי אלעזר בן אהרן הכהן פקדת שמרי משמרת הקדש

Aber der Fürst der Fürsten von Levi (vom Stamm Levi) soll Eleasar sein, der Sohn Aarons, des Priesters, zur Aufsicht über die, welche den Dienst am Heiligtum bewachen.

Dies ist im Gegenüber zu Num 1 eine völlig neue Aussage, dass den Leviten noch ein Oberhaupt aus dem levitischen Zweig der Aaron-Familie voran gesetzt wird. Die Stellung der Leviten klingt hier deutlich weniger würdevoll an, als dies noch in Num 1 der Fall war.

Die abschließenden Verse von Num 3 widmen sich der Erstgeburtsthematik. Hier wird ausführlich erläutert, was es mit der Wendung auf sich hat, dass JHWH die Leviten als Erstgeburt ausgesondert hat. Erst jetzt erhellt sich im Nachhinein die Aussage von Num 3,12: „Ich aber, siehe, ich nahm die Leviten aus der Mitte der Israeliten anstelle aller Erstgeburt, die den Mutterschoß durchbricht, von den Israeliten – und es gehören mir die Leviten." Num 3,40–51 erklären, wie dies zu verstehen ist: JHWH sprach zu Mose, dass er alle männlichen Erstgeborenen der Söhne Israels mustern solle. Dann wird JHWH sich anstelle aller Erstgeborenen unter den Söhnen Israel die Leviten als Erstgeborene nehmen und das Vieh der Leviten anstelle alles Erstgeborenen unter dem Vieh der Söhne Israel. Und Mose tat dies. Des weiteren wird erklärt, wie dann der Loskauf vonstatten geht, der wegen überzähliger Erstgeborener nötig ist.

Dass in den Vv.11–13 ohne Erklärung die Leviten als JHWHs Erstgeburt genannt werden und erst in den Vv.40ff erklärt wird, was damit gemeint ist, stützt die Annahme, dass die Verse 11–13 einen Nachtrag von anderer Hand darstellen.[111]

Als zentrale Aussagen über die Leviten in Num 3 lässt sich kurz zusammenfassen:
1) Die Leviten gehören Aaron und dienen ihm. Dies findet sich in den Vv.1–10.
2) Die Leviten sind die Erstgeburt JHWHs und gehören JHWH. Dies steht in den Vv.11–13 und in V.40–51.
3) Zu den levitischen Aufgaben zählen: Dienst am Heiligtum leisten, Geräte des Zeltes bewachen und die Anordnungen der Israeliten befolgen.
4) Darüber hinaus wird festgehalten: Aaron und seine Söhne haben die Priesterschaft inne, und kein Fremder darf sich JHWH nähern, und Eleasar ist über die Leviten eingesetzt.

Diese vier Punkte werden in weiteren Texten des Numeribuches aufgegriffen. Aus Leser-Perspektive geschieht der erste deutliche Rückgriff darauf in Kapitel 8. Zuvor aber stößt der Leser auf die Arbeitsaufteilung von Priestern und Leviten in Kap. 4: Obwohl in Num 1 deutlich gesagt wurde, dass die Leviten und nur die Leviten die „Wohnung des Zeugnisses" auf- und abbauen dürfen mit *allem, was dazu gehört und allen Geräten*, wird in Kapitel 4 nun das Gegenteil behauptet: Die Leviten sollen und dürfen lediglich das Zelt an sich tragen, die Geräte aber anzufassen und für den Transport fertig zu machen, obliegt den Aaroniden. Darüber wird an verschiedenen Stellen festgehalten, dass alle Arbeiten der Leviten unter der Leitung der Aaron-Söhne verrichtet werden.

1.2.3 Aaron und die Leviten in Num 8

In Num 8 findet sich eine lange JHWH-Rede. Zuvor wird am Ende von Kapitel 7 berichtet, dass Mose in das Zelt hineinging, um mit „Ihm" zu reden. Mose hörte eine Stimme, die zu ihm redete von oberhalb der Kapporet über der Lade des Zeugnisses (הכפרת אשר על ארן העדת) her, umrahmt von zwei Cherubim. In diese hocherhabene Situation ist also Kapitel 8 einbettet.

---

111 So zum Beispiel Gertz, Tradition, 66: „Num 3,11–13 ist wiederum ein jüngerer Nachtrag zu dem sehr uneinheitlichen Abschnitt über die Musterung der Leviten in Num 3, so daß eine literarhistorische Entscheidung darüber, ob es sich um einen Zusatz zu P oder bereits um eine nachpriesterschriftliche Erweiterung handelt, schwerfällt."

76 | Korach im Buch Numeri

Num 8,5–6.11–19:

5 וידבר יהוה אל משה לאמר

6 קח את הלוים מתוך בני ישראל וטהרת אתם

[...]

11 והניף אהרן את הלוים תנופה לפני יהוה מאת בני ישראל והיו לעבד את עבדת יהוה

12 והלוים יסמכו את ידיהם על ראש הפרים ועשה את האחד חטאת ואת האחד עלה ליהוה לכפר על הלוים

13 והעמדת את הלוים לפני אהרן ולפני בניו והנפת אתם תנופה ליהוה

14 והבדלת את הלוים מתוך בני ישראל והיו לי הלוים

15 ואחרי כן יבאו הלוים לעבד את אהל מועד וטהרת אתם והנפת אתם תנופה

16 כי נתנים נתנים המה לי מתוך בני ישראל תחת פטרת כל רחם בכור כל מבני ישראל לקחתי אתם לי

17 כי לי כל בכור בבני ישראל באדם ובבהמה ביום הכתי כל בכור בארץ מצרים הקדשתי אתם לי

18 ואקח את הלוים תחת כל בכור בבני ישראל

19 ואתנה את הלוים נתנים לאהרן ולבניו מתוך בני ישראל לעבד את עבדת בני ישראל באהל מועד ולכפר על בני ישראל ולא יהיה בבני ישראל נגף בגשת בני ישראל אל הקדש

5 Und es sprach JHWH zu Mose Folgendes:

6 „Nimm die Leviten aus der Mitte der Israeliten und reinige sie. […]

11 Und Aaron soll die Leviten vor JHWH als Schwingopfer schwingen lassen aus den Israeliten heraus, damit sie Dienst leisten für JHWH.

12 Die Leviten (ihrerseits) aber sollen ihre Hände auf den Kopf der Stiere legen und du sollst einen [scil. von den Stieren] als Sündopfer nehmen und einen [scil. von den Stieren] als Rauchopfer für JHWH, um für die Leviten Sühne zu wirken.

13 Und du sollst die Leviten hinstellen vor Aaron und vor seine Söhne, und du sollst sie schwingen als Schwingopfer für JHWH.

14 Und du sollst die Leviten aussondern aus der Mitte der Israeliten, und die Leviten sollen mir gehören!

15 Und danach werden die Leviten kommen, um die Arbeit am Zelt der Begegnung zu tun, und du sollst sie reinigen und sie schwingen als Schwingopfer.

16 Denn Gegebene, Gegebene sind sie mir aus der Mitte der Israeliten anstelle dessen, das als erstes allen Mutterschoß durchbricht, die Erstgeburt aller von den Israeliten. Ich habe sie mir genommen.

17 Denn mir gehört alle Erstgeburt unter den Israeliten, unter den Menschen und dem Vieh. Am Tag, als ich schlug alle Erstgeburt im Land Ägypten, heiligte ich sie mir.

18 Und ich nahm die Leviten anstelle aller Erstgeburt unter den Israeliten,

19 und ich gebe die Leviten als Gegebene für Aaron und für seine Söhne aus der Mitte der Israeliten, um zu leisten die Arbeit der Israeliten am Zelt der Begegnung und um Sühne zu wirken für die Israeliten, damit keine Strafe/Plage sein wird, falls die Israeliten sich dem Heiligtum nähern."

In Kapitel 8 liegt wiederum ein Text vor, der die Stellung der Leviten und deren Aufgaben beschreibt. Nach Reinhard Achenbach lässt sich Num 8,5–25 in vier Abschnitte einteilen: „Nach der Ritualanweisung v.5–14 folgt die Deutung (v.15–19) und die Durchführung (v.20–22), ergänzt durch eine Anweisung bzgl. des Dienstantrittsalters (v.23–25)."[112] Die für uns interessanten Texte befinden sich in den ersten beiden Abschnitten. Hier sind die wörtlichen Übereinstimmungen mit Num 3 augenfällig, aber gerade auch die Unterschiede sind interessant.

Zunächst fällt also auf, dass die Leviten wie in Num 3 als Erstgeburt JHWHs bezeichnet werden. Nicht nur das: Die gesamte Formulierung der Vv.14–19 zeigt eine starke Ähnlichkeit mit Num 3,9.11–13 mit eigener Schwerpunktsetzung:

Num 3,9.11–13	Num 8,14–19
9 Und du sollst die Leviten dem Aaron und seinen Söhnen geben. Gegebene, Gegebene sind sie ihm von allen Israeliten. *...* *11 Und es sprach JHWH zu Mose Folgendes: 12 „Ich aber, siehe, ich nahm die Leviten aus der Mitte der Israeliten anstelle aller Erstgeburt, die den Mutterschoß durchbricht, von den Israeliten – und es gehören mir die Leviten.* *13 Denn mir gehört alle Erstgeburt. Am Tag, als ich schlug alle Erstgeburt im Land Ägypten, heiligte ich mir alle Erstgeburt in Israel, vom Mensch bis zum Vieh. Mir sind sie – ich bin JHWH!"*	*13 Und du sollst die Leviten hinstellen vor Aaron und vor seine Söhne, und du sollst sie schwingen als Schwingopfer für JHWH.* *14 Und du sollst die Leviten aussondern aus der Mitte der Israeliten, und die Leviten sollen mir gehören!* *15 Und danach werden die Leviten kommen, um die Arbeit am Zelt der Begegnung zu tun, und du sollst sie reinigen und sie schwingen als Schwingopfer.* *16 Denn Gegebene, Gegebene sind sie mir aus der Mitte der Israeliten anstelle dessen, das als erstes allen Mutterschoß durchbricht, die Erstgeburt aller von den Israeliten. Ich habe sie mir genommen.* *17 Denn mir gehört alle Erstgeburt unter den Israeliten, unter den Menschen und dem Vieh. Am Tag, als ich schlug alle Erstgeburt im Land Ägypten, heiligte ich sie mir.* *18 Und ich nahm die Leviten anstelle aller Erstgeburt unter den Israeliten,* *19 und ich gebe die Leviten als Gegebene für Aaron und für seine Söhne aus der Mitte der Israeliten, um zu leisten die Arbeit der Israeliten am Zelt der Begegnung und um Sühne zu wirken für die Israeliten, damit keine Strafe/Plage sein wird, falls die Israeliten sich dem Heiligtum nähern."*

Gerade Num 8,16, aber auch die weiteren Verse nehmen beide Aussagen (Leviten als „Gegebene" und als „Erstgeburt") von Num 3,1–13 auf und reformulieren diese, sodass Jan C. Gertz zuzustimmen ist, dass Num 8,16–20 eindeutig von der Einsetzung der Leviten als Ersatz für das Erstgeburtsopfer in Num 3,11–13 ab-

---

112 ACHENBACH, Vollendung, 542. Seiner Ansicht nach ist dieser Text literarisch einheitlich. Dem schließe ich mich an.

hängig ist.[113] Zu ähnlich sind hier die Formulierungen. Interessant ist nun aber, wozu Num 3 hier zitiert oder worauf angespielt wird: Der Autor von Num 8 nimmt Num 3 auf, ergänzt und deutet dabei um. Er behält die theologische Aussage bei, dass die Leviten die Erstgeburt JHWHs seien, erweitert die Aussage aber um den Zusatz, dass er die Leviten geheiligt hat. Dies ist nicht unerheblich, da doch die Streitigkeiten in Num 16 zu einem Teil den Anlass in der Frage sehen, wer denn heilig sei. Nach Num 8 sind alle Leviten von JHWH geheiligt worden. Zudem wird mehrfach betont, dass die Leviten JHWH gehören. Dies wird verdeutlicht durch die Wiederaufnahme und Umdeutung von Num 3,9. Aus der Formulierung *„Gegebene, Gegebene sind sie ihm (scil. Aaron)"* wird: *„Denn Gegebene, Gegebene sind sie mir aus der Mitte der Israeliten".*

Der Verfasser von Num 8 positioniert sich mit seiner Ansicht zu den Leviten scheinbar als eine Art Mittler zwischen beiden konkurrierenden Parteien: Die Leviten sind wichtig, JHWH hat sie erwählt als Erstgeburt, geheiligt und durch Aaron reinigen lassen. Sie wirken stellvertretend für das ganze Volk Israel am Heiligtum, sie leisten ihren Dienst am Heiligtum für JHWH (V.11) und nicht etwa für Aaron, wie dies in Num 3 gesagt wird. Darüber hinaus ergänzt der Autor eine Aufgabe, von der bisher noch keine Rede war: Die Leviten leisten ihren Dienst, um Sühne zu wirken für die Israeliten, damit keine Strafe/Plage kommen wird, falls die Israeliten sich dem Heiligtum nähern (V.19). Dieser letzte Satz stellt wiederum einen Diskussionspunkt in der Auseinandersetzung der Leviten und Aaroniden dar, nämlich in der Frage, wer dazu berechtigt ist, Sühne zu wirken. In diese Diskussion schaltet sich Num 16f ein – diese These wird unten im Kapitel „Die innerbiblischen Bezüge von Num 16,1–17,15" vorgestellt. Zunächst soll jedoch der Blick auf Num 14 gerichtet werden, obwohl es nicht dezidiert um Korach und die Leviten geht.

1.2.4 Die Androhung gegen die Aufrührer in Num 14,35

Nachdem nun in Kapitel 10 zu lesen war, dass das Volk Israel vom Sinai aufgebrochen ist, stellt Num 14,35 einen weiteren Anknüpfungspunkt für die Erzählungen in Num 16f dar, jedoch nur ganz knapp in einem Vers. Es geht um die Motivik des „Auflehnens gegen JHWH". In Num 14,35 heißt es:

---

113 GERTZ, Tradition, 66: „Die Übergabe der Leviten an Aaron und seine Nachkommen in Num 8,16–20 ist eindeutig von der Einsetzung der Leviten als Ersatz für das Erstgeburtsopfer in Num 3,11–13 abhängig. Num 3,11–13 ist wiederum ein jüngerer Nachtrag zu dem sehr uneinheitlichen Abschnitt über die Musterung der Leviten in Num 3, so daß eine literarhistorische Entscheidung darüber, ob es sich um einen Zusatz zu P oder bereits um eine nachpriesterschriftliche Erweiterung handelt, schwerfällt."

אני יהוה דברתי אם לא זאת אעשה לכל העדה הרעה הזאת הנועדים עלי במדבר הזה יתמו ושם ימתו.

*Ich, JHWH, habe es geredet. Wenn ich das nicht tun werde an dieser ganzen bösen Gemeinde,
die sich gegen mich aufgelehnt hat! In dieser Wüste sollen sie umkommen, und dort sollen
sie sterben!*

Dieser Vers steht inmitten einer langen JHWH-Rede, in der JHWH die Strafe
verhängt, dass alle, die sich gegen ihn aufgelehnt haben, in der Wüste sterben sollen.
In Num 16f tritt schließlich genau das ein, was in Num 14 vorhergesagt war: Die
Aufrührer sterben. Dabei verwendet Num 16f dieselbe Wortwahl wie Num 14,35,
um zu zeigen, dass es sich hierbei um das Schema „Androhung – Erfüllung" handelt.
In Num 16,11 heißt es:

לכן אתה וכל עדתך הנעדים על יהוה

Daher bist du es und deine ganze Schar – ihr seid diejenigen, die sich gegen JHWH auflehnen!

Diese Konstruktion überrascht zunächst, da auf den ersten Blick nicht klar wird,
warum הנועדים determiniert ist. Viele Übersetzungen ignorieren deshalb den Artikel
und geben V.11 wieder mit:

Deshalb [...] seid ihr euch Zusammenrottende gegen JHWH[114]

Dies würde folgender hebräischer Konstruktion entsprechen:

לכן אתה וכל עדתך נעדים על יהוה

In Num 16,11 steht nun aber das Partizip mit einem Artikel, das heißt, es verweist
auf eine bekannte Größe: „Ihr seid *die* Auflehnenden gegen JHWH!" Dies stellt
eine syntaktische Wiederaufnahme von Num 14,35 dar.[115] In Num 14,35 droht
JHWH also an, dass alle diejenigen, die sich gegen ihn auflehnen werden (הנועדים)
in der Wüste, sterben werden. Somit ist Num 16,11 hier so zu verstehen, dass Mose
betont, dass *ihr* diejenigen seid, von denen JHWH vorher gesprochen hat. *Ihr* lehnt
euch auf in der Wüste und werdet sterben! Die Rede des Mose in Num 16,11 knüpft
damit exakt an Num 14,35 an.

---

114 So verfährt beispielsweise PYSCHNY, Führung, 73. Darüber hinaus fehlt auch die Übersetzung des
Artikels beispielsweise bei SEEBASS, Numeri. 2. Teilband, 167 (er versteht das ה als Relativpartikel),
oder auch in der neuen Lutherübersetzung.

115 Zur Definition vgl. BEHRENS, Grammatik, 3: Die syntaktische Wiederaufnahme ist eine „Verknüpfung verschiedener Texte und Textteile mittels der Wiederaufnahme syntaktischer Konstruktionen".

Die Formulierung mit dem Partizip הנעדים על begegnet lediglich fünfmal in der Hebräischen Bibel. Drei Stellen davon finden sich im Buch Numeri, und diese beziehen sich aufeinander: Num 14,35 als Gebertext, Num 16,11 und 27,3 rekurrieren darauf.[116]

Als Anmerkung sei an dieser Stelle festgehalten, dass es meines Erachtens kein Zufall ist, dass im Numeribuch der Vorwurf des Sich-Auflehnens gegen JHWH (הנעדים) und die Bezeichnung von Korachs Schar (עדה) im Hebräischen von derselben Wurzel יעד gebildet werden.

1.2.5 Aaron und die Leviten in Num 18,1–7

Nach den verschiedenen Darstellungen der Leviten und ihrer Stellungen und ihrer Dienste findet sich nun nach der Korach-Episode in Num 18,1–7 eine eher vermittelnde Position. „Num 18 ist um Ausgleich zwischen Priestern und Leviten bemüht."[117] Das Volk Israel wendet sich in diesem Kapitel verzweifelt an Mose und hält als Resümee der vorangegangenen Geschehnisse fest: „Jeder, der sich tatsächlich der Wohnung JHWHs naht, stirbt. Sollen wir denn ganz und gar untergehen?" (Num 17,18). Darauf spricht JHWH zu Aaron Folgendes:

1 ויאמר יהוה אל אהרן אתה ובניך ובית אביך אתך תשאו את עון המקדש ואתה ובניך אתך תשאו את עון כהנתכם

2 וגם את אחיך מטה לוי שבט אביך הקרב אתך וילוו עליך וישרתוך ואתה ובניך אתך לפני אהל העדת

3 ושמרו משמרתך ומשמרת כל האהל אך אל כלי הקדש ואל המזבח לא יקרבו ולא ימתו גם הם גם אתם

4 ונלוו עליך ושמרו את משמרת אהל מועד לכל עבדת האהל וזר לא יקרב אליכם

5 ושמרתם את משמרת הקדש ואת משמרת המזבח ולא יהיה עוד קצף על בני ישראל

6 ואני הנה לקחתי את אחיכם הלוים מתוך בני ישראל לכם מתנה נתנים ליהוה לעבד את עבדת אהל מועד

7 ואתה ובניך אתך תשמרו את כהנתכם לכל דבר המזבח ולמבית לפרכת ועבדתם עבדת מתנה אתן את כהנתכם והזר הקרב יומת

1 Und JHWH sprach zu Aaron: „Du und deine Söhne und das Haus deines Vaters mit dir, ihr sollt die Sünde des Heiligtums (auf euch) nehmen. Du und deine Söhne mit dir, ihr sollt die Sünde eurer Priesterschaft nehmen.

2 Und auch deine Brüder, der Stamm Levi, der Stamm deines Vaters, sollen sich mit dir nähern, damit sie sich dir anschließen und dir dienen, aber du und deine Söhne mit dir, ihr sollt vor dem Zelt des Zeugnisses sein.

---

116 Die beiden weiteren Stellen sind IReg 8,5 mit seiner Parallelstelle IIChr 5,6.
117 So beschreibt dies Christian Frevel in: FREVEL, Leviten, 134.

3 Und sie sollen deinen Dienst leisten und den Dienst am ganzen Zelt; nur den Geräten des Heiligtums und dem Altar sollen sie sich nicht nähern, damit sie nicht sterben, sowohl sie als auch ihr.

4 Und sie sollen sich dir anschließen und den Dienst am Zelt der Begegnung leisten hinsichtlich aller Arbeit des Zeltes. Ein Fremder aber darf sich euch nicht nähern.

5 Und ihr werdet den Dienst des Heiligtums leisten und den Dienst des Altars, sodass kein Zorn mehr über die Israeliten kommt.

6 Siehe, ich aber habe eure Brüder, die Leviten, aus der Mitte der Israeliten heraus genommen, für euch zum Geschenk sind sie JHWH gegeben, um zu verrichten die Arbeit des Zeltes der Begegnung.

7 Aber du und deine Söhne mit dir achtet auf eure Priesterschaft, auf alles, was den Altar betrifft, und die Arbeit tun innerhalb des Vorhangs. Als ein Arbeitsgeschenk gebe ich euch die Priesterschaft, der Fremde aber, der sich nähert, wird sterben.

In dieser Perikope finden sich wiederum dieselben Thematiken und Formulierungen wie in den anderen oben dargestellten Kapiteln: Es geht um die Aaroniden, die Leviten und um die Themen des „sich Näherns" und „des Dienens am Heiligtum", nur setzt der Verfasser an dieser Stelle wiederum andere Schwerpunkte: Er harmonisiert die Streitigkeiten. So wird zunächst betont, dass die Leviten denselben Stammvater wie Aaron haben: Es findet sich zum einen in V.1 die – zusätzliche – Formulierung „das Haus deines Vaters mit dir" (sonst ist immer nur von Aaron und seinen Söhnen die Rede), zum andern folgt in V.2 die Aussage, dass der Stamm Levi der Stamm „deines Vaters" ist. In V.4f wird festgehalten, dass die Leviten und die Aaroniden gemeinsam ihren Dienst am Zelt der Begegnung leisten sollen, und ein Fremder, der sich nähert, wird sterben. Hierbei ist ausgeschlossen, dass der Fremde ein Levit sein kann. Die Aaroniden dürfen aber trotz dieser Gleichstellung als einzige den Dienst an heiligen Geräten und am Altar verüben, aber nähert sich hier ein Levit, müssen beide sterben. Zuletzt wird noch einmal die Formulierung des „Gegebenseins" aufgegriffen. Der Verfasser betont wie in Num 8, dass die Leviten JHWH gegeben sind und dass dieser sie dem Aaron als Geschenk gegeben habe.

1.2.6 Die Sühne wirkende Tat des Pinhas in Num 25,6–13

In Num 25,6–13 wird vom Eifer des Pinhas berichtet. Dies ist hier insofern von Interesse, als Pinhas der Sohn Eleasars und somit der Enkel von Aaron ist. Seine große für JHWH eifernde Tat wird durch diese Genealogie den Aaroniden zugeschrieben. Als das Volk Israel (wieder einmal) vom Glauben an JHWH abgefallen war und stattdessen andere Götter anbetete und deren Opferfleisch aß, wurde JHWH zornig und befahl Mose, für ihn Rache an den Oberen des Volkes zu nehmen. Doch Pinhas handelte schnell und bewirkte durch die Tötung eines israelitischen Mannes und seiner midianitischen Frau, dass JHWH nicht an noch mehr Menschen seinen Zorn ausließ. Der Zorn JHWHs wurde gestoppt. Es heißt dazu in Num 25,6–13:

6 והנה איש מבני ישראל בא ויקרב אל אחיו את המדינית לעיני משה ולעיני כל עדת בני ישראל והמה בכים פתח אהל מועד

7 וירא פינחס בן אלעזר בן אהרן הכהן ויקם מתוך העדה ויקח רמח בידו

8 ויבא אחר איש ישראל אל הקבה וידקר את שניהם את איש ישראל ואת האשה אל קבתה ותעצר המגפה מעל בני ישראל

9 ויהיו המתים במגפה ארבעה ועשרים אלף

10 וידבר יהוה אל משה לאמר

11 פינחס בן אלעזר בן אהרן הכהן השיב את חמתי מעל בני ישראל בקנאו את קנאתי בתוכם ולא כליתי את בני ישראל בקנאתי

12 לכן אמר הנני נתן לו את בריתי שלום

13 והיתה לו ולזרעו אחריו ברית כהנת עולם תחת אשר קנא לאלהיו ויכפר על בני ישראל

6 Und siehe, ein Mann von den Israeliten kam und ließ die Midianiterin seinen Brüdern nahen unter den Augen von Mose und unter den Augen der ganzen Gemeinde der Israeliten, während sie weinten am Eingang des Zeltes der Begegnung.

7 Dies sah Pinhas, der Sohn Eleasars, der Sohn Aarons, des Priesters, und er erhob sich aus der Mitte der Gemeinde, und er nahm eine Lanze in seine Hand.

8 Und er ging dem Mann aus Israel nach zu dem Kuppelbau [scil. das Innere des Zeltes], und er durchbohrte die beiden, und zwar den Mann aus Israel und die Frau, durch ihren Unterleib. Und die Strafe hörte auf unter den Israeliten.

9 Und es waren die Getöteten während der Strafe 24000.

10 Da sprach JHWH zu Mose:

11 Pinhas, der Sohn Eleasars, der Sohn Aarons, des Priesters, hat meinen Zorn abgewendet von den Israeliten durch seinen Eifer mit meinem Eifer in ihrer Mitte. So habe ich die Israeliten in meinem Eifer nicht vernichtet.

12 Darum sprich: Siehe, ich gebe ihm hiermit meinen Friedensbund,

13 dass er ihm sei und seinen Nachkommen nach ihm ein Bund einer Priesterschaft in Ewigkeit, dafür dass er für seinen Gott geeifert und für die Israeliten Sühne gewirkt hat.

Diese Textstelle weist zwei deutliche Bezüge zu anderen Bibelstellen auf: Zum einen ist hier ein Rückgriff auf die 250-Männer-Erzählung aus Num 17 zu finden, zum andern ist die motivliche Nähe zu IISam 7,16 nicht zu übersehen. Zunächst der Vergleich mit Num 17,13b–14a:

Num 17,13b–14a	Num 25,8b–9
ותעצר המגפה ויהיו המתים במגפה ארבעה עשר אלף ושבע מאות	ותעצר המגפה מעל בני ישראל ויהיו המתים במגפה ארבעה ועשרים אלף
Und die Strafe hörte auf. *Und es waren die Getöteten während der Strafe 14700.*	*Und die Strafe hörte auf unter den Israeliten.* *Und es waren die Getöteten während der Strafe 24000.*

Auffallend ähnlich sind die Formulierungen in Num 25,8–9 und Num 17,13–14, sodass anzunehmen ist, dass der Verfasser von Num 25 wörtlich auf Num 17 Bezug genommen und damit auch zum Ausdruck gebracht hat, dass es Pinhas ebenso um eine Sühne wirkende Tat ging (die Wurzel כפר folgt dann in Num 25,13). Die Erzählung um die 250 Männer wird demnach nicht nur von der Korachbearbeitung aufgenommen, um die Korachiter und/oder Leviten zu denunzieren, sondern auch, um das aaronidische Priestertum weiter zu stärken.

Dies geschieht meines Erachtens noch deutlicher vor dem Hintergrund der Nathansverheißung. Nach seiner Sühne wirkenden Tat stiftet JHWH schließlich einen ewigen Bund zwischen ihm und dem Priestertum in der Person des Pinhas. Die Nähe zu IISam 7 ist an dieser Stelle bewusst intendiert:

Num 25,12b–13	IISam 7,16
הנני נתן לו את בריתי שלום 13 והיתה לו ולזרעו אחריו ברית כהנת עולם תחת אשר קנא לאלהיו ויכפר על בני ישראל	ונאמן ביתך וממלכתך עד עולם לפניך כסאך יהיה נכון עד עולם
Siehe, ich gebe ihm hiermit meinen Friedensbund, *dass er ihm sei und seinen Nachkommen nach ihm ein Bund einer Priesterschaft in Ewigkeit,* *dafür dass er für seinen Gott geeifert und für die Israeliten Sühne gewirkt hat.*	*Dein Haus aber und dein Königtum sollen vor dir Bestand haben bis in Ewigkeit, dein Thron soll feststehen bis in Ewigkeit.*

In Num 25 schließt JHWH einen Bund mit Pinhas, und seine Priesterschaft soll in Ewigkeit bestehen. Ein solcher Bundesschluss ist im Buch Numeri eine singuläre Vorstellung und wird nur verständlich, wenn man hier die Parallele zu König David und seinem Verhältnis zu JHWH sieht. JHWH schließt mit David einen Bund (Ps 89,4), und sein Thron, seine Herrschaft, soll bis in Ewigkeit bestehen. Reinhard Achenbach weist zu Recht auf den Textzusammenhang von Num 25 und IISam 7 hin. Er sieht mit dieser Davids-Verheißung im Hintergrund in Num 25 eine Zurückdrängung der Davididenhoffnung. Entscheidend sei demnach nicht die Existenz eines Königtums, sondern die der priesterlichen Führung der Theokratie.[118] Meines Erachtens liegt der Akzent allerdings mehr auf dem Gegenüber der Aaroniden zu den Leviten, nicht zum Königshaus. Indem

---

118 ACHENBACH, Vollendung, 440.

die Aaroniden hier einen ewigen Bund, der auf einer Linie mit dem davidischen Königshaus steht, erhalten, haben sie eine Stellung inne, an die die Leviten niemals heranreichen werden. In der Erzählung um den Eifer des Pinhas liegt also die Zuspitzung, der Höhepunkt der Diskussion um den Rang der Aaroniden im Gegensatz zu den Leviten vor – eine Diskussion, die durchgängig das Numeribuch beschäftigt. Es ist die Fortsetzung der Tat des Aaron in der 250-Männer-Erzählung.

1.2.7 Korach und seine Söhne in Num 26

Nach der Erzählung um die großartige Tat des Pinhas werden in Kapitel wieder einmal die Stämme gezählt beziehungsweise gemustert. Bei dieser Zählung wird explizit auf Datan, Abiram und Korach aus Num 16f Bezug genommen. In den Versen 7–11 heißt es:

7 אלה משפחת הראובני ויהיו פקדיהם שלשה וארבעים אלף ושבע מאות ושלשים

8 ובני פלוא אליאב

9 ובני אליאב נמואל ודתן ואבירם הוא דתן ואבירם קריאי העדה אשר הצו על משה ועל אהרן בעדת קרח בהצתם על יהוה

10 ותפתח הארץ את פיה ותבלע אתם ואת קרח במות העדה באכל האש את חמשים ומאתים איש ויהיו לנס

11 ובני קרח לא מתו

7 Dies sind die Familien der Rubeniten: Sie waren 43730 Angestellte.
8 Einer der Söhne Pallus war Eliab.
9 Die Söhne Eliabs waren Nemuël, Datan und Abiram. Datan und Abiram waren diejenigen, die Berufene der Gemeinde waren und sich gegen Mose und Aaron auflehnten in der Schar des Korach, während sie sich gegen JHWH auflehnten.
10 Da öffnete die Erde ihren Mund und verschluckte sie und Korach, während die Schar starb und während das Feuer 250 Männer fraß. Und sie wurden zu einem Zeichen.
11 Die Söhne Korachs aber starben nicht.

Hier liegt ein Rückgriff auf die beziehungsweise eine Interpretation der Erzählung von Num 16 vor. In einem Vergleich fällt auf, dass Unebenheiten des Textes von Num 16f hier geglättet und teilweise uminterpretiert werden. Zunächst wird der Ruben-Stammbaum korrigiert: Der erwähnte Sohn Rubens heißt hier פלוא (wie auch in Gen 46,9; Ex 6,14; Num 26,5; IChr 5,3) und nicht פלת, eine Person namens און gibt es nicht. Zusätzlich tritt hier „Nemuël" an die Seite Datans und Abirams. Vermutlich vertrat der Verfasser dieses Verses die Auffassung, „dass die Sippe der Palluiter trotz des Tods von Datan und Abiram weiterhin existierte und fügte deshalb in V.9 Nemuël, der in V.12 als Ahnherr einer Sippe Simeons erwähnt wird,

Korach und die Leviten-Thematik im Buch Numeri | **85**

als weiteren Sohn Eliabs ein."[119] Im Anschluss an den Ruben-Stammbaum werden Datan und Abiram mit den „zur Gemeinde Berufenen" aus Num 16,2 identifiziert. Diese waren in Num 16,2 noch eine unspezifische Gruppe. Schließlich wird vermerkt, dass dezidiert Datan und Abiram von der Erde verschluckt werden. Über das Schicksal dieser beiden lässt Num 16 – durch die Korachbearbeitung – den Leser im Unklaren. Des Weiteren wird die Spannung aufgelöst, dass, obwohl „alle, die zu Korach gehörten", gestorben sein sollen, die Korachiter als Geschlecht durchaus überlebt haben und weiterhin existieren. Man könnte die Verse 9–11 so lesen, dass die Betonung in V.9 darauf liegt, dass die Söhne Eliabs Nemuël, Datan und Abiram diejenigen waren, die als Berufene der Gemeinde *die Schar des Korach* bildeten. Das heißt, wenn in Num 16 gesagt wird, dass alle, die zu Korach gehörten, also seine Schar, umkamen, so sind nicht seine Söhne gemeint sondern die Söhne Eliabs. Um dies zu untermauern, spricht Num 26,11 dies noch einmal deutlich aus. So wird am Schluss der Perikope der harte Ausgang für die Nachfahren der Korachiter revidiert. Es stirbt nur ihr Anführer, die Söhne Korachs überleben. Diese zu erklärende Spannung, dass die Korachiter mit ihrem Stammvater gestorben sind und irgendwie trotzdem überlebt haben, gibt es also einerseits im Numeribuch selbst, andererseits besteht diese Spannung auch innerhalb des Pentateuch mit Blick auf den Stammbaum in Ex 6 und darüber hinaus im Zusammenhang mit den Büchern der Chronik und dem Psalter. Dort wird vorausgesetzt, dass es Korachiter gegeben hat.

Mit Blick auf Korach und den Aufbau dieses kurzen Abschnitts fällt auf, dass alle drei Korach-Nennungen syntaktisch nachklappen.[120] Am deutlichsten wird dies bei V.11, der adversativ noch einmal unterstreicht, dass die Söhne Korachs noch am Leben sind, aber auch V.9b könnte ein nachträglicher Zusatz sein. Die Nennung Korachs in V.10 ist darüber hinaus grammatisch betrachtet überflüssig, da bereits vorher erwähnt wird, dass alle vorher Erwähnten von der Erde verschluckt worden waren, somit auch Korach.

Diese Beobachtungen lassen zwei Schlüsse zu: Entweder wurde Num 26,7–11 im Ganzen als korrigierender oder interpretierender Nachtrag zu Num 16f gestaltet, oder es liegen hier zwei Korrekturen unterschiedlicher Redaktionsstufen vor: Einmal werden der Ruben-Stammbaum und die Erzählung um Datan und Abiram in Num 16f neu erzählt, im nächsten Schritt liegt darüber hinaus eine Korachbearbeitung vor. Wenn man vom zweiten Modell ausgeht, dann könnte Num 26,7–11* vor der Korachbearbeitung in Num 16f verfasst worden sein.

---

119 SCHMIDT, Numeri, 159.
120 Ähnlich auch SAMUEL, Priestern, 184f.

Ob nun Num 26,7–11 im Ganzen oder nur die Korach-Nennungen in den Vv.9–11 als korrigierende Redaktion angesehen werden, bleibt dennoch festzuhalten, dass die Intention von Num 26,7–11 darin besteht, Spannungen aufzulösen. Hinsichtlich der Figur des Korach und seiner Nachkommen besteht die Spannung, dass es die Korachiter an anderen Stellen der Hebräischen Bibel gibt und somit nicht alle Söhne Korachs gestorben sein können. Um diese Unebenheit abzuschwächen, ist es möglich, Num 26,7–11 (oder nur die Korach-Nennungen in Vv.9–11) als eine spätere Redaktion zu begreifen, die sich zudem mit gleicher Intention in Num 16,22 findet; denn auch mit diesem Vers wird die harte Todesstrafe aller revidiert, und es kann erklärt werden, dass es weiterhin Korachiter in der Zeit des Zweiten Tempels gegeben hat.

Die Korach-Nennungen in Num 26,7–11 sind in jedem Fall einer späteren Stufe der Entstehung des Numeribuches zuzurechnen, da sie nach der Korachbearbeitung in Num 16f entstanden sein müssen.

In Kapitel 26 des Numeribuches wird noch an einer weiteren Stelle von Korach berichtet. V.58a zeigt durch einen Stammbaum, dass es die Korachiter gab und sie nicht vollständig vernichtet worden waren.

In Num 26,58a heißt es:

אלה משפחת לוי משפחת הלבני משפחת החברני משפחת המחלי משפחת המושי משפחת הקרחי

Dies sind die Familien Levis: die Familie der Libniter, die Familie der Hebroniter, die Familie der Machliter, die Familie der Muschiter, die Familie der Korachiter.

Ohne weitere Erklärung werden hier also die Korachiter als levitische Familie aufgezählt, doch ist diese Nennung auffällig, da sie der sonst bekannten Reihenfolge der Nachkommen widerspricht. In der Aufzählung der Levi-Nachkommen werden stets zuerst der Stamm Gerschom/n, dann Kehat und schließlich Merari genannt. Hier finden sich aber die Korachiter noch nach den Nachkommen Meraris hinzugesetzt: Die zuerst genannten Libniter sind Nachkommen des Erstgeborenen von Gerschom, die Hebroniter sind die Nachkommen eines Sohnes von Kehat und die Machliter wie die Muschiter sind Nachkommen von Merari. Daran anschließend findet sich hier noch einmal ein Kehat-Nachkomme, was ungewöhnlich ist. Darüber hinaus stellt Korach hier eine andere Generation dar als die vor ihm Genannten.

Zur Erläuterung sei kurz der mehrfach überlieferte Levi-Stammbaum[121] dargestellt:

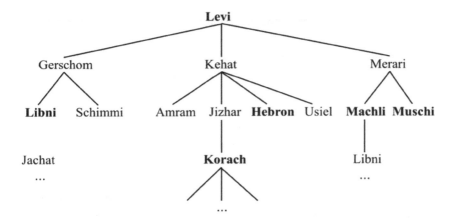

Dass die Reihenfolge des Stammbaums in Num 26 ungewöhnlich ist (Libniter, Hebroniter, Machliter, Muschiter und Korachiter), unterstreicht ein Blick in andere Übersetzungen. Konsequent glätten die Septuaginta-Übersetzer Num 26,58a und ändern die Reihenfolge der genannten Familien wie folgt:

οὗτοι δῆμοι υἱῶν Λευι·δῆμος ὁ Λοβενι, δῆμος ὁ Χεβρωνι, δῆμος ὁ Κορε καὶ δῆμος ὁ Μουσι.
Diese sind die Sippen der Leviten: die Sippe der Lobeniter, die Sippe der Hebroniter, die Sippe des Korach und die Sippe der Muschiter.

Die Septuaginta-Übersetzer korrigieren den hebräischen Text in zweierlei Hinsicht: Erstens wird Korach hinter die Hebroniter eingereiht, da sie beide von Kehat abstammen, zweitens werden die Machliter weggelassen. Zu Letzterem ist zu vermuten, dass nur ein Merari-Nachkomme genannt werden sollte, da auch nur ein Gerschom-Nachkomme erwähnt wird. Damit hat die Septuaginta hier die Betonung der Korachiter aus dem hebräischen Text in den griechischen übernommen, da hier die Korachiter zusätzlich zu dem einem Kehat-Nachkommen Hebron genannt werden, aber die Platzierung geändert.

---

121 In Gen 46,11 (nur die erste Generation nach Levi); Ex 6,16–19; Num 3,17–39 (hier gibt es keine Sippe der Korachiter!); IChr 5,27f. (nur die erste Generation nach Levi und die Nachkommen Kehats); 6,1–15 (mit Abweichungen beim Namen von Korachs Vater, siehe dazu Kapitel 3.2.1 Literargeschichtliche Analyse von IChr 6,1–38).18–32.

Im Samaritanus ist wiederum eine andere Reihenfolge zu lesen. Hier werden die Korachiter mit den Muschitern getauscht. Es heißt:

אלה משפחות בני לוי משפחת הלבני ומשפחת החברוני ומשפחת המחלי ומשפחת הקרחי ומשפחת
המושי

Dies sind die Familien der Leviten: Die Familie der Libniter, die Familie der Hebroniter, die Familie der Machliter, die Familie der Korachiter und die Familie der Muschiter.

Hier wird zunächst von jedem Sohn Levis ein weiterer genannt, dann werden die Korachiter und die Muschiter erwähnt.

Vergleicht man nun diesen Stammbaum mit dem der Leviten aus Kapitel 3, fällt auf, dass in Num 3 die Korachiter als eigene Sippe keine Erwähnung finden.

Wie auch in Num 26,7–11 klappt die Nennung der Korachiter in Num 26,58 – im MT wie in der Septuaginta und im Samaritanus – syntaktisch nach. Demnach liegt es nahe, diese Nennung der Korachiter als eine Redaktion aufzufassen, die die Existenz der Korachiter noch einmal dezidiert betonen möchte. Diese Betonung bilden die Übersetzungen ebenso ab wie der MT.

Nach Achenbach ist Num 26 insgesamt literarisch vor-chronistisch im 4. Jh. als Teil der theokratischen Bearbeitungsschicht I einzuordnen. „So stellt die Kontrastierung zwischen Num 26 und dem ihm analog gestalteten Kapitel Num 1 ein Dokument auch der gewachsenen Zuversicht dar: trotz der großen Glaubenskrisen und der inneren Kämpfe um die Verfassung des heiligen Volkes zeigt die Mehrung desselben an, daß Gott an seinen Verheißungen festgehalten hat."[122]

Die obige Analyse legt allerdings nahe, dass auch Num 26 nicht literarisch einheitlich ist, sondern dass hier kompilierte Texte und redaktionelle Auffüllungen zu finden sind. In Num 26,7–11 sind (evtl. lediglich) die Korach-Nennungen ein späterer redaktioneller Nachtrag, der auf derselben redaktionellen Ebene anzusiedeln sein könnte wie Num 16,22 und 26,58a. In Num 16,22; 26,9–11 und 26,58a soll betont werden, dass die Korachiter als Sippe weiter existieren. Die harte Todesstrafe für alle Korachiter, auf die Num 16f eigentlich hinaus läuft, wird damit revidiert. Diese Nachträge stellen einen redaktionellen Harmonisierungsversuch dar, um die Spannung zwischen der Auslöschung aller Korachiter und das Bestehen von Korachitern nach Psalmen und Chronik und weiteren Stammbäumen aufzulösen.

---

122 ACHENBACH, Vollendung, 458.

1.2.8 Korach in Num 27

Die letzte Nennung von Korach im Buch Numeri findet sich in Num 27,3. Hier wird eine Diskussion um das Erbrecht von Töchtern wiedergegeben und dabei auf den Frevel der „Rotte Korach" aus Num 16f Bezug genommen. In der Erzählung über die Auseinandersetzung um das Erbbrecht von Töchtern heißt es in Num 27,3:

אבינו מת במדבר והוא לא היה בתוך העדה הנועדים על יהוה בעדת קרח כי בחטאו מת ובנים לא היו
לו

Unser Vater ist gestorben in der Wüste. Er zählte aber nicht zur Versammlung derer, die sich gegen JHWH auflehnten – die Versammlung Korachs, denn er starb wegen seiner eigenen Sünde. Söhne hatte er nicht.

In diesem Vers findet sich eine merkwürdige Doppelung: Es wird zweimal von einer Versammlung berichtet. Zunächst wird die Versammlung derer erwähnt, die sich in der Wüste gegen JHWH auflehnten, dann folgt ohne weiteren Anschluss die Phrase „in der Versammlung Korachs". Es wäre möglich, in בעדת קרח eine explizierende Glosse zu sehen, die dem Text nachträglich zugefügt wurde. Der Text könnte sich ohne diese Explikation auf die JHWH-Rede in Num 14,35 beziehen. Dort kündigt JHWH an, dass er die murrende Gemeinde in der Wüste sterben lassen wird. Es heißt in Num 14,35:

אני יהוה דברתי אם לא זאת אעשה לכל העדה הרעה הזאת הנועדים עלי במדבר הזה יתמו ושם ימתו.
Ich, JHWH, habe geredet. Wenn ich das nicht tun werde an dieser ganzen bösen Gemeinde, die sich gegen mich auflehnen. In dieser Wüste werden sie umkommen, dort werden sie sterben!

Teilweise wörtlich sind hier die Parallelen zu Num 27,3 erkennbar. Die Konsequenz dieser Rede von Num 14,35 geschieht jedoch nicht sofort, sondern dient als Ankündigung, dass die Aufständischen das verheißene Land weder sehen noch betreten werden. Die These, der Ausdruck בעדת קרח in Num 27,3 sei ein späterer Nachtrag, könnte noch durch zwei Beobachtungen untermauert werden: Erstens bereitet der Hinweis auf die Versammlung Korachs chronologisch Schwierigkeiten, da Korach der dritten Generation nach Levi angehörte. Zelofhad, von dessen Tod seine Töchter in Num 27 berichten, zählte allerdings zur fünften Generation nach Levi. Synchron gelesen kann demnach Zelofhad vom Alter her nicht im Aufstand Korachs mitgewirkt haben. Nach Num 27,1 (sowie nach Num 26,29–33 und Jos 17,1–3) verläuft der Stammbaum der klagenden Töchter wie folgt (daneben sei die Abstammung Korachs gestellt):

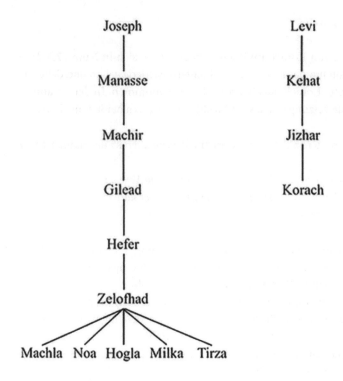

Die Verfasser der Chronik korrigieren diesen „Fehler" in der Chronologie, indem sie Zelofhad als Sohn des Machir benennen. Dies wäre dieselbe Generation wie Korach. In IChr 7,14b–15 heißt es:

פילגשו הארמיה ילדה את־מכיר אבי גלעד.
ומכיר לקח אשה לחפים ולשפים ושם אחתו מעכה ושם השני צלפחד ותהינה לצלפחד בנות.
Seine aramäische Nebenfrau gebar Machir, den Vater Gileads.
Und Machir nahm eine Frau für Huppim und für Schuppim; und der Name seiner Schwester war Maacha. Und der Name des zweiten [Sohnes] war Zelofhad; und Zelofhad hatte [nur] Töchter.

Der Text birgt Schwierigkeiten, da andere Namen auftreten, als man im Vergleich mit dem Pentateuch erwarten würde. Doch ist der Text übersetzbar, wenn man lediglich eine Ellipse nach השני annimmt. Hier müsste vom zweitgeborenen *Sohn* die Rede sein. Demnach war Zelofhad ein Sohn Machirs.[123]

---

123 Meines Erachtens schlägt Sara Japhet in ihrem Chronik-Kommentar den falschen Weg ein, indem sie den Text nach den Textstellen aus Pentateuch und Josuabuch rekonstruiert, obwohl sie konsta-

Um zweitens die These einer Hinzufügung der Phrase בעדת קרח in Num 27,3 zu erhärten, sei schließlich noch auf die anderen Vorkommen von Zelofhad und seinen Töchtern verwiesen: Weder in Num 36 noch in Jos 17 wird der Aufstand Korachs im Zusammenhang mit dem Tod Zelofhads thematisiert.

Neben Vers 3 beinhaltet auch Num 27,16 eine deutliche Parallele zu Num 16f Wie oben gezeigt greifen die Vv. von Num 16,19–21 auf die Erzählung über die 250 Männer in Num 17,7–10 zurück, während nun Num 16,22 die angedrohte harte Todesstrafe korrigiert: Nicht alle Leviten sollen sterben, sondern (nur) ihr sündiger Anführer. Dieser Vers ist mit Rückgriff auf Num 27,16 formuliert, nur in umgekehrter Absicht: In Num 16,22 bittet Mose JHWH darum, dass *nur ein Mann* ausgesondert wird, damit nicht *die ganze Gemeinde,* noch nicht einmal nur alle Leviten, bestraft werden. In Num 27 bittet Mose darum, dass *ein Mann* von JHWH bestimmt wird, um *die Gemeinde* nicht ohne Anführer da stehen zu lassen. Die unterstrichenen Formulierungen sind sich erstaunlich ähnlich und einzigartig in der Hebräischen Bibel (auch darüber hinaus nicht in Qumran zu finden):

Num 16,22:

ויפלו על פניהם ויאמרו <u>אל אלהי הרוחת לכל בשר האיש</u> אחד יחטא <u>ועל כל העדה</u> תקצף

Num 27,16:

<u>יפקד יהוה אלהי הרוחת לכל בשר איש על העדה</u>

Nach Markus Witte könnten „Num 16,22 und 27,16 ‚nachpriesterliche' Zusätze sein, die aus demselben theologiegeschichtlichen Umfeld wie der R^{UG} stammen. Gegen die direkte literarische Rückführung von Num 16,22 und 27,16 auf den R^{UG} selbst spricht allerdings die Pluralform רוחות."[124]

Vor dem Hintergrund, dass sich Num 16,6–11 mit Num 3,6–10 auseinandersetzt, ist diese Revision der Todesstrafe für die gesamte Schar ungewöhnlich. Sowohl Num 16 als auch Num 3 lassen durchaus, bis auf Num 16,22, eine harte Konsequenz für kultisches Fehlverhalten durchblicken. Folgerichtig wäre demnach, dass, wenn alle Leviten die Priesterschaft fordern, auch alle Leviten sterben müssten. Num 16,22 gebietet dem jedoch Einhalt. Auffällig ist, dass sich auch in Num 26,11

---

tiert, dass sie „möglichst wenig Veränderungen" (JAPHET, 1 Chronik, 189) vornehme. Japhet erhält hinsichtlich Zelofhad wiederum den Stammbaum, der auch aus Num 27 bekannt ist. Sie übersetzt IChr 7,14b–15 folgendermaßen (JAPHET, 1 Chronik, 181):

Seine aramäische Nebenfrau gebar ihm Machir, den Vater von Gilead, und der Name seiner Schwester war Hammolechet. [Gilead] nahm eine Frau [und sie gebar ihm X (Hefer?)]. X hatte zwei Söhne; der Name des ersten war Y] und der Name des zweiten Zelofhad; und Zelofhad hatte Töchter.

124 WITTE, Urgeschichte, 299.

eine Korrektur zu der harten Todesstrafe der gesamten Schar findet. Daher kommt Erik Aurelius zu dem Schluss, dass es bemerkenswert sei, „daß in einer Geschichte über Murren und Aufruhr überhaupt von einer Fürbitte die Rede ist."[125]

Somit stellt sich im Anschluss an diese Untersuchung die Frage, ob diese beiden Verse, Num 16,22 und Num 26,11 nicht auf derselben Redaktionsstufe stehen und nach einer Korachbearbeitungsschicht diesen zwei Kapiteln noch hinzugefügt wurden, um die Folgen des Korach-Aufstandes in Grenzen zu halten.

Mit Num 27 findet sich die letzte konkrete Stelle im Verweissystem von Korach und der Leviten-Thematik im Numeribuch. In Kapitel 35 ist zwar noch ausführlich über die levitischen Städte die Rede, diese Rede enthält jedoch keinen Bezugspunkt zum Diskurs über die Stellung der Leviten oder des „Sich-Nahen-Lassens". Von daher soll der Blick zum Abschluss der Untersuchung dieses thematischen Netzes der Leviten-Thematik noch auf eine Stelle im Deuteronomium und parallel dazu in der Chronik gerichtet sein.

1.2.9 Ausblick: Die Leviten in Dtn 10,8 // IChr 23,13

Nicht nur im Numeribuch spielen die Leviten eine nicht zu unterschätzende Rolle, auch im Deuteronomium wird von ihrer Herkunft und ihrem Dienst berichtet, ebenso ausführlich natürlich in der Chronik. Letzteres wird später ein eigenes großes Thema sein. In Dtn 10,8 heißt es:

בעת ההוא הבדיל יהוה את שבט הלוי לשאת את ארון ברית יהוה לעמד לפני יהוה לשרתו ולברך בשמו
עד היום הזה

In jener Zeit sonderte JHWH den Stamm Levi aus, um die Lade des Bundes mit JHWH zu tragen, um vor JHWH zu stehen, um seinen Dienst zu verrichten und um in seinem Namen zu segnen, bis zum heutigen Tag.

Kurz und prägnant werden hier einige Privilegien der Leviten genannt. Der Vers beginnt mit der Thematik des Aussonderns: JHWH hat diesen Stamm ausgesondert. Im Anschluss daran werden die Aufgaben des Stammes genannt: Die Leviten dürfen die Bundeslade tragen, vor JHWH stehen und seinen Dienst tun (nicht den Dienst Aarons), und sie dürfen in JHWHs Namen segnen. Das sind hohe Privilegien, die hier den Leviten zugesprochen werden. Interessant ist, dass dieses letztgenannte Privileg, im Namen JHWHs segnen, nur an zwei Stellen in der Hebräischen Bibel

---

125 AURELIUS, Fürbitter, 187. Weiterhin bemerkt Aurelius, dass diese Anrufung in Num 27 ihren ursprünglichen Platz gehabt haben wird (AURELIUS, Fürbitter, 202), er führt jedoch nicht aus, wozu dieser Satz in Num 16 übernommen wurde.

vorkommt. Die Parallelstelle zu dem Deuteronomiumstext ist IChr 23,13. Dort heißt es:

בני עמרם אהרן ומשה ויבדל אהרן להקדישו קדש קדשים הוא ובניו עד עולם להקטיר לפני יהוה לשרתו
ולברך בשמו עד עולם

Die Söhne Amrams waren Aaron und Mose. Und Aaron wurde ausgesondert, um ihn zu heiligen, den Heiligen der Heiligen, und zwar er und seine Söhne bis in Ewigkeit, um zu opfern vor JHWH und ihm zu dienen und zu segnen in seinem Namen bis in Ewigkeit.

Dieselben Formulierungen werden hier verwendet, jedoch auf Aaron übertragen. Aaron und seinen Söhnen ist es nun vorbehalten, JHWH zu dienen und in seinem Namen zu segnen. Während hinsichtlich der Leviten noch gesagt wurde: „bis zum heutigen Tag", so wird diese Angabe nun unmissverständlich auf „bis in alle Ewigkeit" zugespitzt. Auch die Syntax legt nahe, dass hier ein deutlicher Akzent auf Aaron und seinen Söhnen liegt; denn es wird noch einmal kurz präzisiert: Aaron wurde von JHWH ausgesondert, und zwar nur er und seine Söhne bis in Ewigkeit הוא ובניו עד עולם! Es liegt die Vermutung nahe, dass der Autor der Chronik-Stelle die Deuteronomiumsstelle kannte, sie aufnahm und umdeutete, um seine Theologie zu vertreten.

1.3   Die innerbiblischen Bezüge von Num 16,1–17,15 – Ergebnis

Für den Leser, der das Numeribuch von Kapitel 1 an liest, erscheint die Korach-Episode von Num 16f im Gegensatz zu einer kontextlosen Betrachtung in einem veränderten Licht: Die lange Murr- und Aufstandserzählung gibt Antworten auf zuvor Erzähltes und verweist auch innerbiblisch gesehen nach hinten. Die ausführliche literargeschichtliche Untersuchung sollte dem Zweck dienen zu zeigen, dass Korach als reine Bearbeitungsschicht in vorhandene Murrerzählungen eingefügt worden ist. Die Korach-Episode nimmt Vokabular und Motivik aus den Kapitel 16 und 17 auf und verwendet sie neu, sodass Korach als Anführer aller Aufständischen (von Datan, Abiram und der 250 Männer und seiner eigenen Schar) erscheint. Die sich daran anschließende Untersuchung auf synchroner und in Leserichtung chronologischer Ebene hat gezeigt, dass Num 16f als Ganzes Teil eines großen Netzes von Leviten-Thematik im Numeribuch ist. Und nicht nur das: Es wurde deutlich ein diskursiver Tenor des Netzes festgestellt.

Auftakt dieses innerbiblischen Netzes der Leviten-Thematik bietet gleich Kapitel 1, in welchem die beiden ersten großen Themen schon angerissen werden: Welche Dienste obliegen den Leviten, und wer ist der Fremde, der sterben muss, wenn er sich nähert? In der JHWH-Rede von Kapitel 3 und 8 werden diese beiden Fragen zugleich spezifiziert und diskutiert. Hier werden legislative Forderungen

JHWHs an Mose beziehungsweise durch ihn an das Volk vorgestellt, die im weiteren Verlauf des Numeribuches diskutiert und ausgelegt werden. Auffallend sind neben der Diskussion, wem die Leviten nun gegeben seien und welchen Dienst sie tun dürfen, die jeweiligen Schlusssätze der Gottesreden. In Num 3,10 bildet ganz pointiert folgende Aussage den Schluss: Der Fremde aber, der sich nähert, soll sterben. In Num 8 legt der Autor am Ende der Gottesrede Wert darauf, dass die Leviten dazu befähigt sind, Sühne zu wirken, falls sich die Israeliten unbefugt dem Heiligtum nähern. Beide Aussagen bieten einen Interpretationsspielraum, der im Numeribuch gefüllt wird. Einer rabbinischen Diskussion ähnlich werden beide Schlusssätze im Verlauf des Numeribuches verschieden ausgelegt. Es geht explizit um das Problem, wer „der Fremde" ist, der sterben muss. Kann dies auch ein Levit sein? Zudem: Dürfen die Leviten eine Sühne wirkende Tat wirken oder nur die Aaroniden? Die Korachbearbeitung stellt ihrerseits noch das Problem vor, wer mit dem Ausdruck „alle, die zu Korach gehörten und mit ihm starben" gemeint sein könnte: Sind dies die Kinder Korachs oder die Sympathisanten? Auch hierauf hat das Numeribuch verschiedene Auslegungen parat.

So ist Num 16f für sich genommen als isolierter Text kaum verständlich; denn er versucht, auf die aufgeworfenen Fragen eine Antwort zu geben. Ganz deutlich wird dies im Rückbezug auf Num 14,35. Ohne diese Referenzstelle kann man den Artikel von Num 16,11 nicht adäquat übersetzen. Dem Leser wird hier klar die Kenntnis der vorangegangenen Kapitel unterstellt. Aber nicht nur hier wird deutlich, dass die Korach-Episode im Kontext des Numeribuches zu betrachten ist: Es wird dem Leser darüber hinaus auch Kenntnis von Aarons Funktion im Volk Israel unterstellt, ebenso die Kenntnis über die Stellung der Leviten zu JHWH, zu Aaron und zum Volk. Sowohl die Erzählung über die 250 Männer als auch die Korachbearbeitung nehmen auf diese Thematiken in unterschiedlicher Weise Bezug, teilweise wortwörtlich, und legen diese aus. Um diese Diskussion besser darzustellen, werden drei Themenkreise ausgewählt, um das Verweissystem der Numeritexte untereinander zu verdeutlichen:

- Wer ist heilig? Wer darf sich JHWH nähern? Wer muss sterben?
- Wem gehören die Leviten? In welchem Verhältnis stehen sie zu JHWH und zu Aaron? Welchen Dienst dürfen sie leisten?
- Wer darf eine Sühne wirkende Tat wirken?

Wer ist heilig? Wer darf sich JHWH nähern? Wer muss sterben?
Liest man das Buch Numeri in seiner Endgestalt von vorne nach hinten, so erhält man folgendes Bild: Zu Beginn steht in Num 1 die Aussage, dass die Leviten keine „Fremden" sind. Sie dürfen sich dem Zeltheiligtum nähern, eigentlich sogar nur sie, und der Fremde, der sich nähert, stirbt. Die JHWH-Rede in Num 3 nimmt dieses Thema nun auf und spezifiziert: In Num 3,1–10 gibt JHWH deutlich zu verstehen, welch hohe Stellung Aaron hat, dass die Leviten Aaron untertan sind und dass der

Fremde, der sich nähert (um zu opfern, um priesterliche Aufgabe zu erfüllen) stirbt. Auf letzterem Satz liegt ein starkes Gewicht – er stellt den Schlusssatz der JHWH-Rede dar, und es ist nicht klar, ob die Leviten hier als Fremde zählen oder nicht. Klar ist nur, dass die Aaron-Söhne die hohe Würde des Priestertums innehaben. Sie sind garantiert nicht unter die Fremden zu zählen. Des Weiteren kündigt JHWH in seiner Rede in Num 14 an, dass alle sterben werden, die sich gegen ihn aufgelehnt haben.

Auf diese beiden JHWH-Reden gibt es in Num 16f zwei Reaktionen. Zum einen erläutert die Erzählung um die 250-Männer die Fragestellung, ob tatsächlich nur Aaron heilig sei. Diese Erzählung beschreibt einen Aufstand gegen Aarons alleiniges Priestertum. Die Lösung dieses Konflikts wird narrativ dargelegt: Mose fordert alle auf zu opfern, sich JHWH zu nähern – und JHWH wird schließlich zeigen, wem es erlaubt sei, sich zu nähern. Da die 250 Männer den Feuertod sterben, ist deutlich, dass nur Aaron und seinen Söhnen erlaubt ist, sich JHWH zu nähern. Die 250 Männer werden somit als die Fremden verstanden, die in Num 3,10 genannt werden. Und da Korach in diese Erzählung hineingeschrieben wurde und er und seine Schar dezidiert mit „Ihr Leviten!" angesprochen werden, ist für den Leser hier die Antwort, dass die Leviten sich wohl nicht nähern dürfen. Sie sind also auch unter die Fremden zu rechnen.

In diese Diskussion, wer denn eigentlich die Fremden sind, die sich nicht nähern dürfen, gehört auch Num 18. Hier wird deutlich gesagt, dass die Leviten *nicht* zu den genannten Fremden zu zählen sind.

Blickt man auf diese Diskussion um die sich nähernden Fremden im Ganzen, so ist dieser Stil mit einer talmudischen Diskussion der Rabbinen vergleichbar: Es wird ein Gesetz erlassen (JHWH sagt: der Fremde, der sich nähert, stirbt), und nun folgen Auslegung und Interpretation darüber, wer wohl mit den Fremden gemeint sein könnte. Das Problem, wer der Fremde ist, wird halachisch und haggadisch zu klären versucht.

In einer ähnlichen Weise wird erörtert, wen genau JHWH mit seiner Rede in Num 14,35 gemeint hat. JHWH spricht: „Es werden alle Aufständischen gegen mich sterben." Die Korachbearbeitung in Num 16,11 nimmt nun konkret Bezug auf Num 14,35 und wiederholt in einer Mose-Rede mit denselben Worten die Ankündigung JHWHs, dass alle Aufrührer sterben: „*Ihr seid diejenigen, die sich gegen JHWH auflehnen!*" Der Autor der Mose-Rede identifiziert konkret die Aufrührer mit Korach und seiner Schar. Erzählerisch wird schließlich die Erfüllung der Ankündigung, der Tod der Aufrührer, dargestellt. Korach und seine Schar, alle, die zu Korach gehörten, werden von der Erde verschluckt. In Num 27,3 wird dieser Erzählstrang schließlich wieder aufgenommen. Es wird klar gesagt, dass zu genau diesen Aufrührern nicht Zelofhad zu zählen ist, obwohl er zu Zeiten Korachs gelebt hatte. Er war aus dem Stamm Manasse, er war kein Levit und auch kein sonstiger Aufständischer.

Num 16f eröffnet auch eine eigene Diskussion, hält ein Problem parat, das auf verschiedenen Wegen zu lösen versucht wird. Es ist die Fragestellung, wer letztendlich zu denjenigen zählt, die neben Korach von der Erde verschlungen wurden und zur Scheol hinunterfuhren. Weitere Namen werden nicht genannt, sondern es wird in Num 16,32f formuliert: „Und die Erde öffnete ihren Mund und verschluckte sie und ihre Häuser und *alle Menschen, die zu Korach gehörten,* und den ganzen Besitz. Und *sie und alle, die bei ihnen lebten,* fuhren hinunter zur Scheol. Und die Erde verschloss sich über ihnen. Und sie gingen zugrunde mitten aus der Versammlung." Wer waren nun diejenigen, die zu Korach gehörten, und alle, die bei ihm lebten? In Num 26 wird auf dieses Problem zweimal Bezug genommen. Obwohl JHWH in seiner Rede keinen Zweifel aufkommen lässt, dass alle Aufrührer gegen ihn sterben werden und dies auch so in Num 16f eingetreten ist, verdeutlicht Kapitel Num 26 an zwei Stellen (Vv.11 und 58), dass darunter nicht die Söhne Korachs zu verstehen sind. Sie starben nicht! Auch das ist die konsequente Erfüllung von Num 14; denn dort trifft die Todesstrafe nur die murrende Generation, dezidiert nicht die Kinder. Zudem stellt es eine Glättung mit den zu vermutenden historischen Verhältnissen dar; denn die Korachiter haben wahrscheinlich noch existiert. Num 16,22 mit der Fürbitte an den Gott der Geister, dass nur der Anführer sterben solle, nicht auch seine Kinder, ist zur selben Diskussion gehörig.

Wem gehören die Leviten? In welchem Verhältnis stehen sie zu JHWH und zu Aaron? Welchen Dienst dürfen sie leisten?

Auch hier ist eine Diskussion greifbar, in die die Korachbearbeitung eintritt. Dreh- und Angelpunkt ist hierbei der Gedanke des Aussonderns (בדל im Hif'il) und der Frage, wem die Leviten gehören. In Num 3,1–10 ist zu lesen, dass die Leviten Aaron gegeben sind, in Num 8 hingegen wird klargestellt, dass die Leviten JHWH gegeben sind. Mose soll die Leviten aus der Mitte der Israeliten aussondern, damit sie (allein) JHWH gehören. Num 18 greift hier vermittelnd ein und vertritt die Ansicht, dass die Leviten zwar JHWH gehören, er sie aber Aaron als Geschenk gegeben hat. Mit diesen drei Stellen liegen somit drei unterschiedliche Ansichten und Akzente vor. Damit ist Reinhard Achenbach zwar recht zu geben, dass Num 3,5–10 mit Num 16,8–11 in einem Verweiszusammenhang steht, und das in weiten Teilen wörtlich parallel zu Num 18,2–7. Achenbach übersieht jedoch den unterschiedlichen Tenor der Stücke, wenn er schreibt, dass beide Texte sich einander entsprechen würden gleichsam als Einsetzungsbericht (Num 3) und Beglaubigungsbericht (Num 18).[126] In Num 18 liegt eine korrigierende Version von Num 3 vor; denn die Leviten werden in ihrer Stellung deutlich angehoben. Somit

---

126 ACHENBACH, Vollendung, 490: „Der Befehl zur Einsetzung des Stammes Levi in den Dienst in Num 3,5–10 steht in einem Verweiszusammenhang mit Num 16,8–11 und in weiten Teilen wörtlich parallel zu Num 18,2–7. Beide Texte entsprechen einander gleichsam als Einsetzungs-

ist Achenbachs These zu bezweifeln, dass Num 18,2ff vor diesem Hintergrund als Bekräftigung und Bestätigung der Vorrangstellung des Hohenpriesters zu verstehen sei und dass gegenüber dem Einsetzungsbericht Num 3 in dem Beglaubigungsbericht Num 18 noch einmal die besondere Stellung der Hohepriester im Kultus hervorgehoben sei.[127] Num 18 bestätigt nicht in erster Linie die hohe Stellung der Aaroniden, er rückt Aaroniden und Leviten wieder näher zusammen, als dies in Num 3 der Fall ist.

Die Korachbearbeitung scheint hinsichtlich dieser Diskussion Num 3 zusammenzufassen: Mose wirft den Leviten in einer rhetorischen Frage vor: „Ist es zu wenig für euch, dass JHWH euch ausgesondert hat, dass ihr euch nahen dürft und dass ihr am Heiligtum Dienst tun dürft? Warum fordert ihr jetzt noch die Priesterschaft? Warum lehnt ihr euch gegen Aaron auf?" Der Autor dieser Mose-Rede setzt demnach voraus, dass dem Leser klar ist, welche Rechte den Leviten von JHWH zugestanden wurden (Num 3). In Num 3 steht auf die Forderung nach der Priesterschaft (implizit) die Todesstrafe. Diese wird in Num 16f schließlich ausgeführt und erzählerisch breit ausgestaltet. Der Autor der Mose-Rede dreht zudem den Akzent des Aussonderns um und lässt JHWH zu Mose und Aaron sagen, dass sie sich selbst aussondern sollen, weg von Korach und den Seinen, vielleicht auch – das bleibt offen – weg von den Leviten (obwohl das ihr eigener Stamm ist), weil JHWH sie vernichten will (Num 16,21).

Wer darf eine Sühne wirkende Tat wirken?
In dieser Frage bildet wiederum eine JHWH-Rede mit legislativem Charakter den Ausgangspunkt der Diskussion, nur ist es hier nicht Num 3 sondern Num 8. In beiden JHWH-Reden erteilt JHWH Mose Anweisungen, wie mit den Leviten zu verfahren ist. Dabei gibt es jedoch in beiden Texten erhebliche Unterschiede, sodass anzunehmen ist, dass Num 8 regelrecht mit Num 3,1–10 über die Stellung von Leviten und Aaroniden diskutiert. Num 8 stellt gleich zu Beginn der JHWH-Rede in V.11 klar, dass die Leviten ihren Dienst explizit für JHWH leisten sollen und nicht etwa für Aaron, wie dies in Num 3 zu Beginn der Gottesrede geregelt ist. Num 8 hält Num 3 entgegen, dass dieser Dienst am Zelt der Begegnung ein Dienst an JHWH ist und nicht für Aaron und seine Söhne. Dieselbe Intention zeigt auch die Aussage, dass JHWH betont, dass die Leviten ihm gehören (Num 8,14.16). Daran anschließend entfaltet der Autor, dass JHWH sich die Leviten genommen und geheiligt habe. Dann erst übergab JHWH die Leviten Aaron und seinen Söhnen. Dies stellt deutlich eine korrigierende Bezugnahme auf die Stelle Num 3,9 dar, in der

---

Bericht (Num 3) und Beglaubigungsbericht (Num 18). Nachdem die Einsetzung der Aaroniden zum Priesterdienst konstatiert ist, erfolgt nun die Einsetzung und Indienststellung des ‚Stammes Levi'".

127 ACHENBACH, Vollendung, 491f.

gesagt wird, dass die Leviten für Aaron „Gegebene" seien. Eine daran anschließende JHWH-Rede in Num 3,11ff scheint die vorherige Aussage selbst noch einmal zu korrigieren, da hier das Bild der Leviten als Erstgeburt JHWHs verwendet wird.

Num 8 nimmt also den Gedanken der Leviten als „Gegebene" aus Num 3 auf, formuliert ihn so um, dass die Leviten JHWH Gegebene seien und er sie wiederum an Aaron weitergibt, und verknüpft dies mit der Aufgabe der Sühne wirkenden Tat: In Vers 19 heißt es:

> und ich gebe die Leviten als Gegebene für Aaron und für seine Söhne aus der Mitte der Israeliten, um zu leisten die Arbeit der Israeliten am Zelt der Begegnung, und um Sühne zu wirken für die Israeliten, damit keine Strafe/Plage sein wird, falls die Israeliten sich dem Heiligtum nähern.

Dieser letzte Satz wird nun vom Verfasser der 250-Männer-Erzählung erzählerisch korrigiert: Nur Aaron darf eine Sühne wirkende Tat tun. Die Zuspitzung dieser Thematik hält dann Num 25 parat: Durch die Sühne wirkende Tat des Pinhas – er ist der Enkel von Aaron, der Sohn Eleasars – erhält das aaronidische Priestertum einen ewigen Friedensbund mit JHWH. Eine höhere Stellung kann den Aaroniden wohl kaum zugesprochen werden. Sie werden hier mit den Davididen gleichgesetzt, die Ähnlichkeit zu IISam 7 ist kaum zu übersehen.

Ergebnis:
Als Ergebnis der Untersuchungen der literarischen Zusammenhänge der Leviten-Thematik lässt sich prägnant festhalten: Die 250-Männer-Erzählung und die Korachbearbeitung sind narrative Ausgestaltungen der legislativen Passagen der JHWH-Reden von Num 3 und 8, stellen eine logische Folge von Num 14,35 dar und beinhalten ihrerseits viele Querverweise und Bezugnahmen. Sie sind Teil einer Diskussion um Leviten und Aaroniden. Die Datan-Abiram-Erzählung steht annähernd isoliert an ihrem Ort und scheint nur von der Korachbearbeitung sowie von den Autoren von Dtn 11,2–7 und Ps 106 aufgenommen worden zu sein.

Die Korachbearbeitung verweist also in ein ganzes Netz um die Frage der Stellung von Priestern und Leviten. Ob die Figur des Korach bei einer Analyse des Numeribuches im Ganzen, der Frage nach Funktion und Intention, hilfreich sein kann, soll nachfolgendes Kapitel zur Redaktionsgeschichte klären.

Der Frevler par excellence gegen Mose ist also Korach – so ist der Blick des Numeribuches. Wie nehme ich diese Tatsache als Leser jedoch wahr, wenn ich weiß, dass Korach der Stammvater der Korachiter ist, der berühmten Sänger am Tempel? Um der Beantwortung dieser Frage näher zu kommen, seien im Anschluss an die redaktionsgeschichtlichen Überlegungen zum Buch Numeri anhand der Figur des Korach die sogenannten Korachpsalmen dargestellt.

1.4 Redaktionsgeschichtliche Überlegungen zum Buch Numeri anhand der Figur des Korach und der Leviten

Vor dem Hintergrund der Analyse der Korach-Nennungen im Zusammenhang mit der Leviten-Thematik im Numeribuch lässt sich vorweg als These vertreten: *Mit der methodischen Herangehensweise der klassischen Quellenscheidung wird man dem Numeribuch nicht gerecht. Natürlich lassen sich hier priesterliche Anliegen finden, doch P^G ist in Numeri nicht greifbar. Das Numeribuch weist indes so viele verschiedene Strömungen und Standpunkte auf, dass eher eine Untersuchung von Funktion und Charakter des Buches im Vordergrund stehen muss, wie dies zu Recht in der neueren Pentateuch-Forschung geschieht.[128] Dabei gilt es, die Numeritexte nicht als ein wahlloses Konglomerat von Zusätzen zu betrachten, sondern vielmehr ihren Diskussionscharakter und ihre Verbindungen untereinander wahrzunehmen.*

Um diese These zu entfalten, seien zunächst kurz die Ergebnisse der literargeschichtlichen Analyse mit Blick auf Korach im Numeribuch zusammengefasst:

Die breiteste Erwähnung von Korach findet sich im Buch Numeri. Dort ist er in erster Linie der Frevler par excellence gegen Mose und Aaron. Dies wird in Num 16f breit ausgestaltet. Besonders prekär daran ist, dass Korach aus dem Stamm Levi kommt. Ein Levit ist demnach der Anführer der Rebellion gegen Mose und Aaron. Zudem ist er der Stammvater der „Söhne Korachs", die als Psalmensänger oder -herausgeber zu besonderem Ruhm gekommen sind.

Die Untersuchung von Num 16f ergab zunächst, dass sich hier drei verschiedene Erzählstränge freilegen lassen: die Erzählung von Datan und Abiram, die von den 250 aufständischen, namenlosen Männern und die Korachbearbeitung. In Bezug auf die Entstehungsgeschichte ist anzunehmen, dass zunächst sowohl eine Datan-Abiram-Erzählung existiert hatte (ein dtr-priesterschriftlicher Mischtext) als auch eine Erzählung um 250 Männer (nachpriesterschriftlich). Beide wurden von einem Redaktor kompiliert. Später fügte ein weiterer Redaktor „Korach und seine Schar" in diese Erzählung ein. Dass die Korachbearbeitung eine rein literarische Ergänzung und keine eigenständige Erzählung war, lässt sich vor allem daran erkennen, dass sie sich fast ausschließlich aus wörtlichen Wiederaufnahmen desselben Kapitels speist und dass sie, außer einem Redeblock, lediglich aus Überleitungen oder Glossen besteht. Ihre Datierung in das 4. Jahrhundert liegt nahe. Eine weitere Korachbearbeitung integrierte letztendlich V.22 in die Erzählung, der das harte Schicksal aller Angehörigen revidierte, beziehungsweise die Phrase „alle, die zu Korach gehörten", so interpretierte, dass damit die Sympathisanten und nicht die Verwandten

---

128 In der Numeri-Forschung gibt es jedoch momentan viele sehr unterschiedliche Modelle und Meinungen; die „Komplexität und Vielstimmigkeit wächst immer weiter an", wie Frevel dies treffend festhält (FREVEL, Alte Stücke, 255).

gemeint sind. Literargeschichtlich lassen sich zusammenfassend zwei Aussagen über Korach im Buch Numeri treffen: Alle Erwähnungen sind redaktionell in vorhandene Texte eingefügt worden, und mithilfe dieser Korach-Nennungen wurde ein ganzes Netz innerbiblischer Bezüge aufgespannt. Diese Korach-Nennungen weisen jedoch unterschiedliche Intentionen auf wie auch die Darstellungen der Leviten und des Aaron allgemein durch das ganze Buch hindurch. Liest man das Buch Numeri synchron von Beginn an, kann man den Eindruck gewinnen, dass hier einige unterschiedliche „Interessensgruppen" über Korach hinaus vor allem mit Blick auf die Leviten-Thematik am Werk waren.

Nach diesen literargeschichtlichen Analysen ist deutlich geworden, dass weder eine P-Grundschrift in Num 16f – entgegen mancher Forschermeinung[129] – zu erkennen ist noch eine andere vorexilische Quellenschrift. Hier liegen Mischtexte verschiedener Schulen vor, die zwar priesterliche Anliegen vertreten, die aber klar nachpriesterschriftlich anzusetzen sind.

Demgemäß ist Joel Baden klar zu widersprechen, der in Num 16 sowohl P als auch E ausweist. Allgemein macht er sich – wieder – für eine Existenz der Quellen P, J, E und D im Pentateuch stark, dazu gäbe es noch einen Redaktor. Einen Redaktor, der nur J und E zusammengefügt habe, gibt es Badens Ansicht nach nicht. In Bezug auf das Buch Numeri hält Baden ebenfalls die Quellen J, E und P für existent.[130] Nicht nur mit Blick auf Num 16f ist Baden zu widersprechen, auch in den Kapiteln 3; 8; 14; 18; 26 und 28 ist nach obigen Analysen P^G nicht zu entdecken. Diese Kapitel stehen alle innerhalb einer Diskussion um die Stellung der Leviten mit ganz unterschiedlichen Interessensschwerpunkten, sodass sie sich kaum datieren geschweige denn einer Quellenschrift zuordnen lassen.

---

129 So treten beispielsweise Ludwig Schmidt, Horst Seebass und Rolf Knierim/George Coats mit ihren Numeri-Kommentaren noch, wenn auch modifiziert, für die Neuere Urkundenhypothese ein und gehen davon aus, dass im Buch Numeri sowohl J, E als auch P zu erkennen seien. Knierim/ Coats halten dabei allerdings einschränkend fest, dass das Buch Numeri „literary composite" sei, dessen Literargeschichte sich nur teilweise erhellen lasse, zum Teil bleibe sie obskur. P, J, RJE und eventuell auch E seien in Num zwar zu erkennen; unter P könne man aber keine einheitliche Quelle verstehen, sondern P umfasse vielmehr viele priesterliche Traditionen. Vor dem Hintergrund der Neueren Urkundenhypothese gerät bei Knierim/Coats demnach die These in die Diskussion, ob sich in Num noch klar die Priestergrundschrift abheben lasse, während die Existenz von J und RJE indiskutabel sei (KNIERIM/COATS, Numbers, 6f.). Vorsichtig beschreibt Josef Scharbert in seinem Numeri-Kommentar den literarischen Charakter des Buches in Bezug zu J, E und P so, dass in Numeri eine Sammlung von Traditionen vorliege, „die die in Gen bis Lev feststellbaren Pentateuchquellen verarbeitet, wobei aber die Sammler und Redaktoren stärker in die ihnen vorliegenden Quellen eingegriffen und sie auszugleichen versucht haben, so daß J, E und P bisweilen nur schwer auseinanderzuhalten sind" (SCHARBERT, Numeri, 5).

130 Vgl. BADEN, Redaction, 2.183.308ff. u. ö.

Es ist vielmehr die Auffassung unter anderem von Thomas Römer und Reinhard G. Kratz zu stützen, dass sich in ganz Numeri keine Texte von P^G finden, sondern dass hier zum Großteil Mischtexte vorliegen, die – zumindest mehrheitlich – nachpriesterschriftlich zu verorten sind. Nach Kratz gibt es im Buch Numeri weder P^G noch P^S sondern nur sekundäre Auffüllungen R^P, als die Priesterschrift bereits im Kontext von Gen–Reg und des Pentateuch existierte.[131] Mit Thomas Römer ist das Augenmerk in der heutigen Forschung darauf zu legen, dass sich zum einen verschiedene theologische Strömungen im Numeribuch ausmachen lassen, und dass zum andern das Buch Numeri aus vielen sogenannten Mischtexten besteht beziehungsweise, dass die untersuchten Texte alle nachpriesterschriftlich anzusetzen sind.[132] Dass in den untersuchten Kapiteln viele Mischtexte vorliegen, sieht man neben manchem besonderen Sprachgebrauch auch daran, dass hier kein durchgängiges Interesse spürbar ist, die Leviten zu denunzieren. Die Stellung der Leviten variiert. Von daher kann man mit Blick auf Korach die Thesen von Thomas Römer zum Numeribuch bestätigen: In Numeri finden sich viele verschiedene Strömungen wieder[133], und viele Texte „lassen sich als Kommentare zu gesetzlichen und erzählenden Texten in Ex – Lev und Dtn verstehen, die dann innerhalb der Buchrolle zu erneuten Modifikationen Anlass gaben."[134] Solche genannten Modifikationen zeigen auch die hier untersuchten Kapitel. Einige Redaktoren kommentieren gesetzliche Passagen beziehungsweise diskutieren untereinander. So verficht Num 3,1–10 beispielsweise einen klar pro-aaronidischen Standpunkt; Num 8 hingegen ist eher als pro-levitisch anzusehen; Num 16f stärkt wiederum deutlich die Position Aarons und denunziert die Leviten in höchstem Maße. Num 18 wirkt stattdessen harmonisierend zwischen Aaroniden und Leviten. Die Erzählung um den Eifer des Pinhas in Num 25 hebt wiederum Aaron in für Leviten unerreichbare Höhen. Dies alles unterstreicht die die Annahme, dass im Buch Numeri mit vielen Strömungen und redaktionellen Auffüllungen unterschiedlicher Intention zu rechnen ist. Nimmt man mit Joachim Schaper an, dass die Position der Leviten erst in der Zeit Esras/Nehemias gestärkt wurde,[135] ergibt sich, dass Num 8,16–19 und Num 18,1–7 frühestens im ausgehenden 5. Jahrhundert anzusetzen sind. Aber auch danach lassen sich weiterhin Strömungen erkennen, die die Leviten, speziell die Korachiter unter ihnen, denunzieren.

Den Versuch, die verschiedenen Strömungen, die redaktionellen Auffüllungen und Zusammenstellungen zu ordnen und zusammenzufassen, hat Reinhard Achen-

---

131 Vgl. KRATZ, Komposition, 116f.
132 RÖMER, Numeri, 229.
133 Vgl. RÖMER, Numeri, 229.
134 RÖMER, Urkunden, 19. In diesem Zusammenhang verweist Römer auch auf Num 16/17, führt allerdings keine Analysen durch.
135 Vgl. SCHAPER, Priester, 304.

bach in einer ausführlichen Studie zum Numeribuch unternommen. Dabei hat er drei wesentliche Redaktionsstufen herausgearbeitet: So habe es im 5. Jh. erst eine Hexateuchredaktion, dann eine Pentateuchredaktion gegeben, und daran habe sich eine theokratische Bearbeitung (in drei Phasen) angeschlossen. Die theokratische Bearbeitung datiert Achenbach in das 4. Jh. v. Chr.[136] Nach Achenbach handele es sich bei Num 16* und Num 26 um die theokratische Bearbeitungsschicht I. Er verwendet den Begriff der Theokratie im Sinne der Definition von Josephus[137] und schreibt alle Stellen, in denen es klar um hierokratische – beziehungsweise in Anlehnung an Josephus theokratische – Auseinandersetzungen geht, demselben Redaktor zu. An dieser Stelle sei jedoch beispielsweise auf das unterschiedliche Erzählinteresse von Num 16* und Num 26 hingewiesen, sodass ich an dieser Stelle dahingehend modifizieren möchte, dass hier zwei unterschiedliche Bearbeitungsschichten vorliegen. Ebenso liegt es meiner Meinung nach nahe anzunehmen, dass die Korach-Erzählung auf Num 3,1–10 und Num 14,35 zurückgreift und diese Textstellen narrativ ausgestaltet, um die eigene Erzählung stärker zu profilieren. Nach Achenbach gehören aber Num 3 und Num 16–17 zur selben theokratischen Bearbeitungsschicht. Auch wenn Achenbach von insgesamt drei Phasen der theokratischen Bearbeitung ausgeht, sind damit noch nicht die Unterschiede benannt: pro-aaronidisch, pro-levitisch, pro-aaronidisch und contra-levitisch und harmonisierend. Meines Erachtens verläuft die von Achenbach angenommene theokratische Bearbeitung etwas diffiziler. Nach Achenbach forme die theokratische Bearbeitungsschicht das Numeribuch „um zu einer großen Ursprungslegende einer hierokratisch geführten israelitischen Theokratie. […] Ihr Anliegen ist es, in Ermangelung einer politisch souveränen Autorität Israels etwa in Gestalt eines Davididen nun im Sinne des PentRed einen zadokidischen Hohenpriester als obersten Sprach- und Rechtsmittler der Tora zu etablieren."[138] Dem Korach-Kapitel weist Achenbach dabei eine zentrale Rolle zu. Interessant ist an dieser These, dass Achenbach in Num 16f eine Auseinandersetzung um den Hohenpriester als Rechtsmittler der

---

136 Vgl. ACHENBACH, Vollendung, 629 u. ö.

137 Nach KRATZ, Judentum, 183f., wurde der Begriff der Theokratie von Josephus in Ap II 164–167 geprägt und meint die Staatsform, die der Gesetzgeber Mose den Juden verordnet hat, im Unterschied zur Monarchie, zur Oligarchie und zur Demokratie. „Josephus (Ap II 184–189) und Julius Wellhausen folgend, wird der Begriff in der alttestamentlichen Forschung gerne promiscue mit ‚Hierokratie‘ verwendet und ist geradezu zum Synonym für das Judentum im Zeitalter des Zweiten Tempels geworden. […] Wie die Eschatologie ist also auch die Theokratie zunächst eine Idee der Literatur- und Theologiegeschichte, bevor in hellenistischer Zeit die Bestrebungen einsetzen, die literarischen Ideen und Visionen in die Tat umzusetzen. Doch auch als solche bedarf der Begriff der Differenzierung. Wie es nicht nur eine Form der Eschatologie gab, so ist auch die Theokratie keine starre Vorstellung."

138 ACHENBACH, Vollendung, 632f.

Tora sieht.[139] Durch die theokratischen Bearbeitungen des Numeribuches würde Num 17 zur „Gründungslegende der jüdischen Theokratie in spät-persischer Zeit".[140] Im Anschluss an die überzeugenden redaktionellen Thesen Achenbachs ist meines Erachtens jedoch zu überlegen, ob der Begriff der „Theokratie" bei dieser Redaktionsschicht passend gewählt ist. Sicherlich geht es in der Korach-Erzählung um innerpriesterliche Streitigkeiten, doch stellt sich die Frage, warum nicht bereits die Erzählung von den 250 Männern zur Theokratie zu rechnen ist. Auch hierbei geht es um die priesterliche Fragestellung, wer ein rechtes Opfer ausführen darf und wer nicht. Darüber hinaus ist nicht eindeutig, ob durch die Bloßstellung Korachs alle Leviten denunziert werden sollen oder ob primär tatsächlich Korach und seine Nachkommen im Blickpunkt sind. Diese sind (nur) eine Untergruppe innerhalb der Leviten, eine berühmte Sängerfamilie. Treffender als die Bezeichnung „theokratisch" wäre es meiner Ansicht nach, die Streitigkeiten um die Leviten im Numeribuch insgesamt als „hierokratisch" zu bezeichnen, da hier eindeutig Rangstreitigkeiten beschrieben sind.

So lässt sich mit Olivier Artus von einer neuen Art der „Hierarchie der Heiligkeit"[141] im Buch Numeri sprechen, die sich in diesem Maße so nicht in den anderen Büchern des Pentateuch findet. Artus ist grundsätzlich recht zu geben, dass das Buch Numeri von zahlreichen Autoren und Redaktoren verfasst und bearbeitet worden[142] und somit ein Konglomerat ist, aber die Zusammenstellung ist nicht willkürlich. Artus weist dem Numeribuch die Funktion zu, Verhältnisse zu präzisieren. In diesem Zusammenhang würden sich im Numeribuch narrative und legislative Passagen gegenseitig erhellen.[143] Genau dies zeigt meines Erachtens deutlich die Korach-Erzählung im Kontext der Leviten-Thematik: Die Korach-Erzählung ist zu den jüngeren Texten im Numeribuch zu zählen und wirkt wie eine narrative

---

139 Inwiefern die Tora (der Begriff fällt in Num 16f. nicht!) hier eine Rolle spielt, soll am Schluss der Arbeit in der Gesamtschau geklärt werden.

140 ACHENBACH, Vollendung, 123 (Achenbach setzt bei seiner These die Definition von Theokratie nach Josephus voraus; vgl. ACHENBACH, Vollendung, 130f.). Zu dieser theokratischen Bearbeitungsschicht I gehören neben Num 16–17* ebenso Num 1–2; 3,1–10.14–23.25–29.31.33f. (sek. 3,24.30.32.35*); 4*; 10,11*.13–28.34; 13f.; 18*; 26–27; 32*; 33,50–56; 34–35; 36,13.

141 ARTUS, Livre des Nombres, 180: "La lecture d'ensemble du livre des Nombres montre que celui-ci propose une vision originale de la sainteté, différente de celle qui prévaut dans la Loi de Sainteté (Lv 17–26): a une sanctification de la communauté tout entière succede la mise en place d'une hiérachie de sainteté."

142 Vgl. ARTUS, Etudes, 4.

143 ARTUS, Rédactions, 142: „Au plan de la macrostructure, Nb 13–20 pourrait ainsi ›fonctionner‹ comme le bref récit exemplaire de Nb 15,32–36, éléments narratifs et législatifs venant s'éclairer réciproquement. […] *Synthèse: le livre des Nombres a pour fonction de préciser, selon une perspective ›théocratique‹ et ›hiérocratique‹, le rapport d'Israël à la loi.*"

Ausgestaltung von Num 3,1–10 und wie eine Präzisierung von Num 14,35. In dieser Erzählung wird gezeigt, was jemandem geschieht, der sich das Priesteramt anmaßt: Er ist ein Fremder, der sich JHWH nähert, und deshalb muss er sterben. Genau dies beschreibt der legislative Text Num 3,9: „Wenn ein Fremder sich nähert, so soll er sterben." Num 16f führt dieses Gebot nun in erzählerischer Breite aus: Es trifft die 250 namenlosen Männer wie auch die Leviten in Person des Korach.

Es bleibt kurz festzuhalten: Die verschiedenen Strömungen und Interessensgruppen im Numeribuch sind auffällig, sodass fast von einem Konglomerat zu sprechen ist, aus dem sich das Numeribuch zusammensetzt. Das Konglomerat ist jedoch nicht als zusammenhangslose Nebeneinanderstellung von Texten zu verstehen – ganz im Gegenteil. Es ist dezidiert hervorzuheben, dass die Autoren und Redaktoren teilweise entgegengesetzte Interessen vertreten. Hier geht es nicht nur um verschiedene Themen, um wahllose Zusätze – hier geht es um teilweise ganz konträre Standpunkte! Meines Erachtens ist der Diskussionscharakter des Numeribuches wesentlich bei seiner Auslegung zu berücksichtigen.

Vor diesem Hintergrund ließe sich grundsätzlich die These von Thomas Römer stützen, dass sich im Buch Numeri Anklänge an Midrasch-Literatur finden. Römer hält fest: "et enfin, la mise en place en Nb d'une interprétation continuelle de traditions narratives et législatives plus anciennes, qui annonce déjà, à bien des égards, la littérature midrashique."[144] Natürlich ist das Numeribuch kein Midrasch im klassischen Sinne. Von einem Midrasch wird erst seit der Zeit der Tannaiten gesprochen. „Midrasch" ist ein Oberbegriff, bei dem es sich – allgemein gesagt – um die Auslegung der Bibel handelt. Der Terminus „Midrasch" leitet sich von der Wurzel דרש „suchen, fragen", auch: „erforschen" ab und besagt an sich nicht *eine bestimmte Methode*. Der Midrasch intendiert zwei verschiedene *Zielrichtungen* der Auslegung, verschiedene *Methoden* und verschiedene *Untergattungen*. Die eine Zielrichtung ist halachisch, das heißt religionsgesetzlich bindend, die zweite haggadisch, d. h. religiös erbaulich.[145] Der Midrasch weist im Allgemeinen auch zwei verschiedene *Methoden* der Textauslegung auf. Zum einen gibt es die Auslegung פרשני (*parschani*), wobei eine *biblische Passage Vers für Vers* kommentiert wird. Die Zielrichtung dieser Methode ist meist halachisch. Zum andern gibt es die Vorgehensweise דרשני (*darschani*), wobei ein *Thema* analysiert wird. Gerade bei den thematischen Analysen ist in den Midraschim eine Fülle verschiedener Lehrmeinungen zu beobachten, sowohl konträr als auch harmonisierend. So ähnlich könnte man dies auch im Numeribuch mit Blick auf die Leviten entdecken. In der Hinsicht,

---

144 RÖMER, Nombres, 196.
145 Näheres dazu bei STEMBERGER, Midrasch, 24.

dass im Numeribuch religionsgesetzliche Fragestellungen zur Stellung der Leviten diskutiert und unterschiedlich beurteilt werden, lässt sich meiner Ansicht nach das Numeribuch in etwa als ein Vorläufer eines Midraschs *darschani* beschreiben, treffender jedoch finde ich den Vergleich mit einer rabbinischen Diskussion, wie sie im Talmud geläufig ist. Im Talmud findet sich in der Regel die Abfolge, dass in der Mischna zunächst eine zu interpretierende Bibelstelle oder ein Gesetz steht. Dieses Gesetz lässt einen Interpretationsspielraum offen, den die nachfolgende Diskussion zu füllen versucht. Es folgt in der Gemara die Auslegung, die Interpretation dieses Gesetzes durch verschiedene Rabbinen mit ihren auf der Hebräischen Bibel fußenden Argumenten. Schließlich dient häufig zur Unterstreichung der letztgenannten Meinung die Formulierung: „Dies ist die Halacha, die Mose am Berg Sinai von Gott erhalten hat" (הלכה למשה מסיני). Das ist das höchste Argument, das nicht hinterfragt werden kann, und somit endet an dieser Stelle jegliche Debatte.[146] Auch diese Formulierung findet sich ganz ähnlich im Numeribuch, nur nicht als Schluss einer Diskussion sondern zu Beginn in Num 3,1. Interessant ist dabei, dass das Kapitel Num 3,1–10 eine Art Ausgangspunkt der Levitendiskussion im gesamten Numeribuch darstellt. Nach diesem verbalen Ausrufezeichen in V.1 folgt anschließend die Diskussion um die Stellung der Leviten und konkret die Frage, wer mit dem Fremden gemeint sei, der stirbt, wenn er sich nähert. Die Art und Weise, wie im Numeribuch über die Stellung der Leviten debattiert wird, ähnelt meiner Ansicht nach einer rabbinischen Diskussion enorm, zumal auch – wie im Talmud – versucht wird, „unklare" Regelungen zu präzisieren. Unklar ist in den legislativen Texten: Wer ist der Fremde, der sich nicht nähern darf? Wem gehören die Leviten? Und wer darf eine Sühne wirkende Tat tun? Num 16f selbst wirft schließlich die Frage auf, wer damit gemeint sei, wenn von Korach „und seiner Schar und alle, die zu ihm gehörten" gesprochen wird. Sind dies seine Kinder oder seine Anhänger? Sind also seine Nachkommen nun mit ihm untergegangen oder nicht?

An diese Überlegungen anknüpfend, dass sich im Numeribuch keine Quellen ausmachen lassen sondern Diskussionen, Texte, die sich legislativ und narrativ gegenseitig beleuchten, sich aber auch widersprechen, wäre es angemessen, methodisch bei der Analyse der Pentateuch-Texte neue Wege zu gehen, wie dies beispielsweise David Carr angeboten hat. Carr schlägt vor, sich von der Herangehensweise der Bibelauslegung durch die vormodernen jüdischen Kommentatoren wie Raschi, Radak, Ibn Ezra oder Maimonides inspirieren zu lassen. Texte sollen erst einmal wahrgenommen werden, ohne eine Hypothese oder ein Modell zur

---

146 Vergleiche die Darstellung einer talmudischen Diskussion in Kapitel 1.2.2 Die Leviten-Thematik in Num 3,1–13.

Textentstehung im Hinterkopf zu haben.[147] Meiner Ansicht nach bietet sich gerade das Numeribuch an, diese Art der Herangehensweise zu erproben, da hier schon Vorläufer rabbinischer Diskussionstechniken zu beobachten sind. Vorbildfunktion in der Textauslegung haben die von Carr genannten jüdischen Kommentatoren und Grammatiker auch dahingehend, dass sie bei ihren Auslegungen nicht nur den Einzeltext im Blick haben. Mit Blick auf Korach heißt das, dass alle Stellen, in denen Korach und seine Nachkommen biblisch eine Rolle spielen, zur Interpretation herangezogen werden, und nur so wird klar, dass es ein „Korach-Problem" gibt: Wie können die Korach-Söhne Psalmen gedichtet haben, wenn sie mitsamt ihrem Vater untergegangen sind? Die heutige alttestamentliche Forschung lässt eine ausführliche, großflächige Sicht auf Vernetzungen und Querverweise oft vermissen.

Im Zuge vorliegender Analyse ist demnach der Diskussionscharakter des Buches Numeri zu unterstreichen. Doch lassen sich nun auch Rückschlüsse hinsichtlich des Abfassungszwecks dieses Buches ziehen? Lässt es sich als Brücke oder Zusatz beschreiben?

Christian Frevel fragt, inwiefern sich vom Buch Numeri als Brückenbuch sprechen lasse, in welcher Hinsicht es Auslegungsliteratur sei, zu welchem Zweck es geschaffen wurde.[148] Auch Christophe Nihan lenkt beispielsweise bei seinen Analysen den Blick weg von der reinen Quellenfrage hin auf die Frage nach der Funktion des Buches im Gesamtzusammenhang des Pentateuch.[149] Thomas Römer konstatiert, dass das Buch Numeri von vornherein als Zusatz zu den anderen Büchern des Pentateuch geplant war. Dies würde den eigenartigen Charakter des Buches erklären.[150] Numeri war also eine Brücke, die die Bücher Gen–Lev mit dem Deuteronomium verbinden sollte. Rainer Albertz benennt diesen Bearbeiter, der Numeri als Brückenbuch platzierte, als spät-dtr. Redaktion D, die aber nicht das Ende der Bearbeitungen darstellte.[151]

Vor dem Hintergrund der analysierten Kapitel im Numeribuch ist der These vom Buch Numeri als Brückenbuch zuzustimmen. Eine Brücke ist immer etwas Verbindendes zwischen zwei Orten/Positionen, und das Buch Numeri hat solch ver-

---

147 CARR, Data, 104: „Where would we find an audience of close readers of the Torah who demonstrably have no investment in one model or the other and would just read the text and say what parts of it are unintelligible as they stand? [...] I think we could find such a focus group among premodern Jewish commentators on the Torah".

148 FREVEL, Alte Stücke.

149 NIHAN, Mort de Moïse, 146f.

150 Vgl. RÖMER, Nombres, 207.

151 Vgl. ALBERTZ, Numeri (Teil II), 344.

bindende Elemente vor allem zu Levitikus und Deuteronomium vorzuweisen, den beiden Büchern, zwischen denen es im Kanon steht. Aber auch darüber hinausgreifend schlägt das Buch Numeri in einzelnen Erzählungen Brücken. So arbeiten zum Beispiel Markus Witte oder Alan G. Auld für die Bileamerzählung in Num 22–24 einige Querverbindungen heraus. Witte kommt hinsichtlich dieser Passage zu dem Schluss, dass schon die Grundschicht in Num 22–24 nachpriesterschriftlich und nachdeuteronomistisch sei. Darüber hinaus sei kompositions- und redaktionsgeschichtlich bemerkenswert, „daß die ›Grundschicht‹ von Num 22–24 vor allem in einem redaktionellen Verweissystem mit den Büchern Exodus, Numeri und Josua steht, während die ›Segensschicht‹ explizite terminologische Bezüge zwischen der Bileamerzählung, der Genesis und dem Deuteronomium intensiviert bzw. selbst herstellt."[152] Ebenso gelangt Auld zu der Folgerung, dass in Num 22–24 keine vorpriesterliche Quelle vorliegt, und er hält fest, dass sowohl die Bileamerzählung wie auch die Erzählung von der Einsetzung der Ältesten von den Samuelbüchern abhingen.[153] Hinsichtlich der Erzählung vom Eifer des Pinhas stellt zum Beispiel Christophe Nihan heraus, dass hier ein redaktionelles Bezugssystem über das Motiv des Bundes mit drei Stationen vorliegt, wobei die Pinhas-Erzählung das dritte Stratum anzeigt. So ist Num 25,6–15 "an integral part of a comprehensive ‚Priestly' redaction in Numbers, which appears to be contemporaneous with the final editing of that book."[154]

Diese nur kurz dargestellten Erzählungen zeigen, dass das Buch Numeri in vielerlei Hinsicht als „Brückenbuch" zu verstehen ist; denn es beinhaltet nicht bloß Zusätze sondern verbindet große Themenbereiche miteinander. Es wird ein Verweissystem geschaffen. Das betrifft nicht nur die Figur des Korach sondern zum Beispiel auch die des Pinhas (so Nihan) und des Bileam (so Witte).

An die Darstellung einzelner Forschungspositionen anknüpfend lässt sich meines Erachtens weiterführend Folgendes konstatieren: Das Buch Numeri befindet sich als ein zum großen Teil narratives Werk zwischen zwei großen Gesetzesblöcken: dem Heiligkeitsgesetz und dem Deuteronomium. Wenn man Num 16f als Proprium des Numeribuches, als seine Mitte, versteht, in der sich eine Diskussion zwischen Mose, dem Empfänger der Tora, und den Leviten und speziell den Korachitern findet, dann wird die Brückenfunktion zwischen den beiden Gesetzesblöcken Lev 17–26 und Dtn noch deutlicher: Es ist eine Brücke, die beide Gesetze narrativ erhellt, Verhältnisse präzisiert und auslegt so, wie dies auch Artus für einzelne Passagen des Numeribuches festgehalten hat. Könnte man dementsprechend nicht behaupten,

---

152 WITTE, Segen, 212.
153 AULD, Samuel, 233–246.
154 NIHAN, Covenant, 123.

dass auch das zum großen Teil narrative Buch Numeri als Ganzes gesehen die großen Gesetzesblöcke, zwischen denen es steht, erhellt, interpretiert, beschriebene Verhältnisse präzisiert und es dadurch die beiden großen Gesetzescorpora miteinander verbindet? Von daher unterstütze ich die Ansicht von Christophe Nihan und Thomas Römer, dass die Arbeit an Numeri heute einen der wichtigsten Einsätze der kritischen Auslegung des Pentateuch darstellt.[155]

Eine Frage bleibt allerdings immer noch unbeantwortet: Was bezweckte der Korachbearbeiter von Num 16f damit, Korach als den Frevler schlechthin darzustellen? Um den Hintergrund der berühmten Korachiter zu erhellen, sei nun der Blick auf die Korachpsalmen gerichtet.

---

155 Vgl. NIHAN/RÖMER, formation, 106.

2. Korach und die „Söhne Korachs" im Psalter

Der Leser, der zu Beginn seiner Bibellektüre den Pentateuch aufmerksam gelesen hat, wird nun bei der Lektüre des Psalters stutzig werden: Wie kann es sein, dass – wie Num 16f berichtet – ein Levit mit Namen Korach einen Aufstand gegen Mose und Aaron anführte, er als Strafe mitsamt allen, die zu ihm gehörten, vom Erdboden verschluckt wurde, und trotzdem seine Nachkommen, die Söhne Korachs, als Psalmendichter Berühmtheit erlangten? Auch wenn Num 26 diese strikte Sicht noch einmal korrigieren mag, dass nicht alle Nachkommen Korachs ihr Leben lassen mussten, so bleibt es verwunderlich, dass so viele Psalmen von Nachkommen eines Frevlers gegen Mose und Aaron im Psalter aufgenommen worden sind.

Die Texte im Buch Numeri haben gerade mit Blick auf die Leviten einen unübersehbaren Diskurscharakter. Es gibt – wie oben dargestellt – Texte, die eher pro-levitisch zu sehen sind, daneben gibt es Texte, die die Aaroniden in Rang und Rolle bestärken. Diese Beobachtungen nun auf das Korachbild angewandt stellen den Bibelleser vor die Frage, ob wir nun hier im Psalter eine Art „Gegenposition" zum Korachbild des Numeribuches wahrnehmen. Stehen die Korach-Texte von Numeri und Psalter auch im Diskurs zueinander?

Dies soll im Folgenden untersucht werden.

Korach begegnet im Psalter (nur) als das Sängergeschlecht בני קרח – und zwar in den Überschriften der Psalmen Ps 42/43 (Ps 43 trägt keine eigene Überschrift); 44–49; 84; 85; 87; 88. Die „Söhne Korachs (בני קרח)" dieser Psalmüberschriften werden in der Forschung meist mit dem levitischen Geschlecht der Korachiter als Teil des Tempelpersonals aus der nachexilischen Zeit identifiziert – so zum Beispiel Gunther Wanke[1] und Jürgen van Oorschot[2], anders früher Michael D. Goulder[3], der versucht, die Korachiter im 9./8. Jh. v. Chr. in Dan zu lokalisieren. Dass Korach im Psalter nur in den Überschriften der Psalmen vorkommt, ist insofern interessant, als Ps 106 vom Aufstand gegen Mose und Aaron erzählt, nur sind hier lediglich Datan und Abiram die Aufrührer – von Korach ist keine Rede.

Da es bei vorliegender Studie primär um die Figur des Korach geht, und der Name Korach nur in den Psalmüberschriften Erwähnung findet, kommt gerade den Überschriften ein besonderes Gewicht zu. Von daher wird zunächst das לבני

---

1 Wanke, Zionstheologie, 31.
2 van Oorschot, deus praesens, 417.
3 Goulder, Psalms, 239 u. ö.

קרח der Überschriften analysiert und gefragt, welche Funktion die Überschriften innehaben. Kurz gesagt: Die Überschrift spielt in dieser Psalmen-Interpretation eine wesentliche Rolle – ob sie nun sekundär dazu gekommen ist oder nicht; denn für den Bibel-Leser stellen die Überschriften eine erste Lese-Anweisung dar und eröffnen einen Kontext, der ohne Überschrift so nicht gegeben war. Dadurch geschieht beim Leser automatisch eine Verknüpfung mit Num 16f[4], da diese ausführliche Erzählung von Korach die letzte große Erwähnung war. Eine Interpretation der Figur des Korach in den Psalmen sollte ähnlich funktionieren wie eine Interpretation des David in den Psalmüberschriften. Bei der Analyse von Davidspsalmen wird meist der erzählerische Kontext der Samuelbücher wahrgenommen und mit zur Analyse herangezogen. Manche Psalmen können so in der Davidsgeschichte verankert werden und die Geschichte um manche Perspektive erhellen. So hält Johannes Schnocks beispielsweise fest: „David kann uns als Leserinnen und Leser des Psalters dabei gewissermaßen immer alles werden: er kann mit uns leiden und triumphieren, er kann Knecht sein und König, schlimmer Sünder und Musiker, arm und reich. In alle diesen Rollen – und darin liegt wohl auch der theologische Kern seiner Funktion im Psalmenbuch – hält er an seiner Gottesbeziehung fest, ja sie wird ihm in besonderer Weise zugesagt. Für eine Theologie des Psalters erschließt sich seine Relevanz aber erst, wenn die Vielgestaltigkeit dieser einen Figur nicht eingeebnet, sondern in ihrer Polyphonie zum Klingen gebracht wird. Dazu ist es notwendig, die verschiedenen diachronen Transformationsprozesse zu verstehen".[5]

Wie würde diese Vorgehensweise bei den Korachpsalmen funktionieren? Gibt es auch hier eine Polyphonie, eine Vielgestaltigkeit der Figur? Und: Welches Potenzial beinhalten die Psalmüberschriften als Leser-Lenkung oder als Lese-Anweisung? In den Psalmüberschriften werden schließlich die Autoren oder Herausgeber der Psalmen vermerkt. Es ist in der Regel nicht wie im Deutschen, dass dort ein Hinweis auf den Inhalt des Psalms platziert ist. Kennt man als Leser nun den Autor oder Herausgeber eines Textes, so lässt sich ein bestimmter Verstehenshintergrund nicht ausblenden.

Bei den Exegesen der Korachpsalmen werden die Überschriften in der Forschung häufig abgetrennt oder, wenn überhaupt, gesondert betrachtet. Letzteres geschieht meist nur, um die Psalmen in verschiedene Psalmengruppen einzuordnen. Alles in allem liegt der Schwerpunkt der heutigen Forschung hinsichtlich der Korachpsalmen weniger auf der Verfasser- oder Redaktorenfrage als vielmehr auf der Analyse der *Komposition der Korachpsalmensammlung*. In vorliegender Arbeit sollen die Überschriften in beiden Funktionen wahrgenommen werden: als Element der Strukturierung und auch hinsichtlich ihrer Leser-Lenkung.

---

4 Vgl. ähnlich ERBELE-KÜSTER, Lesen, 54.
5 SCHNOCKS, Musiker, 284.

In einem nächsten Schritt nach der Analyse der Überschriften wird die Komposition der Korachpsalmensammlung im Blick sein. Es wird der Frage nachgegangen, wie sich die Korachpsalmen zueinander verhalten: Liegt hier *eine* Korachpsalmensammlung vor oder sind es zwei? Oder sind dies einzelne Psalmen, die sich über zwei Psalmbücher erstrecken? Die Anordnung der Korachpsalmen in den beiden Psalmbüchern ist demnach von Interesse und wird kurz dargestellt.

Auch wenn Korach nur in den Überschriften im Psalter präsent ist, so muss auch im Blick sein, über *welchen Psalmen* die Überschrift לבני קרח platziert ist. Daher findet auch eine Gattungsanalyse der einzelnen Psalmen und eine Übersicht über die genannten Motive der Korachpsalmen hier ihren Ort. Es ist doch auffällig, dass die Korachpsalmen (wie auch die Wallfahrtslieder) intensiv mit dem Topos Zion arbeiten.[6] Dies sticht schon auf den ersten Blick hervor. So beginnt beispielsweise Ps 48 mit den Versen (2f):

גדול יהוה ומהלל מאד בעיר אלהינו הר קדשו

יפה נוף משוש כל הארץ הר ציון ירכתי צפון קרית מלך רב

Groß ist JHWH und sehr gelobt; in der Stadt unseres Gottes [ist] sein heiliger Berg.
Er ist ein schöner Gipfel, Freude der ganzen Erde, der Berg Zion, äußerster Norden, Stadt des großen Königs.

In Ps 87,2 heißt es:

אהב יהוה שערי ציון מכל משכנות יעקב

JHWH liebt die Tore Zions mehr als alle Wohnungen Jakobs.

Insgesamt sind in den Korachpsalmen die Zionsmotive vom Zion als Ort JHWHs und von seiner Schönheit sowie die Vorstellung vom Zion, der Schutz bietet (Ps 46,6) und der von JHWH geliebt wird, präsent. Es ist für die Korach-Analyse nicht unerheblich, dass gerade einige der Korachpsalmen zu den zentralen Zionspsalmen zählen. Mit Korach und seinen Nachkommen wird im Psalter also eine intensive Zionstheologie verbunden und gerade nicht der Aufstand gegen Mose und Aaron. So lässt sich zu Beginn der Psalmen-Analyse schon konstatieren: Von einem negativ gezeichneten, rebellierenden Korach findet sich im Psalter keine Spur, ganz im Gegenteil: Mit seinem Geschlecht werden wichtige Psalmen der Zionstheologie verbunden. Dabei spielt Ps 49 allerdings eine Sonderrolle – dieser wird deshalb gesondert dargestellt.

Das Psalmenkapitel wird durch eine Analyse von Ps 106 abgeschlossen; denn hier ist es wahrlich auffällig, dass Korach nicht genannt wird.

---

6 So KÖRTING, Zion, 226.

Das Ziel dieser Untersuchung ist auch, einen Beitrag zu dem „bisher nicht endgültig gelösten Problem der Redaktion der Korachpsalmen bzw. eines Korachpsalters"[7] zu leisten. Diese Redaktionsgeschichte lässt sich meines Erachtens aber nicht isoliert von den Überschriften und der Vielfalt der theologischen Themen der Psalmen durchführen. Demnach ist es ein Anliegen dieser Studie, herauszustellen, dass die Psalmüberschriften nicht nur als Gliederungs- oder Anordnungsmerkmal dienen sondern dass sie auch einen Bezug zu dem Inhalt der jeweiligen Psalmen haben. Anders gesagt: Für eine Interpretation der Psalmen sind die Überschriften mit heranzuziehen. Allzu oft werden die Überschriften bei einer Psalm-Analyse ausgeklammert, als sekundär abgespalten, und ihnen wird lediglich eine ordnende Funktion zugesprochen. Gerade bei den Korachpsalmen ist das sehr auffällig und auch für eine relative Chronologie der Bibeltexte interessant: Wurden die Korachpsalmen gedichtet oder von den Korachitern herausgegeben, *nachdem* bekannt war, dass Korach als Frevler gegen Mose aufgestanden ist? Dann wären dies die Psalmen einer Rebellen-Familie. Oder sind die Psalmen mit ihren Überschriften *älter* als die Korach-Erzählung in Num 16f? Damit wären wohl die berühmten Korachiter durch Num 16f denunziert worden. Demnach bewegt sich die folgende Analyse zwischen der Frage, 1) ob einem Frevler gegen Mose solche hohen Zionspsalmen zugeschrieben werden können (zum Beispiel Ps 46; 48), und der Frage, 2) oder ob in den Überschriften das älteste Gut der Korach-Nennungen in der Hebräischen Bibel zu sehen ist und es sich hierbei nicht um Zuschreibungen sondern um „Herausgeberschaften" (redigierende Sammler und/oder Autoren) handelt. Im letzten Fall könnten die Korachpsalmen in den Psalter gelangt sein, *bevor* das Bild von Korach, des bösen Aufständischen gegen Mose, Karriere gemacht hatte – zumindest zum Teil. Die Datierungsversuche der Korachpsalmen reichen in der Forschung von der Zeit der Niederlage gegen die Assyrer (so Michael D. Goulder[8]) bis zum Ausgang des 4. Jh.s (so Gunther Wanke[9]).

Zur methodischen Vorgehensweise des Psalmenkapitels sei vorangestellt, dass es hier um eine primär rezeptionsästhetische Endtextexegese geht. Die Sicht des Bibel-Lesers ist hier interessant: Wie nimmt er den Kontrast zur Korach-Familie im Numeribuch wahr? Die Entstehungsgeschichte der einzelnen Korachpsalmen ist dabei nicht von Interesse.

---

7 Witte, Seele, 555.
8 Vgl. Goulder, Psalms, 252.
9 Vgl. Wanke, Zionstheologie, 31.38.

2.1 Bedeutung und Funktion von לבני קרח in den Psalmüberschriften

Wie die Überschriften über den Korachpsalmen zu verstehen sind, ist in der Forschung umstritten. Die Formulierung „לבני קרח" ermöglicht dabei einen gewissen Spielraum vor allem, auf welche Weise das Lamed zu verstehen ist: Stellt dies eine Autoren-/ Herausgeberangabe dar oder zeigt es einen partitiven Charakter an oder gibt das Lamed die Blickrichtung „in Bezug auf die Korachiter" vor?

Zu der Sachlage, wie nun der konkrete Zusammenhang zwischen den levitischen Korachitern und den Psalmen aussieht, gibt es in der Forschung drei verschiedene Erklärungsmodelle: 1) Die Korachpsalmen wurden von den Korachitern selbst geschrieben. Das Lamed ist eine Autorenangabe. 2) Die Korachiter haben die genannten Psalmen – lediglich – gesammelt und dann einer (umfangreichen) korachitischen Redaktion unterzogen. Das Lamed ist eine Herausgeberangabe. 3) Diese Psalmen wurden in der Tradition schlicht den „Söhnen Korachs" zugeschrieben. Das Lamed ist mit „in Bezug auf/hinsichtlich" zu übersetzen, und die Überschrift ist deutlich sekundär als Fremdbezeichnung hinzugekommen.

Ob die Korachpsalmen nun letztendlich von den Korachitern selbst geschrieben oder „nur" gesammelt und herausgegeben wurden, spielt meines Erachtens keine wesentliche Rolle. Bedeutender ist, ob die Korachiter tatsächlich in die Herausgeberschaft der Psalmen involviert waren (und die Überschrift als *von den Söhnen Korachs* zu lesen ist), oder ob die Psalmen den Korachitern zugeschrieben wurden, sodass sie *in Bezug auf die Söhne Korachs* zu lesen sind. Dies beides impliziert eine andere Lese- und Interpretationsrichtung.

Dazu sei zunächst ein kurzer Überblick über das Verständnis der Psalmüberschriften in der Forschung den eigenen Analysen vorangestellt:

Die Meinung, dass *alle* Korachpsalmen von den Korachitern selbst verfasst wurden, dass diese Überschrift also immer eine Verfasserangabe ist, ist eher in der älteren Forschung präsent. So halten beispielsweise Franz Delitzsch und Hans-Joachim Kraus fest, dass die Überschrift לבני קרח stets eine Autorenangabe darstellt, beziehungsweise dass die בני קרח Verfasser eines Liederbuches waren.[10]

Hartmut Gese widmet sich spezieller den in der Chronik erwähnten Sängergruppen, fasst das לבני קרח partitiv auf und stellt fest, dass niemals alle Korachiter Sänger gewesen seien. Deshalb könne Korach auch nicht Name einer Sängergruppe sein; darum komme dem Ausdruck לבני קרח im Gegensatz zu לאסף ein partitiver Charakter zu.[11] Darüber hinaus identifiziert Gese die singenden Korachiter (zumindest

---

10 Vgl. Delitzsch, Psalmen, 318; Kraus, Psalmen. 1. Teilband, 474.
11 Vgl. Gese, Kultsänger, 234.

diejenigen aus IIChr 20,19) mit der Sängergruppe des Jedutun.[12] Zu seiner weiteren Analyse der historischen Verhältnisse der Korachiter zieht Gese auch Num 16 heran und schließt aus dieser Tradition auf heftige nachexilische Rangstreitigkeiten. Der in Num 16 dargestellte Korach war nach Gese zweifelsfrei der Stammvater der nachexilischen korachitischen Levitenfamilien. Dass nun dieser in Num 16f berichtete Ausschluss der Korachiter vom Priesterdienst eine *Degradierung der korachitischen Sänger* widerspiegelt, sei eine kühne Annahme. Deshalb stellt Gese vielmehr die Frage, wie dem Sängeramt Korachiter in größerer Zahl zugeströmt sein können, und er sah in den Korachitern als Sänger eine Weiterentwicklung. Denn da das vornehme Levitengeschlecht Korach vom Priesterdienst ausgeschlossen war, hätten ihm nur levitische Ämter offen gestanden. Unter den levitischen Ämtern wäre das Sängeramt sicherlich sehr begehrt gewesen. Die Korachiter stiegen demnach innerhalb der Sängerschaft auf, nachdem ihnen die Priesterschaft verschlossen war, und aus ihnen trat später die Hemangruppe hervor.[13] Zur Datierung der Korachpsalmensammlungen hält Gese fest, dass diese zur Zeit der chronistischen Grundschrift bereits abgeschlossen waren. „Ja, die elohistische Redaktion von Ps. 42–83, die schon die Existenz von Einzelsammlungen wie Ps. 42–50; 51–72; 73–82 und deren Zusammenwachsen voraussetzt, muß noch in die Zeit der Entstehung des chronistischen Werkes fallen".[14]

Gunther Wanke, der sich monographisch den Korachpsalmen widmet, sieht ebenso keinen Grund, die „Beziehung der Psalmen zu den בני קרח als sekundär hinzustellen. Will man schon nicht das *l^e-auctoris* als Verfasserangabe verstehen, so bestätigt es zumindest die Tatsache, daß die Psalmen 42–49 84f. 87f., wenigstens als *Sammlung*, ihren Ursprung bei den בני קרח gehabt haben, da man das *l^e* als einen Ausdruck der Beziehung und somit als einen Hinweis der Zugehörigkeit in Anspruch nehmen kann."[15] Nach Wanke hätten die Korachiter die Zionspsalmen Pss 46; 48; 84; 87 selbst verfasst, während die anderen Korachpsalmen von den Korachitern in ihr Liederbuch aufgenommen worden sei. Als Blütezeit der Korachiter käme vermutlich erst der Ausgang des 4. Jh.s in Frage.[16] Ein primärer Zusammenhang zwischen der „Rotte Korach" aus Num 16 und den Korachpsalmen sei nach Wanke nicht plausibel. „Ein solcher hätte bestimmt einen anderen Niederschlag in der Koracherzählung Num 16 gefunden und gewiß den fast naiven Gebrauch der Korachtradition in Num 26 9f. und 27 3 verhindert."[17] Hinsichtlich der Korachpsalmensammlung vertritt Wanke die These, dass dem „›elohistischen‹

---

12 Vgl. Gese, Kultsänger, 232.
13 Vgl. Gese, Kultsänger, 232ff.
14 Gese, Kultsänger, 234.
15 Wanke, Zionstheologie, 23.
16 Vgl. Wanke, Zionstheologie, 31f.108f.
17 Wanke, Zionstheologie, 28.

Bearbeiter die Ps 84 85 87 88 nicht bekannt waren, [sie] aber dennoch zu der ursprünglichen Korachitensammlung gehört haben, in einem späteren Stadium aber von dieser getrennt worden sind. Somit ist gewiß, daß in den Psalmen mit der Überschrift לבני־קרח eine geschlossene Sammlung von Psalmen vorliegt."[18]

Michael D. Goulder macht sich für die These stark, dass die Korachpsalmen in einem rituellen Herbstfest in Dan verortet seien.[19] Er stellt „powerful echoes" von ugaritischen Baals-Texten in den Korachpsalmen heraus und folgert aus dieser nahen Verwandtschaft, dass die Korachpsalmen in etwa im 9. Jh. v. Chr. in Dan verfasst worden seien, das nur ca. 150 Meilen von Ugarit entfernt liegt.[20] Nach Goulder waren – im Gegensatz zur Auffassung Wankes – die „Söhne Korachs" nicht, auch nicht zum Teil, die Verfasser der Psalmensammlung, sondern sie hätten ihr Psalmengesangbuch zusammengestellt, um der unerbittlichen assyrischen Katastrophe begegnen zu können.[21] Die Meinung Goulders stellt in der Forschung eher eine (überholte) Außenseiter-Meinung dar.

Ähnlich wie Wanke sieht Jürgen van Oorschot in den Korachitern der Korachpsalmen „gestaltende Vermittler traditioneller Zions- und Tempeltheologie, deren Tätigkeit deutlich über ein zusammenfassendes Ordnen und Sammeln hinausgeht."[22] Als Zentrum der ursprünglichen Korachsammlung (Pss 42–49) stellt van Oorschot Ps 46 dar: „Sein vor allem im Kehrvers zum Ausdruck kommendes Zutrauen gegenüber ›Jahwe, Zebaoth, der mit uns ist‹, markiert Mitte und Zielpunkt der Sammlung."[23] So wandten sich die Korachiter in ihrer gestaltenden Bearbeitung vorexilischer Psalmen gegen die Tempel-Theologie der dtn-dtr Konzeption ebenso wie gegen die der Priesterschrift, indem sie kollektive Gebete individualisierten und die persönliche Frömmigkeit stärkten.[24]

Erich Zenger versteht die Korachiter ähnlich wie van Oorschot als Sammler und Redaktoren, untersucht aber die Korachpsalmen in erster Linie hinsichtlich ihrer Kompositionstechnik (in einem Aufsatz von 1994). Er zählt die Korachpsalmen zu den Psalmengruppen, „hinter denen in formaler und inhaltlicher Hinsicht ein theologisch-konzeptioneller Gestaltungswille am Werk war"[25], und kommt zu dem Schluss, dass die Verbindungslinien zwischen den einzelnen Korachpsalmen nicht alle das Ergebnis eines Zufalls sein können.[26] In dieser Kompositionstechnik wür-

---

18 WANKE, Zionstheologie, 3.
19 Vgl. GOULDER, Psalms, 239.
20 Vgl. GOULDER, Psalms, 240.
21 Vgl. GOULDER, Psalms, 252.
22 VAN OORSCHOT, deus praesens, 421.
23 VAN OORSCHOT, deus praesens, 419.
24 Vgl. VAN OORSCHOT, deus praesens, 425.429.
25 ZENGER, Bedeutung, 175.
26 ZENGER, Bedeutung, 190.

den nach Zenger zwei Bearbeitungsrichtungen erkennbar sein: „zum einen wurde ein Psalm bearbeitet, als er selbst in die Komposition eingebunden wurde und zum anderen konnte ein bereits in der Komposition stehender Psalm bearbeitet werden, als ein weiterer Psalm hinzukam, zu dem nun ein Bezug hergestellt wurde."[27] Es sei sowohl eine weisheitliche als auch eine armentheologische Redaktion in der Korachpsalmensammlung greifbar.[28]

Ein anderes Verständnis der Überschrift לבני קרח vertritt Reinhard Achenbach. Seiner Meinung nach waren die Korachiter dieser Psalmen nicht die Autoren oder Herausgeber, sondern diese zwölf Psalmen wurden nachträglich den Korachitern zugeschrieben. Dies geschah aufgrund ähnlicher Motivik zu Num 16f, da in „Ps 46–49 und 85.88 die Erfahrung von Todesdrohung und Errettung vom Tode eine Rolle spielt."[29]

Auch Matthias Brütsch favorisiert die These einer nachträglichen Zuschreibung und konstatiert in seiner Dissertationsschrift pauschal, dass die Korachpsalmen im Zuge einer Vorliebe für Pseudepigraphie im 2. Jh. v. Chr. den „Söhnen Korachs" zugeschrieben wurden wie auch andere Psalmen an vorexilische Israeliten.[30]

David G. Firth[31] zieht ebenso wie Zenger die Überschriften vor allem als Ordnungs- und Strukturmerkmale bei seiner Untersuchung der Korachpsalmen heran, bindet jedoch auch die musikalischen Anweisungen mit ein.

Deshalb werden nun in der folgenden Bestandsaufnahme die kompletten Überschriften inklusive der musikalischen Anweisungen dargestellt:

Ps 42:	למנצח משכיל לבני קרח:
Ps 43:	trägt keine eigene Überschrift
Ps 44:	למנצח לבני קרח משכיל:
Ps 45:	למנצח על ששנים לבני קרח משכיל שיר ידידת:
Ps 46:	למנצח לבני קרח על עלמות שיר:
Ps 47:	למנצח לבני קרח מזמור:
Ps 48:	שיר מזמור לבני קרח:
Ps 49:	למנצח לבני קרח מזמור:
Ps 84:	למנצח על הגתית לבני קרח מזמור:
Ps 85:	למנצח לבני קרח מזמור:
Ps 87:	לבני קרח מזמור שיר יסודתו בהררי קדש:
Ps 88:	שיר מזמור לבני קרח למנצח על מחלת לענות משכיל להימן האזרחי:

---

27 ZENGER, Bedeutung, 190.

28 ZENGER, Bedeutung, 192.

29 ACHENBACH, Vollendung, .122

30 Vgl. BRÜTSCH, Israels Psalmen, 220.

31 FIRTH, Reading.

Diese Bestandsaufnahme zeigt, dass alle Korach-Nennungen ein Lamed vorweisen: Alle genannten Psalmen tragen die gemeinsame Formulierung לבני קרח in der Überschrift. Dazu treten noch Erweiterungen vor allem musikalischer Art hinzu; die Korachpsalmen sind entweder durch die musikalische Beschreibung משכיל, שיר oder מזמור näher bezeichnet. Auch Mehrfach-Bezeichnungen sind möglich. Dabei fällt Ps 88 besonders auf: Hier wurden alle drei musikalischen Kategorisierungen verwendet, und es wird außer den Söhnen Korachs noch Heman der Esrachiter namentlich erwähnt.[32]

Zunächst zur Funktion des Lamed: Nach Ernst Jenni ist das Lamed der Psalmüberschriften als ein Lamed inscriptionis[33] zu klassifizieren. Dies beschreibt den Sachverhalt, dass einer Person ein „Ding" zugeschrieben wird, das heißt, zwischen der Person und dem „Ding" besteht ein Zusammenhang, ja der Person gehört dieses „Ding". Als Beispiel für diese Kategorie führt Jenni die Psalmüberschriften an. Meiner Ansicht nach favorisiert Jenni durch diese Kategorisierung die Übersetzung, dass die Korachpsalmen von den „Söhnen Korachs" geschrieben oder herausgeben sind. Es besteht aber auch die Möglichkeit, dass die Überschrift übersetzt werden soll mit „über die Söhne Korachs/hinsichtlich der Söhne Korachs". David Willgren zeigt diese Möglichkeit auf und führt als Beispiel ugaritische Überschriften aus dem Baal-Zyklus an.[34] Somit könnte man annehmen, dass diese Psalmen in der Tradition den Söhnen Korachs zugeschrieben worden sind, und sie sollen „mit Blick auf die Söhne Korachs" als Identifikationspunkt für den Beter zu lesen sein. Dies ist eine andere Verstehensrichtung als die zuvor genannte. Um eine Entscheidung zu treffen, wie die Überschrift übersetzt werden soll, müsste auf jeden Fall die Frage beantwortet werden, warum und wozu genau diese Psalmen den Korachitern zugeschrieben wurden. Dieser Frage ging man bisher in der Forschung selten nach. Des Weiteren gilt es zu beachten, dass das Verständnis der Überschrift nicht auf alle Korachpsalmen gleichermaßen zutreffen muss, vor allem wenn man bedenkt, dass die Pss 42–49 im zweiten Psalmbuch, weitere vier Korachpsalmen jedoch im dritten Psalmbuch zu finden sind. Es ist Vorsicht geboten, allen Korachpsalmen *eine* Theologie, *eine* Interpretation und in diesem Fall immer *ein und denselben* Gebrauch der Überschriften zu unterstellen. So soll gerade das nächste Kapitel eine ausführliche Bestandsaufnahme der Anordnung der Korachpsalmen bieten. Durch die Überschrift לבני קרח und die musikalischen Bezeichnungen bilden sie eine Art Cluster. Sind die Korachpsalmen somit als *eine* Gruppe zu verstehen?

Gerade bei der Annahme einer nachträglichen Zuschreibung liegt es auf der Hand, dass man den Inhalt der Psalmen und die Bedeutung der anderen Korach-

---

32 Diese Überschrift wird ausführlich unter Punkt 2.4.4 Psalm 88 analysiert.

33 Vgl. JENNI, Lamed, 71. Jenni vermeidet den sonst in der Forschung üblichen Begriff *l^e auctoris*, da er ungenau und missverständlich ist.

34 Vgl. WILLGREN, Formation, 177.

Nennungen der Hebräischen Bibel mit zur Interpretation der Psalmen hinzuziehen muss; denn dann muss man sich der Frage stellen, welchen Sinn es ergibt, gerade Zionspsalmen den Nachkommen eines Frevlers zuzuschreiben? Eine nachträgliche Zuschreibung ist eine Redaktion, die zu einem bestimmten Zweck stattfindet. Eine schlichte Assoziation und eine Vorliebe für Pseudepigraphie reichen dabei als Zweckbestimmung nicht aus. Willgren setzte sich ausführlich mit den Psalmüberschriften auseinander und wies zurecht daraufhin, dass den Überschriften mehr Potential innewohnt, als nur Sammlungen zusammenzubinden. Die Überschrift beeinflusse den Leser, wie der entsprechende Psalm aufgenommen wird; hier liege letztlich eine interpretative Kontrolle der Überschrift über die Psalmen vor. Kontexte müssen stets mitbedacht werden.[35] Der Bezug der Überschrift zum einzelnen Psalm wird in der alttestamentlichen Forschung oft vernachlässigt. Meistens sieht man in den Überschriften lediglich Anordnungskriterien. Gerade mit Blick auf die Korachpsalmen möchte ich vertieft der Frage nachgehen, wie der Bezug von der Überschrift zum Psalm aussieht: Das Lamed in der Überschrift macht einen engen Bezug von „Person" und „Ding" deutlich, wie dies Jenni klassifiziert. Von daher finde ich es eine Untersuchung wert, welche Motivik und welche Themen in den Korachpsalmen präsentiert werden, welche Gattungen vorliegen, ob die Korachiter wohl Herausgeber waren oder nachträglich zur Identifikationsfigur werden sollten. Mit anderen Worten: Trägt ein Text eine Überschrift, dann impliziert dies eine Leserlenkung. Wohin geht diese Leserlenkung bei den Korachpsalmen? Was bewirkt sie?

Zunächst sei den Überschriften als Anordnungskriterium ein wenig Platz eingeräumt; denn es wird oft die Grundannahme vorausgesetzt, dass die Korachpsalmen als eine Gruppe zusammen gehören, sodass alle Korachpsalmen gemeinsam analysiert werden und ihnen eine übergreifende Intention und Theologie zugewiesen wird. Diese Grundannahme sei nun zu prüfen. Inwiefern gab oder gibt es die *eine* Korachpsalmensammlung?

2.2 Die Korachpsalmen – eine eigenständige Sammlung?

In der alttestamentlichen Forschung ist durchaus umstritten, ob alle Korachpsalmen ursprünglich *eine* Sammlung gewesen waren oder ob die Pss 84f.87f jünger

---

35 Vgl. WILLGREN, Formation, 191ff., konkret 193: "To conclude, then, a superscription seems to have both reflected and influenced how a psalm was received, thus ultimately asserting some interpretive control over it. These two trajectories are probably best understood as a result of a constant dialogue between the psalms and various contexts of use, so that gradually these contexts were made part of the written transmission itself."

sind und die erste Korachpsalmengruppe nachahmen. Hier sei dazu eine kurze Forschungsübersicht den eigenen Analysen vorangestellt:

Gunther Wanke begründet seine These von *einer* Korachpsalmensammlung kurz, indem er die weiteren Angaben in den Überschriften zu seiner Analyse hinzuzog. So gelangte er zu dem Schluss, dass durch das Wort מזמור ein „sinnvoller Anschluss" von Ps 49 an Ps 84 gegeben ist, und konstatiert weiter, dass die Pss 84f und 87f zur ursprünglichen Korachitensammlung dazugehört haben, aber in einem späteren Stadium getrennt worden sind. „Somit ist gewiß, daß in den Psalmen mit der Überschrift לבני־קרח eine geschlossene Sammlung von Psalmen vorliegt."[36] Zu dieser Argumentation ist zunächst anzumerken, dass das Wort מזמור knapp 60Mal im Psalter belegt und auch Ps 49 von vielen מזמורים umgegeben ist. Auch 17 zwischen Ps 49 und Ps 84 platzierte Psalmen werden als מזמור gekennzeichnet. Allein durch diese Bezeichnung kann meines Erachtens keine besondere Beziehung zwischen Ps 49 und 84 festgestellt werden.

Joachim Schaper untermauert die These Wankes durch strukturelle Beobachtungen und wies einige Beziehungen gerade zwischen Ps 42/43; 84 und 88 nach. Bei diesen Psalmen liege, gegen Zenger, keine Nachahmung der ersten Psalmengruppe durch die zweite vor, sondern es ließe sich eine durchgehende Korrespondenz erkennen. Zu dem Problem, dass die letzten vier Psalmen an anderer Stelle positioniert sind, nahm Schaper nur indirekt Stellung, indem er die Existenz eines Elohistischen Psalters bestritt[37], er erklärt aber nicht, warum die Psalmen, wenn sie doch eine zusammengehörige Gruppe darstellen, getrennt voneinander Eingang in den Psalter gefunden haben. Nach Schaper beginne die Korachpsalmensammlung, als eine einheitliche betrachtet, „beim Individuum, schreitet fort zum Volk und zum König, um schließlich die Kreisbewegung zu vollenden, indem sie über den Zion wieder beim Individuum ankommt. Hier werden gleichsam Mikrokosmos und Makrokosmos, der einzelne und sein Volk, das Volk und der König, zueinander in Beziehung gesetzt."[38]

Der Ansatz, dass es *eine* Sammlung gewesen sei, birgt meines Erachtens das Problem, dass beide Blöcke nicht nur getrennt voneinander stehen sondern auch in unterschiedlichen Psalm-Büchern zuhause sind. Es müsste plausibel erläutert werden, warum die Korachpsalmen getrennt wurden und trotzdem wiederum gemeinsam – unabhängig von ihren Nachbarpsalmen – interpretiert werden können, wie dies in der Forschung meist getan wird. Anders ausgedrückt: Wenn die Korachpsalmensammlung eine deutlich zusammenhängende Komposition sein soll,

---

36 Wanke, Zionstheologie, 3.
37 Vgl. Schaper, Hirsch, 28–46.
38 Schaper, Hirsch, 36.

warum wurde sie aufgesprengt und getrennt voneinander in zwei unterschiedlichen Psalm-Büchern positioniert?

In der Forschung existiert neben der These, dass alle Korachpsalmen eine Sammlung bildeten, auch die Überlegung, dass es zwei Sammlungen seien, wobei die zweite die erste nachahme. Dies wird vor allem von Erich Zenger und Claudia Süssenbach vertreten. Zenger bringt die These der Nachahmung (in modifizierter Weise gegenüber Eckhard Otto und Matthias Millard) als erster ins Gespräch: Die Psalmen 84f.87f würden durch ihre auffälligen Parallelen zu den Ps 42–49 diese erste Korachpsalmensammlung nachahmen, und gegen Wanke vertritt Zenger die Auffassung, dass insgesamt die zweite Gruppe der Korachpsalmen (Pss 84.85.87.88) jünger sei als die erste (Pss 42–49). Zenger konstatierte, dass der elohistische Psalter um die zweite Gruppe der Korachpsalmen erweitert wurde, sodass nun eine konzentrische Komposition vorliege:

Korachpsalmen (42–49) – Asafpsalm (50) – Davidspsalmen (51–72) – Asafpsalmen (73–83) – Korachpsalmen (84.85.87.88).[39]

Zur Komposition der Korachpsalmen selbst hält Zenger fest, dass die korachitische Redaktion dazu einlade, in der Abfolge der Pss 42–49 und 84–85.87–88 den Weg von der Gottessehnsucht und von der Klage über die Gottverlassenheit zur begeisterten Freude über die Heilszusagen des Zionsgottes gerade angesichts des Wissens um den Tod meditierend zu gehen – „und bei den ›Todespsalmen‹ Ps 49; 88 angelangt, wieder von vorne, eben bei Ps 42/43 und 84 zu beginnen"[40]. Ob nun aber das לבני קרח als Sammelnotiz, Verfasserangabe oder Aufführungsvermerk gemeint ist, lasse sich nach Zenger nicht entscheiden.[41]

Gegen die These einer Nachahmung oder die von Zenger postulierten Parallelen spricht meiner Ansicht nach zunächst das Problem der Proportionierung. Nach Zenger würden die Pss 84 und 85 zu den Pss 42–44 eine parallele Struktur aufweisen, Ps 87 – mit seinen sieben Versen – würde insgesamt vier Psalmen zusammenfassen, wobei eine Parallele oder Nachahmung speziell zum sogenannten Königspsalm Ps 45 dabei nicht nachgewiesen wird; Ps 88 ahme wiederum nur einen Psalm nach (Ps 49) beziehungsweise biete auch thematische Anklänge an Ps 42/43.[42] Auch hinsichtlich der erarbeiteten konzentrischen Struktur hege ich Zweifel. Diese angenommene Struktur (Korachpsalmen [42–49] – Asafpsalm [50] – Davidspsalmen [51–72] – Asafpsalmen [73–83] – Korachpsalmen [84.85.87.88]) kann nur erkannt werden, wenn man 1) Ps 72 statt als Psalm Salomos als Psalm Davids annimmt, man 2) Ps 86 als jüngeren Zusatz herausnimmt (dies ist auch ein Davidspsalm)

---

39 Vgl. Zenger, Bedeutung, 195.
40 Vgl. Zenger, Psalmen. 51–100, 521.
41 Vgl. Zenger, Die Psalmen I. Psalm 1–50, 269.
42 Vgl. Zenger, Bedeutung, 187ff.

Die Korachpsalmen – eine eigenständige Sammlung? | **121**

und 3) ebenso Ps 89 als sekundären Nachtrag ausklammert. Meines Erachtens lässt sich weder eine „junge Armentheologie" in Ps 86 als Grund ausmachen, diesen als späten Nachtrag zur Sammlung zu erklären[43], noch ist für Ps 89 plausibel, diesen außen vor zu lassen. Obwohl Zenger festhält, dass Ps 89 vielfach mit seinen Nachbarspalmen verwoben ist, wird er hier nicht weiter beachtet. Gerade die Überschrift bindet aber beide Psalmen aneinander, sodass es schwer vertretbar ist, einen der beiden Psalmen aus einer Strukturanalyse herauszunehmen. Ps 89 trägt die Überschrift: „Eine Unterweisung Etans, des Esrachiters"; Ps 88 wird Heman, dem Esrachiter, zugeschrieben.[44]

Auch Claudia Süssenbach vertritt die These der Nachahmung und stellt dafür folgende Kriterien auf:[45] Bei Ps 84 spüre man dieselbe Sehnsucht wie in den Pss 42/43. Es sei eine individuelle Sehnsucht der schmachtenden Seele nach dem lebendigen Gott, nach der Gegenwart Gottes im Tempel. Ps 85 skizziere wie Ps 44 das Leiden der Beter. Dem heilsgeschichtlichen Rückblick in Ps 44 entspreche der heilsgeschichtliche Vorausblick in Ps 88. Die Zuwendung Gottes zum Land werde zudem in beiden Psalmen durch die Wurzel רצה ausgedrückt. Gegenwärtig sei eine bedrückende Situation spürbar. Ps 87 entspreche strukturell den Pss 45–48 und fasse diese zusammen.[46] Die Zionsmotivik gleiche der in Ps 46 und Ps 48, die Mutterrolle des Zion entspreche in Ps 87 der allegorischen Deutung von Ps 45. Die in Ps 47 anklingende universalistische Perspektive werde in Ps 87 weiter ausgemalt. Ps 88 habe mit Ps 49 die Todesthematik gemeinsam. Ähnlich wie van Oorschot versteht auch Süssenbach die Rolle der Korachiter, auch wenn sie ein anderes Ergebnis zur Komposition der ersten Korachpsalmengruppe vertritt. Nach Süssenbach wurde Ps 49 später hinzugefügt, vermutlich durch dieselben Bearbeiter, die den elohistischen Psalter schufen.[47] Ohne Ps 49 läge in der ersten Korachpsalmengruppe nämlich eine zweigeteilte Komposition vor, „in der sich Frage (Ps 42–44) und Antwort (Ps 45–48) bzw. Problemstellung und Lösung gegenüberstehen."[48] Im Gegensatz zu Wanke und Schaper betont Süssenbach die theologischen Unterschiede der ersten und zweiten Korachpsalmensammlung. Die Ps 84–85.87–88 würden die

---

43 So ZENGER, Bedeutung, 194: „Der in seinem Kontext sekundäre Ps 86 ist stark von jener ‚jungen' Armentheologie bestimmt, die in Ps 9/10 greifbar ist." In Ps 86 findet sich lediglich in Vers 1 eine armentheologische Aussage. Wenn man denn eine armentheologische Redaktion im Psalter annehmen möchte, so könnte man auch lediglich V.1 als redaktionellen Zusatz in diesem Sinne sehen.

44 Dazu später noch ausführlich.

45 Für die folgende Aufstellung vgl. SÜSSENBACH, Psalter, 376f.

46 Hier argumentiert Süssenbach gegen Matthias Millard, der nachvollziehbar Ps 45 eher als Gegenstück zu Ps 86 auffasst (MILLARD, Komposition, 63).

47 Vgl. SÜSSENBACH, Psalter, 382.

48 SÜSSENBACH, Psalter, 369.

spezifische, den elohistischen Psalter prägende Gottesnamentheologie nicht fort-
führen, während in ihnen insgesamt eine hoffnungsvollere, eschatologisch gefärbte
Grundstimmung erkennbar werde. Dies mache die Annahme wahrscheinlich, dass
diese Texte als Anhang, der die Kompositionsstruktur von Ps 42–49 nachahmt,
an den bereits vorliegenden elohistischen Psalter angefügt wurden.[49] Insgesamt
macht Süssenbach drei thematische Schwerpunkte der ersten Korachpsalmen aus:
„1. Eine nationale Katastrophenerfahrung wird als Verstoßensein des Volkes und
Fernsein Gottes gedeutet (Ps 42–44). 2. Angesichts und entgegen dieser Erfahrung
wird die Gültigkeit tempeltheologischer Grundüberzeugungen, wie das Königtum
Gottes und das schützende und bewahrende Handeln Gottes für seine erwählte
Stadt, behauptet (Ps 45–48). 3. Dabei kommen die Völker und ihr Verhältnis zum
Gott Israels zunehmend in den Blick.“[50] Darüber hinaus würden die Korachiter
in deutlicher Opposition zu den Asafiten vielmehr die Schuldlosigkeit des Volkes
betonen. „Nicht Israel hat seinem Gott gegenüber die Treue gebrochen (Ps 44,18f),
sondern Gott hat sich seinem Volk entzogen und es verstoßen (Ps 44,24). Gegen
diese Erfahrung erhoffen und behaupten die Korachiten die bleibende Nähe und
Gemeinschaft Gottes mit seinem Volk und seiner Stadt (Ps 45–48).“[51] Zur Entstehung der einzelnen Psalmen hält Süssenbach fest, dass die Pss 45–48 vorexilisch, die
Pss 42–44 frühnachexilisch entstanden seien.[52] Nach einigen anderen Forschern
hingegen ließen die Pss 46 und 48 deutlich eine Zionstheologie der nachexilischen
Zeit spüren.[53] Als Entstehungszeitraum für die erste Korachpsalmengruppe dürfte
sich nach Süssenbach etwa die zweite Hälfte des 5. Jh. ergeben. Die Korachiter waren ihrer Meinung nach Sammler mit gestalterischem Willen, der sich zum einen
in der Auswahl und Ordnung der Texte, zum andern in gezielten Erweiterungen
zeige. „Auf die Redaktoren dürften zumindest teilweise auch einige sprachliche
Eigenheiten der Korachpsalmen zurückgehen wie die Bevorzugung der Begriffe
נפש zum Ausdruck der vitalen Sehnsucht (Ps 42/43 passim; 44,26; 49,9.16.19, vgl.
84,3; 88,4.15), לחץ zur Bezeichnung der Bedrängnis durch Feinde (Ps 42,10; 43,2;
44,25), משכנות für die Wohnung Gottes (Ps 43,3; 46,5, vgl. 84,2; 87,2) sowie die im
Alten Testament nur hier begegnende Wortverbindung עיר האלהים – ‚Stadt Gottes‘
(Ps 46,5; 48,2.9, vgl. 87,3).“[54]

Den vorgestellten Forschungspositionen gemein ist, dass sie von Korachpsalmensammlungen ausgehen. Entweder wird eine Sammlung angenommen, die aufge-

---

49 Vgl. Süssenbach, Psalter, 379.
50 Süssenbach, Psalter, 373.
51 Süssenbach, Psalter, 382.
52 Vgl. Süssenbach, Psalter, 373.
53 Vgl. dazu unten.
54 Süssenbach, Psalter, 375.

Die Korachpsalmen – eine eigenständige Sammlung? | **123**

sprengt wurde, oder es werden zwei Sammlungen angenommen, wobei eine die andere nachahme. Dazu sei eine eigene Bestandsaufnahme vorgelegt:

Der Psalter beinhaltet insgesamt zwölf Korachpsalmen (auch wenn Ps 43 keine eigene Überschrift trägt). Genauso sind es zwölf Psalmen von Asaf – beides ist mit Sicherheit kein Zufall. Daneben wird ein Psalm von Etan, dem Esrachiter, und einer von Heman, dem Esrachiter, präsentiert. Etan und Heman gehören neben Asaf und Korach zu den levitischen Sängern[55], sie werden beide aber auch als besonders weise Männer im Königebuch genannt. Im Königebuch findet sich der Zusatz „der Esrachiter" nur beim Namen „Etan". Die Zusammenstellung von Etan und Heman findet sich darüber hinaus im Judastammbaum. Dort werden auch Kalkol und Darda als ihre Brüder genannt (und auch Simri) wie auch im Königebuch. Dass Etan und Heman hier auch in zwei Psalmen hintereinander vorkommen, ist also auch kein Zufall. Ob diese beiden Psalmen nun auf die Sänger oder auf die weisen Männer aus dem Judastammbaum abzielen, ist nicht abschließend zu klären. Zählt man David auch zu den berühmten Musikern und Sängern der Bibel hinzu, so sind alle Sänger, die in der Chronik genannt werden, ebenso im Psalter vertreten.[56] Damit finden alle wichtigen Sängergruppen der Chronik auch im Psalter ihren Ort, vor allem das zweite und das dritte Psalm-Buch zeigen hierbei die Vielfalt der Sängergruppen auf. Die Korachpsalmen 42–49 eröffnen die Psalmen der Sängergilden und damit auch das zweite Psalmbuch. Dann folgt mit Ps 50 ein Asaf-Psalm. Das dritte Psalmbuch beginnt mit Psalmen von Asaf (Ps 73–83). Es folgen anschließend zwei Korachpsalmen (84 und 85), ein Davidspsalm (86), zwei Korachpsalmen (87 und 88) und ein Psalms Etans, des Esrachiters (Ps 89). Mit Letzterem schließt das dritte Psalmbuch. In den Psalmbüchern eins, vier und fünf sind – außer David – keine berühmten Sänger genannt.

So wie sich die Korachpsalmen im Psalter präsentieren, treten eine Gruppierung (Ps 42–49) und zwei Korachpsalmenpaare hervor. Meines Erachtens sollte diesem Fakt auch in der Analyse Rechnung getragen werden insofern, als man nicht von zwei Sammlungen sprechen sollte.

Auffällig an den Korachpsalmen ist in jedem Fall die ähnliche Sprache und Motivik, was in der Forschung häufig herausgearbeitet wurde, aber gerade mit Blick auf Ps 45 ist das Postulat einer Nachahmung schwierig: Selbst bei einer allegorischen Deutung ist in Ps 45 keine Rede davon, dass alle Menschen, Israel wie

---

55 Vgl. dazu IChr 6,16–32.

56 Der Name Jedutun sei an dieser Stelle nur kurz problematisiert: Jedutun ist nach der Darstellung der Chronik auch ein Sängeroberhaupt. In den Psalmüberschriften findet sich „Jedutun" aber nicht als Name sondern als Liedanweisung, zum Beispiel in Ps 77,1. Darüber hinaus fällt in der Chronik auf, dass entweder Jedutun oder Etan genannt wird. Es könnte sein, dass Etan die Sängergruppe des Jedutun verdrängt habe oder diese in Jedutun umbenannt wurde.

die Völker, in Zion geboren sind. Auch vom Vokabular her sind keine Gemeinsamkeiten zwischen Ps 45 und Ps 87 festzustellen, nicht einmal der Zion wird in beiden Psalmen erwähnt. Einzig die Wurzel כבד sowie die Völker (עמים) und das „Schreiben" kommen in beiden Psalmen vor: Mit נכבדות wird in Ps 87,3 die Stadt Gottes bezeichnet, während in Ps 45 die Königstochter als „herrlich" (כל כבודה) beschrieben wird. Von den Völkern ist in Ps 87,(4).6 wie in Ps 45,6.18 die Rede, betrachtet werden sie in beiden Psalmen allerdings unterschiedlich: Während die Völker in Ps 87 auch in Zion geboren sind, werden sie in Ps 45 als besiegt (V.6) dargestellt, die dann auch den König preisen sollen (V.18). Darüber hinaus „schreibt" JHWH in Ps 87,6, während in Ps 45,2 der Beter sich als Schreiber bezeichnet. All diese genannten gemeinsamen Wurzeln gehören jedoch nicht zum Leitwortschatz der jeweiligen Psalmen. Sprachlich gesehen weist Ps 87 mehr Parallelen zu den anderen Korachpsalmen als zu Ps 45 auf, vor allem in seiner Zionsthematik. Von den „Wohnungen" (משכנות) ist beispielsweise in Ps 87,2 wie in Ps 46,5; 49,12; 84,2 die Rede; die „Stadt Gottes" ist außer in Ps 87,3 auch in Ps 46,5; 48,2.9 präsent; die Rede vom Zion ist vor allem in Ps 48 vertreten, motivisch auch in Ps 46.

Wenn Ps 45 keine Entsprechung in der zweiten Korachpsalmensammlung hat, dann stellt sich die Frage, warum trotzdem von einer Nachahmung und einer zweiten Korachpsalmensammlung die Rede sein muss und nicht schlicht die Aussage zu treffen ist, dass die letzten vier Korachpsalmen partiell ähnlich aufgebaut sind wie die Korachpsalmengruppe Pss 42–49 beziehungsweise einen ganz ähnlichen Sprachschatz aufweisen. Die letzten vier Korachpsalmen zeigen dieselben Themen wie die Pss 42–49 und dieselbe Schlussmotivik durch die Pss 49 und 88. Sie als eine Nachahmung zu bezeichnen, ist meines Erachtens vor allem mit Blick auf Ps 45 zu viel interpretiert. Auch Schaper merkt zu der Nachahmungsthese an, dass die Beobachtung einer Strukturähnlichkeit zwischen beiden Teilsammlungen auch anders interpretierbar sei, zum Beispiel gebe es massive Ähnlichkeiten zwischen Ps 42 und Ps 84, aber auch eine bis in einzelne Formulierungen hineingehende Korrespondenz zwischen den Pss 42 und 88.[57] Süssenbach macht darüber hinaus sogar deutlich, dass die zweite Korachpsalmensammlung andere theologische Schwerpunkte setzt als die erste, vor allem hinsichtlich der Gottesnamentheologie.[58]

Wenn in der Forschung von zwei Sammlungen gesprochen wird, besteht das Problem, dass die Pss 84f.87f eigentlich nur zwei Paar Psalmen und keine durchge-

---

57 Vgl. SCHAPER, Hirsch, 31.35.

58 Vgl. SÜSSENBACH, Psalter, 378f. Mit Blick auf die Korachpsalmensammlung und die Pss 84f87f. ist im vorliegenden Zusammenhang zweitrangig, inwiefern es noch eine Redaktionsarbeit gegeben hat, die die einzelnen Korachpsalmen stärker aneinander gebunden hat. Sowohl Zenger (ZENGER, Bedeutung, 190–193) als auch Süssenbach beispielsweise arbeiten nachträgliche redaktionelle Verknüpfungen heraus und stellen fest, dass auf die Redaktoren zumindest teilweise auch einige sprachliche Eigenheiten der Korachpsalmen zurückgehen dürften (SÜSSENBACH, Psalter, 375).

hende Sammlung darstellen. Dass dies eine Sammlung gewesen sei, die durch einen nachträglichen Ps 86 aufgesprengt wurde, so Zenger, ist hypothetisch. Zenger hielt Ps 86 für eine spätere Zufügung, da dieser „stark von jener ‚jungen' Armentheologie bestimmt [ist], die in Ps 9/10 greifbar ist."[59] Dazu muss angemerkt werden, dass eine „Armentheologie" in Ps 86 nur in V.1 vorhanden ist, wo sich der Beter als arm und elend bezeichnet. Dass der Beter sich als arm bezeichnet, findet sich aber ebenso in Ps 88, einem folgenden Korachpsalm. Der Argumentationsgang, dass auf der einen Seite die Korachpsalmensammlung eine armentheologische Redaktion erfahren hat, zu der auch Ps 88,16 gehört, und dass auf der anderen Seite der gesamte Ps 86 als jüngere Zufügung erklärt wird, weil er in der Überschrift eine „Armentheologie" vertritt, ist in sich nicht schlüssig. Wenn die These einer „armentheologischen Redaktion des Psalters" vertreten wird, dann wäre doch eine Hinzufügung in der Überschrift eines Psalms ein gutes Beispiel dafür (Ps 86,1). Ps 86 weist darüber hinaus einige Gemeinsamkeiten mit den umliegenden Psalmen auf: Es finden sich darin beispielsweise die Motive „die Seele aus der Scheol retten" (Ps 49,16; ähnlich Ps 88,4, da ist die Seele nahe der Scheol) oder dass „JHWH sein Ohr neigt" (Ps 71,2; 86,1; 88,3). Nur ist Ps 86 ein Davidpsalm und nicht den בני קרח zugeschrieben. Dies allein ist jedoch kein ausreichender Grund, den Psalm später als die umliegenden zu datieren. Im Gegenteil kann Marcello Fidanzio in einer kurzen Analyse zeigen, dass Ps 86 zu der Gruppe Ps 84–88 dazugehört.[60]

Zu guter Letzt sei noch die Position von David G. Firth[61] vorgestellt. Er nimmt ebenfalls die Überschriften als Ordnungs- und Strukturelemente zur Hand, aber nicht nur die Namen sondern auch die musikalischen Angaben. Dabei gelangt er zu dem Schluss, dass es in dieser ersten Korachpsalmensammlung drei Unterabschnitte gebe, die Ps 46 als Zentrum hervorheben. Diese Abschnitte seien jedoch nicht ganz strikt zu sehen, und einige Psalmen könnten als Brückenfunktion verstanden werden. Der erste Abschnitt (besonders gekennzeichnet durch die Einbeziehung von משכיל) umfasse Ps 42–45. Psalm 45 bilde jedoch eine Brücke in die zweite Gruppe, Ps 45–46, die durch die Verwendung von שיר in beiden Psalmen gekennzeichnet sei. Dies geschehe jedoch auf unterschiedliche Weise, was bedeute, dass die Beziehung innerhalb dieses Abschnitts lockerer sei. Dies sei auch zu erwarten; denn Ps 46 ist kein משכיל. Der dritte Abschnitt umfasse nach Firth die Pss 47–49 und ist besonders gekennzeichnet durch die Aufnahme von מזמור im Titel. Die Aufnahme von שיר im Titel von Ps 48 bedeute jedoch, dass es eine Verbindung

---

59 ZENGER, Bedeutung, 194f. Wenn Zenger Ps 86 als späten Nachtrag aus der Analyse ausklammert, erhält er folgende Kompositionsstruktur:
    Korachpsalmen (42–49) – Asafpsalm (50) – Davidpsalmen (51–72) – Asafpsalmen (73–83) – Korachpsalmen (84.85.87.88).
60 Vgl. FIDANZIO, Composition, 84–88.
61 FIRTH, Reading, 22–40.

zurück zu Ps 46 gibt, wenn auch eine, die durch das Fehlen von למנצח geschwächt ist. Die Psalmen 46 und 48 bildeten somit eine ineinandergreifende Struktur um Ps 47. Dementsprechend sei bei Ps 46 ein Bruch innerhalb der Sammlung festzustellen, auf den uns Ps 45 jedoch durch seine Brückenfunktion vorbereitet habe. Es ließe sich auch eine Art Pause feststellen, die bei Ps 47 beginnt. Somit sei Ps 46 besonders hervorgehoben – vor allem durch die musikalischen Angaben in den Überschriften.[62]

An dieser Stelle lässt sich grundsätzlich festhalten, dass es *eine* Korachpsalmensammlung (Pss 42–49) in der Hebräischen Bibel gibt wie auch zwei Korachpsalmenpaare Pss 84f und 87f. Die letztgenannten Psalmen befinden sich nicht im unmittelbaren Anschluss an die Korachpsalmengruppe Pss 42–49. Sie stehen am Ende des dritten Psalmbuches, während die Korachpsalmensammlung Pss 42–49 das zweite Psalmbuch eröffnet. Sie ahmen auch die Korachpsalmensammlung nicht nach. Wenn die Korachpsalmen als eine Sammlung und als zwei Psalmpaare auftreten, so stellt sich die Frage, warum die Korachpsalmen in der Forschung meist als *eine* Gruppe behandelt werden, ihr *eine* Kompositionsstruktur unterstellt wird, in ihr *eine* gemeinsame Theologie gesehen wird. Mit Blick auf die Davidspsalmen lassen sich doch ebenfalls mehrere Intentionen und Schwerpunkte aufzeigen. Es werden selten alle gemeinsam analysiert sondern meist hinsichtlich ihrer einzelnen Gruppierungen und Stellungen im Psalter.

Auf die Ergebnisse von Firth soll hier auch noch einmal der Blick gerichtet sein: Er zeigt, dass die Psalmen 42–49 eine wohl geordnete Zusammenstellung bieten, die zum einen Ps 46 im Zentrum hervorheben, zum andern klar machen, dass die Psalmen – fast wie ein heutiges Gesangbuch auch – nach (musikalischen) Rubriken geordnet sind. Ein kleiner Vergleich mit einem modernen Gesangbuch sei erlaubt: Das heutige evangelische Gesangbuch präsentiert das traditionsreichste, wichtigste

---

62 FIRTH, Reading, 33: „From this we can note that the titles suggest three main sections within the first Korahite collection, but these sections are not absolute, and some psalms can be understood as having a bridging function. So, the first section (particularly denoted by the inclusion of מַשְׂכִּיל) covers Pss 42–45. Psalm 45, however, forms a bridge into the second group, Ps 45–46, both of which are marked by the use of שִׁיר, albeit in distinctive ways that mean that the relationship within the section is looser, something we would expect in any case given that Ps 46 is not a מַשְׂכִּיל. The third section comprises Pss 47–49 and is particularly denoted by the inclusion of מִזְמוֹר in the title. However, the inclusion שִׁיר in the title of Ps 48 means that there is a link back to Ps 46, albeit one weakened by the absence of לַמְנַצֵּחַ. Psalms 46 and 48 thus forms an interlocking structure around Ps 47. Accordingly, we should note a break within the collection at Ps 46, though it is one for which Ps 45 has prepared us through its bridging function. We also have a break beginning at Ps 47, meaning that the titles have given particular prominence to Ps 46 within this collection.“

Die Gattungen innerhalb der ersten Korachpsalmensammlung | **127**

Lied immer als erstes der Kategorie[63], bei den Korachpsalmen steht es anscheinend im Zentrum. Das würde bedeuten, dass die Korachpsalmen in besonderer Weise mit Theologie und Motivik von Ps 46 verbunden sind.

Es sei festgehalten, dass es eine Korachpsalmensammlung gibt (Pss 42–49) und zwei Korachpsalmenpaare. Diese Beobachtung gibt den Duktus der weiteren Analyse vor: Es wird zunächst die Gruppe untersucht und dargestellt, dann im Anschluss die Psalmenpaare. Dabei stellt sich nun die Frage: Welche Arten von Psalmen finden sich in der Korachpsalmengruppe? Mit welchen theologischen Motiven werden die Korachiter der Psalmen verbunden? Was ist ihnen wichtig? Welche zentralen theologischen Aussagen nimmt der Bibelleser als von den Korachitern herausgegeben wahr?

2.3 Die Gattungen innerhalb der ersten Korachpsalmensammlung

Die Psalmen 42 und 43 werden in der Forschung zumeist als ein Psalm angesehen. Sie eröffnen gemeinsam das zweite Psalmbuch. Von der Gattung her ist dieser Doppelpsalm Ps 42/43 ein Klagelied eines Einzelnen mit den dafür typischen Elementen (der Anrufung [Ps 42,2 אלהים], mehreren Klagen [zum Beispiel der Gottklage in V.10: Warum/wozu hast du mich vergessen?, die Feindklage „denn sie rufen zu mir: Wo ist nun dein Gott?" in Ps 42,4.11 und die Erwähnung der Feinde in Ps 42,10], einem Fragesatz nach der Dauer oder des Zeitpunkts mit „Wann?" [Ps 42,3], mit Treuebekenntnissen und einem Umschwung am Ende des Psalms hin zur Freude).

Mit Psalm 44 findet sich nun als nächstes Lied der Söhne Korachs ein Psalm mit einem Kollektiv als Absender. Dementsprechend man kann ihn entweder mit Zenger als Volksklage bestimmen. Zenger vermutet, dass an die Vv. 2–9 – ein ursprünglich selbständiger Vertrauenspsalm, der in der Nähe der dtn Sprache und Theologie anzusiedeln ist – ein Volksklagepsalm mit den Vv. 10–27 angeschlossen wurde. Dieser exilische Volksklagepsalm bestehe dann aus drei Teilen.[64] Loren D. Crow hingegen votiert für eine Einheitlichkeit des Psalms aufgrund rhetorischer Untersuchungen.[65] Oder man kategorisiert Ps 44 mit Klaus Seybold als Gemeindegebet. Nach Seybold ist dies „ein Gemeindegebet, das sich in fünf Strophen über die Erinnerung an die Landgabe, die Vergewisserung des Glaubensbekenntnisses,

---

63 Bei der Rubrik Advent ist es „Macht hoch die Tür", an Weihnachten das Luther-Lied „Gelobet seist du, Jesu Christ", als Osterlied steht „Christ ist erstanden" an vorderster Stelle usw.

64 Zumindest sei es auf den ersten Blick eine Volksklage: vgl. ZENGER/HOSSFELD, Die Psalmen 1–50, 271.

65 Vgl. CROW, Rhetoric, 401.

über eine Gottesanklage und Unschuldsbeteuerung zu einem dringenden Appell um Hilfe erhebt."[66]

Mit Ps 45 ändert sich nun der Duktus, weg von der Klage hin zu einem fröhlichen Lied. Ps 45 ist nach Seybold „ein Gelegenheitsgedicht anläßlich einer Königshochzeit und insofern ein Königspsalm."[67] Da die Gattung „Königspsalm" Schwierigkeiten birgt, wird im folgenden von Ps 45 als einem *sog.* Königspsalm gesprochen; denn die Königspsalmen an sich stellen im Sinne der Formgeschichte eigentlich keine eigene Gattung dar.[68]

Ps 46 eröffnet nun eine Dreier-Reihe von Hymnen. Nach Uwe Sperling sind die beiden Psalmen 46 und 48 als theophanische Jahwe-Überlegenheitslieder anzusehen[69]. Martin Leuenberger hält für Ps 46 die Gattungsbezeichnung als „kollektiven Zionshymnus" für angemessen. Zudem sieht er diesen Psalm als den jüngeren Zwillingsbruder von Ps 48 an, „der schon im Grundbestand auch literarisch von Ps 48 abhängig ist."[70] Auch Ps 48 ist ein Hymnus. Der Grundbestand von Ps 46 (in den Versen 2–8) dürfte ursprünglich in der vorexilischen Zeit (des 7. Jh. v. Chr.) am Jerusalemer Tempel entstanden sein, „da er sich motivisch und konzeptionell nahtlos in die Jerusalemer Tempel- bzw. in die Zionstheologie einfügt."[71] Auch Hermann Spieckermann hält fest, dass es völlig unstrittig sei, dass Ps 46 und Ps 48 in enger Beziehung zueinander stehen; und er hält es für wahrscheinlich, „dass der frühnachexilische Ps 46 für Ps 48 die Funktion erhellender Kontextualisierung wahrnimmt. Ps 46 wird ursprünglich unmittelbar vor Ps 48 gestanden und die Funktion eines Vorwortes gehabt haben. Die vorangestellte Deutung will festhalten, dass der Großkönig Jhwh Zebaoth in seinen Palästen auf dem Zion in Ps 48 kein anderer als der Gott Jakobs ist, dem das höfische Wesen noch unbekannt war. Ps 48 soll durch Ps 46 nicht in den Schatten gestellt werden, vielmehr will Ps 46 ins Licht stellen, was in Ps 48 leicht übersehen werden kann."[72] Ps 47 will nach Spieckermann nun die Brücke zwischen Ps 46 und Ps 48 bilden, und aus ihm sei zu entnehmen, dass der Zuspruch von Ps 46 Gehör gefunden habe. „Deutlicher

---

66 SEYBOLD, Psalmen, 180.

67 SEYBOLD, Psalmen, 185.

68 Zur Problematik der Gattung „Königspsalmen" vgl. zum Beispiel STARBUCK, Court Oracles, 206f, oder SAUR, Königspsalmen, 24.

69 Vgl. SPERLING, Jahwe-Überlegenheitslied, 441: „Wenn wir die untersuchten Psalmen zusammenfassend in eine relative Chronologie einzuordnen versuchen, so sind der Ursprung der Gattung und zugleich ihre typische Ausprägung in den Pss 46; 48 und 76 zu greifen, während die Pss 87 und 122 jeweils über die Gattungsgrenzen hinausgehende Fortentwicklungen darstellen, die den Zusammenhang mit der Gattung aber nicht verleugnen. Schließlich ist Ps 137 zu nennen, der möglicherweise noch entfernte Einflüsse zeigt." Zur Datierung vgl. SPERLING, Jahwe-Überlegenheitslied, 443.

70 LEUENBERGER, Mitte, 261.

71 LEUENBERGER, Mitte, 260. Zur Zionsmotivik der Korachpsalmen siehe folgendes Kapitel.

72 SPIECKERMANN, Zion, 552.

als Ps 46 wählt Ps 47 die hymnische Diktion von Ps 48 und nimmt aus diesem Psalm auch Jhwhs Gottkönigtum als zentrales Motiv auf, welches nun aber mit den Völkern verbunden wird."[73] In diesem Sinne lässt sich Ps 47 auch als JHWH-König-Psalm klassifizieren, wie dies beispielsweise Zenger vornimmt. Ps 47 lässt sich nach Zenger in zwei Abschnitte gliedern, die beide dem Strukturschema des imperativischen Hymnus folgen.[74] Ps 47 ist nach Seybold ein liturgischer Text, der zum Lobpreis des epiphanen Gottes aufruft.[75]

Mit Ps 49 wird dem Leser nun im Anschluss an die drei Hymnen Ps 46–48 ein theologischer Kontrast zugemutet. In der Forschung wird dieser häufig als „dunkler Psalm" bezeichnet. Es ist ein Lied eines Einzelnen, dessen genaue Gattung zu bestimmen schwierig ist.[76]

Allgemein den Blick auf die Pss 42–49 gerichtet, ist zunächst leicht zu erkennen, dass sie eine große Vielfalt bieten, zum einen hinsichtlich ihrer Gattungen, zum andern hinsichtlich ihrer Inhalte, die nun im Anschluss dargestellt werden. Die Korachpsalmen 42–49 präsentieren sowohl ein individuelles (Ps 42/43) als auch ein kollektives (Ps 44) Klagelied, einen sog. Königspsalm/ein Hochzeitslied (Ps 45), drei Hymnen auf Gott und Zion (Ps 46–48[77]) und einen Individualpsalm mit dem Schwerpunkt auf der Todesthematik[78] (Ps 49). Auch bezüglich ihrer theologischen Schwerpunkte variieren die aufgezählten Psalmen, auch wenn sie teilweise dieselben Motive beinhalten. Das wird vor allem an einem Vergleich innerhalb derselben Gattung deutlich.

Hinsichtlich der Datierung der einzelnen Psalmen dieser Korachpsalmensammlung ist festzuhalten, dass in der alttestamentlichen Forschung eine große Bandbreite von Datierungsvorschlägen existiert. Gerade bei den Psalmen 46 und 48 scheinen die Meinungen weit auseinander zu gehen. Spieckermann hält zu Ps 48 fest: „In der Spannbreite der für Ps 48 erwogenen Datierungen, die gegenwärtig von der judäischen Königszeit des 9. oder 8. Jahrhunderts über die neuassyrische Zeit des 7. Jahrhunderts – Reaktion auf die Bewahrung Jerusalems bei Sanheribs drittem Feldzug im Jahre 701 v. Chr. – bis in die nachexilische Zeit reichen, kommt der

---

73 SPIECKERMANN, Zion, 553.

74 ZENGER/HOSSFELD, Die Psalmen I. Psalm 1–50, 289.

75 SEYBOLD, Psalmen, 192.

76 Vgl. SCHNOCKS, Psalmen, 46: „Bei Psalmen wie z. B. Ps 49 […] fällt eine Gattungszuordnung in diesem Sinne schwer, so dass man auch umfassender von Individualpsalmen spricht." Näheres zu diesem Psalm s. u.

77 Nach U. Sperling gehören die Pss 46 und 48 der Gattung „theophanisches Jahwe-Überlegenheitslied" an (vgl. SPERLING, Jahwe-Überlegenheitslied, 441).

78 Vgl. dazu die Analyse von WITTE, Seele.

erstgenannten Option wohl die größte Wahrscheinlichkeit zu. Die zur Zeit favorisierte Datierung ins 7. Jahrhundert v. Chr. ist problematisch. Dem Hinweis auf die Bewahrung Jerusalems vor der Eroberung durch die Truppen Sanheribs im Jahre 701 v. Chr. stehen die zu Jerusalem gehörenden judäischen Städte (V. 12b) entgegen, die seinerzeit keineswegs Grund zum Jubeln hatten, denn Sanherib hat sie als Strafmaßnahme von Jerusalem abgetrennt und Philisterstädten, die ebenfalls unter neuassyrischer Herrschaft standen, zugewiesen."[79] Während beispielsweise Sperling anhand von Gattungsanalysen die Pss 46 und 48 als vorexilische Lieder bestimmte[80], arbeiten Gunther Wanke[81] und Corinna Körting[82] gerade in diesen Psalmen eine nachexilische Zionstheologie heraus. Ähnliche Unstimmigkeiten gibt es in der Forschung auch mit Blick auf die Pss 42/43: Während Schaper eine vorexilische Datierung favorisiert[83], macht sich Süssenbach für eine frühnachexilische Ansetzung der Pss 42–44 stark.[84]

Eine Analyse der einzelnen zentralen Motive bringt vielleicht Licht ins Dunkel der Datierungsfrage.

2.3.1 Inhalt und Motive der Korachpsalmen

Wie oben bereits erwähnt ist auffällig, dass die Korachpsalmen intensiv mit dem Topos Zion arbeiten.[85] Das geht weit über die Nennung des Zion hinaus. Die Moti-

---

79 SPIECKERMANN, Zion, 547.

80 Vgl. SPERLING, Jahwe-Überlegenheitslied, 441: „Wenn wir die untersuchten Psalmen zusammenfassend in eine relative Chronologie einzuordnen versuchen, so sind der Ursprung der Gattung und zugleich ihre typische Ausprägung in den Pss 46; 48 und 76 zu greifen, während die Pss 87 und 122 jeweils über die Gattungsgrenzen hinausgehende Fortentwicklungen darstellen, die den Zusammenhang mit der Gattung aber nicht verleugnen. Schließlich ist Ps 137 zu nennen, der möglicherweise noch entfernte Einflüsse zeigt." Zur Datierung vgl. SPERLING, Jahwe-Überlegenheitslied, 443.

81 Vgl. WANKE, Zionstheologie, 108f.: „Nicht nur die Korachiten und die ihnen zugeschriebene Psalmensammlung, sondern auch die in einem Teil der gesammelten Psalmen zum Ausdruck kommende Theologie gehört in die nachexilische Zeit. Auch aus diesem Grund erhält die Annahme, daß unter Umständen die Korachiten einen Teil ihrer Psalmen, nämlich die an Zion-Jerusalem orientiert, selbst verfaßt haben, festeren Boden. Der andere Teil der Psalmen, der nicht genauer untersucht wurde, ist von den Korachiten in ihr Liederbuch aufgenommen worden und enthält auch noch Psalmen aus der vorexilischen Zeit, wenngleich man dies mit Sicherheit nur von Ps 45 behaupten kann."

82 Für die Datierung von Ps 46 vgl. KÖRTING, Zion, 186. Zu Ps 48 formuliert KÖRTING, Zion, 177, vorsichtiger, dass die historischen Bezüge zu wenig konkret seien und dass der Lobpreis des Berges und der Gottesstadt allein als Anhalt für eine Datierung in die vorexilische Zeit nicht ausreichen würden.

83 SCHAPER, Hirsch «, 46.

84 SÜSSENBACH, Psalter, 373. Die Pss 45–48 datiert sie jedoch vorexilisch.

85 So KÖRTING, Zion, 226.

Die Gattungen innerhalb der ersten Korachpsalmensammlung | **131**

vik von Gottesstadt und Gottesberg spielt eine große Rolle in mehreren Psalmen. Der Zion als Motiv soll im Folgenden ausführlich dargestellt werden. Daneben wird auch die Beziehung vom Beter zu seinem Gott im Blick sein; denn das ist ein wesentlicher Bestandteil vor allem der Klagelieder, aber natürlich auch der Hymnen. Gott wird zudem in einigen Psalmen als König inszeniert. Daneben spielen die Völker in mehreren Psalmen eine Rolle. Auch sie werden kurz dargestellt. Mit Psalm 49 (und dann auch Ps 88) verlagert sich der Schwerpunkt stark in Richtung Todesthematik. Die genannten Motive werden nun im Folgenden kurz vorgestellt. Sie bilden die thematischen und motivischen Schwerpunkte der Korachpsalmensammlung 42–49.

Zion, der Gottesberg

Als gemeinsamen Zug wird den Korachpsalmen oft ein Interesse an Zion attestiert.[86] An dieser Stelle sei unter dem Motiv „Zion" sowohl die Stadt als auch der Gottesberg untersucht. Auch das Motiv der Wallfahrt wird hier subsumiert, schließlich galt die Gottesstadt in nachexilischer Zeit meist als das Ziel der Wallfahrer. Motivanklänge an den Zion mit allem, was dazu gehört, finden sich in der ersten Korachpsalmengruppe in den Psalmen 42/43; 46; 48, wobei das Wort „Zion" nur in Ps 48 gebraucht wird. Die Bestandsaufnahme zum Zionsmotiv zeigt Folgendes: Ps 42 lässt gleich zu Beginn mit einer Anspielung an Jerusalem aufhorchen. In V.3 findet sich eine mögliche Formulierung einer Wallfahrt. In Ps 42,3 heißt es:

צמאה נפשי לאלהים לאל חי מתי אבוא ואראה פני אלהים

Meine Seele dürstet nach Gott, nach dem lebendigen Gott: Wann werde ich kommen und erscheinen vor Gottes Angesicht?

Ob es sich allerdings bei der Wendung „vor Gottes Angesicht erscheinen (ראה rāʾāh Nif.)" um eine Formel aus der Wallfahrtssprache handelt, ist in der Forschung umstritten. Joachim Schaper sieht in diesem Vers einen „etablierten Ausdruck des kultischen Lebens. [...] Unser Vers beschreibt die Sehnsucht danach, wieder vor dem ,Angesicht Gottes' zu erscheinen, und das heißt: wieder in den Tempel zu gelangen. Im Hintergrund steht die Reminiszenz an frühere Wallfahrten, wie aus V. 5 hervorgeht. [...] In V. 3 handelt es sich um den Jerusalemer Tempel, nicht, wie dies immer wieder einmal vermutet worden ist, um einen Tempel des Nordreiches"[87]. Oliver Dyma zieht die Aussage, dass es sich bei ראה im Nif. um geprägte Wallfahrtssprache handelt, in Zweifel.[88]

---

86 So zum Beispiel WANKE, Zionstheologie, 4, und KÖRTING, Zion, 226, u. ö.
87 SCHAPER, Hirsch, 52f.
88 Vgl. DYMA, Angesicht.

Betrachtet man allerdings den Schluss des Doppelpsalms in Ps 43,3, legt sich die Annahme einer Wallfahrt nach Zion, zum heiligen Berg auch in Ps 42,3 nahe. Beides bildet motivisch eine Klammer. In Ps 43,3 heißt es:

שלח אורך ואמתך המה ינחוני יביאוני אל הר קדשך ואל משכנותיך

Sende dein Licht und deine Wahrheit; sie sollen mich leiten, mich bringen zu deinem heiligen Berg und zu deinen Wohnungen.

In Ps 42/43 steht der Zion also als Sehnsuchtsort für den Beter: Er möchte so gern dort wieder hin, vor Gottes Angesicht erscheinen, auf den heiligen Berg. Dafür bittet er Gott um Orientierung.

Liest man die erste Korachpsalmensammlung von vorn nach hinten, so stößt der Leser erst in Ps 46 auf die nächste Formulierung, die auf den Zion anspielt. Auch wenn die Anspielung deutlicher ist als noch in Ps 42/43, wird auch hier der Name Zion nicht genannt. In den Vv. 5–6 steht Folgendes:

נהר פלגיו ישמחו עיר אלהים קדש משכני עליון

אלהים בקרבה בל תמוט יעזרה אלהים לפנות בקר

Ein Strom, seine Bäche erfreuen die Stadt Gottes, das Heiligtum der Wohnungen des Höchsten.

Gott ist in ihrer Mitte, sie wird nicht wanken; Gott wird ihr helfen früh am Morgen.

In Ps 48 wird nun endlich der Name Zion ausgesprochen, gleich zu Beginn in Ps 48,2–3:

גדול יהוה ומהלל מאד בעיר אלהינו הר קדשו

יפה נוף משוש כל הארץ הר ציון ירכתי צפון קרית מלך רב

Groß ist JHWH und sehr gelobt; in der Stadt unseres Gottes [ist] sein heiliger Berg.

Er ist ein schöner Gipfel, Freude der ganzen Erde, der Berg Zion, äußerster Norden, Stadt des großen Königs.

Am Schluss des Psalms wird die Zionstheologie nun breit aufgegriffen, Ps 48,9–14:

כאשר שמענו כן ראינו בעיר יהוה צבאות בעיר אלהינו אלהים יכוננה עד עולם סלה

דמינו אלהים חסדך בקרב היכלך

כשמך אלהים כן תהלתך על קצוי ארץ צדק מלה ימינך

ישמח הר ציון תגלנה בנות יהודה למען משפטיך

סבו ציון והקיפה ספרו מגדליה

שיתו לבכם לחילה פסגו ארמנותיה למען תספרו לדור אחרון

Wie wir gehört haben, so haben wir es gesehen in der Stadt JHWHs der Heerscharen, in der
Stadt unseres Gottes; Gott wird sie fest gründen bis in Ewigkeit. SELA
Wir haben nachgedacht, Gott, über deine Gnade im Innern deines Tempels.
Wie dein Name, Gott, so ist dein Ruhm bis an die Enden der Erde; deine Rechte ist voll von
Gerechtigkeit.
Es freue sich der Berg Zion, es frohlocken die Töchter Judas wegen deiner Gerichte!
Zieht rund um Zion und umkreist ihn, zählt seine Türme;
legt euer Herz auf seine Wälle, mustert seine Paläste, damit ihr erzählt dem künftigen
Geschlecht:

Dieser Abschnitt beschließt die Zionstheologie in der Korachpsalmensammlung; in Ps 49 gibt es keine Anklänge daran.

Betrachtet man nun die Belege der Zionsmotivik, so wird hier eine variierende Zionstheologie deutlich – nicht nur im Vergleich vom Klagelied Ps 42/43 hin zu den Hymnen 46 und 48. Auch die beiden hymnischen Loblieder Ps 46 und 48 gehen unterschiedlich mit dieser Thematik um. Nach Corinna Körting identifiziere Ps 48 „die Gottesstadt mit Zion, ohne jedoch das Bergmotiv aufzugeben, Ps 46 nennt die Gottesstadt, ohne aber Zion oder gar Jerusalem zu nennen."[89] Darüber hinaus hält Körting fest, dass das Profil der Gottesstadt sich von Ps 48 zu Ps 46 verschiebe. „Auch wenn in Ps 48 festzustellen ist, daß von der Stadt in bezug auf die Gottesgegenwart gesprochen wird wie sonst nur vom Tempel, sind es dennoch nicht die Heiligtumsvorstellungen, die das Bild der Stadt prägen. Sie kommen erst durch eine redaktionelle Zufügung in den Text. Anders ist es in Ps 46, in dem die Gottesstadt bereits deutlich die Züge des Tempels trägt. Zudem ist sie als Stadt nicht mehr Gegenstand des Lobpreises. […] Der Blick auf beide Texte zeigt eine Verschiebung vom Lob der Gottesstadt hin zum Gotteslob."[90] In der Weiterentwicklung der Vorstellung von der Gottesstadt, die die Züge des Tempels trägt, in der Verschiebung des Akzentes von der Gottesstadt zum Gotteslob und die Ambivalenz im Blick auf Israel und die Völker erweise sich Ps 46 gegenüber Ps 48 als jünger.[91]

Auch Martin Leuenberger sieht in Ps 46 den jüngeren dieser beiden Psalmen und nimmt ebenso eine Schwerpunktverschiebung in der Zionsmotivik an, kommt jedoch zu leicht anderen Ergebnissen. Er gelangt zu dem Schluss, dass sich in Bezug auf Ps 46 drei Schwerpunkte erkennen lassen: „die Kernvorstellung von Jerusalem als befestigter Gottesstadt (V.6), der diese erfreuende Fluss (V.5) sowie der knapp

---

89 Körting, Zion, 164.
90 Körting, Zion, 185.
91 Vgl. Körting, Zion, 186.

anklingende Völkerkampf (V.7)."[92] Ps 46 sei ein zweigeteilter Psalm, wobei sich Teil 1 so zusammenfassen ließe, dass Gott sich in seiner Jhwh-Präsenz in der Gottesstadt als Zufluchtsort vor Chaos-Bedrohungen im Bereich der Natur und der Völker bewährt hat. Der zweite Teil unterstreiche, dass Jhwh sich durch seine weltweite Kriegsbeendigung als Gott schlechthin erweist.[93] Die zionstheologischen Motive sind laut Leuenberger folgenden Formationen und Transformationen unterworfen: „Während Zion im wohl älteren Zwillingsbruder Ps 48 umfassend als kosmisches und politisches Weltzentrum präsentiert wird (V.2–3), akzentuiert Ps 46 – neben der völkerpolitischen Dimension (s. u. 2.3) – mit seinem kompositionell zentralen Fokus auf der Gottesstadt in V.5–6 vorab die horizontale Achse."[94] Mit Bezug auf das Motiv der Flusskanäle, die die Gottesstadt erfreuen und in einem massiv überhöhten Maße im Gegensatz zur Wirklichkeit stehen, hält Leuenberger fest, dass dies ein völliges Novum in Ps 46 sei. Ps 48 lege hingegen seinen Schwerpunkt auf die Verbindung von Zion und Völkerkampfmotiv: In Ps 48 beherrsche das Völkerkampfmotiv den ganzen zweiten Abschnitt und übe argumentativ eine zentrale Funktion aus, indem es sämtliche Schutzaussagen über Jhwhs Gegenwart in der Stadt begründe, und auf dieser Grundlage kann Ps 46,7 sich auf eine knappe Aufnahme des Motivs beschränken. Die Argumentation aus Ps 48 scheine vorausgesetzt und im Prinzip überzeugend zu sein. Ps 46 benutze aber die bereits etablierte Entsprechung der göttlichen Besiegung von „Naturgewalten und Völkermächten gleichermaßen, um die Sicherung der Gottesstadt und ihre Versorgung mit ‚Lebenswasser' – notabene durch Gott selbst [...] – herauszustellen."[95] Durch die enge Verbindung von Zionsmotiv mit dem Völkerkampf und durch die Vorstellung von JHWH als Großkönig lässt sich nach Leuenberger Ps 48* ziemlich genau verorten, nämlich in das Jerusalem von Manasse oder Josia.[96]

Es ist Körting und Leuenberger zuzustimmen, dass sich gerade in den beiden Psalmen 46 und 48 unterschiedliche Zions- oder Gottesstadtkonzeptionen finden. Es ist natürlich auffällig, dass der Name Zion in Ps 46 nicht genannt wird. Meiner Ansicht nach ist eine unterschiedliche Gottesstadtkonzeption aber nicht zwingend daran auszumachen, dass die Rede von der Gottesstadt in Ps 48,9 erst redaktionell in den Psalm aufgenommen wurde, wie Körting dies annimmt. Auch in V.2 wird von der „Stadt unseres Gottes" gesprochen. Diese Aussage in V.2 ist ebenso eine Heiligtumsvorstellung der Stadt und aus dem metrischen Gebilde der Vv.2–3 nicht

---

92 LEUENBERGER, Mitte, 254.
93 Vgl. LEUENBERGER, Mitte, 257.
94 LEUENBERGER, Mitte, 263.
95 LEUENBERGER, Mitte, 270.
96 Vgl. LEUENBERGER, Großkönig, 155.

als Nachtrag zu erklären. Die Wendung עיר אלהים in Ps 46,5 könnte jedoch aus metrischen Gründen eine nachträgliche Erweiterung darstellen, vielleicht um die Pss 46 und 48 enger aneinander zu binden. Gerade beim von Leuenberger genannten Motiv ist eine unterschiedliche Schwerpunktsetzung auffällig: In Ps 46 gibt es die Wasser der Gottesstadt und nur eine kleine Anspielung an das Völkerkampfmotiv. In Ps 48 hingegen ist dies Letztgenannte ganz zentral, dazu kommt die Vorstellung von JHWH als Großkönig.

Meines Erachtens ist nicht nur das Zionsmotiv Varianten unterzogen. Gerade in der Ansicht von JHWH als Großkönig in Ps 48 und JHWH als Zuflucht in Ps 46 ist eine auffällig andere Beziehung zwischen Beter und Gott zu entdecken. Dies soll im Folgenden untersucht werden. Wie verhalten sich die anderen Korachpsalmen dazu?

Die Beziehung vom Beter zu seinem Gott

Auffälliger als die unterschiedliche Heiligtumskonzeption der Gottesstadt ist meiner Ansicht nach die Beziehung zwischen Beter und Gott in diesen beiden Psalmen. Während gleich zu Anfang Ps 48 Gott als groß und מלך רב bezeichnet wird, beginnt Ps 46 mit einer stärkeren personellen Anrede: Gott ist unsere Stärke. Die Vv.8 und 12 führen dies weiter, indem der Beter fest überzeugt spricht, dass JHWH *mit uns* ist (יהוה צבאות עמנו). In Ps 48 wird nicht nur Gott als groß gepriesen, sondern auch der Zion wird als „schöne Höhe" gefeiert, die sich selbst freuen kann. In Ps 46 wird zusätzlich noch eine Beziehung zwischen Gott und Zion unterstrichen, indem in V.6 gesagt wird, dass Gott der Gottesstadt helfen wird. Das Wort משגב findet sich zwar in beiden Psalmen, aber die Verwendung des Wortes zeigt in beiden Psalmen Unterschiede hinsichtlich der Beziehung zwischen dem Beter und seinem Gott: In Ps 46,8 ist JHWH *„unsere* Zuflucht" – משגב לנו –, während in Ps 48,4 allgemeiner formuliert wird: אלהים בארמנותיה נודע למשגב *Gott ist in ihren [scil. der Stadt] Palästen bekannt als Zuflucht.* Nach Spieckermann ist die Schutzburg aber in Ps 46 anders kontextualisiert als in Ps 48.[97]

Nach dieser kurzen Gegenüberstellung wird deutlich, dass die Beziehung zwischen Beter und Gott in Ps 46 weitaus personaler und enger gedacht wird als in Ps 48. Der Beter würdigt in Ps 48 die Größe Gottes aus größerer Distanz, als dies der Beter in Ps 46 tut. In Ps 46,2b wird zudem vertrauensvoll betont, dass Gott eine Hilfe in Nöten ist, reichlich zu finden (עזרה בצרות נמצא מאד). Darüber hinaus ist Ps 46 nicht nur von der Zionstheologie geprägt, sondern auch Naturmotivik und Friedensthematik sind in diesem Psalm, im Gegensatz zu Ps 48, präsent. So lässt sich die These von Körting dahingehend modifizieren, dass sich im Vergleich der

---

97 Spieckermann, Zion, 549.

Psalmen 46 und 48 in der Tat eine Weiterentwicklung von Ps 48 zu Ps 46 festmachen lässt, nur ist sie nicht (lediglich) in der Art der Zionstheologie zu entdecken sondern vielmehr in einem weiterentwickelten personalen Gottesbild. In Ps 47 wird wiederum ein leicht anderes Gottesbild als das der Pss 46 und 48 vermittelt. In Ps 47 ist ein universaler Gott greifbar, der über die ganze Erde herrscht (V.3b: מלך גדול על כל הארץ), aber er zeigt nicht die personalen Züge wie Ps 46. Dieser Universalismus spricht für eine nachexilische Entstehung des Psalms. Ob nun Ps 48 vor- oder nachexilisch zu datieren ist, wird hier nicht weiter untersucht. Es sei jedoch angemerkt, dass Ps 48 deutliche Parallelen zu ugaritischen Texten zeigt[98], Ps 46 in dieser Fülle nicht.

Blickt man nun zurück auf den Anfang der Korachpsalmensammlung, dann lässt der Doppelpsalm 42/43 auch einen Schwerpunkt auf der Beziehung Beter – Gott erkennen: Inhaltlich tritt stark die Traurigkeit des Beters in den Vordergrund. Er vermisst seinen Gott, er möchte wieder vor seinem Angesicht erscheinen (im Tempel), kann aber nicht. Schon zu Beginn spricht „die tiefe Not des Beters: Dort, wo er eigentlich die Nähe seines Gottes bräuchte und erhoffte, da ist sie nicht zu finden – nämlich jetzt in seiner Not; genau diese Abwesenheit seines Gottes ist auch der Stachel jener Frage, mit der die eigene Seele und die Umgebung des Beters ihn bedrängen."[99] Diese Art der Seelenmotivik und auch die Individualisierung der Ziontradition sprechen nach Hossfeld und Zenger für ein (früh-)nachexilisches Gebet.[100] Dem Beter geht es augenscheinlich nicht gut; er spricht davon, dass er Tag und Nacht weint. In Strophe 6 findet sich erstmalig der Refrain des Liedes, der dann fast wörtlich in den Versen Ps 42,12 und Ps 43,5 wiederholt wird. Der Refrain drückt, trotz aller Not, eine Standhaftigkeit des Beters im Glauben an Gott aus.

Fast ein wenig konträr dazu folgt im nächsten Psalm, Ps 44, eine massive Gottesanklage. Hier spricht ein Beter, der einen starken Kontrast zwischen geglaubten und erlebten Gottesbild wahrnimmt. „Von Anfang an auf das Ziel ausgerichtet, Gott zum Eingreifen zu motivieren, beginnt der Psalm mit der Aufzählung der früheren Heilstaten, um sie in der Erinnerung zu vergegenwärtigen. … Die Gemeinde klagt Gott an angesichts des momentanen Leidens und sucht angesichts dessen nach einer Antwort. So findet sich in unserem Psalm ein Teil der Hiobsthematik wieder."[101] Die Gottesanklage macht auch quantitativ einen großen Teil des Psalms aus (Ps 44,10–23) und ist dabei „so stark, dass sie wenig Entsprechungen in der Bibel

---

98 Vgl. dazu SPIECKERMANN, Heilsgegenwart, 191: „Es ist frappierend, in welchem Umfang die kanaanäischen Vorstellungen in hebräischer Adaption übernommen worden sind."

99 So ZENGER/HOSSFELD, Die Psalmen 1–50, 269.

100 Vgl. ZENGER/HOSSFELD, Die Psalmen 1–50, 266.

101 LIM, Königskritik, 109.

findet. Es gibt jedoch noch direktere und schärfere Anklagen in den individuellen Psalmen (vgl. z. B. Ps 88)."[102] Meines Erachtens gipfelt die Gottesanklage in V. 23:

כי עליך הרגנו כל היום נחשבנו כצאן טבחה

Denn deinetwegen werden wir jeden Tag umgebracht, wir gelten als Schlachtvieh.

Mit Ps 45 ändert sich das Gott-Beter-Verhältnis wieder. Kein schlechtes Wort, keine Anklage findet sich gegenüber Gott, ganz im Gegenteil: Gott liebt Gerechtigkeit, und sein Thron steht für immer. Dieses positive Gottesbild führen nun die Psalmen 46–48 fort. Gott ist nun Zuversicht, Stärke und Schutz der Beter.

Die Völker
Das Völkerthema zieht sich ebenso wie der Zion durch die Korachpsalmensammlung, und genau so ist auch dieses Thema einer Entwicklung unterzogen, beziehungsweise beinhaltet verschiedene Facetten. So zeigt dies auch Till Magnus Steiner auf: „Die Völker wandeln sich innerhalb des Korachpsalters von den spottenden Bedrängern (Ps 42,2.10f; 43,2), denen Gott den Beter und die Wir-Gruppe ausgeliefert hat (Ps 42–44), zum Volk Abrahams, die die Königsherrschaft Gottes anerkennen (Ps 47,9f)."[103] Laut Steiner ist das Völkerthema *das* grundlegende Thema der Pss 42–49 und nicht der Zion, „sondern es geht – wie in Ps 42,5,9 grundgelegt – um die Erinnerung als Kategorie der Gegenwartsbewältigung im Exil, im Angesicht der Völker (Ps 43,1.4), [...]. Es geht um Gott, den Gott des Zions, der erhaben ist über alle Völker und Gewalten."[104]

Nun zum Befund im Einzelnen:
Der Doppelpsalm 42/43 benennt das Motiv der Völker nicht ausdrücklich. Hier geht es primär um persönliche Feinde und Spötter.[105] Ausführlich werden die Völker dann in Ps 44 aufgegriffen, und es wird von ihnen gesagt:

אתה ידך גוים הורשת ותטעם תרע לאמים ותשלחם

כי לא בחרבם ירשו ארץ וזרועם לא הושיעה למו כי ימינך וזרועך ואור פניך כי רציתם

Du, du hast mit deiner Hand Nationen ausgetrieben, aber du hast sie auch gepflanzt, Völkerschaften hast du Böses getan, aber du hast sie auch losgelassen.

---

102 LIM, Königskritik, 110.
103 STEINER, Lieder, 233.
104 STEINER, Lieder, 226.
105 Auch in Ps 43,1 sind wohl die persönlichen Bedränger gemeint, obgleich dort das Lexem גּוֹיִם verwendet wird.

138 | Korach und die „Söhne Korachs" im Psalter

Denn nicht durch ihr Schwert haben sie das Land in Besitz genommen, und ihr Arm hat ihnen nicht geholfen; sondern es waren deine Rechte und dein Arm und das Licht deines Angesichts, weil du Wohlgefallen an ihnen hattest.

Gott selbst hat die Völker also groß gemacht, er ist der allein Mächtige. Und der Vorwurf steht im Raum, dass Gott selbst Wohlgefallen an den Völkern hatte – mehr als am eigenen Volk. Denn Gott wird nun in V.12 angeklagt, dass er das eigene an die anderen Völker wie Schlachtvieh ausgeliefert habe.

Mit dem Schlusssatz von Ps 45 wandelt sich nun der Tenor um 180 Grad: Die Völker werden vor lauter Freude des Beters zum Lobpreis Gottes aufgerufen.

Ps 46 verwendet das Völkermotiv nun im Zuge des Hymnus. Dort wird berichtet, dass die Völker toben und Königreiche wanken, wenn Gott seine Stimme erschallen lässt. Die Völker sollen erkennen, wer der wahre und einzige Gott ist.

Ps 47 befasst sich im Anschluss daran ganz intensiv mit diesem Thema der Völker. Der ganze Psalm möchte die theologische Aussage betonen, dass Gott der König und der Gott der ganzen Welt ist. So illustrieren dies vor allem die Verse 8 und 9.

Ps 48 lässt zumindest vordergründig das Völkerthema vermissen. Die Vokabeln גוים und עמים fehlen, aber trotzdem werden fremde Völker im Psalm mitgedacht. Die Verse 5 und 6 sprechen von den Königen, die kamen, staunten und Angst bekamen. Das große Thema jedoch in Ps 48 ist die Pracht des Zion. Aber schon im Midrasch Tehillim ist die Frage zu lesen, ob denn unser Gott nur groß in der Stadt ist? Nein ist die Antwort auf diese Frage – dazu wird Ps 48 mit Ps 99 in der Interpretation verknüpft: „In seiner Stadt verfuhr er also, wie viel mehr unter den Völkern!"[106]

In Ps 49 sind die Völker an sich kein Thema mehr, außer in einer rhetorischen Aufforderung zum Zuhören in Ps 49,2.

Auffällig ist, dass die Völker in den Korachpsalmen des vierten Psalmbuchs gar nicht mehr präsent sind (außer einer kryptischen Anspielung in Ps 87,6: Der HERR wird schreiben beim Verzeichnen der Völker: Dieser ist dort geboren.).

Es wird deutlich, dass die Völker in der Korachpsalmensammlung als Motiv präsent sind, aber ganz unterschiedlich im Duktus der Psalmen eingesetzt werden: Zum einen wird an ihnen ein kleiner Geschichtsrückblick dargestellt, zum anderen wird klar JHWHs Erhabenheit auch über die Völker zum Ausdruck gebracht. Darüber hinaus sollen sie in den Jubel und die Freude über Gott mit einstimmen.

Tod und Todessehnsucht

David C. Mitchell konstatiert bei seiner Untersuchung der Korachpsalmen, dass das dominante Thema dieser Gruppe nicht eine Tempel- oder Zionstheologie sondern

---

106 Midrasch Tehillim, Psalm XLVIII zu Vers 2.

die Erlösung von der Scheol sei. Dies macht er zum einen an der Häufigkeit, wie oft von der Scheol in diesen Psalmen die Rede ist, fest, zum andern verankert er die Korachpsalmen – ganz im Sinne rabbinischer Tradition – tatsächlich bei den direkten „Söhnen Korachs", die nach Num 26 doch nicht gleichzeitig mit ihrem Vater gestorben seien.[107] Sie sangen auf dem Weg hinunter in die Scheol ihre Lieder. Die Erlösung aus der Scheol als dominantes Thema aller Korachpsalmen zu sehen, mag in Zweifel gezogen werden; denn der Textbefund ist doch sehr dünn: Zunächst kommt der Begriff Scheol lediglich in zwei Korachpsalmen vor, nämlich zweimal in Ps 49 und einmal in Ps 88. Natürlich sticht dabei der düstere Ps 49 hervor, in welchem die Scheol dreimal genannt wird. Mitchell sieht zudem die Scheol-Thematik in Ps 42 und 44 angespielt. Selbst wenn man in Ps 44 eine Todesanspielung erkennen mag, so hat dieser hart anklagende Psalm keine Erlösungsthematik zu bieten.

2.3.2 Zusammenfassung: Die „Söhne Korachs" in den Pss 42–48

Diese kurzen Analysen haben gezeigt, dass die Psalmen in der Korachpsalmengruppe Pss 42–48 verschiedene Gattungen *und* verschiedene theologische Positionen bieten. Manfred Oeming betont in seinem Psalmenkommentar, dass das theologische Profil der Korachpsalmensammlung schwerlich als ausgearbeitete Konzeption zu erfassen sei. Es handele sich vielmehr um eine lose Sammlung, bei der allenfalls thematische Schwerpunkte festgestellt werden könnten.[108]

Als ein hervorstechendes Merkmal wurde mehrfach schon die Zionstheologie genannt. Sie ist deutlich in den Pss 46 und 48 präsent und steht im Fokus. Diese Zionstheologie aber hat gerade in den Pss 46 und 48 andere Ausrichtungen, andere Schwerpunktsetzungen. Sie zeigt Entwicklungen auf, wie Martin Leuenberger und Corinna Körting herausgearbeitet haben. Allerdings sind die Pss 42–48 nicht nur von Zionsmotivik geprägt. David C. Mitchell sieht hier die Erlösung von der Scheol als zentrales Thema. Diese Forschermeinung sei, wie oben diskutiert, allerdings in Frage gestellt. Fakt ist aber, dass es neben der Zionstheologie noch weitere theologische Schwerpunkte gibt, wie zum Beispiel eine intensive Beschreibung der Haltung des Beters zu seinem Gott, die in den Psalmen ganz unterschiedlich ausfällt, oder auch das Thema der „Völker" ganz allgemein. Daneben eröffnet Ps 45 als Königslied noch einen ganz anderen Horizont an Thematik.

---

107 MITCHELL, Scheol, 365–384.

108 Vgl. OEMING/VETTE, Psalmen, 16f. Die „Söhne Korachs" der Psalmüberschriften identifizierte Oeming mit der levitischen Sängergruppe der Korachitern, die jedoch erst beim Chronisten als Tempelsänger belegt sind, also erst nachdem Esra und Nehemia Karriere gemacht hatten. Die Figur des Korach aus Num 16f. kommt für Oeming als Identifikationsmöglichkeit der Psalmen eher nicht in Betracht.

All diese Vielfalt der theologischen Inhalte spricht für eine Entstehung der einzelnen Psalmen in unterschiedlichen Kontexten. So ist der mehrfach in der Forschung vertretenen These, die Korachiter seien die Sammler (und Redaktoren beziehungsweise Herausgeber) der Korachpsalmen, nicht ihre Autoren, für die Pss 42–48 zuzustimmen.[109]

Eine fremde, weit nachträgliche Zuschreibung dieser Psalmen an die „Söhne Korachs" ist eher unwahrscheinlich, da hier auf der einen Seite eben eine große Themen-Vielfalt vorliegt und auf der anderen Seite keine Anknüpfungspunkte an andere Korach-Nennungen der Hebräischen Bibel, zum Beispiel an Num 16, ersichtlich sind. Es fehlt der Grund, das Motiv, den Korachitern diese Psalmen zuzuschreiben. Reinhard Achenbach ist deshalb in diesem Punkt nicht Recht zu geben, der konstatiert, dass die Zuschreibung gewisser Zionspsalmen an die „Söhne Korachs" durch Assoziationen der Motivik mit der Korachlegende motiviert sei[110]. Es ist richtig, dass die Todesthematik sowohl in Num 16f als auch in den Korachpsalmen zu finden ist, aber warum sollte man solch zentrale Zionspsalmen einem Frevler gegen Mose und Aaron zuschreiben? Das ergibt wenig Sinn. Zudem ist, wenn die Überschriften über den Korachpsalmen eine Zuschreibung darstellen, vor dem Hintergrund der Korachlegende schwer zu begründen, warum gerade Ps 45 mit der Überschrift קרח לבני versehen ist. Dieser Psalm hat nichts mit der Korachlegende gemein. Wenn im dritten Psalmbuch ein Davidspsalm die Folge der Korachpsalmen unterbricht, dann hätte man auch in dieser ersten Korachpsalmensammlung nur ausgewählte Psalmen den „Söhnen Korachs" zuschreiben können. Mit der Annahme einer nachträglichen Zuschreibung hätte man Ps 45 also ebenso außen vor lassen können. Ps 45 bietet zudem einen Anlass, sich von der These einer Nachahmung der Pss 84f.87f an die Korachpsalmensammlung Ps 42–49 zu distanzieren. Die Korachpsalmen sind als eine Sammlung und zwei Paare im Psalter zu finden, in unterschiedlichen Psalmbüchern.

Das Lamed in der Überschrift קרח לבני ist bei den Pss 42–48 vermutlich als Herausgeber-Angabe zu deuten. Mit Gunther Wanke lässt sich somit formulieren: „Man gewinnt nach diesen Überlegungen den Eindruck, daß die Korachitenpsalmen eine Sammlung von Liedern darstellen, die, nach formalen Gesichtspunkten angeordnet und durch ein zweifaches sachliches Interesse bestimmt, ein Liederbuch bilden, das einerseits Lieder fremder Herkunft und andererseits wahrscheinlich auch Lieder aus dem eigenen Kreis der Sammler enthält."[111] Man könnte dabei

---

109 So zum Beispiel van Oorschot, deus praesens, 421, oder Süssenbach, Psalter, 375: „Der Durchgang durch den Spannungsbogen der Komposition hat gezeigt, dass sich die Redaktoren von Ps 42–49 primär als Sammler, die jedoch auch gestaltend in den überlieferten Textbestand eingreifen konnten, bestätigt haben." Ps 49 wird später noch einmal gesondert betrachtet.

110 Vgl. Achenbach, Vollendung, 122.

111 Wanke, Zionstheologie, 5.

Die Gattungen innerhalb der ersten Korachpsalmensammlung | **141**

an ein Liederbuch denken, das Gemeinde und Fromme durch die verschiedenen Stadien des Lebens begleitet. Dabei liegt eine sorgfältige Auswahl von Liedern zugrunde.[112] Dieses Liederbuch würde ich in den Psalmen 42–48 sehen wollen. Dass dies genau sieben Psalmen sind, ist sicherlich kein Zufall. Ebenso wenig zufällig wäre dann dabei, dass der zentrale Psalm in der Mitte das königliche Hochzeitslied ist, auch wenn viele Forscher Ps 46 als Zentrum dieser Sammlung sehen.

Diese Sammlung der Pss 42–48 kann frühestens in die beginnende Perserzeit datiert werden, wenn man die Ansetzung einzelner Psalmen in der nachexilischen Zeit ernst nimmt. So sind nach Süssenbach die Pss 42–44 nachexilisch anzusetzen, nach Wanke und Körting ist dies (mindestens) Ps 46, nach Schaper ist Ps 47 in seinem jetzigen Konsonantenbestand als nachexilischer Hymnus anzusehen.[113] Dass die Psalmen 46 und 48 beide „Reminiszenzen an den vorexilischen Kult und das israelitische Königtum"[114] enthalten können oder in ihrem Grundbestand eventuell auch vorexilisch sind, ist dabei nicht ausgeschlossen, hier jedoch nicht von Belang, da die Korachpsalmen*sammlung* verortet werden soll. Setzt man allerdings alle Korachpsalmen der ersten Sammlung Pss 42–48 nachexilisch aber trotzdem in verschiedenen historischen Kontexten an, so muss geklärt werden, wie sich diese Psalmen zur zeitlichen Entstehung der Psalmbücher verhalten. Dass die Pss 42–48 das zweite Psalmbuch eröffnen, sollte deshalb ebenso wie die Einzelfall-Datierungen bedacht werden, wenn man davon ausgeht, dass der Psalter prinzipiell von vorne nach hinten gewachsen ist. So muss erstens berücksichtigt werden, dass bis zur Septuaginta-Übersetzung und bis zur Entstehung der essenischen Gemeinde sich die 150 Psalmen schon zum Großteil gefestigt hatten, und zweitens, dass sich im Anschluss an das zweite Psalmbuch noch drei weitere Bücher formieren und durchsetzen mussten. Diese Punkte würden für eine Ansetzung der Korachpsalmensammlung Pss 42–48 in die Perserzeit sprechen.[115] So ist Süssenbach recht zu geben, dass sich als Entstehungszeitraum für die erste Korachpsalmengruppe etwa die zweite Hälfte des 5. Jh. ergeben dürfte.[116]

Die Datierung der Korachpsalmensammlung ist für diese Studie deshalb von Belang, da diese ein Zeugnis für ein Sängergeschlecht der Korachiter in der Zeit

---

112 Vgl. WANKE, Zionstheologie, 4 (Wanke stellt diese These jedoch in Bezug auf alle Korachpsalmen auf).

113 Vgl. SCHAPER, Psalm 47, 273.

114 So SCHAPER, Psalm 47, 273, zu Ps 47.

115 Nach Wanke entstehen die Korachpsalmen allesamt nachexilisch, und die Korachpsalmensammlung ist vermutlich in die Blütezeit der Korachiter, Ende des 4. Jh.s, zu datieren (vgl. WANKE, Zionstheologie, 31f.108f.). Diese Ansetzung birgt jedoch Schwierigkeiten, wenn man das Psalter-Wachstum berücksichtigen will.

116 Vgl. SÜSSENBACH, Psalter, 375.

des Zweiten Tempels darstellt – das, was auch die Chronik an manchen Stellen nahelegt. Des Weiteren wäre die Korachpsalmensammlung Pss 42–48 somit *vor* der Entstehung der Korach-Erzählung von Num 16 anzusetzen. Dementsprechend stellen die Überschriften keine Zuschreibung an die Korachiter vor dem Hintergrund eben dieser Erzählung dar.

Ps 49 war in der bisherigen Analyse noch ausgeklammert. Ihm kommt, wie gleich zu zeigen sein wird, eine Sonderrolle zu.

2.3.3 Psalm 49

Ps 49 fällt in vielerlei Hinsicht aus dem Rahmen der Korachpsalmensammlung. Deshalb soll er nun gesondert untersucht werden. Inwiefern zeigt er Anklänge an Pss 42–48? In welches Jahrhundert lässt er sich datieren?

Michael P. Maier setzt in seinem Aufsatz von 2010 den Schwerpunkt auf eine thematische Analyse der Korachpsalmen und will zeigen, „wie die beiden in der Forschung immer wieder genannten Hauptthemen, das Wallfahrtsmotiv und die Völkerperspektive, zusammenhängen, und auf diese Weise die Komposition und Intention der ersten Korachpsalmensammlung herausarbeiten."[117] Im Gegensatz zu Süssenbach betont Maier, wie stark Ps 49 mit den vorangehenden Psalmen der Korachpsalmensammlung verknüpft sei; denn dieser Psalm erfülle sowohl für das Wallfahrtsmotiv als auch für das Völkerthema eine wichtige Funktion, indem er schildert, was denen widerfährt, die nicht mit zum Zion ziehen. „Auch sie unternehmen eine Reise, doch nicht zum ewigen Leben, sondern zum ewigen Tod."[118] Wie auch Schaper problematisiert Maier in aller Kürze die Existenz eines elohistischen Psalters und macht in Bezug auf die Korachpsalmen wiederum die These von Goulder stark, dass die Korachpsalmen in der Tradition des Nordreichs (um das Heiligtum von Dan herum) verwurzelt seien. Dementsprechend könnte man vermuten, dass für die Verfasser אלהים als Gottesname „normal" gewesen sei. „Ps 42–49 wären dann ursprünglich elohistisch und erst bei ihrer Aufnahme in den entstehenden Psalter jahwistisch überarbeitet worden. In diesem Prozess wäre das Tetragramm an prägnanten Stellen eingefügt und die ‚Stadt Elohims' auf den Zionsberg, d. h. nach Jerusalem versetzt worden."[119]

Maier ist durchaus zuzustimmen, dass Ps 49 einige thematische Anknüpfungspunkte an die vorherigen Psalmen zeigt. Doch am problematischsten ist die Datierung.

---

117 MAIER, Israel, 654.
118 MAIER, Israel, 664.
119 MAIER, Israel, 665.

Nach Markus Witte müsse dieser Psalm in die zweite Hälfte des 3. Jh.s datiert werden; denn er weist hinsichtlich seines Vokabulars und seines Themas eine besondere Nähe zu Kohelet und dem äthiopischen Henoch auf.[120] Mit dem Buch Kohelet habe Ps 49 die Annahme gemeinsam, dass Mensch und Tier generell gleich sind mit Blick auf das Todesgeschick. Und mit „seiner dreigliedrigen Überzeugung, daß es 1.) vor dem Tod kein Entrinnen gibt, daß 2.) auch die Redlichen sterben und ihre Gestalt in der Scheol dahinschwinden muß, daß 3.) aber die Seele dessen, der alles von Gott erwartet, aus dem Tod erlöst wird, antizipiert Ps xlix das Bild einer postmortalen Aufnahme der Seele des Gerechten bei Gott. Spätestens im 2./1. Jh. v. Chr. begegnen im Judentum dann breite Ausmalungen dieser Vorstellung."[121]

Zieht man ebenso die Analysen von Süssenbach zur Datierung mit heran, so ergibt sich, dass Ps 49 einen Nachtrag zu den Pss 42–48 darstellt. Süssenbach gelangt durch eine Analyse der Kompositionsstruktur des sog. elohistischen Psalters zu dem Schluss, dass Ps 49 mit Ps 73 eine enge Verwandtschaft hegt. Da jedoch Ps 73 einen konstitutiven Bestandteil der Asafpsalmengruppe darstelle, Ps 49 der Korachpsalmengruppe 42–48 eher entgegenlaufe, nimmt Süssenbach an, dass Ps 49 von einer späteren Redaktion eingefügt wurde, „die den übergreifenden Spannungsbogen des gesamten elohistischen Psalters im Blick hatte und die in Ps 42/43 und 44 formulierten Fragen und Zweifel durch die skeptische Perspektive von Ps 49 bis zur Gruppe der Asafpsalmen und damit bis zum Schluss der Gesamtkomposition Ps 42–83 offen halten wollte. Auf der Ebene des Endtextes des elohistischen Psalters bilden Ps 49 und 73 einen Rahmen um die Komposition des zweiten Davidspsalters"[122]. In den Pss 42–48 für sich genommen liege „eine deutlich zweigeteilte Komposition" vor, „in der sich Frage (Ps 42–44) und Antwort (Ps 45–48) bzw. Problemstellung und Lösung gegenüberstehen."[123] Auf die Redaktion, die diese erste Korachpsalmengruppe mit Ps 50–83 verbunden und die auf diese Weise den elohistischen Psalter geschaffen habe, ginge vermutlich auch die Einfügung von Ps 49 zurück.[124]

Dass Ps 49 von Vokabular und Theologie eine spätere Stufe darstellt, arbeitet Witte überzeugend heraus. Ebenso könnte man, vertritt man die These, dass die Korachiter eine eigene kleine Sammlung erstellt hätten, durch eine Kompositionsanalyse Ps 49 als späteren Zusatz erklären; denn mit Blick auf die Pss 42–48 fällt auf, dass es

---

120 Vgl. WITTE, Seele, 557ff. Pierre Casetti sieht in seiner Dissertation zu Ps 49 auch die deutliche Nähe zu Kohelet, datiert den Psalm jedoch ins 5. Jahrhundert oder in die erste Hälfte des 4. v. Chr. (vgl. CASETTI, Leben, 285).

121 WITTE, Seele, 558.

122 SÜSSENBACH, Psalter, 372.

123 SÜSSENBACH, Psalter, 369.

124 SÜSSENBACH, Psalter, 382.

sich um sieben Psalmen handelt, die sich um Ps 45, das Hochzeitslied, positionieren. Ps 45 steht an der „Grenze zwischen dem klagenden und dem hymnischen Teil der ersten Korachpsalmgruppe."[125] Vorweg finden sich mit den Pss 42–44 drei Klagepsalmen, hinter Ps 45 (Pss 46–48) stehen drei Lobpsalmen. Ob sich in diesen Klagen und Lobliedern „Frage (Ps 42–44) und Antwort (Ps 45–48) bzw. Problemstellung und Lösung gegenüberstehen"[126], wie Süssenbach dies formulierte, ist allerdings hypothetisch, da kein kausaler Zusammenhang zwischen den vorderen und den hinteren Psalmen vorliegt, der jedoch konstitutiv für ein Frage-Antwort-Verhältnis ist. Aus formgeschichtlicher Sicht wie auch mit Blick auf die Anzahl der Psalmen legt es sich nahe, dass Ps 45 die Mitte der Korachpsalmensammlung bildet und dass Ps 49 später hinzu gekommen ist.[127] Dieser Psalm zeigt eine ähnliche Motivik wie die vorderen Psalmen, sodass dadurch eine nachträgliche Zuschreibung an die Korachpsalmensammlung Pss 42–48 naheliegt. Dass Ps 49 hinter Ps 48 gestellt wurde, könnte der *Concatenatio* geschuldet sein: Ps 48 schließt mit den Worten על מות (so zumindest im Codex Leningradensis), während der Tod (מות) das zentrale Thema des folgenden Psalms darstellt. Aber auch mit Blick auf die historischen Verhältnisse, in denen die Korachiter im späten 3. Jh. lebten, legt sich eine Zuschreibung von Ps 49 an die Korachiter nahe: In diesem Psalm geht es um die Todesnähe reicher und angesehener Männer. In Ps 49,7–13.17f heißt es:

7 הבטחים על חילם וברב עשרם יתהללו

8 אך[128] לא פדה יפדה איש לא יתן לאלהים כפרו

9 ויקר פדיון נפשם וחדל לעולם

10 ויחי עוד לנצח לא יראה השחת

11 כי יראה חכמים ימותו יחד כסיל ובער יאבדו ועזבו לאחרים חילם

12 קרבם בתימו לעולם משכנתם לדר ודר קראו בשמותם עלי אדמות

13 ואדם ביקר בל ילין נמשל כבהמות נדמו

17 אל תירא כי יעשר איש כי ירבה כבוד ביתו

18 כי לא במותו יקח הכל לא ירד אחריו כבודו

7 Sie vertrauen auf ihr Vermögen und sie rühmen sich durch die Menge ihres Reichtums.
8 Aber ein Mann kann sich wahrlich nicht freikaufen; nicht kann er Gott sein Lösegeld geben.
9 Und ein Loskauf ihrer Seelen wäre [sehr] teuer; sodass er für die Ewigkeit aufhört,

---

125 MILLARD, Komposition, 69.

126 SÜSSENBACH, Psalter, 369.

127 Gegen van Oorschot, der Ps 46 aus theologischen Gründen als Mitte der Korachpsalmensammlung Ps 42–49 ansieht. „Sein vor allem im Kehrvers zum Ausdruck kommendes Zutrauen gegenüber ›Jahwe, Zebaoth, der mit uns ist‹, markiert Mitte und Zielpunkt der Sammlung" (VAN OORSCHOT, deus praesens, 419). Die von van Oorschot besonders herausgestellte persönliche Frömmigkeit, die die Korachpsalmen prägt, ist m. E. nicht in den Pss 45 und 48 präsent.

128 Im MT ist אא bezeugt, doch ist hier in Analogie zu V.16 אך zu lesen (vgl. WITTE, Seele, 541).

10 dass er immerfort leben und die Grube nicht sehen wird.

11 Ja man sieht: Die Weisen sterben, gemeinsam mit dem Törichten geht der Unvernünftige unter, sie lassen den anderen ihren Reichtum zurück.

12 In ihrem Innersten [denken sie], dass ihre Häuser in Ewigkeit [bleiben], ihre Wohnungen Generation für Generation; man ruft ihre Namen auf der Erde.

13 Doch der Mensch, der im Ansehen ist, bleibt nicht; er gleicht dem Vieh, das vernichtet wird.

17 Fürchte dich nicht, wenn ein Mann reich wird, wenn er die Ehre seines Hauses vergrößert;
18 denn bei seinem Tod nimmt er das alles nicht mit, seine Ehre steigt nicht hinter ihm herab.

Der Beter des Psalms thematisiert hier, dass Reichtum nicht vor dem Tod schützt. Man kann sich nicht freikaufen, das im Leben erworbene Ansehen behält man in der Scheol nicht bei. Diese „reichen und angesehenen Männer" werden im Psalm nicht weiter benannt. Der Verfasser des Psalms hat auch hier eher den allgemeinen Topos, dass Reiche und Mächtige ebenso sterben müssen wie die Armen[129], im Blick gehabt als eine konkrete Personengruppe; denn außer in der Überschrift werden keine Personen genannt, und es werden auch keine Anspielungen gemacht. Der Redaktor aber, der diesen Psalm in den Psalter aufnahm, hinter den Korachpsalmen 42–48 platzierte und diesem Psalm eine Überschrift gab, wollte nun, dass dieser Psalm mit Blick auf die „Söhne Korachs" zu lesen sei. Zieht man die Überschrift mit zur Interpretation heran, so ist dieser Psalm – in diesem Zusammenhang – „hinsichtlich der Söhne Korachs – לבני קרח" zu verstehen.

Dass Korach im Zusammenhang mit der Thematik „reich und angesehen" steht, kommt weder im Buch Numeri noch in der Chronik zum Ausdruck. Josephus allerdings stellt Korach in seinen Antiquitates wie folgt dar:

Josephus, Ant. 4,14:

Κορῆς τις Ἑβραίων ἐν τοῖς μάλιστα καὶ γένει καὶ πλούτῳ διαφόρων ἱκανὸς
δ'εἰπεῖν καὶ δήμοις ὁμιλεῖν πιθανώτατος ὁρῶν ἐν ὑπερβαλλούσῃ τιμῇ τὸν Μωυσῆν καθεστῶτα χαλεπῶς εἶχεν ὑπὸ φθόνου καὶ γὰρ φυλέτης ὢν ἐτύγχανεν αὐτοῦ καὶ συγγενής
ἀχθόμενος ὅτι ταύτης τῆς δόξης δικαιότερον ἂν τῷ πλουτεῖν ἐκείνου μᾶλλον μὴ χείρων
ὢν κατὰ γένος αὐτὸς ἀπέλαυε
Korach, ein durch Herkunft und Reichtum hervorragender Hebräer, der geschickt war im Reden und sehr überzeugend im Umgang mit dem Volk, sah Mose in überwältigender Ehre dastehen und er war verärgert und voller Neid – er kam mit ihm aus demselben Stamm und

---

129 Vgl. dazu zum Beispiel Hi 3,13–15.19; 21,22–26; wie auch neutestamentlich die Erzählung vom reichen Jüngling (Lk 18,18–27 parr.) oder das Gleichnis vom reichen Mann und dem armen Lazarus (Lk 16,19–31).

war ihm verwandt –, weil er sich für einen Würdigeren dieser Ehre hielt, da er reicher war
als jener und nicht geringer gemäß seiner Abstammung.

Gleich zweimal betont Josephus, dass Korach reich und von angesehener Herkunft gewesen sei. Diese Charakterisierung ist in der Korach-Erzählung von Num 16 nicht präsent, auch nicht in der chronistischen Darstellung der Korachiter. Dass Korach allerdings sterben musste, ist bei Josephus ebenso zu lesen wie in Num 16. Die Zusammenstellung also eines reichen und angesehenen Mannes, der sterben muss, findet sich somit nicht nur in Ps 49 sondern auch – personifiziert als Korach – bei Josephus. Vor diesem Hintergrund ist es wohl kein Zufall, dass Ps 49 die Überschrift לבני קרח trägt. Nun stellt sich aber die Frage, ob Josephus für sein Korach-Portrait Num 16 mit Ps 49 kombinierte, oder ob sich diese Tradition des reichen und angesehenen Korachs bereits ausgebildet hatte und Josephus diese dann aufgriff. Zumindest prägte sich diese Tradition aus. Das zeigen auch der Hiobtargum und der Targum zu Ps 49.

Es heißt im Targum zu Hiob 15,29a:

לא יתעתר ולא יתקיים עותריה דקרח ולא יתמתח לארעא מנהון ולחלהון טבתא דדתן ואבירם
Er wird nicht reich werden und sein Vermögen wird keinen Bestand haben wie bei Korach.

Tg zu Ps 49,17:

17 על קרח וסיעתיה איתנבי ואמר לא תדחל משה ארום איתעתר קרח גברא דמצוותא ארום יסגי איקר
ביתיה
18 ארום לא במותיה יסב כולא לא ייחות בתרוי איקריה
17 Mit Blick auf Korach und seiner Schar prophezeite er und sagte: Fürchte dich nicht, Mose,
wenn Korach reich wird, ein Mann von Streit, wenn die Ehre seines Hauses groß wird,
18 dann wird er, wenn er stirbt, nichts von allem mitnehmen, seine Ehre wird nicht hinter
ihm hinunterfahren.

In beiden Targumim wird Korach als reich (und angesehen) vorgestellt.

Dieser kurze Blick in die Wirkungsgeschichte zeigt darüber hinaus, dass die Überschriften im antiken Bibelverständnis durchaus zur Interpretation eines Psalms mit heran gezogen wurden. Sie waren keineswegs *nur* Autorenangaben oder gar Ordnungskriterien. Ps 49 wurde gemäß seiner Überschrift mit Blick auf Korach und seine Nachkommen gelesen. So wird hier deutlich, was Martin Kleer für einen Teil der Davidspsalmen herausgearbeitet hat: Eine Überschrift ist ein Identifikationspunkt, wie man auch die Davidpsalmen im Sinne des frommen David zu lesen pflegte.[130]

Dementsprechend lässt sich für Ps 49 vermuten, dass dieser nachträglich den „Söhnen Korachs" zugeschrieben wurde, im Gegensatz zu den Pss 42–48, die wohl von den Korachitern selbst gesammelt (und redigiert) wurden. Das bedeutet, dass das לבני קרח über den Pss 42–48 als Autoren- beziehungsweise Herausgeberangabe zu verstehen sein soll, während die Überschrift über Ps 49 als Interpretationshilfe dient. Es ist möglich, dass Ps 49 zunächst aufgrund seiner Todesthematik an den Platz hinter Ps 48 gestellt wurde. Er wurde aber im Sinne der Korach-Erzählung von Num 16 verstanden und erhält als Überschrift „hinsichtlich der Söhne Korachs zu lesen". Versteht man Ps 49 in dieser Auslegung, dann zeichnet der Psalmist hier kein positives Bild der Korachiter. Ihr Stammvater war demnach reich und hoch angesehen, aber gleichwohl werden sie in V.6 als „Widersacher mit Sünde" (עון עקבי) des Beters beschrieben. Darüber hinaus wird mit Blick auf die Korachiter festgestellt, dass sie nur dann Gott lobten, wenn es ihnen gut ging (V.19). Durch die Überschrift ist hier also eine Tradition zu fassen, die das negative Korach-Bild aus Num 16 aufgreift ebenso wie wahrscheinlich die nachexilischen Rangstreitigkeiten unter den Priestern und Leviten am Tempel.

Im Anschluss an die Korachpsalmensammlung Pss 42–49 ist somit als nächstes zu fragen, wie sich die Überschriften der Pss 84f.87f zu den Korachitern verhalten: Sind die Überschriften auch hier, wie Ps 49, als nachträgliche Zuschreibung an die Korach-Erzählung zu sehen, oder sind diese Psalmen (lediglich) von den Korachitern gesammelt worden? Durch diese Fragestellung gibt es zwei Interpretationsmöglichkeiten: Entweder muss geklärt werden, warum in späterer Zeit, zur Entstehung des dritten Psalmbuches, die Pss 84f.87f als Korachpsalmen noch in den Psalter aufgenommen werden konnten, obwohl die Korachiter bereits durch die Diffamierung in Num 16 einen negativen Ruf innehatten, oder man muss sich der Frage stellen, warum diese Psalmen den Nachkommen eines Frevlers gegen Mose zugeschrieben werden konnten. Was wäre mit einer Zuschreibung als Identifikationspunkt bei diesen Psalmen erreicht?

2.4 Die Korachpsalmen 84f.87f

Auf den ersten Blick liegen mit den Psalmen 84f.87f drei Klagepsalmen und ein Loblied vor. Auch diese Psalmen sollen hinsichtlich der Fragen untersucht werden,

---

130 KLEER, Sänger, 80, stellt die These auf, dass die Überschrift לדוד „mit ‚auf David hin‘, ‚in bezug auf David‘ oder ‚hinsichtlich Davids‘ zu übersetzen und die Notiz im Sinn einer Leseanweisung oder Interpretationshilfe zu verstehen" sei.

148 | Korach und die „Söhne Korachs" im Psalter

1) welche Motivik bei ihnen im Fokus steht, 2) welche Gattungen sie vorweisen und 3) ob ihre Überschrift auf eine eigenständige Korachpsalmensammlung hinweist oder ob diese vier Psalmen nachträglich den „Söhnen Korachs" zugeschrieben wurden. Wenn die Zuschreibung nachträglich erfolgt ist, dann muss geklärt werden, *aus welchem Grund* diese Psalmen mit Blick auf die „Söhne Korachs" gelesen werden sollen. Vorweg soll der Blick auf die Zeit des Zweiten Tempels und auf die in dieser Zeit entstehenden Schriften (hinsichtlich der Korach-Nennungen) gerichtet sein: In der spätpersischen Epoche denunziert der Verfasser von Num 16f diese (berühmten Sänger der) Korachiter, indem er den Stammvater Korach als Frevler gegen Mose auftreten lässt. Als Strafe werden alle Korachiter vernichtet – es darf also keine Söhne Korachs mehr geben! Diese Stellungnahme wird in Num 26 revidiert: Die Söhne Korachs existieren, nur der Vater ist von der Erde verschluckt worden. Diese Passage müsste in ihrer Entstehung dann bereits in die frühhellenistische Zeit reichen. Ebenso in diese Zeit ist IChr 6 zu datieren, wo Korach und die Leviten im Allgemeinen wiederum positiv dargestellt werden. Auch in IChr 12,7 wird positiv von den Korachitern behauptet, sie hätten als Helden an der Seite Davids gekämpft.

Wie sind nun die Überschriften über den Pss 84f.87f in dieser Hinsicht zu verstehen? Wenn diese vier Psalmen mit Blick auf die Korachiter zu lesen sein sollen, was die Überschrift aussagen möchte, muss untersucht werden, ob sich hier wie in Ps 49 die negative (Frevler-)Tradition widerspiegelt oder ob eine positive Würdigung der Korachiter, ähnlich die der Chronik, im Hintergrund steht. Haben wir es hier mit einer fremden, eher polemisierenden Überschrift zu tun wie in Ps 49 oder kommen hier die Korachiter selbst als Sammler oder Autoren zu Wort, wie dies bei den Pss 42–48 anzunehmen ist?

Im Folgenden werden nun kurz Inhalt der Psalmen und der Bezug zu ihrer Überschrift dargestellt.[131]

2.4.1 Psalm 84

Die Überschrift למנצח על הגתית לבני קרח מזמור kennzeichnet Ps 84 als Korachpsalm und enthält zudem drei musikalische Hinweise. Insgesamt wird dieser Psalm häufig als „Gegenstück" zu Ps 42f betrachtet.[132] Klaus Seybold beschreibt den Psalm weiter: „Rhythmus wie Thematik lassen ein individuelles Klagegebet eines aus nicht genannten Gründen verhinderten Wallfahrers erkennen, der um Erhörung seines fernen Gebets bittet."

Im Einzelnen:

---

131 Eine ausführliche Psalmen-Analyse würde hier leider den Rahmen sprengen.
132 So zum Beispiel SEYBOLD, Psalmen, 331.

Ps 84 thematisiert zunächst die Beziehung zwischen Beter und Gott (V.3b: *mein Leib und Seele freuen sich in dem lebendigen Gott*) und die Sehnsucht des Beters nach den Vorhöfen Gottes (V.3a). Diese Sehnsucht klingt anklagend, weil dem Beter der Zugang zu den Wohnungen Gottes auf dem Zion verwehrt scheint, obwohl er gerne dort weilen und Gott loben möchte. Der Psalm ist geprägt von einer tiefen Zuneigung eines frommen Beters zu seinem Gott, den er beispielsweise als Sonne und Schild bezeichnet. Dadurch wird deutlich, dass der Beter einen „Schild"/Schutz benötigt. Er fühlt sich, als ob er durch ein dürres Tal wandert, und sehnt sich nach Zion. In der Forschung werden hinsichtlich dieses Psalms zum einen die Gemeinsamkeiten mit Ps 42 betont (unter anderem durch die Formulierung אל חי[133]), zum andern wird der Beter des Psalms mit einem Wallfahrer identifiziert, der den Zion nicht erreichen kann.[134] Betrachtet man den Psalm erst ohne seine Überschrift, so kommt hier ein Wallfahrer zu Wort, der nicht am Ziel seiner Wallfahrt angekommen zu sein scheint; denn gleich Vers 3 suggeriert, dass die Sehnsucht nach dem Haus Gottes groß ist. Nimmt man nun jedoch die Überschrift dieses Psalms mit zur Interpretation dazu, so ergibt sich, dass hier nicht zwingend ein Wallfahrer zu Wort kommt sondern möglicherweise ein vom Tempel vertriebener Korachit. Somit würden sich einige Verse dieses Psalms gut in die Geschichte der Korachiter einordnen lassen, geht man davon aus, dass sie durch die nachexilischen Rangstreitigkeiten erhebliche Nachteile erfahren hatten.

So heißt es zum Beispiel in Ps 84,3.5.11:

3 נכספה וגם כלתה נפשי לחצרות יהוה

5 אשרי יושבי ביתך עוד יהללוך

11 כי טוב יום בחצריך מאלף בחרתי הסתופף בבית אלהי מדור באהלי רשע

3 Es sehnt sich, und ja, es schmachtet meine Seele nach den Vorhöfen JHWHs
5 Glücklich sind[135] die Bewohner deines Hauses. Stets werden sie dich loben.
11 Denn ein Tag in deinen Vorhöfen ist besser als tausend, die ich gewählt habe; an der Schwelle des Hauses meines Gottes zu sitzen ist besser als zu wohnen in den Zelten der Gottlosigkeit.

Gerade die Formulierung „Bewohner deines Hauses" lässt vielmehr an einen Tempeldiener denken als an einen Wallfahrer. Diese Zeilen sind als Aussprüche der unter der Situation leidenden Korachiter gut verständlich. Diese Zuordnung erklärt

---

133 Eine Gegenüberstellung von Ps 84 mit Ps 42 bietet beispielsweise SÜSSENBACH, Psalter, 376, oder auch MILLARD, Komposition, 63–65.

134 So SCHAPER, Hirsch, 33; vgl. dazu auch zum Beispiel SEYBOLD, Psalmen, 331. Ähnlich auch SÜSSENBACH, Psalter, 376, ZENGER/HOSSFELD, Die Psalmen. Psalm 51–100, 469.

135 Zur Übersetzung von אשרי als Nominalsatz vgl. DIEHL, Weisheit.

150 | Korach und die „Söhne Korachs" im Psalter

darüber hinaus, dass der Beter den Tempel tatsächlich *realiter* vor Augen hatte[136], aber nun nicht mehr, da er vom Tempelpersonal ausgeschlossen wurde.

Diese Annahme würde für die Entstehung und Interpretation dieses Psalms heißen, dass er entweder ursprünglich ein Psalm eines sehnsüchtigen Wallfahrers gewesen ist. Durch die (dann nachträgliche) Überschrift änderte sich allerdings die Leserichtung, und er kann auf die vielleicht nicht mehr am Tempel ansässigen Korachiter gelesen werden, oder der Psalm könnte von vornherein ein von den Korachitern verfasster Psalm sein. Bei letzterer Annahme würde allerdings nicht klar, warum der Beter in V.10 von einem Gesalbten spricht. In der Zeit der Korachiter war kein König am Zweiten Tempel im Amt. Dass sich die Korachiter selbst als die Gesalbten im Sinne des Hohepriesters bezeichneten[137], wäre eine starke Anmaßung und sonst nicht belegt, aber dennoch möglich, zumal auch die „vermeintlichen Widersacher" der Leviten, die Aaroniden, in Num 3,3 als „gesalbte Priester" bezeichnet werden. Ist aber, wie in der Forschung mehrheitlich angenommen, von einem König in V.10 die Rede[138], liegt es nahe, dass der Psalm erst durch eine nachträgliche Überschrift auf die Korachiter gelesen werden soll. Das heißt, auch hier könnten wie in den Pss 42–48 die Korachiter als Sammler und Herausgeber des Psalms fungiert haben. Sie sahen sich in diesem Psalm beschrieben.

Durch diese Lesart des Psalms auf die Korachiter hin wird deutlich, dass sie hier nicht als Frevler dargestellt werden, auch nicht als reiche und angesehene, aber törichte Menschen wie in Ps 49. Die Korachiter sind hier unter der Situation Leidende, die gern im Haus Gottes wären, denen aber der Weg dahin versagt ist. Sie selbst stehen am Schluss des Psalms als fromme Beter da, die sich stets auf Gott verlassen.

2.4.2 Psalm 85

Eine relativ kurze Überschrift: למנצח לבני קרח מזמור leitet Ps 85 ein. Dieser Psalm stellt eine kollektive Klage dar, in der der Psalmist darum bittet, dass Gott von seinem Zorn ablässt und stattdessen seine Gnade erweisen soll. Nach Klaus Seybold ist die „Kernaussage des Psalms die Botschaft vom Friedensgruß Gottes an seine Gemeinde (9f)"[139]. Auch zur Analyse dieser Kernaussage sei die Überschrift mit in die Interpretation einbezogen: Wenn man diesen Psalm in Bezug auf die „Söhne Korachs" liest, dann wird deutlich, dass die Korachiter die angesprochene

---

136 So beschreibt SCHAPER, Hirsch, 33, die Beter-Perspektive in Ps 84 im Gegensatz zu der in Ps 42/43.

137 Vgl. Lev 4,3.5.16; 6,15.32; Num 3,3 (hier werden die Nachkommen Aarons als הכהנים המשחים bezeichnet); 35,25.

138 Vgl. dazu BOOIJ, Psalm LXXXIV.

139 SEYBOLD, Psalmen, 335.

Gemeinde, die Heiligen (V.9b), sind, die um Gottes Gnade und Ablassen seines Zorns flehen. Dabei sticht vor allem V.5 ins Auge:

שובנו אלהי ישענו והפר כעסך עמנו

Stelle uns wieder her, Gott unseres Heils, und mache deinem Verdruss gegen uns ein Ende!

Auch hierbei gilt, dass der Psalm in seiner ursprünglichen Intention durchaus die Not im Exil beklagt haben kann. Nach dem Zufügen der Überschrift allerdings kann die klagende Gemeinde mit den Korachitern identifiziert werden. Auch in diesem Psalm ist von einem frevelnden, törichten oder reichen Korach-Bild, wie in Ps 49, keine Spur. Die Klagenden in diesem Psalm haben Angst, in Torheit zu geraten (V.9b), und sehen sich selbst als gottesfürchtig (V.10) und haben deshalb Hoffnung, dass Gott dem Land Frieden und Gerechtigkeit geben wird (V.11f). Das spricht dafür, dass die Korachiter auch diesen Psalm mit den anderen sammelten und herausgaben. Dieser Psalm sprach ihnen aus der Seele – durch V.5 vielleicht ganz besonders.

2.4.3 Psalm 87

Mit Ps 87 liegt ein sehr kurzer Psalm vor, weshalb er nun hier vollständig abgedruckt sei:

לבני קרח מזמור שיר יסודתו בהררי קדש
אהב יהוה שערי ציון מכל משכנות יעקב
נכבדות מדבר בך עיר האלהים סלה
אזכיר רהב ובבל לידעי הנה פלשת וצור עם כוש זה ילד שם
ולציון יאמר איש ואיש ילד בה והוא יכוננה עליון
יהוה יספר בכתוב עמים זה ילד שם סלה
ושרים כחללים כל מעיני בך

Von den Söhnen Korachs. Ein Psalm. Ein Lied. Seine Gründung ist auf den heiligen Bergen.
JHWH liebt die Tore des Zion mehr als alle Wohnungen Jakobs.
Herrliches ist über dich geredet, du Stadt Gottes. SELA
Ich will Rahab und Babel in Erinnerung rufen bei denen, die mich kennen; siehe, Philistäa und Tyrus samt Kusch. Dieser ist dort geboren.
Von Zion aber wird gesagt werden: Mann für Mann ist darin geboren. Und der Höchste, er wird es befestigen.
JHWH wird schreiben beim Verzeichnen der Völker: Dieser ist dort geboren. SELA
Und singend und den Reigen tanzend [werden sie sagen]: Alle meine Quellen sind in dir!

Diese sieben Verse sind durchgängig ein Lob auf Zion. Insofern bietet dieser Psalm viele sprachliche und motivische Gemeinsamkeiten zu den Psalmen 46–48, aber auch zu Ps 84.[140] Nach Christel Maier nimmt Ps 87 die in den Pss 46 und 48 entfaltete Zionstheologie auf und erweitert sie. Demnach liege eine Entstehung von Ps 87 in deutlich nachexilischer Zeit nahe.[141] Nach Zenger komme als Entstehungszeit die Epoche zwischen 500 und 300 v. Chr. in Frage.[142] Von daher kann man wohl annehmen, dass Ps 87 nicht ursprünglich zu der Korachitersammlung Pss 42–48 dazugehört hat, die vermutlich in der zweiten Hälfte des 5.Jh.s ihren Abschluss fand, auch wenn hier viele Anknüpfungspunkte bestehen.

Ps 87 ist gerade durch seine Kürze schwer verständlich. Er ist „far away from being a fluent reading."[143] Nissim Amzallag arbeitet zu diesem Psalm überzeugend heraus, dass es notwendig ist, die Überschrift zur Interpretation hinzuzunehmen. Das zentrale Thema des Psalms sei nämlich nicht, wie so oft angenommen, „Jerusalem als Mutter der Völker". Vielmehr ginge es hier um das Verhältnis der Korachiter untereinander, zwischen den noch in Jerusalem lebenden und denjenigen in der Diaspora. Einige Hinweise fänden sich dazu in dem Psalm, so zum Beispiel die Nennung der Tore Zions in V.2 und das Singen in V.7.[144] Schließlich waren die Korachiter Torwächter/Türhüter und Sänger. Amzallag machte in seinem Aufsatz also den korachitischen Bezug des Psalms deutlich. Ergänzen möchte ich nur noch einen Blick auf die vermutliche Situation der Korachiter: Warum ist den Korachitern in Jerusalem ihr Zusammenhalt mit der Diaspora wichtig? Es könnte doch sein, dass zuvor die große Diffamierungskampagne verschriftlicht in Num 16f erfolgreich stattfand, und sie wohl teilweise vertrieben wurden oder gegangen sind, da sie keine Zukunft am Tempel mehr sahen. Zudem ist auch hier wieder die Sehnsucht nach (beziehungsweise die Liebe zu) der Gottesstadt spürbar. So lässt sich dieser Psalm gut mit den leidenden Korachitern identifizieren, weshalb es auch hier möglich ist, diese als Herausgeber anzunehmen.

2.4.4 Psalm 88

Ps 88, der letzte Korachpsalm der Hebräischen Bibel, stellt wohl ein „Klagegebet eines Todkranken"[145] dar, auch wenn eine genaue Gattungsbestimmung schwierig scheint; denn bei diesem Psalm fehlen für eine Klage die typischen Elemente

---

140 Vgl. dazu zum Beispiel die Analyse von MAIER, Zion, 585f.
141 Vgl. MAIER, Zion, 589.
142 Vgl. ZENGER/HOSSFELD, Die Psalmen. Psalm 51–100, 480.
143 AMZALLAG, Character, 369.
144 Vgl. AMZALLAG, Character.
145 So SEYBOLD, Psalmen, 344.

"Feinde", "Rettungsbitten" oder "Stimmungsumschwung".[146] Bei Ps 88 handelt es sich vermutlich um einen nachexilischen Psalm.[147] Der Beter sieht sich nahe dem Tod, nicht nur dem physischen auch dem gesellschaftlichen, und schreit zu Gott. Es ist durchaus möglich, Ps 88 als einen von Thematik und Aufbau her singulären Psalm in der Hebräischen Bibel zu sehen, da er sich von den anderen Klageliedern des Einzelnen insofern unterscheidet, als "der Gebetsprozeß von der ersten Invocatio "JHWH, Gott meiner Rettung" [...] (V.2a) konsequent weg- und zur Anklage Gottes hinführt, so daß am Ende nur noch die Entfernung des Beters von seiner sozialen Umgebung und von seinem Gott konstatiert wird, der diese Entfernung herbeigeführt hat".[148] Immer wieder betont der Beter in diesem Psalm, dass er selbst unschuldig sei, und dass sein Leiden von Gott komme. Dass seine Freunde und Nachbarn nicht mehr mit ihm sprechen, ist allein Gottes Schuld. So heißt es beispielsweise in Ps 88,9:

9 הרחקת מידעי ממני שתני תועבות למו כלא ולא אצא

9 Du hast meine Bekannten von mir entfernt, hast mich ihnen zum Abscheu gemacht. Gefangen kann ich nicht heraus.

Zieht man nun die Überschrift über diesen Psalm mit zu seiner Analyse heran, so wird aus dem anonymen Beter ein Nachkomme der Söhne Korachs, und zwar Heman, der Esrachiter. Da Ps 88 ein Individualgebet ist[149], wird dieser Psalm – eventuell nachträglich – auch nur *einem* Korachiter zugeschrieben: Heman. Er ist nach IChr 6 der wichtigste in den Sängerfamilien.[150] Die Überschrift über Ps 88 bereitet jedoch Schwierigkeiten.

Sie lautet:

שיר מזמור לבני קרח למנצח על מחלת לענות משכיל להימן האזרחי

---

146 Vgl. SCHNOCKS, Vergänglichkeit, 5.
147 Vgl. zum Beispiel ZENGER/HOSSFELD, Die Psalmen. Psalm 51–100, 483; SEYBOLD, Psalmen, 344.
148 So JANOWSKI, Toten, 20.
149 Siehe unten zur Analyse des Psalms.
150 Nach IChr 6 ist Heman der wichtigste Sänger, da er von den drei Sängergruppen in der Mitte positioniert wird: Asaf steht zu seiner Rechten und Etan zur Linken. Auch in IChr 25,5 wird Heman sehr hochgeschätzt, da einerseits von ihm gesagt wird, Gott habe ihm zugesichert, sein "Horn" zu erhöhen, und andererseits ihm in dieser Liste als einzigem Sänger der Titel "Seher des Königs" (חזה המלך) zukommt. Darüber hinaus wird in diesem Kapitel von Heman berichtet, er habe 14 Söhne und drei Töchter gehabt. Das sind weit mehr Kinder als die des Asaf und des Jedutun.

154 | Korach und die „Söhne Korachs" im Psalter

Dies ist eine mehrteilige Überschrift, von der in der Forschung oft angenommen wird, es handele sich hierbei um das Ergebnis einer Kumulation, und die Zuschreibung sei unklar.[151] Meiner Ansicht nach ist sie aber auch einheitlich verständlich:

> *Ein Psalmlied der Söhne Korachs […], und zwar (als) ein Lehrgedicht in Bezug auf Heman, den Esrachiter, (zu lesen).*

Schwierig ist natürlich, dass es außer in Ps 88,1 biblisch keinen „Heman, den Esrachiter" gibt. Heman kommt als berühmter Sänger der Korach-Nachkommen vor oder auch gemeinsam mit Etan, dem Esrachiter, als weiser Mann in IReg 5,11. Ist hier nun der Sänger Heman oder der weise Mann aus IReg 5,11 gemeint? Es ist möglich, dass der Psalm-Redaktor, der die Überschrift über diesen Psalm gesetzt hatte, beide Heman-Erwähnungen im Blick behielt: Der Sänger Heman soll durch den Zusatz האזרחי als ein besonders weiser Mann gekennzeichnet werden (und soll vielleicht nicht als derjenige zu identifizieren sein, der im Juda-Stammbaum der Chronik genannt wird[152]). Dies würde gut mit der Deutung des Psalms als eines weisheitlichen משכיל zusammenpassen.[153] Damit gäbe dieser Psalm ein äußerst positives, nämlich sehr weises, Korachbild wieder, und die Not der Korachiter wäre zugleich mit dargestellt. Zudem wird der Psalm durch diese Überschrift mit dem Folge-Psalm 89 verbunden. Hier ist von Etan, dem Esrachiter, die Rede. Dass „Heman, der Esrachiter" in der Überschrift von Ps 88 schwer verständlich ist, zeigt bereits ein Blick auf die antiken Bibelübersetzungen: Die Septuaginta sowie Aquila bezeugen statt des „Esrachiters" ein τῷ Ἰσραηλίτῃ; die Vulgata behält stattdessen in beiden Versionen die Bezeichnung Hemans als Esrachiter bei („Eman Ezraitae"). Till Magnus Steiner zieht in seinem Aufsatz über die Korachiter in den Psalmen richtig auch die Korach-Stellen in Chronik und Num 16 mit heran und gelangt gerade bei Ps 88 zu folgender Überlegung: „Diese Rekonstruktion einer Sängergestalt wurde vielleicht nötig, einerseits durch die Brandmarkung ‚Korachs' durch priesterliche Kreise in Num 16 und andererseits könnte es ein Zeichen des Neuentstehungscharakters einer Tempelsängergruppe sein, dass im Kontext der Chronikbücher dieser Gruppe diese hochehrwürdige Sängerperson angedichtet wurde."[154] Diese Überlegung halte ich für durchaus wahrscheinlich, und sie liefert noch einmal ein Beispiel dafür, dass zur Interpretation der Korachpsalmen die anderen Korach-Nennungen aus Numeri und Chronik mit herangezogen werden

---

151 So beispielsweise SEYBOLD, Psalmen, 344.

152 Siehe dazu unten Kapitel 3.4. Ein Vergleichspunkt: Überlegungen zum Stamm Juda in der „genealogischen Vorhalle" (IChr 1–9).

153 Obwohl natürlich auch die Pss 42; 44; 45 als משכיל bezeichnet werden.

154 STEINER, Korachiten, 155.

müssen, und dass Überschrift *und* Inhalt der Psalmen mit Blick auf die „Korach-Erzählung" gelesen werden müssen.

Biblisch betrachtet gibt es also keinen Heman, den Esrachiter, außerhalb von Ps 88, aber mit dem Namen Heman und der Anspielung auf Etan, den Esrachiter, gelingt dem Redaktor der Überschrift, zwei große Persönlichkeiten als Identifikationsfiguren diesem traurigen Psalm voran zu stellen. Heman ist der Vorsteher einer Sängergruppe und Etan, der Esrachiter, einer der weisesten Männer der Erde (vgl. IReg 5,11). Damit erhält dieser Psalm ein äußerst positives Korachbild, und die Not der Korachiter erscheint damit noch umso größer: Ein berühmter Sänger, ein weiser Mann, ein Korach-Nachfahre besingt und beklagt seinen gesellschaftlichen Tod. In seiner Seele ist keine Kraft mehr (Ps 88,5). Dies erinnert an Ps 84. Gerade die beiden Psalmen 84 und 88 „bilden dadurch einen kontrastiven Zusammenhang, daß Ps 84 eine ‚Seele' zeigt, die ‚von Kraft zu Kraft' wandert (84,8), während Ps 88 eine ‚Seele' zeigt, die von sich sagt, daß sie wie ein Mann geworden ist, in dem keine Kraft mehr ist (88,5)."[155] So schließt meines Erachtens Ps 88 mit großer Ausdrucksstärke über die Entfernung vom Beter zu Gott den Zyklus der Korachpsalmen ab. „Der Gott, an den der Beter als den Gott seiner „Rettung" (V.2) glaubt, und der Gott, der der Verursacher seines Leidens ist, sind ihm offenbar unüberbrückbar auseinandergetreten. Dass er in dieser Situation aber überhaupt noch betet, ist ein Beleg dafür, dass noch nicht alle Brücke[n] abgebrochen sind."[156] Dies ist der traurige Höhepunkt und Abschluss der Korachpsalmen: Gott hat sich von den Korachitern entfernt; sie selbst haben sich nichts zu Schulden kommen lassen. Ps 88 schließt mit dem Vers:

הרחקת ממני אהב ורע מידעי מחשך

Du hast mir entfremdet Freund und Nächsten. Meine Bekannten sind Finsternis.

Der Beter des Psalms ist sozial endgültig ausgegrenzt und einsam.

Einige Schlüsselwörter und Themen von Ps 88 werden in Ps 89 und dann zu Beginn des vierten Psalmbuchs wieder aufgenommen – von den Korachitern ist aber in Ps 88 das letzte Mal die Rede.[157]

Ps 88 führt meines Erachtens am deutlichsten von den Korachpsalmen vor Augen, welch zusätzliche Sinnebene die Überschrift eröffnet, wie der Leser damit gelenkt wird. Weiß man, dass dieses Lied von einem berühmten Korachiter stammt, dann fügen sich seine Klagen klar in die Geschichte der biblischen Erzählung ein: Hier

---

155 JANOWSKI, Toten, 8.

156 JANOWSKI, Psalm 88, 73f.

157 Zur Verknüpfung von Ps 88 mit Ps 89 und den Pss 90–92 siehe SCHNOCKS, Vergänglichkeit.

156 | Korach und die „Söhne Korachs" im Psalter

lesen wir die Folge von Num 16f: So fühlen sich Menschen, die gesellschaftlich diffamiert wurden, weil sie die Nachkommen eines Aufständischen gegen Mose sind: Es herrscht Entfernung von der sozialen Umgebung und Entfernung von Gott, obwohl sie selbst unschuldig an dieser Situation sind. Leicht lassen sich also die Aussagen über den gesellschaftlichen Tod des Beters mit Bezug auf die Korachiter deuten.

2.4.5 Zusammenfassung: Die „Söhne Korachs" in den Pss 84f und 87f

Im Gegensatz zur Korachpsalmensammlung Ps 42–49 weisen diese vier Psalmen nicht mehr diese Vielfältigkeit an Gattungen und Themen auf. Es liegen drei Klagelieder und ein Loblied vor, die zentralen Themenbereiche sind überschaubar. Die Zionstheologie ist keiner Weiterentwicklung unterlegen, wie dies in Ps 46 und 48 ersichtlich ist. Die Psalmen 84; 85; 87 und 88 haben, auch wenn es motivische Übereinstimmungen mit der Korachpsalmengruppe Pss 42–48 gibt, einen ganz anderen Tenor. In den Pss 84f.87f kommen unter ihrer Situation leidende Menschen zu Wort. Der Weg zum Zion scheint versperrt, Gott zürnt, sie sind gesellschaftlich ausgestoßen. Zieht man nun die Überschriften als Identifikationspunkte zur Interpretation mit heran, wird deutlich: Hier sprechen leidende Korachiter. Sie sammelten diese vier Psalmen, weil sie ihnen aus der Seele sprachen, und edierten sie. Man könnte annehmen, dass dies Korachiter einer späteren Zeit als die der Psalmengruppe Pss 42–48 waren. Sie gaben ihre vier Psalmen heraus, *nachdem* die Erzählung aus Num 16f bekannt wurde, nachdem die Diffamierung in großem Stil griff, nachdem sie wohl keine Tempeldiener mehr sein durften.

Die Analysen zu der Korachpsalmengruppe und den beiden Psalmenpaaren legen daher nahe, dass man sich bei der Veröffentlichung der Korachpsalmen in unterschiedlichen Zeiten bewegt: einmal vor und einmal nach der Diffamierung von Korach, dem Stammvater der Sängergruppe. Dies wird auch dadurch unterstrichen, dass die Korachpsalmen in verschiedenen Psalmbüchern zuhause sind. Auf den Korach von Num 16f wird in keinem der Korachpsalmen konkret Bezug genommen. Das ist insofern interessant, als in Ps 106 zwar die Erzählung von Num 16f aufgegriffen aber Korach nicht wird. Dieser Psalm sei als nächstes dargestellt, bevor der Blick schließlich hinübergeht zu den Korachitern in der Chronik, die noch einmal ein ganz eigenes Bild und einen Kontrast zu Num 16f bietet.

2.5 Analyse von Ps 106,16–18

„In Ps 106 blicken die Beter aus der Perspektive des Exils auf ihre Geschichte zurück, indem sie sich mit den dem Exil zugrunde liegenden Schuldverstrickungen der Vorfahren identifizieren. Dazu entfalten sie ihre Geschichtsreflexion von dem

Schuldbekenntnis in V.6 her als Geschichte von Verfehlungen."[158] Schuld und Verfehlungen in der Frühgeschichte bilden in diesem Psalm einen Schwerpunkt, sodass auch ein Bezug auf die Aufstandserzählung in Num 16f nicht ausbleiben darf. Der Konflikt aus Num 16,1–35 wird in Ps 106,16 nun so gedeutet, „dass es sich nicht um die Verfehlung von einer bzw. von zwei Gruppen innerhalb des Volkes handelt, sondern um das Vergehen des gesamten Volkes, das im Eifern gegen Mose und Aaron schuldig wird"[159]. Dabei ist auffällig, dass der Protagonist dieses Aufstands, Korach, nicht erwähnt wird. Die Person des Korach fehlt in der geschichtlichen Darstellung der Wüstenzeit in Ps 106, die Aufständischen Datan und Abiram werden jedoch beim Namen genannt. Deshalb soll dieser Psalm nun näher beleuchtet werden:

Ps 106 ist ein Geschichtspsalm, dessen „Substanz aus einer Darstellung der Geschichte des Gottesvolkes vom Exodus bis zum Exil (7–46)"[160] besteht. Es handelt sich vermutlich um einen spätnachexilischen Psalm. Auf diese Datierung weisen neben theologischen Aspekten auch seine enge konzeptionelle Verknüpfung mit Ps 105 und seine literarische Einbettung in die Sammlung Ps 103–107* hin.[161] In Ps 106,16–18 wird deutlich auf die Aufstandserzählung aus Num 16f Bezug genommen. Es heißt dort:

16 ויקנאו למשה במחנה לאהרן קדוש יהוה
17 תפתח ארץ ותבלע דתן ותכס על עדת אבירם
18 ותבער אש בעדתם להבה תלהט רשעים

16 Und sie beneideten Mose im Lager und Aaron, den Heiligen JHWHs.
17 Die Erde öffnete sich und verschluckte Datan und bedeckte die Schar Abirams.
18 Und ein Feuer entbrannte mitten in ihrer Schar/Versammlung, eine Flamme verzehrte die Gottlosen.

Diese drei Verse fassen in aller Kürze die Erzählung von Num 16 zusammen. Das Subjekt ist zunächst nicht näher genannt; es ist von „sie" die Rede. Unter diesem „sie" sind immer noch „unsere Väter" aus den Vv.6 und 7 zu verstehen, da sie das letztgenannte Subjekt in der 3. Pers. Pl. waren. Allgemein gesprochen beneideten alle „unsere Väter" demnach Mose und Aaron. Letzterer wird hier als Heiliger

---

158 GÄRTNER, Geschichtspsalmen, 241.
159 GÄRTNER, Geschichtspsalmen, 209.
160 SEYBOLD, Psalmen, 421.
161 Vgl. GÄRTNER, Geschichtspsalmen, 243. SEYBOLD, Psalmen, 421, hingegen datiert diesen Psalm in die spätexilische Zeit. Durch die Anspielungen an Num 16 (und auch an weitere Numeri-Stellen und durch die Nähe zur prophetischen Literatur) ist er nach ZENGER/HOSSFELD, Psalmen.101–150, 124, eher in der nachexilischen Zeit, etwa in die Mitte des 5. Jh.s zu verorten.

Israels bezeichnet, wie auch in Num 16f. Im Anschluss daran werden zwei Strafen geschildert:

1) Die Erde verschluckte Datan und bedeckte die Schar Abirams.
2) Ein Feuer verzehrte die Gottlosen.

Nach Num 16f hätte Korach mit seiner Schar von der Erde verschluckt werden müssen und nicht Datan und Abiram. Deren Schicksal bleibt in Num 16f unerwähnt.[162] Von Korach wird hier aber nicht gesprochen. Zwar taucht die Vokabel עדה auf, mit der sonst häufig die Schar um Korach bezeichnet wird, doch beschreibt diese hier im Gegensatz zur Numeri-Erzählung die Zugehörigkeit zu Datan und Abiram, nicht zu Korach. Diese Nicht-Nennung Korachs lässt meines Erachtens nur eine Schlussfolgerung zu: Der Verfasser von Ps 106 wollte das gute Bild der Korachiter wahren und verschwieg Korach und seine Angehörigen als Aufrührer.[163] So hält dies auch Frank-Lothar Hossfeld fest: „Zurecht wird schon seit langem vermutet, dass der Name des Anführers der Aufständischen „Korach" aus Rücksicht auf das Tempelpersonal der Korachiter verschwiegen wird."[164]

Es ist keine Lösung, Ps 106 noch vor der Zeit der Korachbearbeitung anzusetzen und zu vermuten, dass der Verfasser von Ps 106 Korach gar nicht kannte. Wenn dem so wäre, dann würde der Verfasser von Ps 106 die Vokabel עדה nicht benützen, da diese wie der Name Korach auch zur Korachbearbeitung gehört. Der Verfasser von Ps 106 verwendet die Vokabel עדה aus Num 16, kombiniert diese aber anstatt mit Korach mit Abiram.

Es ist meiner Ansicht nach ebenso keine Lösung, die beiden Vers-Teile 16b und 18 als sekundär zu betrachten, wie dies Reinhard Achenbach im Anschluss an Bernhard Duhm vornimmt.[165] Diese Annahme ist zunächst poetologisch nicht sinnvoll, da alle drei Verse Parallelismen beziehungsweise Bikola bilden und man durch die redaktionelle Annahme zu einem Monokolon in V.16 gelangen würde. Der gesamte Psalm weist kein Monokolon auf – was auch poetologisch untypisch wäre. Ebenso ist die Argumentation von Duhm, V.18 als sekundär zu erklären, vor dem Hintergrund von Num 16 nicht schlüssig. Duhm schreibt: „Jedenfalls kann v. 18 nicht hinter v. 17 stehen: wenn die Erde die Gottlosen verschlungen hat, so ist das Feuer unnütz; der Verf. des Zusatzes hat nicht daran gedacht oder keinen Rat darauf gewusst, die Opfer des Erdschlundes und die des Feuers ordentlich auseinander

---

162 Vgl. zu Num 16f. und die dort miteinander verwobenen Erzählungen Kapitel 1.1.2 Literargeschichtliche Analyse von Num 16,1–17,15.

163 So zum Beispiel SCHMIDT, Studien, 114; ZENGER/HOSSFELD, Psalmen. 101–150, 129.

164 HOSSFELD, Ps 106, 259.

165 ACHENBACH, Vollendung, 43.

zu halten."[166] Denn wenn der Verfasser des Psalms zweifelsohne auf die Numeri-Stelle Bezug nimmt, so finden sich auch dort zwei verschiedene Todesarten: vom Erdboden verschluckt oder von einem Feuer verzehrt werden.

Eine andere Herangehensweise ist hier vonnöten: Es sollen nicht Verse als sekundär erklärt werden, nur um eine „lückenlose und glatte" Bezugnahme auf Num 16f herzustellen. Vielmehr lässt Ps 106 durchaus im Ganzen erkennen, dass der Psalmist hier nicht einfach nur die Erzählungen aus dem Pentateuch nacherzählt, sondern er interpretiert[167] – so auch in den Vv.16–18, indem er den Anführer Korach nicht erwähnt und es so den Anschein hat, er wäre nicht unter den Aufrührern gewesen.

Dass der Psalmist hier nicht einfach eine Passage aus der Wüstenzeit nacherzählt sondern sie auch – mit Hilfe anderer Schriftstellen – interpretiert, ist insgesamt an den Vv.15–18 deutlich. In V.15 heißt es vor der Passage mit Datan und Abiram:

ויתן להם שאלתם וישלח רזון בנפשם

Und er gab ihnen (nach) ihren Bitten. Er sandte ihnen aber Schwindsucht in ihre Seele.

Inhaltlich geht es in diesem Vers darum, dass die Israeliten in der Wüstenzeit JHWH immer wieder versuchten und von ihm abfielen. Dass JHWH den Israeliten „Schwindsucht in ihre Seele" schickte, scheint auf den ersten Blick ein freier Zusatz des Psalmisten zu sein, der hier im wesentlichen auf Num 11,1 rekurriert. Meines Erachtens verknüpfte jedoch der Psalmist hier die Numeri-Erzählungen mit Jes 10,16, um die Textstellen miteinander auszulegen. Alle vier Texte seien nebeneinander gestellt:

Ps 106,15–18:

15 ויתן להם שאלתם וישלח רזון בנפשם
16 ויקנאו למשה במחנה לאהרן קדוש יהוה
17 תפתח־ארץ ותבלע דתן ותכס על־עדת אבירם
18 ותבער־אש בעדתם להבה תלהט רשעים

15 Er aber gab ihnen, was sie erbaten, und sandte Schwindsucht in ihre Seele.
16 Und sie beneideten Mose im Lager und Aaron, den Heiligen JHWHs.
17 Die Erde öffnete sich und verschluckte Datan und bedeckte die Schar Abirams.
18 Und ein Feuer entbrannte mitten in ihrer Schar/Versammlung, eine Flamme verzehrte die Gottlosen.

---

166 DUHM, Psalmen, 248.

167 Dies arbeitet z. B. Judith Gärtner heraus. So nimmt beispielsweise Ps 106,20 zusätzlich zu den Stellen aus den Geschichtsbüchern Bezug auf Jer 2,11 „und deutet das Anfertigen des Gussbildes mit einem Zitat aus Jer 2,11 als Göttertausch" (GÄRTNER, Geschichtspsalmen, 210).

Num 11,1:

ויהי העם כמתאננים רע באזני יהוה וישמע יהוה ויחר אפו ותבער בם אש יהוה ותאכל בקצה המחנה 1
1 Und das Volk wehklagte vor den Ohren des HERRN, dass es ihm schlecht gehe. Und JHWH
hörte es, und es entbrannte sein Zorn, und das Feuer JHWHs loderte auf unter ihnen und
fraß am Rande des Lagers.

Num 17,2–3a:

אמר אל אלעזר בן אהרון הכהן וירם את המחתת מבין השרפה ואת האש זרה האלה כי פדשו 2
את מחתות החטאים האלה בנפשתם ... 3
2 „Sage zu Eleasar, dem Sohn Aarons, dem Priester, er soll die Räucherpfannen aus der
Brandstätte herausheben. Und verteile das Feuer anschließend, weil die Räucherpfannen
dieser Sünder geheiligt wurden,
3 indem sie um ihr Leben hingegangen sind!

Jes 10,16:

לכן ישלח האדון יהוה צבאות במשמניו רזון ותחת כבדו יקד יקד כיקוד אש
16 Darum wird der Herr, JHWH der Heerscharen, unter seine Fetten Schwindsucht senden,
und unter seiner Herrlichkeit wird ein Brand auflodern wie ein Feuerbrand.

Betrachtet man also Ps 106,15–18 vor dem Hintergrund der Erzählungen des Numeribuches, so wirkt zunächst das Wort רזון wie ein Fremdkörper im Text. Nicht umsonst wird hier in der Forschung nach Erklärungen gesucht: Nach Hans-Joachim Kraus wird in Ps 106,15 der sehr große Schlag מכה רבה מאד aus Num 11,33 genannt[168]. Klaus Seybold vermutet in Ps 106,15 einen Schreibfehler von מזון in רזון[169]. Frank-Lothar Hossfeld zieht zur Interpretation von Ps 106,13–15 Ps 78 und Num 11 heran, kann so aber das Motiv der Schwindsucht nicht erklären.[170] Meines Erachtens kann das Motiv der Schwindsucht nur vor dem Hintergrund von Jes 10,16 erläutert werden. Nur an diesen beiden Stellen kommt dies Lexem in der Hebräischen Bibel vor. So ist Angelo Passaro recht zu geben, dass in Ps 106 (und auch 105) eine Art „Midrasch" vorliegt.[171] V.15 zeigt, dass hier verschiedene Stellen miteinander kombiniert werden bzw. genauer, dass hier eine Prophetenstelle einen Abschnitt der Tora auslegt und in diesem Sinne vom Psalmist aufgenommen wurde.

---

168 vgl. Kraus, Psalmen. 2. Teilband, 903.
169 vgl. Seybold, Psalmen, 421.
170 Zenger/Hossfeld, Psalmen. 101–150, 129.
171 Vgl. Passaro, Hermeneutics, 53. Bei seiner These hat Passaro allerdings nicht Ps 106,15 im Blick.

Die Kombination von וישלח רזון ב kommt nur in Ps 106,15 und Jes 10,16 vor. Zudem wird an beiden Stellen von einem Feuer JHWHs gesprochen. So bietet Jes 10,16 eine auffallend große Ähnlichkeit in Motivik und Vokabular mit Ps 106,15: JHWH schickt zuerst eine Schwindsucht und dann ein Feuer – dies gibt es nur in Jes 10 und Ps 106. In Jes 10,16 wird den Feinden Israels, den „Fetten Assurs" prophezeit, dass JHWH unter sie die Schwindsucht schicken wird. Der Psalmist, der ja im gesamten Ps 106 das Volk als sündig darstellt, drückt meines Erachtens hier mit seiner Formulierung aus, dass das Volk Israel nicht besser sei als das Volk Assurs. Mit dem Wort רזון qualifiziert der Psalmist das Volk Israel ab, was man allerdings nur vor dem Hintergrund von Jes 10,16 versteht. Diese Motivik hat der Psalmist in seine Darstellung der Wüstenzeit eingeflochten und zudem Num 11 mit Num 17 als eine Geschichte zusammengefasst. Diese Zusammenfassung ist vor allem an den Worten ותבער בם אש und נפש + ב erkennbar. So bot er für den schwer verstehbaren elliptischen Ausdruck בנפשתם in Num 17,3 eine Erklärung an. Er qualifizierte auch diese Menschen, die bei dem Gottesfeuer ums Leben gekommen waren, als diese, denen JHWH Schwindsucht in ihre Seelen schickte, die eben auch nicht besser waren als das Volk von Assur.

Aufgrund dieser Vernetzungen und der midraschähnlichen Arbeitsweise des Psalmisten ist Ps 106 meiner Ansicht nach nicht früher als spätnachexilisch einzuordnen. Eine sekundäre Hinzufügung der Vv.16b und 18 ist äußerst unwahrscheinlich. Um auf die Korach-Frage zurückzukommen: Korach wurde hier durch eine eigene Interpretation der Geschehnisse in der Wüste bewusst verschwiegen. Viel eher liegt der Schwerpunkt von Ps 106 auf dem sündigen Volk Israel im Ganzen.

2.6 Redaktionsgeschichtliche Überlegungen zu Korach und den Korachitern in den Psalmen und Einordnung in die aktuelle Psalm-Forschung

Die Person des Korach ist im gesamten Psalter nicht erwähnt – weder als Rebell noch als Tempeldiener. Die Nachkommen Korachs, seine Söhne, erfreuen sich aber durchaus einer gewissen Präsenz, jedoch (nur) in den Psalmüberschriften. Was trägt dieser Befund für die Analyse von Korach in der Hebräischen Bibel aus?

Zunächst ist in der Tat verwunderlich, dass Korach selbst namentlich nicht erwähnt wird. Ps 106 berichtet vom Aufstand in der Wüste gegen Mose und Aaron und nennt dabei auch die Akteure Datan und Abiram sowie viele „Gottlose", Korach aber wird hier ausgespart. Meines Erachtens liegt die Annahme nahe, dass diese Nicht-Erwähnung bewusst geschehen ist, da der Psalter insgesamt ein Korachfreundliches Bild zu zeichnen versucht. Einzig Ps 49 bildet hier eine Ausnahme.

Dies zeigt auch bereits, dass es nicht möglich ist, für alle Korachpsalmen eine theologische Linie, eine Schwerpunktsetzung ausfindig zu machen. Auch für die

Nachkommen Korachs gilt, was Johannes Schnocks auch für die Davidfigur im Psalter erarbeitet hat: Die Vielgestaltigkeit dieser einen Figur darf nicht eingeebnet werden, sondern soll in ihrer Polyphonie zum Klingen gebracht werden.[172] Der Name Korach wird mit den unterschiedlichen theologischen Konzeptionen als Herausgeber der Psalmen verbunden, seine Söhne dienen als Identifikationsfigur sowohl für leidende Beter als auch für Wallfahrer zum geliebten Zion.

Die Ergebnisse seien zunächst im Einzelnen vorgestellt: Es gibt *eine Korachpsalmensammlung* (Ps 42–48) und *zwei Korachpsalmen-Paare* (Ps 84f und 87f) sowie *einen Nachtrag zur ersten Sammlung durch Ps 49*. Nach obiger Diskussion ist es wenig wahrscheinlich, dass die Korachpsalmen im dritten Psalmbuch die erste Korachpsalmensammlung nachahmen, wie zum Beispiel Erich Zenger und Claudia Süssenbach dies postulieren. Allein die Tatsache, dass 1.) die Korachpsalmen in zwei verschiedenen Psalmbüchern zuhause sind und 2.) dass die hinteren Psalmen nicht als Sammlung präsentiert werden sondern durch Ps 86 unterbrochen sind, und auch Ps 89 noch ein Psalm eines berühmten Sängers ist, der in allen Kompositionsanalysen fehlt, macht die Annahme einer Nachahmung schwierig. Zudem lässt sich 3) keine Parallele zum Königspsalm 45 entdecken.

Positiv hervorzuheben ist jedoch an den Ansätzen von Süssenbach und Zenger, dass sie die Psalmüberschriften in den Fokus ihrer Analysen rücken. Sie ziehen eben diese heran, um die Psalm-Komposition nachzuvollziehen und weitere Sinnaspekte dadurch ans Licht zu bringen. So arbeitet dies beispielsweise auch Bernd Janowski für Ps 88 heraus, der sich intensiv mit diesem Korachpsalm beschäftigt. Er hält fest, dass Ps 88 neue Sinnaspekte durch die Zusammenstellung mit den anderen Korachpsalmen gewinne.[173] Den Bezug von Überschrift zu Inhalt des Psalms bearbeitet er aber leider nicht. Auch Juliane Schlegel zeigt diese neue Bedeutungsdimension für Ps 88 auf und stellt fest, dass diese zusätzliche Bedeutungsdimension durchaus als Verschärfung des Inhalts angesehen werden kann.[174] Doch leider bezieht sie nur die Nachbarpsalmen mit in ihre Betrachtung ein und fragt nicht daran anschließend, ob auch bereits die Zuschreibung an die Söhne Korachs einen anderen Sinnaspekt intendiert als dies im Grundpsalm (ohne Überschrift) der Fall ist. Auch die einzelnen Korachpsalmen erhalten neue/andere Bedeutungen, wenn die Überschrift mit zur Interpretation herangezogen wird. Dies wird in der Forschung viel zu wenig beachtet, auch wenn David Willgren[175] deutlich und richtig hervorhebt, dass den Überschriften mehr Potential innewohnt als nur Sammlungen

---

172 Vgl. SCHNOCKS, Musiker, 284.
173 Vgl. JANOWSKI, Toten, 8.
174 Vgl. SCHLEGEL, Prüfstein, 70.
175 WILLGREN, Formation.

zusammenzubinden. Speziell für die Korachpsalmen bildet hier Nissim Amzal-lag[176] eine Ausnahme, der für Ps 87 den Zusammenhang der Überschrift mit dem Psalmeninhalt herausarbeitet. Für seine Interpretation des Psalms ist jedoch noch der Zusammenhang mit Num 16f zu ergänzen.

Allgemein gesprochen ist Fakt, dass sich die Wahrnehmung eines jeden Textes ändert, sobald der Leser die Überschrift des Textes kennt. David Willgren spricht sogar von einer interpretativen Kontrolle der Überschrift über den Psalm.[177] Da-durch geschieht bereits eine Leserlenkung. Wenn in der Überschrift darüber hinaus der Autor oder Herausgeber des Textes genannt wird, wird die Leserlenkung noch klarer; denn natürlich liest man den Text nun mit Bezug zum Herausgeber, vor al-lem wenn der in der Überschrift Genannte eine berühmte, streitbare Persönlichkeit ist. So besteht immer eine Beziehung zwischen der Überschrift eines Textes und seinem Inhalt. Wird in der Überschrift der Herausgeber genannt, sagt der Text zum einen etwas über den Herausgeber aus; denn dieser veröffentlicht vermutlich nur einen Text, der seiner Ansicht entspricht. Zum andern sagt natürlich die Nennung des Herausgebers etwas über die Interpretation des Textes aus: Der Leser nimmt einen Text ganz anders zur Kenntnis, wenn er den Herausgeber kennt, als wenn er ihn nicht kennt. Der Leser trägt sein Vorwissen über den Herausgeber automatisch mit in die Textinterpretation ein.

Beim Davidspsalter scheint es Konsens in der Forschung zu sein, dass der David der Psalmüberschrift für die Interpretation des Psalms berücksichtigt wird und als Identifikationsmerkmal für den Psalmbeter dienen kann.[178] Als Leser der Da-vidspsalmen kennt man die Erzählungen aus den Geschichtsbüchern. Dies wird in eine Interpetation mit eingespielt. Auch ist nach Dorothea Erbele-Küster bei den David-Psalmen deutlich, dass die Psalmüberschriften die ersten Kommentare zu den Psalmen darstellen. „Sie spannen ein Netz an Verweiszusammenhängen aus, das den Psalmtext mit unterschiedlichen Texten und Kontexten verknüpft, so daß ein innertestamentlicher Auslegungsprozeß angestoßen wird"[179]. All diese Funktionen der Psalmüberschriften sind wichtig zur Analyse der Psalmen. Das darf nicht nur für die Davids- sondern muss auch für die Korachpsalmen (und andere natürlich auch) gelten. Die Überschriften sollten also *sowohl* als Strukturmerkmal

---

176 AMZALLAG, Character.
177 Vgl. WILLGREN, Formation, 191ff., konkret 193: "To conclude, then, a superscription seems to have both reflected and influenced how a psalm was received, thus ultimately asserting some interpretive control over it. These two trajectories are probably best understood as a result of a constant dialogue between the psalms and various contexts of use, so that gradually these contexts were made part of the written transmission itself."
178 So zum Beispiel ERBELE-KÜSTER, Lesen, 54ff.
179 ERBELE-KÜSTER, Lesen, 54.

als auch in Bezug zum Inhalt des Psalms wahrgenommen werden. Es überwiegt die Herangehensweise, die Korachpsalmen in ihrem Beziehungsgeflecht hinsichtlich ihrer Komposition zu analysieren. Es fehlt dabei aber weitgehend der Blick sowohl auf eventuell real existierende Korachiter als auch auf die Korach-Erzählung in Num 16. Zudem wird meist „die Korachpsalmensammlung" in der Forschung untersucht. Man geht also häufig davon aus, dass die Korachpsalmen ursprünglich als eine Sammlung existiert haben und später aufgesplittet wurden. Auch wird dementsprechend versucht, dieser einen Korachpsalmensammlung eine Theologie und eine Kompositionsstruktur zu attestieren, doch ist die theologische, formgeschichtliche und inhaltliche Vielfalt der Korachpsalmen trotz ihres Schwerpunktes auf dem Zion unübersehbar.

Das Fazit zu Korach in den Psalmen lautet also:

Von Korach, dem Rebellen, ist hier keine Spur zu finden! Einzig eine kleine Reminiszenz an den frevelnden Korach lässt Ps 49 aufhorchen, der ihn – in gewisser Weise – als reichen und berühmten Mann ansieht, dessen Nachkommen zurecht untergegangen sind. Die Korachpsalmen 42–48 bilden eine Sammlung von Psalmen unterschiedlicher Gattungen und Theologie, die vermutlich von den Korachitern selbst gesammelt und herausgegeben wurde. Inhalt und Zusammenstellung verraten uns über die in der Überschrift genannten Herausgeber, dass sie relativ weltoffen sind. Sie haben Klage, Lob und Dank im Blick, sowohl den einzelnen Beter wie den König wie das ganze Volk. Sie nehmen eine ganze Bandbreite der Frömmigkeit wahr. Die Korachpsalmen 84f und 87f malen dem Leser ein Bild von Korachitern einer späteren Zeit. Zieht man die Überschriften zu den Interpretationen dieser Psalmen hinzu, so wird hier von Korachitern gesprochen, die zwar eine innige Frömmigkeit haben, denen aber der Weg zum Heiligtum versperrt ist. Sie sind traurig und voller Sehnsucht. Diese Herausgeber sind nicht mehr weltoffen, was angesichts ihrer Lage wohl verständlich sein könnte: Der Leser kennt die Erzählung um den Stammvater Korach. Er soll sich gegen Mose aufgelehnt haben. Nun leiden die Korachiter unter enormem sozialen Druck. Dieses Vorwissen darf man bei der Interpretation nicht ausblenden.

Ob nun die Korachpsalmen von den Korachitern selbst herausgegeben wurden oder ihnen zugeschrieben wurden, ist eher nebensächlich. Fakt ist, dass die Psalmen bereits geschrieben waren, als die Überschriften hinzukamen. Dies ist common sense in der Forschung und beweist auch ein kurzer Blick auf das doch sehr unterschiedliche Vokabular, die theologische Intentionen und Gattungen. Und die Überschrift „לבני קרח" tragen sie bewusst. Es besteht ein enger Bezug zwischen Person und „Ding", wie Ernst Jenni dies klassifizierte. Die Söhne Korachs sind mit dem Inhalt ihrer Psalmen eng verwoben.

Schaltet sich der Psalter in den Diskurs des Numeribuches ein? Ist hier eine klare Position zu sehen? Das hier vorgestellte Korach-Bild ist – bis auf Ps 49 – Korachfreundlich und somit pro-levitisch. Das ist auch nicht weiter verwunderlich, waren doch die Leviten die Trägergruppe der Psalmen.

Nun stellt sich anschließend die Frage: Welches Bild von Korach und den Korachitern wird dem Leser von der Chronik vermittelt?

3. Korach und die Korachiter in der Chronik

Nachdem der Leser nun Korach als Protagonist der breit angelegten Aufstandserzählung im Buch Numeri kennengelernt und er zwölf Psalmen der „Söhne Korachs" im Psalter gelesen hat, begegnet ihm Korach in der Chronik nun wieder auf eine andere Art: Hier existiert keine narrative Passage von Korach, doch sind gerade die kurzen Nennungen von Korach und den Korachitern sehr interessant. Korach selbst wird nur in der „genealogischen Vorhalle" (also: IChr 1–9) in den Levi-Stammbäumen aufgelistet. Seine Nachkommen, das Geschlecht der Korachiter, finden sich über die „genealogische Vorhalle" hinaus als Torhüter und Sänger in IChr 12,7; 26,1.19; IIChr 20,19.

Liest man die beiden Chronikbücher von Anfang an, so erhalten die Korachiter ein immer größeres Ansehen. Dies gipfelt darin, dass sie sogar als Helden im Kampf an der Seite Davids genannt werden. Obwohl Korach selbst nur in Genealogien erwähnt wird, lassen sich trotzdem interessante Beobachtungen machen, vor allem in IChr 6: Hier wird der Stammbaum des Levi und seiner Nachkommen vorgestellt. Auch hier findet sich, übereinstimmend mit Num 16f, Korach als Nachfahre Levis. Doch es verwundert auf den ersten Blick, dass sein Vater einen anderen Namen hat. Er heißt hier nicht Jizhar wie in Num 16 sondern Amminadab. Dieses Textproblem ist in der Forschung bekannt, und es gibt hierzu in der Regel nur zwei Lösungsansätze, die beide mit Textkonjekturen arbeiten. Diesen soll nun ein dritter entgegen gestellt und damit die Frage aufgeworfen werden, warum Korachs Vater hier Amminadab heißt. Es liegt die Vermutung nahe, dass der Autor/Redaktor in IChr 6 herausstellen wollte, dass das berühmte Geschlecht der Korachiter, das durch die Psalmüberschriften und durch die anderen Chronik-Stellen bezeugt ist, nichts mit dem rebellierenden Korach aus Num 16f zu tun hat. Der Korach aus Num 16f war der Sohn des Jizhar, in dieser Chronikstelle ist er der Sohn des Amminadab. „Dem Chronisten" (und den späteren Chronik-Redaktoren) waren die Korachiter als Tempelsänger und Torhüter sehr wichtig – von ihnen kann keiner einen derartigen Frevel gegen Mose begangen haben.

Erweitert man den Blick von Korach hin zu anderen wichtigen Personen aus dem Stamm Levi und Juda, so fallen noch einige weitere genealogische Unterschiede zu den Büchern des Pentateuch und des sogenannten Deuteronomistischen Geschichtswerks auf. Diese Unterschiede wurden in der Forschung bisher noch nicht gemeinsam betrachtet, doch gerade eine solche Zusammenstellung macht deutlich, dass „der Chronist" bewusst von den anderen aus den Geschichtsbüchern bekannten Genealogien abweicht. Dies wird zur Auswertung des Korach-Bildes in der Chronik und für eine These zur „Arbeitsweise des Chronisten" von Interesse sein.

168 | Korach und die Korachiter in der Chronik

Es lässt sich in Kürze vorweg festhalten, dass Korach in der Chronik eine ebenso zentrale Stellung wie im Buch Numeri einnimmt, auch wenn dies in anderer Weise zu Tage tritt als eine breit angelegte Erzählung. Folgende Fragen drängen sich bei der Korach-Analyse in der Chronik auf: Wie wird die „Person Korach" selbst dargestellt und wie finden die „Söhne Korachs" in der Chronik Erwähnung? Auf welche Texte reagiert „der Chronist", was wird in der Chronik aus anderen Texten aufgegriffen, was dementiert, was korrigiert?

Um Antworten auf diese Fragen zu finden, muss sich der Fokus zunächst auf den gesamten Stamm Levi richten und seine Stellung in der Chronik; denn in diesem Stamm begegnet Korach auf besondere Weise, und darüber hinaus sind die Leviten für „den Chronisten" von besonderer Bedeutung, wie nun dargestellt werden soll.

3.1 Aufbau der „genealogischen Vorhalle"[1]

Der Levi-Stammbaum, der in vorliegender Untersuchung besonders von Interesse ist, befindet sich in der Mitte der „genealogischen Vorhalle" (IChr 1–9), nämlich in IChr 6. Mit IChr 2,1 beginnt die Auflistung der Söhne Jakobs und ihrer Nachkommen, ab V.3 werden die einzelnen Stämme näher beschrieben. Dabei geht der Autor nicht chronologisch vor, sondern er setzt den Stamm Juda an den Anfang, um die Wichtigkeit dieses Königs-Stammes hervorzuheben.[2] In Kapitel 3 findet sich eine Liste der Nachkommen Davids bis in die nachexilische Zeit. Daran anschließend wird durch eine Wiederaufnahme von IChr 2,3 in IChr 4,1 wiederum der Blick auf den gesamten Stamm Juda gelenkt. Es folgt eine Genealogie, die mit einer Wohnortsangabe (Netaim und Gedera) endet. Auch die folgenden Stammbäume von Simeon, Ruben und Gad schließen mit beziehungsweise beinhalten Wohnortsangaben (IChr 4,43; 5,10.16). Es folgt eine narrative Einheit über den Kampf gegen die Hagariter, geführt durch Rubeniten, Gaditer und halb Manasse,

---

1 Dieser Aufbauanalyse ist der Endtext zugrunde gelegt. Es geht hier lediglich um die Einordnung des zu untersuchenden Abschnittes in die genealogische Vorhalle – eine literargeschichtliche Untersuchung der gesamten genealogischen Vorhalle führt an dieser Stelle zu weit und wird nur auf die zu untersuchenden Abschnitte beschränkt. Zur Literarkritik und Redaktionsgeschichte von IChr 1–9 vgl. zum Beispiel OEMING, Israel.

2 Das entspricht der Annahme, dass es sich bei der Anordnung der Stämme um eine theologische Aussage handelt, nicht eine „Verwilderung des Zwölfstämmesystems (so Noth) oder um ein geographisches Ordnungsschema (so Kartveit)" (nach OEMING, Israel, 99). Dass Juda im Denken des Chronisten einen zentralen Ort beansprucht, wird nach M. Oeming aus eben diesem Bericht in der genealogischen Vorhalle sichtbar, da Juda als der erwählte Stamm an die „Welt-Genealogie" anschließt, von ihm umfangmäßig am meisten genealogisches Material mitgeteilt wird und Juda zum Maßstab für die anderen Stämme (IChr 4,27b; 5,1f.) wird (OEMING, Israel, 177).

die wiederum mit einer Ortsangabe endet ("und er [scil. Tiglat-Pileser] führte die Rubeniten, Gaditer und den halben Stamm Manasse weg und brachte sie nach Halach und an den Harbor und nach Hara und an den Fluss Gosan bis auf diesen Tag" IChr 5,26). Im Anschluss daran, das entspricht in etwa der Mitte der "genealogischen Vorhalle" hinsichtlich der aufgezählten Stämme, folgen Beschreibungen der Leviten. Diese beginnen in IChr 5,27 zunächst mit dem Schwerpunkt auf den Aaroniden. Im Anschluss daran steht der zu untersuchende Abschnitt über den Stammbaum Levis (IChr 6,1–38), an dessen Schluss ebenfalls lokale Aussagen zu finden sind, sogar in sehr ausführlicher Art: Die Verse 39–66 beschäftigen sich mit den Wohnsitzen der Leviten. Diese Ausführlichkeit und die Stellung in der Mitte von IChr 1–9 unterstreicht die gehobene Stellung der Leviten in den Augen "des Chronisten": "Die Mitte Israels wird durch die ,Söhne Levis' repräsentiert."[3] Als Ganzes gehört IChr 6 zu den sogenannten Bürgerrechtslisten Israels.[4] Nach der Darstellung des levitischen Geschlechts folgen die Genealogien der Stämme Issachar, Benjamin, Naftali, Halb-Manasse, Ephraim und Asser und schließlich noch einmal Benjamin, um von Benjamin aus auf König Saul übergehen zu können. Auffällig ist hierbei, dass nicht mehr die lokalen Angaben im Zentrum stehen, sondern eher die zahlenmäßige Größe der Stämme. Warum die Stammbäume von Dan und Sebulon fehlen, soll hier nicht weiter analysiert werden.[5] Die "genealogische Vorhalle" schließt in Kapitel 9 mit dem Satz in IChr 9,1a: "Und ganz Israel wurde im Geschlechtsregister aufgezeichnet, und siehe, sie sind aufgeschrieben im Buch der Könige Israels". Darauf folgen die Einwohner Jerusalems in zwei Listen, eine Liste mit "weltlichen" Einwohnern Jerusalems (IChr 9,3–9), eine andere mit "Geistlichen"[6] (und ihren Ämtern) (IChr 9,10–34). Diese Aufstellungen verdeutlichen noch einmal das theologische Anliegen der Chronik: Zum einen erhält Juda eine Vorrangstellung, indem seine Söhne als erste aufgelistet sind (Vv.3–6). Zum andern wird durch die Ämterliste der Leviten (IChr 9,14–34) der Blick auf den Jerusalemer Tempel gelenkt – das Herzstück der chronistischen Theologie. Als Übergang zum narrativen Teil der Chronik wird wiederholt ein Geschlechtsregister der Sippe Sauls platziert (IChr 9,35–38).

Zwei Stämme Israels genießen also in der "genealogischen Vorhalle" eine deutliche Vorrangstellung vor den anderen, was durch deren Platzierung innerhalb der ersten neun Kapitel der Chronik und durch die Ausführlichkeit zum Ausdruck kommt:

---

3 OEMING, Israel, 149.

4 Vgl. zum Beispiel WILLI, Chronik. 1. Teilband, 222.

5 Nach Oeming gibt es zahlreiche Hypothesen in der Forschung, "ihre Stammbäume an verschiedenen anderen Stellen entdecken zu wollen" (OEMING, Israel, 164).

6 Nomenklatur "Weltlich" und "Geistlich" aus OEMING, Israel, 188.

Zum einen handelt es sich um den Stamm Juda, der als allererstes beschrieben wird. Zum andern ist dies der Stamm Levi. Seine Darstellung bildet das Zentrum der „genealogischen Vorhalle" (das im Folgenden zu untersuchende Kapitel IChr 6). „Diese Position Levis verweist auf den großen Stellenwert, den der Chronist dem Tempel und dem Kult beimisst."[7] Zudem werden seine Nachkommen, deren Ämter und Wohnstätten ausführlicher als die der anderen Stämme beschrieben. Darüber hinaus werden die Leviten nach ihrer breiten Genealogie in Kapitel 6 noch einmal dezidiert am Schluss der „genealogischen Vorhalle" (Kapitel 9) platziert. Diese herausgehobene Stellung der Leviten bezeichnet Thomas Willi als „Levitismus" in der Chronik,[8] und er stellt die These auf, dass Israels Heiligkeit, genealogisch gesprochen, in Levi, nicht in Aaron gründe.[9] Dass der Stamm Levi das Zentrum der „genealogischen Vorhalle" bildet, hat auch James T. Sparks herausgearbeitet. Er sieht in den Kapitel 1–9 einen chiastischen Aufbau, die Kap. 6 mit dem Levi-Stammbaum zum Zentrum haben:

A 1Chr 1:1–53: The world before Israel
  B 1Chr 2:1–2: The sons of Israel
    C 1Chr 2:3–4:23: Juda – the tribe of King David
      D 1Chr 4:24–5:26: Tribes of Israel in victory and defeat
        E 1Chr 6:1–47: The descendants of Levi
          F 1Chr 6:48–49: The cultic personnel in their duties
          F^1 1Chr 6:50–53: The cultic leaders
        E^1 1Chr 6:54–81: The descendants of Levi in their land
      D^1 1Chr 7:1–40: Tribes of Israel in defeat and restoration
    C^1 1Chr 8:1–40: Benjamin – the tribe of King Saul
  B^1 1Chr 9:1a: „All Israel" counted
A^1 1Chr 9:1b–34: Israel re-established[10]

---

7 BEENTJES, Freude, 11.

8 So WILLI, Chronik. 1. Teilband, 197. Schon de Wette bezeichnet die Stellung in der Chronik als „Levitismus", doch beschreibt de Wette diesen äußerst negativ: „Mit diesem Worte bezeichne ich die Vorliebe des Verf. für den Stamm Levi, die in sehr vielen Stellen seine historische Wahrheitsliebe bestochen, und ihn zu Verfälschungen und Unwahrheiten verleitet hat. Wo die frühere Relation nichts von Leviten hat, da läßt er sie die Hauptrolle spielen, wo sie etwas zu ihrem Nachtheil meldet, hat er ihre Ehre gerettet; und wo sie nur in irgend etwas gegen ihre Prärogativen zu verstoßen scheint, da hat er sie gleichsam mit dem Mosaischen Gesetzbuch in der Hand corrigirt." (DE WETTE, Beiträge, 80f.).

9 WILLI, Chronik. 1. Teilband, 222.

10 SPARKS, Genealogies, 29.

Insgesamt gesehen lässt sich Yigal Levin zustimmen, dass die Chronik-Genealogien einen anderen Charakter aufweisen als die der Genesis. Sie wurden darüber hinaus wohl nicht mündlich überliefert, sondern sind eine „literary composition, the author of which chose to make use of a particular genealogical genre in order to get his message across."[11] Dies gilt es im Folgenden zu prüfen, beziehungsweise herauszuarbeiten, welche theologischen Intentionen und Botschaften „der Chronist" mit welchem Stammbaum transportieren wollte.

3.2 Korach und seine Nachkommen in IChr 6

Korach ist Teil des so wichtigen Stammes Levi, ein Nachkomme in der dritten Generation. Er wird vor allem in IChr 6,1–38 erwähnt. Dieses Kapitel reiht nun aber nicht einfach Namen an Namen und listet eine vertikal zu lesende Genealogie auf. Hier mischen sich verschiedene Formen und Linien – horizontale und vertikale. Manche Namen müssen demnach als Vater und Sohn und manche Namen als Auflistung von Brüdern gelesen werden. Auch sind hier verschiedene Unterabschnitte, Gliederungen greifbar; diese 18 Verse bilden keinen einheitlichen Block einer Ebene. Zudem finden sich in diesem Kapitel sichtbare Einschübe, Unebenheiten, die eine ausführliche Analyse gerade dieses Kapitels notwendig machen.

3.2.1 Literargeschichtliche Analyse von IChr 6,1–38

Vers 1 stellt die Überschrift des gesamten Kapitels dar. Im Folgenden geht es um die Leviten – um ihren Stammbaum, ihre Sängerfamilien, dann speziell um die Nachkommenschaft Aarons und um die Wohnsitze der Leviten. IChr 6,1 (בני לוי גרשון קהת ומררי) ist dabei eine Wiederaufnahme von IChr 5,27 (בני לוי גרשון קהת ומררי). Diese Wiederaufnahme ist ein literarisches Mittel, um eine vorher genannte Stelle wieder aufzunehmen und anschließend eine andere Linie (als vorher die der Aaroniden) zu verfolgen. Dieses Mittel wird gerade in dem zu untersuchenden Kapitel öfter verwendet.[12]

Im Zentrum dieser Untersuchung werden der levitische Stammbaum, die Sängerfamilien und die Familie des Aaron stehen (Vv.2–38). Der levitische Stammbaum gliedert sich in zwei Teile (Vv.2–4 und Vv.5–15), die Sängerfamilien sind in Vv.16–32 aufgelistet, die Familie Aarons in Vv.33–38.

---

11 Levin, Lists, 608.

12 So zum Beispiel beim Wiedereinsatz in die Juda-Genealogie in IChr 4,1 (im Rückgriff auf IChr 2,3) oder bei Assir und Elkana im Kehat-Stammbaum (dazu im Folgenden).

Der levitische Stammbaum Teil I: Vv.2–4

Den Rahmen dieses Abschnitts bilden der einleitende Satz ואלה שמות „und dies sind die Namen von…" sowie der Schlusssatz ואלה משפחות הלוי לאבותיהם „und dies sind/waren die Familien der Leviten nach ihren Vätern." Beide Sätze stellen einen typischen Rahmen einer Genealogie dar, so zum Beispiel auch in Gen 10 und 25.[13] Dieses Rahmenmuster findet meist beim *Ben-Typ* der Genealogien[14] Verwendung, wie es auch hier der Fall ist. Dem Einleitungssatz untergeordnet sind die Namen der Söhne Levis, auf zweiter Ebene finden sich die Enkel Levis.

2. Ebene	1. Ebene	Rahmen	V.
		ואלה שמות	2
	בני־גרשום		
לבני ושמעי			
	ובני קהת		3
עמרם ויצהר וחברון ועזיאל			
	בני מררי		4
מחלי ומשי			
		ואלה משפחות הלוי לאבותיהם	

Übersetzung:

2 Dies[15] sind die Namen: Die Söhne Gerschoms sind/waren Libni und Schimi.

3 Und die Söhne Kehats sind/waren Amram, (und) Jizhar, (und) Hebron und Usiel.

4 Die Söhne Meraris sind/waren Machli und Muschi. Dies sind/waren die Familien der Leviten nach ihren Vätern.

Die Deixis אלה kann eröffnend oder zusammenfassend wirken. Konrad Ehlich spricht hierbei von einer katadeiktischen (vorausweisenden) und einer anadeiktischen (zurückweisenden) Funktion.[16] Häufig findet sich die Deixis אלה in Rahmenelementen von Genealogien. Gen 36 stellt ein typisches Beispiel für diese Verwendung in Rahmenelementen dar: Diese Genealogie hat eine katadeiktische

---

13 Siehe dazu Hieke, Genealogien, 35f.

14 Thomas Hieke unterscheidet vier Typen von Genealogien innerhalb der Genesis: den Toledot-Typ, den Yalad-Typ, den Ben-Typ und den Geschwister-Typ. Darüber hinaus gibt es noch weitere Rahmenelemente wie die Heiratsformel, bestimmte Rahmenmuster, Namensformeln und die Markierung, welcher Sohn als Erstgeborener gilt (Hieke, Genealogien, 28–40).

15 Das Waw ist nicht übersetzt, da es hier entweder schlicht eine eröffnende Funktion hat oder explizierend zu V.1 verstanden werden muss.

16 Ehlich, Deixis, 772.

Einleitung und eine anadeiktische Zusammenfassung.[17] Ebenso ist es möglich, dass Genealogien nur eines der beiden Elemente besitzen.[18]

In IChr 6,2a.4b ist ein typischer Rahmen einer Genealogie erkennbar: Das ואלה in V.2a ist katadeiktisch, in V.4b anadeiktisch. So intendierten dies die Masoreten durch ihre Punktation, indem sie den Sof Pasuq am Ende von V.4 setzten und nicht nach V.4a.[19] Ein Vergleich mit anderen Genealogien spricht neben der masoretischen Punktation ebenso für eine zurückweisende Funktion von V.4b[20]. Demnach ist gegen Sara Japhet anzunehmen, dass V.4b den ersten Teil der Genealogie als Rahmenelement schließt, nicht den nächsten Teil eröffnet[21], obwohl thematisch die Formulierung לאבותיהם auch eine Einleitung zur nächsten Liste darstellen könnte.

Die deutlichste Parallele hinsichtlich des Aufbaus von IChr 6 ist Num 3,17–22; nach Sara Japhet hat wohl Num 3,17–20 als Vorlage für IChr 6 gedient, allerdings mit gewissen Kürzungen und Umfunktionierungen des Stoffes.[22]

Beide Genealogien seien gegenübergestellt:

Funktion	IChr 6,1.4.5	Num 3,17–39
Überschrift	בני לוי גרשום קהת ומררי	ויהיו אלה בני לוי בשמתם גרשון וקהת ומררי
Anfangsrahmen Gerschom/n	ואלה שמות בני גרשום לבני ושמעי	ואלה שמות בני גרשון למשפחתם לבני ושמעי
Kehat	ובני קהת עמרם ויצהר וחברון ועזיאל	ובני קהת למשפחתם עמרם ויצהר חברון ועזיאל
Merari Schlussrahmen	בני מררי מחלי ומשי ואלה משפחות הלוי לאבותיהם	ובני מררי למשפחתם מחלי ומושי אלה הם משפחת הלוי לבית אבתם
Anfangsrahmen Schlussrahmen	לגרשון ... —	לגרשון אלה הם משפחת הגרשני
Anzahl + Aufgabe der einzelnen Geschlechter als Schluss	—	שמר

In beiden Genealogien steht eine Namensaufzählung der Söhne Levis vorweg, dann folgen die Söhne von Gerschom beziehungsweise Gerschon, Kehat und Merari. Die Liste in Num 3 ist ausführlicher, denn sie hat bei jedem kleineren Abschnitt einen

---

17 EHLICH, Deixis, 449.

18 Vgl. dazu EHLICH, Deixis, 447.

19 In der BHS ist zusätzlich ein großes Spatium zwischen V.4 und V.5 abgedruckt – dies findet sich aber nicht im Codex Leningradensis.

20 Wie auch Gen 10,20.31.32; Ex 6,14f.19b.25; Num 3,20; 26,58.

21 Japhet teilt IChr 6,1–15 in zwei Teile auf: „eine Einleitung (V 1–4a), dann die Stammbäume selbst (V 4b–15)" (JAPHET, 1 Chronik, 170).

22 Vgl. JAPHET, 1 Chronik, 171.

174 | Korach und die Korachiter in der Chronik

Anfangs- und einen Schlussrahmen. Der Anfangsrahmen im zweiten Teil ist allerdings ebenso kurz wie in IChr 6,5 und wird nur durch den Buchstaben ל gebildet. In den ersten Versen ist deutlich, dass es erst um die Geschlechter *Levis* geht, in der nächsten Liste um die einzelnen Geschlechter der Nachkommen: Gerschoniter, Kehatiter usw. Hinsichtlich der Namen der Söhne und Enkel Levis gibt es im Vergleich zu Genealogien des Pentateuch (Ex 6 und Num 3) keine Widersprüche; mit Blick auf die im Anschluss zu untersuchende Kehat-Linie heißt das, dass hier wie in Ex 6 und Num 3 Kehat der Vater von Amram, Jizhar, Hebron und Usiel ist.

Auffällig ist, und das wird im Folgenden noch zu zeigen sein, dass nicht nur hier eine Parallele zu Num 3 auszumachen ist, sondern dass es noch im Weiteren parallele Formulierungen zwischen Num 3 und IChr 6 gibt, die aber durchaus unterschiedliche Akzente setzen. Betrachtet man beide Kapitel, so lässt sich erkennen, dass die angesprochenen Themen dieselben sind, ihre Anordnung aber ist unterschiedlich. In Num 3 geht es zunächst, in den ersten vier Versen, um die *Nachkommen Aarons* (die sind in IChr 6,33–38 Thema), Num 3,5–13 setzen sich mit dem *Verhältnis zwischen Aaron und den Leviten* auseinander (dies ist auch in IChr 6,33–38 präsent), Num 3,14–39 zählt detailliert die einzelnen *Geschlechter Levis* auf (wie oben tabellarisch dargestellt) und nennt dazu jeweils die Zahl der Männer des Stammes, *den Wohnort und ihr jeweiliges Amt*. In IChr 6 finden sich diese Angaben ebenso, nur nicht nach Stämmen aufgelistet sondern getrennt: Erst wird der *levitische Stammbaum* aufgelistet (Vv.1–15), dann werden ihre *Aufgaben* genannt (in der Chronik ist es in erster Linie das Singen Vv.16–32), darauf folgt der *Stammbaum Aarons* (Vv.33–38) und den Schluss bilden die *Wohnsitzangaben* der einzelnen Levi-Familien (Vv.39–66). Das mehrfach im Numeribuch vertretene Bild, die Leviten seien die Erstgeburt JHWHs[23], wird in der Chronik (wie auch in anderen Büchern der Hebräischen Bibel) nicht vertreten.

Fazit:
IChr 6,1–4 ist ohne Brüche und in sich und im Blick auf parallele Genealogien des Pentateuch stringent und ohne Widersprüche aufgebaut. Der Abschnitt zeigt keine Abweichung zu den Genealogien in Ex 6 und Num 3 auf – die nun folgenden Vv.5–15, vor allem hinsichtlich der Familie des Korach, hingegen schon, wie nachstehende Analyse zeigen wird.

---

23 Num 3,11–13.40–51; 8,15–20.

1Chr 6,1–4 sieht graphisch dargestellt wie folgt aus:

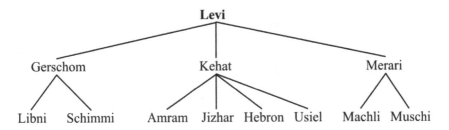

Der levitische Stammbaum Teil II: Vv.5–15
Dieser Stammbaum stellt nun die Nachkommen der Levi-Söhne, Gerschom, Kehat und Merari, in längeren Listen vor – aber nur von jeweils einem Sohn. Von Gerschom wird eine Nachkommensliste über den Erstgeborenen Libni geführt, bei Merari über den erstgeborenen Sohn Machli. Bei Kehat wird nicht die Linie des Erstgeborenen verfolgt. Dies wäre Amram. Stattdessen wird eine Genealogie eines „Amminadab" aufgelistet, der zuvor jedoch noch nicht erwähnt wurde. Dieser Befund bedarf einer ausführlichen Erläuterung, doch zunächst sei auch dieser Abschnitt tabellarisch dargestellt.

Als Einleitung dieses Abschnitts der Levi-Genealogie (Vv.5–15) ist auch hier ein Rahmen gesetzt, der allerdings sehr verkürzt durch das ל in V.5 (übersetzt mit „hinsichtlich") auftritt, wie auch in Num 3,21. Einen weiteren Anfangs- oder auch Schlussrahmen gibt es nicht. Interessant bei diesem Abschnitt ist die Setzung der Waws – deshalb seien sie hier besonders hervorgehoben. Die Stammbäume der Levi-Söhne der Vv.5–15 lassen sich tabellarisch wie folgt darstellen:

4. Ebene	3. Ebene Wiedereinsatz als Beginn einer Liste; kein „neuer Sohn"	2. Ebene	1. Ebene Beginn einer Liste	Rahmen	V.
			לגרשום		5
		לבני בנו יחת בנו זמה בנו יואח בנו עדו בנו זרח בנו יאתרי בנו			6
			בני קהת		7
		עמינדב בנו קרח בנו אסיר בנו אלקנה בנו וַאביסף בנו			8

176 | Korach und die Korachiter in der Chronik

	וַאסִּיר בנו				
תחת בנו אוריאל בנו עזיה בנו וְשָׁאוּל בנו					9
	וּבני אלקנה				10
עמשי וַאחימות					
אלקנה					11
צופי בנו וְנחת בנו אליאב בנו ירחם בנו אלקנה בנו וּבני שמואל הבכר וְשני וַאביה	בני אלקנה				12 13
				בני מררי	14
		מחלי לבני בנו שמעי בנו עזה בנו שמעא בנו חגיה בנו עשיה בנו			15

Übersetzung:

5 Hinsichtlich des Gerschom: Libni war sein Sohn, Jachat war sein Sohn, Simma war sein Sohn,

6 Joach war sein Sohn, Iddo war sein Sohn, Serach war sein Sohn, Jeotrai war sein Sohn.

7 Die Söhne Kehats waren: Amminadab war sein Sohn, Korach war sein Sohn, Assir war sein Sohn,

8 Elkana war sein Sohn und Ebjasaf war sein Sohn. Assir war sein Sohn,

9 Tachat war sein Sohn, Uriel war sein Sohn, Usija war sein Sohn, Schaul war sein Sohn.

10 Und die Söhne Elkanas waren: Amasai und Ahimot.

11 Elkana, die Söhne Elkanas waren: Zofai war sein Sohn und Nachat war sein Sohn,

12 Eliab war sein Sohn, Jerocham war sein Sohn, Elkana war sein Sohn.

13 Und die Söhne Samuels waren der Erstgeborene und der Zweite und Abija.[24]

14 Die Söhne Meraris waren: Machli, Libni war sein Sohn,

15 Schimi war sein Sohn, Usa war sein Sohn, Schima war sein Sohn, Chagija war sein Sohn, Asaja war sein Sohn.

Erläuterung:

Diese Genealogien sind aszendierend, mit einem nachgestellten בנו konstruiert und gehen von den erstgeborenen Söhnen aus. Diese Konstruktion mit בנו gibt es so nur noch in IChr 5, der *Ben*-Typ an sich ist allerdings häufiger.

---

24 Zu dieser Übersetzung siehe die Erläuterung im Folgenden.

Die Genealogie der Levi-Söhne sieht – graphisch – nach IChr 6,5–15 wie folgt aus[25]:

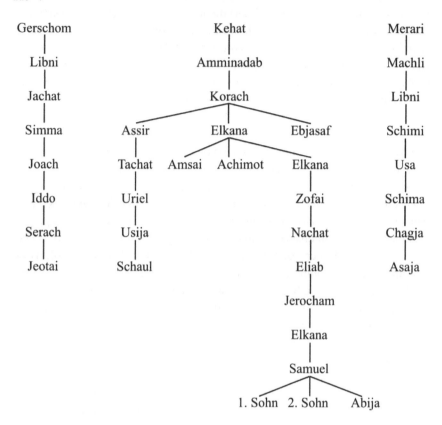

Auffällig an den Genealogien ist die Linie des Kehat. Die Stammbäume von Gerschom und Merari sind gleich lang – sie nennen jeweils sieben Söhne in einer vertikalen Linie. Die Linie des Kehat weist hingegen mehrere Unterschiede zu seinen Geschwister-Linien auf. So gibt es 1.) strukturelle Abweichungen, da horizontale und vertikale Linien gemischt erscheinen. Der erste horizontale Einschub findet sich in Form der drei Söhne des Korach: Assir, Elkana und Ebjasaf. Dass diese drei Geschwister und nicht Großvater, Sohn und Enkel waren, macht einerseits ein Vergleich mit Ex 6,24 deutlich, andererseits weist das Waw vor dem Namen Ebjasaf

---

[25] Dieser Stammbaum ist nur nach Vv.5–15 erstellt und stimmt nicht mit der nachfolgenden Sänger-Genealogie überein.

darauf hin, dass diese horizontale Linie beendet ist.[26] Dieses Waw wird junktivisch gebraucht und beschließt die Reihe. Die Wiederholung des Namens „Assir" in V.8 (hier als 3. Ebene gekennzeichnet) dient als Wiederaufnahme des vertikalen Stammbaums; es heißt nicht noch ein Sohn „Assir". Dieser Wiedereinsatz ist ebenfalls durch ein Waw gekennzeichnet (ואסיר). Dieses Waw hat im Gegensatz zu dem Waw vor dem Namen Ebjasaf nicht junktivische Funktion, sondern eine explizierende: In Bezug auf Assir ist zu sagen: Tachat war sein Sohn... . Das Waw vor Schaul beendet mit einer junktivischen Funktion den Stammbaum Assirs. Durch das nächste Waw bei ובני אלקנה (V.10; 3. Ebene) wird verdeutlicht, dass hier nun die Linie des Elkana weitererzählt wird. Das Waw hier hat wiederum eine explizierende Funktion – nun werden die Söhne Elkanas aufgelistet. Das nächste Waw ist vor dem Namen Achimot platziert und kennzeichnet in junktivischer Funktion das Ende der (kurzen) horizontalen Linie: Elkana hatte (ursprünglich) zwei Söhne: Amasai *und* Achimot. Danach folgt unverbunden der Name Elkana mit dem Stammbaum hin zu Samuel und seinen Söhnen. Nach dem oben analysierten Schema müsste, wenn Elkana (I.) drei Söhne hätte, das Waw vor Elkana (II.) stehen und nicht vor Achimot. Auch in den folgenden Versen 11–13 haben die Waws eine andere Stellung/Funktion als in den Versen zuvor. Das Waw vor dem Namen Nachat ist auf den ersten Blick nicht erklärbar; zudem fällt die in dieser Genealogie einzigartige Formulierung in Vers 13 auf: „Und die Söhne Samuels waren sein Erstgeborener und der Zweite und Abija." Zusammengefasst heißt dies, dass die Verse 5–10.14–15 eine klare Struktur aufweisen: Soll der Leser den Stammbaum rein vertikal wahrnehmen, wird kein Waw gesetzt (so bei Gerschom und Merari). Weist ein Stammbaum auch horizontale Linien auf (so bei Kehat), wird darauf mit Waws (abwechselnd junktivisch und explikativ) aufmerksam gemacht.

2.) ist die Elkana-Linie in den Versen 11–13 in einigen Punkten auffällig. In der Forschung Konsens ist, dass dieser Stammbaum überarbeitet und Samuel nachträglich eingebaut wurde;[27] dafür sprechen die Länge des Stammbaums sowie Unebenheiten in der Struktur (durch die Stellung der Waws, wie oben erläutert). Letzteres blieb in der Forschung allerdings bisher unerwähnt. Aber auch, wenn der Stammbaum von Kehat über Elkana als übermäßig lang erscheint, so finden sich auch hier zwei 7er-Reihen, wie in den Stammbäumen von Gerschom und Merari auch: Kehat hat sieben Nachkommen in vertikaler Linie über Amminadab, Korach

---

26 Das Waw hat vor Nomina nicht nur eine kopulative oder adversative Funktion, sondern „der Bedeutungsraum des Waw [ist] viel breiter ist, als meistens angenommen wird" (BRONGERS, Interpretationen, 273). Hans-Peter Müller weist dem Waw u. a. folgende Funktionen zu: als Einführung des zweiten Wortes oder Satzgliedes innerhalb eines Parallelismus membrorum, als Wāw emphaticum, als Wāw explicativum, als Wāw concomitantiae, als Wāw adaequationis, als Wāw relativum und als Wāw apodoseos (vgl. MÜLLER, Gebrauch, 141).

27 Vgl. zum Beispiel JAPHET, 1 Chronik, 171. Diskussion dazu siehe unten.

und Assir bis zu Schaul; genauso weist die Linie von den Elkana-Nachkommen bis zu den Samuel-Söhnen sieben Generationen auf. Außergewöhnlich ist zudem, dass eine Formulierung zwischen V.12 und 13 „und Samuel war sein Sohn" ausgelassen scheint. Der Text geht direkt von „Elkana war sein Sohn" über zu der Aussage, dass Samuel zwei Söhne hatte. Da auch Targum und Septuaginta[28] diese Lesart bezeugen, ist die Annahme eines Abschreibfehlers in Form einer Auslassung unwahrscheinlich. Vielmehr legt sich der Verdacht nahe, dass „der Chronist" es für überflüssig hält zu erwähnen, dass Samuel der Sohn von Elkana war. Dies wäre ein Indiz dafür, dass „der Chronist" nicht nur den Pentateuch als Vorlage hatte, sondern auch die Geschichtsbücher als bekannt voraussetzt. Dafür gibt es noch einen weiteren Hinweis, da die Chronik-Stelle eine interessante Abweichung vom Samuelbuch bietet: Der Name des erstgeborenen Sohns Joel fehlt – er fehlt auch in der Septuaginta[29] (außer in der lukanischen Rezension) und im Targum.

In IChr 6,13 heißt es wörtlich: „Und die Söhne Samuels waren: Der Erstgeborene und der Zweite *und* Abija." Die meisten Bibelübersetzungen und Kommentare geben allerdings V.13 wie folgt wieder: „Und die Söhne Samuels waren Joel, der Erstgeborene, und Abija, der Zweite."[30] Diese Übersetzung lässt der Text jedoch nicht zu, ohne dass man zu Konjekturen greift: Zum einen wird der Name „Joel" dem Chronik-Text schlicht hinzugesetzt, zum andern werden die Waws nicht stringent übersetzt. Antti Laato hält diesbezüglich im Anschluss an Williamson diesen Vers für „corrupt" und konstatiert: „The best solution is to read 'Joel' after the name Samuel according to Lucian recension of the LXX, Peshitta and the Arabic version (cf. 1 Sam. 8.2; 1 Chron. 6.18). The corruption of the MT can be explained as homoioteleuton."[31] Bleibt man aber bei der masoretischen Lesart – für eine andere gibt es auch keine textkritische Unterstützung, keine hebräische Handschrift bezeugt die Lesart „Joel", auch der Targum nicht –, so wurden vermutlich die Namen der frevelnden Söhne Samuels getilgt, die aus ISam 8 bekannt sind. Abija wird nicht als zweiter, sondern als dritter Sohn genannt.

3.) präsentiert die Kehat-Linie einen anderen Nachkommen, als dies in Stammbaum I (Vv.2–4) der Fall ist. In V.3 verläuft der Stammbaum von Kehat über Jizhar

---

28 Dieses Chronik-Kapitel ist in Qumran (noch) nicht gefunden worden.

29 Die Septuaginta versteht hier שני als Namen des Erstgeborenen. Somit hat Samuel die Söhne Sani und Abija.

30 So WILLI, Chronik. 1. Teilband, 191; vgl. auch JAPHET, 1 Chronik, 163; KNOPPERS, I Chronicles 1–9; Luther-Übersetzung, Elberfelder Bibel und Einheitsübersetzung.

31 LAATO, Genealogies, 80. Oder WILLIAMSON, 1 and 2 Chronicles, 72: „**Joel his first-born, the second Abijah**: an unquestionably correct emendation, on the basis of I Sam. 8:2 and with some versional support, of MT: 'the firstborn Vashni, and Abiah' (*AV*). **Joel** will have been lost after **Samuel** by homoioteleuton, and then **and the second** (*wᵉhaššēnî*) necessarily read as a name 'Vashni' (*wašnî*), probably formed by analogy with the Persian name Vashti (Est. I:9)."

zu Korach; in V.7 hingegen liest man Kehat – Amminadab – Korach. Die Abweichung von V.7 zu V.3 besteht einerseits darin, dass Amminadab in V.3 gar nicht als Sohn Kehats erwähnt ist, andererseits auch, weil gemäß des Schemas die Nachkommen Amrams hätten beschrieben werden müssen, wenn man dem Muster der Genealogie über die Erstgeborenen folgt. In der Gerschom-Linie verläuft der nachfolgende Stammbaum über den erstgeborenen Libni, in der Merari-Linie werden die Nachkommen des Machli aufgelistet. So müssten in V.7ff die Nachkommen Amrams gelistet werden. Anderen Textstellen wie Ex 6,20 zufolge sind gerade die Nachkommen Amrams keine Unbekannten: Es sind Aaron und Mose, und eben nicht Korach. So erhält die Linie Kehat – Korach – Samuel in diesem Stammbaum ein besonderes Gewicht. Die Aaroniden werden allerdings nicht ausgeblendet; sie finden in 1Chr 5,27–40 und in 1Chr 6,33–38 ihren Platz. Es ist aber auffällig, dass der Name von Korachs Vater ein anderer ist, da zumindest die Linie Kehat bis Korach öfter überliefert ist. (Schon innerhalb der Chronik 5,28 heißen die Söhne Kehats Amram, Jizhar, Hebron und Usiel; Ex 6,18.24; Num 3,19; 1Chr 5,28; 6,3.22f; 23,12. In 1Chr 23,18 besteht allerdings die Besonderheit, dass der erstgeborene Sohn von Jizhar Sch^{e}lomit heißt. Auch die Söhne Machlis [Eleasar und Kisch] stimmen nicht mit 1Chr 6 überein).

So kommt in V.7 noch ein weiterer Name zu den Kehat-Söhnen hinzu: Amminadab. Er sei der Vater Korachs – Korachs Vater heißt aber an den gerade genannten Stellen wie auch in der Erzählung von Num 16 *Jizhar*.

Dieses Textproblem ist in der Forschung bekannt; dazu gibt es zwei verschiedene Lösungsansätze.[32] Im Anschluss an die Darstellung der zwei Lösungsvorschläge in der bisherigen Forschung soll hier ein dritter Vorschlag gemacht werden. Die zwei bisherigen Lösungsmodelle haben beide eine Konjektur des Namens „Amminadab" zur Grundlage.

---

32 Es gibt darüber hinaus natürlich noch den Vorschlag, Amminadab als weiteren Sohn Korachs anzunehmen (so zum Beispiel Laato). Diese Annahme reicht allein aber nicht aus, das Problem zu erklären, dass sonst Korach der Sohn von Jizhar ist. Auch Dirksen, 1 Chronicles, 100, hält an der Schreibung „Amminadab" fest; er erklärt diesen Namen –Lefèvre folgend – als fiktiven Namen, da Amram und Jizhar schon anderweitig besetzt seien.

Lösungsmodell 1:
Statt „Amminadab" sei vermutlich in V.7 „Amram" zu lesen. Das wäre eine noch zu erklärende Verschreibung, da beide Namen mit עמ beginnen. Dies wird unter anderem von Sara Japhet vertreten. Damit gäbe es „zusätzlich zu ‚Korach, Sohn des Jizhar' (IChr 6,22.23; Ex 6,21) einen weiteren Korach, Sohn des Amram", der sonst aber nirgends belegt ist. Japhet würde nach ihrer vorgeschlagenen Konjektur von Amminadab zu Amram folgenden Beginn des Stammbaums erhalten:

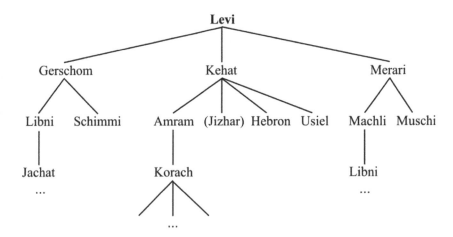

Diese vorgeschlagene Erklärung würde einerseits die Darstellung des Stammbaums insofern glätten, als mit „Amram" wiederum die Erstgeborenen-Linie verfolgt würde wie bei Libni und Machli, hätte aber andererseits das Problem, dass der erstgeborene Sohn Amrams Aaron war und nicht Korach (wie schon zuvor in IChr 5,29 dem Leser vorgestellt wurde). Sara Japhet hält selbst zu ihrer vorgeschlagenen Lösung fest: „Unser gegenwärtiger Kenntnisstand bietet für dieses Problem keine befriedigende Lösung."[33]

Lösungsmodell 2:
Statt „Amminadab" ist es möglich, in V.7 „Jizhar" zu lesen, wie es auch andere Levi-Stammbäume nahelegen. Diese Lesart bezeugen auch der Alexandrinus und der Venetus sowie eine griechische Minuskel. Diese Annahme wird unter anderem von Thomas Willi vertreten.[34] Hierbei hätte man den Vorteil, dass V.7 mit den

---

33 JAPHET, 1 Chronik, 172. Diese Annahme der Lesart „Amram" ist weit verbreitet, spätestens seit Möhlenbrink in seinem Aufsatz zu den levitischen Überlieferungen (199f.) die These vertreten hat.
34 Vgl. WILLI, Chronik. 1. Teilband, 194.

anderen Textstellen (zum Beispiel Ex 6,18.21; IChr 6,23) kohärent zu lesen ist. Eine versehentliche Verschreibung von „Jizhar" in „Amminadab" ist allerdings dabei nicht erklärbar, sodass Kurt Möhlenbrink bei dieser Möglichkeit von einer „Gewaltlösung des Problems"[35] spricht.

Dieser Vorschlag sieht graphisch dargestellt so aus:

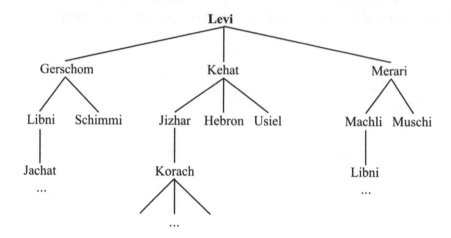

Beide Lösungsvorschläge fallen in den Bereich der Textkritik, aber für Modell eins fehlen jegliche Textzeugen, und auch für Modell zwei gibt es deutlich zu wenige und darunter keine hebräischen Handschriften. Bevor nun ein drittes Lösungsmodell vorgeschlagen wird, sei ein Blick auf die verschiedenen Textzeugen und Versionen geworfen:

- Nur zwei Septuaginta-Handschriften (Alexandrinus und Venetus) lesen hier Ισσααρ, also „Jizhar", die Mehrheit bezeugt „Amminadab".
- Nur eine griechische Minuskel bezeugt „Jizhar".
- Die Vulgata bezeugt „Amminadab".
- Die Peschitta bezeugt „Amminadab".
- Der Targum bezeugt „Amminadab".[36]

---

35 MÖHLENBRINK, Überlieferungen, 199.
36 Wie oben erwähnt ist in den Schriften von Qumran diese Chronik-Stelle (noch) nicht gefunden worden.

Nach allen Regeln der Textkritik ist die masoretische Bezeugung für Amminadab so gewichtig, dass diese hier vermutlich den „Urtext"[37] repräsentiert. Auch James T. Sparks, der ausführlich 1Chr 1–9 untersucht hat, kommt zu dem Schluss, dass an dieser Stelle „Amminadab" gelesen werden muss. Er argumentiert, dass durch die Nennung Amminadabs eine besondere Nähe von Aaron zum Stamm Juda hergestellt werden soll.[38] Auch Willi bemerkt, dass Amminadab in die Juda-Linie weist (Rut 4,19f; IChr 2,10). So könnte hier eine Vermischung von der Levi- und der Juda-Linie vorliegen.[39] Genügt dies aber als Erklärung? Es lohnt sich, der Frage ausführlich nachzugehen, *warum* Korachs Vater in IChr 6,7 Amminadab heißt.

Lösungsmodell 3:
In IChr 6,7 ist Amminadab zu lesen – und das ist Ausdruck einer chronistischen Theologie, die nicht einfach geändert werden darf. Durch die Tatsache, dass der Vater von Korach hier Amminadab und nicht Jizhar heißt, verfolgt „der Chronist" gleich verschiedene Intentionen:

1) Neben der oben erwähnten Annahme, dass durch die Nennung Amminadabs eine besondere Nähe von Aaron und Juda ausgedrückt wird, ist doch interessant, dass „Jizhar" hier ganz verschwiegen wird. Der Fragestellung, warum „Jizhar" in diesem Text fehlt, wurde in der Forschung bisher nicht nachgegangen, sondern es wurde lediglich begründet, warum Amminadab in diesem Text vorkommt. Beide Fragerichtungen verdienen meines Erachtens allerdings Beachtung; denn es liegt die Vermutung nahe, dass der Autor oder Redaktor in IChr 6 herausstellen wollte, dass das berühmte Geschlecht der Korachiter, das durch die Psalmüberschriften und durch die anderen Chronik-Stellen bezeugt ist, *nichts* mit dem rebellierenden Korach aus Num 16 zu tun hat. Der Korach aus Num 16 war doch der Sohn des Jizhar, in dieser Chronikstelle ist er der Sohn des Amminadab. „Dem Chronisten" waren die Korachiter als Tempelsänger und Torhüter sehr wichtig – von ihnen kann keiner einen derartigen Frevel gegen Mose begangen haben.

2) Naheliegender, als dass „der Chronist" hier mit dem Namen Amminadab die Levi und Juda-Linie vermischen möchte, ist die Annahme, dass durch die Nennung Amminadabs die Nähe der Korachiter (oder auch die der Leviten allgemein) zu Aaron herausgestellt werden soll. Wie in mehreren Beispielen schon gezeigt wurde und noch gezeigt wird, ist „dem Chronisten" das Ansehen der Leviten und das der Korachiter sehr wichtig, aber auch Aaron und seine Söhne haben einen hohen

---

37 Der Begriff „Urtext" ist hier mit Bedacht in Anführungszeichen gesetzt, damit nicht der Eindruck entsteht, es habe nur einen einzigen Urtext gegeben. Vielmehr geht diese Arbeit davon aus, dass einige „Urtexte" nebeneinander existiert haben können.

38 Vgl. SPARKS, Genealogies, 107.

39 WILLI, Chronik. 1. Teilband, 219.

Stellenwert. Vermutlich liegt die Intention, dass beide Gruppierungen sich nahestehen (sollen), auch in IChr 6,7 vor: Aaron ist nach Ex 6,23 der Schwiegersohn Amminadabs! Wenn nun Korach als Sohn des Amminadab bezeichnet wird, dann macht „der Chronist" hier Korach und Aaron zu Schwäger. So wird das Anliegen „des Chronisten" deutlich: Korach und Aaron sind eben Verwandte, Gleichgestellte und nicht in rivalisierenden Gruppen zuhause.

3) Darüber hinaus ist „Amminadab" ein interessanter sprechender Name. Martin Noth weist bei diesem darauf hin: „Das Wort עם hat in der jüngeren Schicht der semitischen Sprachen die Bedeutung patruus."[40] Darüber hinaus sei נדב wiederzugeben mit „freigiebig hat sich [...] gezeigt." Also wäre Amminadab zu übersetzen mit: „Mein/Der Onkel hat sich freigiebig gezeigt" oder auch: „Mein/das Volk hat sich freigiebig gezeigt."[41] Ob nun der Onkel wohltätige Opfer darbringt oder das Volk, sei hier nicht weiter diskutiert – die Wurzel נדב gibt meines Erachtens an dieser Stelle den entscheidenden Ausschlag; denn sie bietet ein Kontrastprogramm zur Numeri-Geschichte. In Num 16 bringt Korach ein falsches Opfer dar, und der Name „Amminadab" unterstreicht ein (richtiges,) freiwilliges Opfer.

Natürlich lassen sich auch innerhalb der Chronik verschiedene Redaktionsschichten oder Intentionen ausmachen. Ein paar Verse weiter innerhalb der Aufzählung der Sängerfamilie des Heman, in IChr 6,22f, ist Korach wiederum der Sohn Jizhars.[42] Bei der eben kurz analysierten Stelle IChr 6,3.7 handelt es sich aber dezidiert um den Stammbaum Levis (und nicht nur um einen der Aaroniden wie in IChr 5,27–41) – hier kommt zum ersten Mal in der Chronik „Korach, der Levit"[43] vor. Somit liegt hierauf ein besonderes Gewicht. Die herausragende Stellung von Kap. 6 im Gegensatz zu Kap. 5 wurde auch von James T. Sparks herausgearbeitet.[44]

Fazit:
Zusammenfassend lässt sich sagen, dass es mit Blick auf die Verse 5–15 nur Auffälligkeiten in der Kehat-Linie gibt. Die Gerschom- und die Merari-Linie weisen beide eine einfache, vertikal zu lesende Liste mit je sieben Nachkommen auf – nach den Erstgeborenen Libni (von Gerschom) und Machli (von Merari). Wenn man die Kehat-Linie nur hinsichtlich der Erstgeborenen liest, gelangt man auch hier zu einer Liste mit sieben Söhnen: Amminadab, Korach, Assir, Tachat, Uriel, Usija und Schaul. Differenziert wird dieser Stammbaum durch die horizontalen Einschübe

---

40 Noth, Personennamen, 77.

41 Ob man das ' als Genitiv(marker) oder als Possessivpronomen übersetzt, hängt davon ab, ob man es als Chirek compaginis versteht oder nicht.

42 Wie das Kapitel 6 redaktionsgeschichtlich zu verstehen ist, siehe unten.

43 Korach, der Sohn Esaus, noch in IChr 1,35; Korach, der Sohn Hebrons, in IChr 2,43.

44 Vgl. Sparks, Genealogies, 29; vgl. auch oben S. 170.

und ebenso deren Nachkommen. Nur Ebjasaf erhält als einziger Korach-Sohn keine eigene Genealogie. Auffällig sind an der Kehat-Linie vor allem zwei Namen: 1.) Amminadab als Korachs Vater; 2.) die Auslassung Joels als Sohn Samuels und die Nennung Abijas als dritten Sohn. Als struktureller Bruch sind die Vv.11–13 wahrzunehmen. Interpretiert man die Auffälligkeiten hinsichtlich der Kehat-Linie, so kommt man zu dem Schluss, dass diese Linie nun sehr positiv erscheint: Der Kehat-Nachkomme Korach ist nicht mehr mit dem frevelnden Korach aus Num 16 identifizierbar, da sein Vater anders heißt. Darüber hinaus wird der angesehene Prophet Samuel in dieser Linie verankert, und seine beiden frevelnden Söhne werden getilgt. Vor dem Hintergrund von Num 4,18–20 ist es möglich, in IChr 6 einen Klärungsversuch um einen „Kehat-Streit" zu sehen, denn in Num 4,18–20 steht – etwas unvermittelt – Folgendes:

18 אל תכריתו את שבט משפחת הקהתי מתוך הלוים

19 וזאת עשו להם וחיו ולא ימתו בגשתם את קדש הקדשים אהרן ובניו יבאו ושמו אותם איש איש על עבדתו ואל משאו

20 ולא יבאו לראות כבלע את הקדש ומתו

18 Rottet nicht aus den Stamm der Familie der Kehatiter mitten aus den Leviten!

19 Dies tut für sie, damit sie leben und nicht sterben, während sie herantreten an das Hochheilige. Dann sollen Aaron und seine Söhne kommen und einen jeden von ihnen zu seiner Arbeit und seiner Last führen.

20 Sie sollen aber nicht kommen, um das Heilige, auch nur einen Augenblick, zu sehen, sodass sie sterben.

Hier ist die Rede davon, dass sich die Kehatiter in der Gefahr befinden, ausgerottet zu werden. Dies unterstreicht IChr 6 gerade nicht sondern „schönt" indessen den Stammbaum der Kehatiter.

An der Merari-Linie ist lediglich auffällig, dass im Vergleich mit den Vv.2–4 die Söhne Machlis die Namen der Söhne Gerschoms tragen (Libni und Schimi). Zwei Erklärungsmöglichkeiten bieten sich hierfür an: 1.) Es ist es tatsächlich eine doppelte Namensgebung innerhalb der Familie (das wäre nicht ungewöhnlich). 2.) Es ist kein vollständiger Stammbaum von Merari überliefert, der Autor wollte aber auf ein 7-Generationen-Schema kommen. So nannte er die Söhne Gerschoms doppelt. Da von Merari außerhalb der Chronik kein Stammbaum existiert (es werden immer nur die Söhne Machli und Muschi genannt, so in Ex 6,19 und Num 3,20.33[45]), ist diese Frage ohne Vergleichsstellen schwer zu beantworten.

---

45 Einzelne Nachkommen werden noch genannt in Num 3,35 (Zuriel); Esr 8,18 (Scherebja als Sohn von Machli).19 (Haschabja und Jesaja als Nachkommen Meraris).

So vermutet auch Willi, dass eine älteste Schicht „nur die drei Hauptäste Gerschom mit den Zweigen Libni und Schimi, Kehat mit den vier Abteilungen Amram, Jizhar, Hebron und Usiel sowie Merari mit Machli und Muschi umfaßt (Vv.2–4). Sie wären in einem weiteren Stadium durch die diachronen Reihen Vv.5f7–13.14f auf verschiedene Weise ergänzt und detailliert worden."[46]

Der levitische Stammbaum Teil III: Die Sängerfamilien Vv.16–32

Mit V.16 wird ein nächster Teil der Levi-Genealogie eröffnet. Nun werden die drei wichtigen Sängerfamilien des Heman, des Asaf und die des Etan aufgelistet.

Es heißt in IChr 6,16–32:

16 ואלה אשר העמיד דויד על ידי שיר בית יהוה ממנוח הארון

17 ויהיו משרתים לפני משכן אהל מועד בשיר עד בנות שלמה את בית יהוה בירושלם ויעמדו כמשפטם על עבודתם

18 ואלה העמדים ובניהם מבני הקהתי הימן המשורר בן יואל בן שמואל

19 בן אלקנה בן ירחם בן אליאל בן תוח

20 בן צוף בן אלקנה בן מחת בן עמשי

21 בן אלקנה בן יואל בן עזריה בן צפניה

22 בן תחת בן אסיר בן אביסף בן קרח

23 בן יצהר בן קהת בן לוי בן ישראל

24 ואחיו אסף העמד על ימינו אסף בן ברכיהו בן שמעא

25 בן מיכאל בן בעשיה בן מלכיה

26 בן אתני בן זרח בן עדיה

27 בן איתן בן זמה בן שמעי

28 בן יחת בן גרשם בן לוי

29 ובני מררי אחיהם על השמאול איתן בן קישי בן עבדי בן מלוך

30 בן חשביה בן אמציה בן חלקיה

31 בן אמצי בן בני בן שמר

32 בן מחלי בן מושי בן מררי בן לוי

16 Diese sind es, die David hingestellt hatte zum Singen für das Haus JHWHs, nachdem die Lade einen Ruheplatz hatte.

17 Und sie waren Dienende vor dem Wohnort des Zeltes der Begegnung im Singen, bis Salomo das Haus Jahwes baute in Jerusalem. Und sie standen gemäß ihres Rechtes für ihren Dienst.

18 Und dies sind die Stehenden und ihre Söhne: von den Söhnen der Kehatiter Heman, der Sänger, Sohn des Joel, Sohn des Samuel,

19 Sohn des Elkana, Sohn des Jerocham, Sohn des Eliel, Sohn des Toach,

20 Sohn des Zuf, Sohn des Elkana, Sohn des Machat, Sohn des Amasai,

---

46 WILLI, Chronik. 1. Teilband, 219.

21 Sohn des Elkana, Sohn des Joel, Sohn des Asarja, Sohn des Zefanja,

22 Sohn des Tachat, Sohn des Assir, Sohn des Ebjasaf, Sohn des Korach,

23 Sohn des Jizhar, Sohn des Kehat, Sohn des Levi, Sohn des Israel.

24 Und seine Brüder waren: Asaf, der stand an seiner Rechten. Asaf, Sohn des Berechja, Sohn des Schima,

25 Sohn des Michael, Sohn des Baaseja, Sohn des Machlija,

26 Sohn des Etni, Sohn des Serach, Sohn des Adaja,

27 Sohn des Etan, Sohn des Simma, Sohn des Schimi,

28 Sohn des Jachat, Sohn des Gerschom, Sohn des Levi.

29 Und von den Söhnen Meraris ihre Brüder auf der Linken: Etan, Sohn des Kischi, Sohn des Abdi, Sohn des Malud,

30 Sohn des Chaschabja, Sohn des Amazja, Sohn des Chilkija,

31 Sohn des Amzi, Sohn des Bani, Sohn des Schamer,

32 Sohn des Machli, Sohn des Muschi, Sohn des Merari, Sohn des Levi.

Erläuterung:

V.16 eröffnet nun katadeiktisch eine neue Liste.[47] Dies wird durch die vorangegangene Pᵉtucha unterstrichen. So bilden die Verse 16f „die Einleitung zur Genealogie der drei Obersänger; hier wird erklärt, weshalb die Sänger gesondert von den drei levitischen Hauptlinien aufgeführt sind."[48] V.18 expliziert noch einmal die Eröffnung der folgenden Listen, indem ein weiteres Mal ואלה am Satzanfang steht und die Vokabeln des „Stehens (עמד)" und „Singens (שיר)" aus V.16 wieder aufgenommen werden.

Ob V.16 ursprünglich an V.15 angeschlossen hat, ist unsicher. Inhaltlich betrachtet, ist für V.16 lediglich die Nennung der Leviten vor den Sängern notwendig.

Sprachlich ist diese Genealogie dem *Ben*-Typ zuzurechnen mit einem vorangestellten בן, nicht mit einem nachgestellten בנו wie in den Vv.5–15. Im weiteren Vergleich mit den vorherigen Versen fällt zum einen auf, dass die Stammbäume nun aufsteigend auf Levi hin und nicht absteigend verlaufen, zum andern, dass die Genealogien nun über den Zweitgeborenen verlaufen.[49] Die Ausdrucksweise ist gegenüber den Vv.5–15 stereotyp, es gibt keine Varianten innerhalb der Stammbäume – es gibt kein Waw, darüber hinaus keine andere Formulierung als „Sohn von".

---

47 Für V.16 als Eröffnungsformel spricht die einzige sprachliche Parallele ואלה אשר in Jos 14,1; dort ist es sogar der Anfang des ganzen Kapitels.

48 Japhet, 1 Chronik, 173.

49 „Die Abstammungsliste [scil. der Sänger] geht jeweils vom zweiten Sohn des Ahnherrn aus, sowie die Liste der levitischen Häupter im vorigen Abschnitt jeweils vom ersten Sohn ausgegangen war."(Japhet, 1 Chronik, 174). Diese Annahme ist nur dann stringent, wenn man in den Versen vorher „Amminadab" in „Amram" abändert, was Japhet auch konsequenterweise tut.

Stellt man den Stammbaum der drei Sängerfamilien dementsprechend graphisch in drei klaren Linien dar, so sieht dies wie folgt aus[50]:

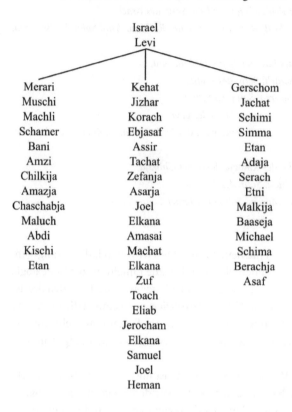

---

50 Sie sind hier auch absteigend dargestellt, um einen besseren Vergleich zu erzielen, obwohl sie aufsteigend genannt werden.

Bei dieser Darstellung ist die „disproportionale Länge"[51] des Kehat-Stammbaums auf den ersten Blick auffällig, da er über einige Namen mehr als die anderen beiden Stammbäume verfügt. So wirft dieser Stammbaum Probleme auf, wenn die Sänger Etan, Heman und Asaf zeitgleich in der Davidszeit gelebt haben sollen. Zusätzliche Unstimmigkeiten gibt es im Vergleich gerade mit dem Kehat-Stammbaum der Vv.5–15: In den Vv.5–15 verläuft die Samuel-Stammreihe über den Korach-Sohn Elkana, während Samuel hier von Ebjasaf abzustammen scheint. Ebjasaf hatte im vorherigen Stammbaum gar keine männlichen Nachkommen. Zudem ist es merkwürdig, dass bei der Sängerfamilie des Heman Elkana – Amasai – Machat – Elkana als Söhne voneinander, vertikal gelesen, dargestellt werden, während der vorherige Stammbaum es nahe legt, Elkana als den Vater der drei Söhne Amasai, Achimot und Elkana zu verstehen. Sprachlich deutet nichts darauf hin, dass sich auch in diesem Stammbaum horizontale Passagen befinden, ein Vergleich mit den vorherigen Versen legt allerdings auch hier die Erwähnung von Brüdern nahe. Wenn man die Genealogie der drei Sängerfamilien nun hinsichtlich zweier Passagen horizontal liest, wie es die Vergleichsstellen vermuten lassen, sieht der Stammbaum wie folgt aus:[52]

---

51 So Japhet, 1 Chronik, 174.
52 Die Angaben in Klammern sind die Namen des Stammbaums von Vv.5–15.

190 | Korach und die Korachiter in der Chronik

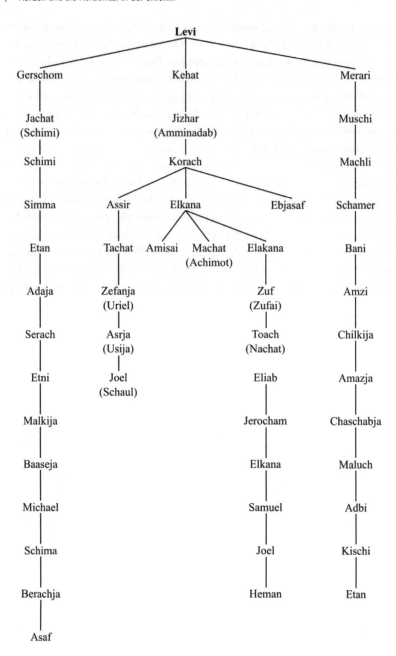

Mit dieser Lesart wären die Stammbäume bis auf eine Generation bei Asaf gleich lang. Zudem widerspricht sich diese Lesart nicht mit den Vv.5–15, da nun auch hier der Samuel-Stammbaum über den Korach-Sohn Elkana verläuft und Ebjasaf keine Nachkommen hat. Auch bei dem Kehat-Stammbaum in den Vv.5–15 müssen, obwohl sprachlich nichts zu erkennen ist, Assir, Elkana und Ebjasaf horizontal gelesen werden, wie es ein Vergleich mit dem Pentateuch (vgl. Ex 6,24) nahelegt. Dies ist in der Chronik-Forschung Konsens. Warum sollte dieser Stammbaum nicht auch horizontale Passagen haben? „Der Chronist" muss nicht erläutern, dass Korach drei Söhne hatte – das weiß jeder Kenner der pentateuchischen Schriften, zudem wird dies ein paar Verse zuvor deutlich –, sodass jeder die horizontale Linie einzuordnen weiß. Es ist an diesem Kapitel deutlich, dass die Korachiter in der Sicht „des Chronisten" einen hohen Stellenwert haben, sonst würde er nicht immer alle drei Söhne aufzählen. Diese Wichtigkeit wird noch dadurch unterstrichen, dass die Sängerfamilie des Heman nicht nur über den zweitgeborenen Sohn Kehats – Jizhar – verläuft, sondern, stringent, auch über den Zweitgeborenen Korachs, nämlich Elkana (und eben nicht Ebjasaf). Durch die horizontale Lesart an zwei Stellen der Genealogie der Sängerfamilien kann auf die Annahme einer redaktionellen Arbeit dieses Stammbaums verzichtet werden, wie dies jedoch zum Beispiel Japhet annimmt.[53]

Zwei markante Unterschiede zu den Vv.5–15 gibt es dennoch: Erstens ist der Name des Vaters von Korach (wiederum) Jizhar und nicht Amminadab; zweitens heißt der Sohn Samuels (wiederum) Joel.

Auch bei den Söhnen von Gerschom ergibt sich eine kleine Unstimmigkeit und zwar hinsichtlich des Namens Jachat, da er zuvor als Enkel des Gerschom, nicht als Sohn des Gerschom erschien. So bezeugt IChr 6,5 die Linie Gerschom – Libni – Jachat – Simma; IChr 6,28 die Linie Gerschom – Jachat – Schimi – Simma und IChr 23,10 die Linie Gerschom – Schimi – Jachat. Da es sich hier um dieselben Namen, aber in anderer Reihenfolge, handelt, legen sich kleine Abweichungen in den Überlieferungen nahe, die nicht mehr nachvollziehbar sind. Zu bemerken ist jedoch, dass man bei Asaf auf dieselbe Länge der Nachkommensliste gelangt, wie bei den Sängern Heman und Etan, falls man den Namen Jachat aus V.28 herausnehmen würde[54], da nach V.5 Schimi der zweitgeborene Sohn wäre und nicht Jachat.

---

53 „Die Tiefe der genealogischen Angaben ist nicht einheitlich, vor allem zwischen Heman und den beiden anderen ist ein markanter Unterschied zu beobachten. Hier lassen sich wiederum zwei Stadien in der Entwicklung der Liste der Kehatiten ausmachen, ähnlich dem, was wir im vorigen Abschnitt gesehen haben. [...] Für Asaf und Etan hat sich diese originale Anlage im Text erhalten. Heman dagegen wird als ‚Sohn des Joël, des Sohnes Samuels' bezeichnet und seine genealogische Linie wird erweitert durch mechanische Hinzufügung des Stammbaums von Samuel (V. 11–13)." JAPHET, 1 Chronik, 174.

54 Dieser Vorschlag findet sich auch schon bei MÖHLENBRINK, Überlieferungen, 202.

Dass Machli in der Merari-Linie auch als Sohn von Muschi und nicht als Bruder dargestellt wird, stimmt mit IChr 23,21 überein.

Im Anschluss an die Analysen des Sänger-Stammbaums drängen sich nun Fragen zu Verknüpfungen mit den Psalmen auf; denn aus dem Psalter sind Asaf, Heman und Etan[55] als Psalmen-Dichter, Sänger und/oder Sammler bekannt. Wie verlaufen beispielsweise Verknüpfungen zu Heman, dem Sänger, aus Ps 88?

Nach Georg Steins greift IChr 6,16–32 auf die Psalmüberschriften zurück (speziell auf Ps 88,1). Erst dadurch wird Heman zu einem Korach-Sohn. „Heman, der in der Erweiterung der Überschrift von Ps 88 neben den Söhnen Korachs genannt ist, wird aufgrund der Zugehörigkeit Korachs zur Kehatiter-Sippe (vgl. Ex 6,16–21; Num 16,1) ebenfalls dieser Sippe zugeordnet, Asaf und Etan werden als Gerschuniter bzw. Merariter eingeführt."[56] Das würde heißen, dass erst Ps 88,1 einer Erweiterung unterliege, dann griffe IChr 6 auf diese Erweiterung zu. Anders sieht Reinhard Achenbach dieses Verhältnis: Es bestehe erst eine chronistische Theoriebildung, dann würden die jeweiligen Psalmen den Korachitern zugeschrieben. Im Hintergrund stehe – hinsichtlich der Psalmüberschriften – zusätzlich Num 16f wegen der Assoziation von Motivik: „Die Zuordnung zu Korach ist also ähnlich zu beurteilen wie die Zuordnung des Davidspsalters zu David: sie ist das Ergebnis der Legendenbildung der chronistischen Zeit. Dass andererseits ein Bezug zu Sängergilden des 2. Tempels besteht, ist nicht nur auszuschließen, es ist angesichts des Aufwandes um die Korachiten sogar wahrscheinlich. Die Chronik nutzt zur Begründung dieser Tradition der Tempelsängerschaft der Korachiten die Gestalt des Heman (1 Kön 5,11), den sie in die Reihe der Korachiten stellt [...]. Erst im Konnex zur Chronik wird ein Text wie Ex 6,16–25 überhaupt erst sinnvoll."[57] Die Chronik stelle demnach Heman in die Tradition der Korachiter, nicht der Autor/ Redaktor der Psalmüberschriften.

Wie Korach im Zusammenhang der Bücher Numeri, Psalmen und Chronik zu beurteilen ist, wie die textlichen Abhängigkeiten verlaufen, wird am Schluss der Arbeit zu klären sein.

Fazit:

Es liegt nahe, auch diesen Stammbaum mit horizontalen Linien wahrzunehmen. Demnach ist er gleichmäßig aufgebaut: Alle drei Sängerlinien sind gleich lang, wenn man eventuell „Jachat" als einen (versehentlichen) Zusatz herausnehmen würde, und enden in der Zeit Davids. Der Stammbaum Samuels wirkt – im Gegensatz zum

---

55 In Ps 89,1 ist jedoch von Etan, dem Esrachiter die Rede, nicht von Etan, dem Sänger.

56 Steins, Abschlußphänomen, 419.

57 Achenbach, Vollendung, 122.

Der levitische Stammbaum Teil IV: Die Familie Aarons Vv.33–38

V.33 schließt mit einem abhängigen Nominalsatz an die Aufzählung der Sänger-familien an. So fungieren V.33 und 34 als Überleitung zwischen den levitischen Sängerfamilien und dem Stammbaum der Aaroniden.

Es heißt in IChr 6,33–38:

33 ואחיהם הלוים נתונים לכל עבודת משכן בית האלהים
34 ואהרן ובניו מקטירים על מזבח העולה ועל מזבח הקטרת לכל מלאכת קדש הקדשים ולכפר על ישראל ככל אשר צוה משה עבד האלהים
35 ואלה בני אהרן אלעזר בנו פינחס בנו אבישוע בנו
36 בקי בנו עזי בנו זרחיה בנו
37 מריות בנו אמריה בנו אחיטוב בנו
38 צדוק בנו אחימעץ בנו

33 Ihre levitischen Brüder aber waren gegeben über jede Arbeit am Wohnort des Gotteshauses.

34 Und Aaron und seine Söhne waren Opfernde am Brandopferaltar und am Altar der Räucherung hinsichtlich jeden Dienstes für das Allerheiligste, um für Israel zu sühnen wie alles, was Mose, der Knecht Gottes, befohlen hatte.

35 (Und) dies sind die Söhne Aarons: Elieser war sein Sohn, Pinchas war sein Sohn, Abischua war sein Sohn,

36 Bukki war sein Sohn, Ussi war sein Sohn, Serachja war sein Sohn,

37 Merajot war sein Sohn, Amarja war sein Sohn, Achituv war sein Sohn,

38 Zadok war sein Sohn, Achimaaz war sein Sohn.

Drei Auffälligkeiten in diesem Stammbaum bedürfen näherer Erläuterung:

1) fällt dem kundigen Leser zu Beginn der Genealogie auf, dass Nadab und Abihu ausgelassen werden, obwohl sie die zwei Erstgeborenen Aarons waren. Der Aaron-Stammbaum in IChr 5,27–41 hat demgegenüber beide aufgelistet. Der Leser weiß, dass Nadab und Abihu in negative Schlagzeilen geraten sind, da sie nach Lev 10,1–3 ein falsches Opfer darbrachten und vom Gottesfeuer verzehrt wurden.[58] Nach Willi setzt der Chronist „das Ausscheiden der Aaron-Söhne Nadab und Abihu aus der Generationen- und Erbfolge aufgrund des von ihnen dargebrachten

---

58 Sie begingen den gleichen Frevel und erlitten das gleiche Schicksal wie Korach und die anderen 250 Aufständischen. Zur literarischen Abhängigkeit zwischen Lev 10,1–3 und Num 16f. siehe Kapitel 1.1.2 Literargeschichtliche Analyse von Num 16,1–17,15.

‚fremden Feuers' (Räucherwerks, Ex 30,9) und die darüber berichtende pentateu-
chische Überlieferung in Lev 10,1–2; Num 3,4; 26,61 als selbstverständlich voraus,
ohne sie auch nur verkürzt (wie im Falle der Juda-Söhne Er und Onan in 2,3) zu
thematisieren."[59] Möglich wäre jedoch auch – und diese Annahme liegt meines
Erachtens näher –, dass die Erzählung um Nadab und Abihu nicht vorausgesetzt,
sondern verschwiegen werden soll. Dadurch, dass hinter IChr 5 hier *noch einmal*
der Stammbaum Aarons aufgelistet wird, wirkt dies wie eine Korrektur, damit
der Stammbaum von Aaron makellos bleibt. Unterstrichen wird dies durch einen
Vergleich mit Num 17: Obwohl in der Erzählung in Num 17 nur Aaron für Israel
ein Sühne wirkendes Opfer darbringt, betont „der Chronist" an dieser Stelle, dass
Aaron *und seine Söhne* für Israel opferten. Der anschließende Vers expliziert dies
dann betont: Und *dies sind die Söhne Aarons*: Eleasar war sein Sohn, Pinhas war
sein Sohn, Abischua war sein Sohn. Hier wird die Erzählung um Nadab und Abihu
nicht vorausgesetzt, hier wird sie getilgt.

2) wird im Vergleich mit manchen Numeri-Texten das Profil der Aaroniden
in der Chronik deutlich: Wie oben bereits angemerkt, lassen sich einige parallele
Formulierungen und Themen von IChr 6 und Num 3 ausmachen, was gerade am
Aaron-Stammbaum in IChr 6 gut erkennbar ist. So beginnt dieser Stammbaum in
Num 3 mit den frevelnden Söhnen des Aaron, die hier ausgelassen werden. Darüber
hinaus zeigt sich eine weitere korrigierende Aufnahme von Num 3 in IChr 6,33f.
Es heißt in IChr 6,33f:

33 ואחיהם הלוים נתונים לכל עבודת משכן בית האלהים

34 ואהרן ובניו מקטירים על מזבח העולה ועל מזבח הקטרת לכל מלאכת קדש הקדשים ולכפר על ישראל ככל אשר צוה משה עבד האלהים

33 Ihre levitischen Brüder aber waren gegeben über jede Arbeit am Wohnort des Gotteshau-
ses.
34 Und Aaron und seine Söhne waren Opfernde am Brandopferaltar und am Altar der
Räucherung hinsichtlich jeden Dienstes für das Allerheiligste, um für Israel zu sühnen wie
alles, was Mose, der Knecht Gottes, befohlen hatte.

Diese zwei Verse sind reich an Vokabular aus dem Buch Numeri. Zum einen wird
im Buch Numeri diskutiert, wem die Leviten „gegeben" (נתונים) sind.[60]

---

59 WILLI, Chronik. 1. Teilband, 215.
60 Vgl. dazu Kapitel 1.1.2 Literargeschichtliche Analyse von Num 16,1–17,15.

In Num 3,9 heißt es:

ונתתה את הלוים לאהרן ולבניו <u>נתונם נתונם המה לו</u> מאת בני ישראל

Und du sollst die Leviten Aaron und seinen Söhnen geben. Ihm Gegebene, Gegebene von den Israeliten sind sie.

In Num 8,16 steht hingegen:

<u>כי נתנים נתנים המה לי</u> מתוך בני ישראל תחת פטרת כל רחם בכור כל מבני ישראל לקחתי אתם לי

Denn Gegebene, Gegebene sind sie mir, aus der Mitte der Israeliten, anstatt allem, was den Mutterschoß durchbricht, (für) jeden Erstgeborenen von den Israeliten habe ich sie für mich genommen.

In Num 18,6 findet sich wiederum folgende Aussage:

ואני הנה לקחתי את אחיכם הלוים מתוך בני ישראל <u>לכם מתנה נתנים ליהוה</u> לעבד את עבדת אהל מועד

Siehe, ich aber habe eure Brüder, die Leviten, aus der Mitte der Israeliten herausgenommen, für euch zum Geschenk sind JHWH gegeben, um zu verrichten die Arbeit des Zeltes der Begegnung.

„Wem die Leviten gegeben sind" scheint eine Grundsatz-Diskussion im Buch Numeri zu sein, zu der sich auch „der Chronist" äußert. Wie oben festgestellt, verfolgt der Verfasser von Num 3,6–13 eine pro-aaronidische Linie, der Verfasser von Num 8,16–19 hingegen eine pro-levitische, während der Verfasser von Num 18,6f eine Harmonisierung versucht: An letzterer Stelle haben sowohl Aaron und seine Söhne wie auch die Leviten einen hohen Stellenwert. Hier schaltet sich „der Chronist" ein und stellt – durch die Verwendung derselben Formulierung נתונים – heraus, dass die Leviten keiner Person, sondern der Arbeit am Heiligtum gegeben sind. Auch die Formulierung עבדת משכן findet sich im Buch Numeri, genauer gesagt: in der Korachbearbeitung von Num 16.[61]

Auch V.34 rückt einige Positionen des Numeribuches zurecht: Es ist zunächst auffällig, dass es sich in V.34 um die Opferart קטורת dreht – dies stellt in Num 16f den Streitpunkt zwischen den 250 Männern, Korach und seiner Schar sowie Mose und Aaron dar. Die Chronik macht hier deutlich, dass Aaron derjenige ist, der diese Opferart durchführen darf. Darüber hinaus wird noch betont, dass es *Aarons*

---

61 Der Ausdruck עבדת משכן findet sich nur in vier Kapiteln der Hebräischen Bibel: Ex 39,32.40; Num 3,7.8; 16,9 und in IChr 6,33, wobei nur in Num 3 und Num 16 dieselbe Formulierung gebraucht wird: לעבד את עבדת המשכן. In Num 3; 16 und IChr 6,33 sind es jeweils die Leviten, die den Dienst an der Wohnung tun.

Aufgabe ist, Sühne zu wirken – dies wird im Numeribuch ebenfalls diskutiert. Während in der 250-Männer-Erzählung von Num 16f Aaron für Israel sühnt und damit eine Plage abwehrt, wird in Num 8,16–19 behauptet, dies sei Aufgabe der Leviten. „Der Chronist" betont an dieser Stelle in aller Kürze, dass allein Aaron und seine Söhne für die Sühne für das Volk Israel verantwortlich und zuständig sind.

3) fällt auf, dass Zadok als 10. Generation nach Aaron in diesem Stammbaum geführt ist. Die 10. Generation ist diejenige, die zeitgleich mit König David gelebt und gewirkt hat. So ist kein Zweifel daran, dass hier der aus den Samuelbüchern bekannte Priester Zadok gemeint ist. Er stammt laut „dem Chronisten" also von Aaron ab – in IISam 8,17 bleibt Zadoks Abstammungslinie mehr oder minder im Unklaren. Es heißt lediglich, dass Zadok, der Sohn Achituvs war. Auch sein Vater Achituv wird in die Aaron-Linie aufgenommen.[62]

Fazit:

Auffällig ist einerseits, dass der Aaron-Stammbaum innerhalb kurzer Zeit ein zweites Mal aufgelistet wird; diesmal fehlen allerdings die frevelnden Söhne Nadab und Abihu, die aus Lev 10,1–3 und aus Num 3,1–4 bekannt sind. Andererseits bestehen die Verse 33f aus Leitworten, die vor allem im Buch Numeri (und speziell auch in Num 16f) eine große Rolle spielen. IChr 6,33f greift – in aller Kürze – in die Diskussion um die Stellung von Priestern und Leviten ein und zeigt dabei dieselbe Intention wie Num 18,1–7: Beide Stellen wollen die (streitenden) Parteien harmonisieren, indem ihrer beider Stellung hervorgehoben wird. Zudem erscheint die Aaron-Linie besonders ehrwürdig dadurch, dass aus ihm der Priester Zadok, der Sohn des Achituv, hervorgeht.

3.2.2 Zusammenfassung[63]

Die Beobachtungen zu IChr 6,1–38 lassen sich wie folgt zusammenfassen:
- Stammbaum I (Vv.2–4) besitzt einen Rahmen mit Anfangs- und Schlusselement (ואלה) und ist in sich wie auch gegenüber den Genealogien des Pentateuch (Ex 6; Num 3) kohärent.
- Stammbaum II (Vv.5–15) weist einige Besonderheiten auf: 1.) Er zeigt an nur einer Stelle ein verkürztes Rahmenelement in Form von ל, darüber hinaus besitzt er weder Anfangs- noch Schlussformeln. 2.) Die Abstammungslinien müssten gemäß dem Schema über die erstgeborenen Söhne verlaufen. Dieses

---

62 Dies trifft nicht nur auf diesen Stammbaum der Aaroniden zu, sondern auch in IChr 5 sind Achituv und Zadok bereits Aaron-Nachkommen.

63 Im Anschluss an die Aufzählung der Aaron-Nachkommen folgen in IChr 6 die Wohnsitze der levitischen Geschlechter, die hier nicht weiter untersucht werden.

Schema wird durch die Nennung des Amminadab statt eines zu erwartenden Amram unterbrochen. Amminadab ist ohnehin an keiner Stelle innerhalb eines Kehat-Stammbaums erwähnt. Er ist hier der Vater von Korach statt des Jizhar. 3.) Die Stammbäume von Gerschom und Merari sind gleich lang, während die Abstammungslinie des Kehat deutlich mehr Namen aufweist, zudem sind noch horizontale Linien eingefügt. Die Verse 11–13 weisen sprachliche Unebenheiten im Gesamtgefüge der Vv.5–15 auf, da die Setzung der Waws im Gegensatz zu den Versen zuvor variiert. Zudem werden die ersten zwei Söhne des Samuel nicht namentlich genannt, obwohl sie aus ISam 8 bekannt sind. In der Chronik trägt der dritte Sohn den Namen Abija. Lässt man den Stammbaum Samuels und die horizontalen Linien beiseite, gelangt man auch beim Kehat-Stammbaum auf dieselbe Länge wie bei den Stammbäumen Gerschoms und Meraris.

- Die Genealogie der Sängerfamilien verfügt über eine typische Anfangsformel einer Liste (ואלה אשר). Da zu diesem Explicativum inhaltlich nur die Nennung der Leviten vorher nötig ist, könnte V.16 auch direkt an V.4 angeschlossen haben. Schließlich wechselt im Stammbaum der Sängerfamilien die Form der Genealogie gegenüber Stammbaum II: Es wird zwar auch der *Ben*-Typ verwendet, aber hier aufsteigend mit einem vorangestellten בן, während Stammbaum II absteigend mit einem nachgestellten בנו konstruiert ist. Im Vergleich mit Stammbaum II fällt auf, dass der Vater von Korach (wiederum) Jizhar heißt und dass der Sohn Samuels (Joel) namentlich genannt wird.

- Die Verse 33f sind abhängige Nominalsätze, die die Genealogie der Sängerfamilie vorweg benötigen. Sie leiten schließlich zum Stammbaum Aarons über. In V.35 findet sich wiederum ein typisches Rahmenelement (ואלה). Auffällig am Aaron-Stammbaum ist zum einen, dass er als Doppelüberlieferung zu IChr 5,27–41 die Namen von Nadab und Abihu auslässt, zum andern, dass er in die Diskussion um die Stellung von Leviten und Aaroniden im Buch Numeri eingreift und klarstellt, wem die Leviten „gegeben sind" und welche Aufgaben die Aaroniden haben. Darüber hinaus erscheint Zadok als ein Aaron-Nachkomme – davon ist in den Geschichtsbüchern keine Rede.

- Betrachtet man die Stellen, die meist in der alttestamentlichen Forschung aufgrund der Belegstellen aus den Geschichtsbüchern einer Konjektur unterliegen, so lässt sich Folgendes zusammenfassen: In V.7 soll nach den meisten alttestamentlichen Forschern „Amminadab" zu „Jizhar" oder „Amram" konjiziert werden; in V.13 sollen der Sohn Samuels „Joel" eingefügt und „Abija" zum zweiten Sohn Samuels ernannt werden. Beides hat keinen Anhalt in hebräischen Handschriften. Vor dem Hintergrund, dass in Vv.35–38 die Söhne Aarons „Nadab" und „Abihu" fehlen, fällt in der Zusammenschau auf, dass alle Frevler des Stammes Levi, die aus dem Enneateuch bekannt sind, ausgeblendet werden: Korach wird zu Amminadabs Sohn und ist nicht mehr derselbe, wie der frevelnde Sohn Jizhars aus Num 16, die zwei erstgeborenen Söhne Samuels bleiben namenlos (beides in den Versen 5–15) und Nadab und Abihu fehlen ganz. Es legt sich die Annahme nahe, dass hier die Erzählungen der Geschichtsbücher korrigiert werden und eben nicht vorausgesetzt werden sollen.

- Insgesamt betrachtet fällt die Nähe zu Num 3 auf. Dies zeigt sich zum einen an den gleichen behandelten Themen in IChr 6, und zum andern vor allem an den dabei unterschiedlich gesetzten Akzenten der beiden Kapitel.

Der obigen Analyse zur Folge zeigt das Kapitel IChr 6 zum einen Unebenheiten vor allem in Stammbaum II und in seinem Gegenüber zu den anderen Stammbäumen. Zum andern fällt jedoch mit Blick auf das gesamte Kapitel auf, dass hier dieselben Themen behandelt werden wie in Num 3, nur in anderer Reihenfolge. Durch diese Beobachtungen gelangt man zu folgendem Ergebnis:

Vv.1–4:	Der Levi-Stammbaum: Wie ein Vergleich mit Ex 6 und Num 3 zeigt, stammt dieser Teil nicht aus der Feder eines Chronisten, sondern Ex 6 und Num 3 sind die Geber-Texte beziehungsweise übernommene Traditionsstücke.
Vv.5–10.14–15:	Die Levi-Söhne: Hier ist teilweise eine bekannte Genealogie aus dem Pentateuch zu entdecken, aber es wird zugleich durch unterschiedliche Namensgebung chronistische Theologie deutlich.
Vv.11–13	Samuel-Erweiterung (ohne die „Frevler")
Vv.16–32:	Sängerfamilien. Hier sind wiederum kleine Unterschiede zum vorhergenannten Levi-Stammbaum erkennbar. Es wird jedoch auch deutlich, dass diese Genealogien zu den Vv.5–15 dazugehören, da sie die horizontalen Linien der Stammbäume voraussetzen.
Vv.33–38:	Leviten und Aaron-Söhne (auch hierbei scheint Num 3 der Geber-Text zu sein, auch wenn er nicht einfach übernommen, sondern abgewandelt wird). In dieser kurzen Beschreibung der Leviten und Aaron und seiner Söhne wird ein zentrales Anliegen „des Chronisten" deutlich: Ihre Aufgaben und Stellungen zueinander. Somit ist dies vermutlich nicht als Text des Chronisten selbst und nicht als übernommenes Traditionsstück anzusehen.

Erläuterung:
Die Chronisten waren Sammler und hervorragende Kenner der Geschichtsbücher. Darüber hinaus wollten sie aber ihre eigene Sicht der Dinge präsentieren und änderten übernommene Traditionsstücke (geringfügig, aber aussagekräftig) ab. Da es hinsichtlich Num 3 einige verwandte Themen gibt, könnte dieses Kapitel als Vorlage für IChr 6 gedient haben. Der Chronist erweitert jedoch die Ämter der Leviten um das Sängeramt und lässt die Erstgeburts-Theologie der Leviten aus.

Stammbaum I (Vv.1–4) ist älteres Traditionsgut, das sich so auch in Ex 6 und Num 3 findet. Stammbaum II weist hingegen einige Inkohärenzen auf. Es lässt sich feststellen, dass Korach hier als Sohn des Amminadab bezeichnet wird und somit, für den Kenner der Tora, nicht mit dem gegen Mose frevelnden Korach aus Num 16 zu identifizieren ist, da sein Vater ein anderer ist. Zudem wird Korach durch den Vater Amminadab zum Schwager von Aaron, der nach Ex 6 eine Tochter Amminadabs geheiratet hatte. Die Nähe dieser beiden Levi-Nachkommen wird dadurch nochmals unterstrichen. Von dem aufständischen Korach, Sohn des Jizhar, ist hier keine Spur, ebenso wenig wie von den frevelnden Aaron-Söhnen Nadab und Abihu und den frevelnden Samuel-Söhnen. Hinsichtlich der Aaroniden wirkt diese Auflistung in den Vv.33–38 zudem wie eine Korrektur an IChr 5 – schließlich sind in Kapitel 5 Nadab und Abihu genannt.

Welche Intention die Samuel-Einfügung in den Leviten-Stammbaum hat, bietet zwei Erklärungsmöglichkeiten: Entweder wird durch die Zufügung Samuels die Wichtigkeit des levitischen Korach noch einmal hervorgehoben. Denn Samuel war gemäß den Schriften eine wichtige Gestalt für die Zeit Israels und Judas vor David. Andererseits könnte durch die Samuel-Einfügung (lediglich) betont werden, dass Samuel ein Nachkomme Levis ist (und eben nicht Ephraims wie in ISam 1,1). Hierbei läge der Fokus auf Samuel, der eine „würdigere" Abstammung erhalten sollte. Die Intention des Redaktors ist nicht abschließend zu klären, im vorliegenden Textbestand aber werden dadurch natürlich beide Aspekte betont. Hinsichtlich der in der Forschung verbreiteten Annahme, dass Samuel in den Stammbaum der Kehatiten eingesetzt wurde, „um Samuel eine legitime levitische Abstammung zu verschaffen"[64], gilt es zu bedenken, dass diese Abstammung nur dann ehrenhaft ist, wenn der Stammbaum nicht Korach, den Frevler, als einen Stammvater vorzuweisen hat. Ob der gängigen Forschermeinung zuzustimmen ist, dass der Stammbaum Samuels als eine nachträgliche redaktionelle Erweiterung in IChr 6 anzusehen ist,[65] ist nicht leicht zu beantworten, da die hier als Stammbaum III bezeichnete Sänger-Genealogie den Einschub um Samuel bereits kannte und übernahm. Nach vorliegender Analyse des Kapitels liegt es näher, den Samuel-Einschub schon zum Basistext dieses Kapitels zu betrachten. „Der Chronist" könnte an dieser Stelle einen übernommenen Levi-Stammbaum mit Samuel erweitert und so als IChr 6 dargestellt haben. Alles in allem liegt die Vermutung nahe, dass das Kapitel IChr 6,1–38 einheitlich, aber durchaus aus verschiedenen Traditionsstücken zusammengesetzt wurde, die ihrerseits modifiziert Eingang in die Chronik erhalten haben. Dafür, dass dieses Kapitel eher als einheitlich zu betrachten ist, spricht 1) ein Vergleich

---

64 JAPHET, 1 Chronik, 171.

65 So spricht zum Beispiel Japhet davon, dass in IChr 6,1–15 zwei literarische Stadien erkennbar sind: Stadium 1 sind die drei Stammbäume, jeweils über acht Generationen von den traditionellen Stammvätern an, Stadium 2 wäre der Samuel-Einschub (so JAPHET, 1 Chronik, 171).

mit Num 3, in dem sich dieselben Themen wie in IChr 6 finden, und 2), dass die einzelnen Passagen des Kapitels sprachlich aufeinander Bezug nehmen. So beginnt die Aaron-Genealogie mit einer abhängigen Satzteilfolge, die somit die Auflistung der Sänger voraussetzt („die Brüder der Sänger waren nämlich die Leviten, die …"). Auch die Sänger-Genealogie benötigt zum Verständnis der horizontalen Linien den zuvor erwähnten Stammbaum inklusive des Samuel-Einschubs. Die horizontalen Äste werden nicht noch einmal gekennzeichnet sondern als bekannt vorausgesetzt. In Stammbaum III werden die Namen von Brüdern schlicht untereinander geschrieben; eine Erklärung der horizontalen Linien ist dann nicht nötig.

Nach obigen Analysen tritt als Fazit deutlich zutage, dass sich die Aussage der Levi-Genealogie „erst dort [erschließt], wo man wirklich die Gesamtkomposition im Auge behält."[66] Nur dann, wenn man die anderen überlieferten Stammbäume und Geschichten kennt, lassen sich Korrekturen und Schwerpunktsetzungen „des Chronisten" an dieser Stelle erkennen. Das bezieht sich mit Blick auf Levi gesprochen nicht nur auf die Gesamtkomposition der „genealogischen Vorhalle", sondern gerade auch auf Parallelüberlieferungen aus dem Enneateuch. Daneben lässt sich mit Blick auf IChr 6 in der Tat von einem positiven „Levitismus"[67] sprechen, wie Thomas Willi dies herausgearbeitet hat, da hier deutlich der Schwerpunkt darauf liegt, den Stamm Levi als makellos erscheinen zu lassen. Zudem stellt der Levi-Stammbaum das Zentrum der „genealogischen Vorhalle" dar. Allerdings wird in IChr 6,33–38 auch die Stellung der Aaroniden hervorgehoben, sodass nicht nur von einem „Levitismus" zu sprechen ist, sondern ebenfalls von einer Festigung der Aaroniden.

Im Anschluss an die Analyse von IChr 6 soll nun noch ein Blick auf die Korachiter als Torhüter und Sänger geworfen werden, da von Rad bereits festhielt, dass die Tradition der Korachiter als Sänger eine jüngere ist. Dies soll im Folgenden überprüft werden.

3.3 Die Korachiter als Torhüter, Sänger und Helden an der Seite Davids in der Chronik

Nicht nur Korach als Einzelperson ist in dieser Studie von Interesse, sondern auch seine Nachfahren sind Gegenstand der Analysen. In den Chronikbüchern finden die Korachiter auch als Torhüter, Sänger und Helden an der Seite Davids

---

66 Willi, Chronik (BK), 201.
67 So WILLI, Chronik. 1. Teilband, 197. In vorliegender Untersuchung wird der Begriff „Levitismus" aber nicht nach de Wette im negativen Sinn gebraucht (vgl. DE WETTE, Beiträge, 80f., siehe dazu auch Anm. 8).

Erwähnung. Die beiden Ämter der Torhüter und Sänger hatten sie demnach laut den chronistischen Berichten inne. Anerkannt in der heutigen Forschung ist jedoch, dass die Torhüter und die Sänger ursprünglich gar nicht zu den Leviten gezählt haben. Die Chronik spiegelt diesen Eingliederungsprozess an einigen Stellen, gerade auch im Vergleich mit Esr und Neh, wider.[68]

Wie verhalten sich nun die Korachiter zu diesem Vorgang? Zählten die Korachiter nun einerseits zu den Leviten, zu den Torhütern oder zu den Sängern, oder waren sie andererseits – von Anfang an – in allen Kategorien zuhause?

Nach der obigen Analyse und den oft genannten Genealogien im Pentateuch wird Korach selbst immer zu den Nachfahren Levis gezählt, genauer: als sein Urenkel aufgelistet. Auch in Num 16 erscheint Korach als Levit, der priesterliche Rechte und Aufgaben einfordert, der auch Opfer darbringen will. In IChr 6 ist Korach ein Levit, aus dessen Linie Heman, der Sänger, hervorgeht; aber ein eigenes Sängergeschlecht „Korachiter (הקרחי)" oder Söhne Korachs (בני קרח)" wie in den Psalmen gibt es im ersten Chronikbuch nicht. In IIChr 20,19 allerdings sind es die Söhne Kehats und Korachs, die dem Gott Israels singen. Um die Frage zu klären, zu welcher Linie die Korachiter in der Chronik gezählt wurden – ob es eher Sänger, Torhüter oder Leviten sind – werden im Folgenden IChr 9,17–19.31–34; IChr 12,1–8; 26,1.19 sowie IIChr 20,19 einer kurzen Analyse unterzogen. Dies sind die Stellen, in denen speziell die Torhüter und Sänger thematisiert werden.

3.3.1 Analyse von IChr 9,17–19.31–34[69]

17 והשערים שלום ועקוב וטלמן ואחימן ואחיהם שלום הראש

18 ועד הנה בשער המלך מזרחה המה השערים למחנות בני לוי

19 ושלום בן קורא בן אביסף בן קרח ואחיו לבית אביו הקרחים על מלאכת העבודה שמרי הספים לאהל ואבתיהם על מחנה יהוה שמרי המבוא

31 ומתתיה מן הלוים הוא הבכור לשלם הקרחי באמונה על מעשה החבתים

32 ומן בני הקהתי מן אחיהם על לחם המערכת להכין שבת שבת

33 ואלה המשררים ראשי אבות ללוים בלשכת פטורים כי יומם ולילה עליהם במלאכה

34 אלה ראשי האבות ללוים לתלדותם ראשים אלה ישבו בירושלם

17 Die Torhüter aber sind: Schallum, Akkuv, Talmon und Achiman. Ihr Bruder Schallum ist das Oberhaupt.

18 Und bis jetzt ist er am Tor des Königs im Osten. Sie sind die Torhüter hinsichtlich der Lager der Leviten.

19 (Und) Schallum, Sohn des Kore, Sohn des Ebjasaf, Sohn des Korach, und seine Brüder hinsichtlich des Hauses seiner Brüder den Korachitern sind über die Werktagsarbeit des

---

68 So zum Beispiel Japhet, 1 Chronik, 214.

69 Dies ist (nur) eine Analyse mit Blick auf die Korachiter und die Sänger.

Hütens der Schwellen des Zeltes, ihre Väter aber sind über dem Lager JHWHs die Hüter des Eingangs.

31 Und Mattitja von den Leviten – er war der Erstgeborene Schallums, des Korachiters – war vertraut mit dem Pfannen-Backwerk.

32 Und von den Söhnen der Kehatiter, von ihren Brüdern, waren (einige) über das Schaubrot eingesetzt, um es Sabbat für Sabbat herzurichten.

33 Und diese sind die Sänger, die Oberhäupter der Väter der Leviten, sie waren in den Hallen Freigelassene, denn jeden Tag und jede Nacht oblag ihnen Arbeit.

34 Diese waren die Oberhäupter der Väter der Leviten nach ihren Geschlechtern die Oberhäupter, sie wohnten in Jerusalem.

Erläuterung:

In den Versen geht es um die Ämter und Aufgaben der einzelnen Leviten, wobei sich auch hier genealogische Angaben finden. Von Korach ist in V.19 die Rede. Dieser Vers ist sprachlich betrachtet ein weiteres Beispiel dafür, dass ein Waw als Wiederaufnahme fungieren kann (wie dies in IChr 6,5–15 häufiger der Fall ist). Es wird nun weiter von Schallum berichtet, von dem in V.17 die Rede war. Im Vergleich mit IChr 6 fällt nun aber auf, dass der Korach-Sohn Ebjasaf Nachkommen hat. Diese waren vorher unerwähnt.

Eine ähnliche Auflistung steht auch im Buch Nehemia. Im Vergleich mit Neh 11 entsprechen die Verse IChr 9,14–16 in etwa Neh 11,15–18. Der Unterschied ist aber, dass in Neh 11 die Torhüter Akkuv, Talmon und ihre Brüder *nicht* als Leviten gesehen werden.[70] Hier aber werden sie durch das zusammenfassende אלה in V.34, der „Jerusalem-Unterschrift"[71], zu den Leviten gerechnet. Die Sänger hingegen werden auch in Neh 11 als Teil der Leviten gesehen.[72] Dementsprechend hält Willi

---

70 DIRKSEN, Position, 91: „There can, however, be no doubt that the Chronicler, though maintaining the form of his source, considered the gatekeepers as Levites."

71 WILLI, Chronik. 1. Teilband, 287.

72 „Der Abschnitt 9, 14–16 entspricht Neh 11, 15–18. Unter der Überschrift ‚Leviten' sind zwei Gruppen aufgeführt: a) die Leviten im engeren Sinne und b) die Sänger; diese Untergliederung ist in Neh 11 deutlicher als in Chr." JAPHET, 1 Chronik, 221. WILLI, Chronik. 1. Teilband, 298, hält dazu fest: „Die Vorstellung der Torhüter (und Sänger, V. 33) in 1Chr 9 teilt sie in der Unterschrift V. 34a zwar prononciert den Leviten zu, scheint aber doch auch um ältere Ordnungen der Dinge zu wissen und überhaupt eine Synopse über ihre im Laufe der Zeiten wechselnde Stellung und Aufgabe anzustreben." VON RAD, Geschichtsbild, 83, schreibt: „So wird man dabei bleiben müssen, daß die erste nachexilische Zeit die Sänger noch nicht zu den Leviten rechnete. Stellen wie Esr. 2 40 ff. 70 7 7 24 10 23 f., Neh 10 29 13 5 bestätigen diese Annahme mit aller wünschenswerten Genauigkeit."

Die Korachiter als Torhüter, Sänger und Helden an der Seite Davids in der Chronik | **203**

fest, dass sich IChr 9,2–18 nur im Gegenüber zu Neh 11 verstehen lässt:[73] „Der Chronist" korrigiert an dieser Stelle die Liste des Nehemia-Buches.[74]

Der Fokus dieser Analyse liegt auf den Schlussversen 33 und 34, da vor allem V.33 „Schwierigkeiten bereitet"[75]. Nicht weiter beachtet werden soll hierbei die eigenartige Formulierung von פטר mit ב, sondern vielmehr interessiert, wer unter den am Anfang genannten „diese" zu verstehen ist. Der Bezug des Wortes ואלה ist unklar. Zur Analyse gibt es zwei Möglichkeiten: 1) Das ואלה ist katadeiktisch zu verstehen, aber die Liste, die dieser Vers eröffnen sollte, ist weggebrochen (so zum Beispiel Johann W. Rothstein[76]). Für diese Annahme gibt es aber weder Hinweise im masoretischen Text noch in den Varianten. Wahrscheinlicher wäre meines Erachtens Möglichkeit 2): Das ואלה soll anadeiktisch verstanden werden. Es schließt, gemeinsam mit V.34, eine Liste ab – so legt es auch die masoretische Akzentsetzung nahe, da vor V.33 eine Seṭuma und hinter V.34 eine Peṭucha steht. Aber auch diese Möglichkeit zeigt gewisse Schwierigkeiten. Wenn zwei אלה-Sätze am Schluss einer genealogischen Liste stehen, so bilden sie – außer in IChr 9,33f – zwei Schlussrahmen, das heißt beide Verse bilden den Rahmen für eine Liste und haben *jeweils* auch ein Anfangsrahmenelement, auf das sie sich beziehen. Zwei anadeiktische אלה-Sätze in der Hebräischen Bibel finden sich noch an folgenden Stellen:[77]

In Gen 10,31.32 sind beide אלה-Sätze Teil eines Rahmens: Das erste אלה von V.31 nimmt auf V.21 Bezug (beide thematisieren die Söhne Sems), das zweite אלה ist der Schluss der gesamten Noah-Liste (mit Bezug auf V.1). Ebenso verhält es sich mit den Genealogien in Gen 36: Gerade in den Versen 16–19 bilden die אלה-Sätze immer Anfangs- *und* Schlussrahmen. In Num 26,37 und 26,50–51 findet sich das gleiche Phänomen: Das erste wie auch das zweite אלה fassen eine Liste zusammen (V.37a bezieht sich auf V.35; V.37b beschließt die gesamte Josef-Liste [Bezugspunkt ist V.28]; V.50 bezieht sich auf V.48; V.51 ist der Schluss der gesamten Genealogie mit Bezug auf Vv.3–4). Bei Gen 25,16 gibt es in der Tat zwei schließende Verse, die mit אלה beginnen, aber beide haben das

---

73 Vgl. WILLI, Chronik. 1. Teilband, 283.

74 So auch VON RAD, Geschichtsbild, 84f.: „Es ist vielsagend, daß die Rückführung des Torwächterdienstes in die mosaische Zeit in I. Chr. 9 18 ff. ihre Eingliederung unter die Leviten und die Erwähnung des Torhütergeschlechtes Korah in der Parallelstelle Neh. 11 fehlt; es handelt sich um einen Einschub, da der Chronist seine Anschauungen in der Vorlage vermißte. [...] Daß Sänger und Torhüter in dieser Zeit noch nicht zu Levi gehörten, zeigt auch Neh. 11 23, wo von dem ihm zukommenden Unterhalt die Rede ist. Sie haben nicht mit den Leviten am Zehnten Anteil, sondern zehren von einer eigens für sie aufgebrachten Steuer. Hierher ist auch die Stelle Neh. 12 47 zu rechnen, derzufolge man besondere Aufgaben für Torhüter und Sänger erhoben hat."

75 WILLI, Chronik. 1. Teilband, 306.

76 HÄNEL, Kommentar, 178. Einen anderen Weg geht Wilhelm Rudolph, der statt einer Deixis hier וְאֵלֶם „demgegenüber" liest (RUDOLPH, Chronikbücher, 90).

77 Vgl. auch EHLICH, Deixis, 464.

gleiche Thema: Ismael. Innerhalb der Chronik findet sich ebenfalls das Phänomen von zwei anadeiktischen אֵלֶּה als Abschluss einer Liste: in IChr 25,5.6. Aber auch hier schließt das erste אלה in V.5 eine kürzere Liste – die des Heman –, während V.6 die Gesamt-Liste der Sänger-Nachkommen beendet (Bezugsvers ist V.1).

Für gewöhnlich fasst ein (oder auch zwei) anadeiktische(s) אלה den vorherigen Abschnitt zusammen, das heißt, dass es immer einen Bezugsvers gibt, der die Liste einleitet. Bei V.33 ist dies aber nicht der Fall, da zuvor keine Sänger erwähnt werden und somit kein dazugehöriger Anfangsrahmen ausgemacht werden kann. Auch hat V.33 nicht das gleiche Thema wie V.34: Einmal geht es um Sänger, einmal um die Leviten als ganzer Stamm. Das אלה in V.33 lässt also einen Bezugspunkt vermissen – dem Leser wird nicht klar, wer denn eigentlich zu den Sängern zu zählen ist, da hier nur steht: „und diese sind Sänger." Die Verse davor nennen andere Berufsgruppen. Japhet hält zu diesem Kapitel fest, dass die Verse 9, 17b–33 wohl aus einer anderen Quelle stammen; „sie sind zu der vorangehenden Einheit hinzugefügt, um das Bild zu vervollständigen. Sprachlich weist dieser Abschnitt Züge von spätbiblischem Hebräisch auf."[78] Auch Steins erkennt in diesem Abschnitt eine Bearbeitungsstufe und rechnet die Vv.17b–33 zur Musiker-Torwächter-Schicht.[79] Diese Annahme umgeht zwar das Problem der zwei hintereinander stehenden anadeiktischen וְאֵלֶּה, V.33 hat aber auch hier keinen Bezug zu einem Anfangsrahmen. Es werden in der ganzen Passage keine Sänger genannt. Meines Erachtens liegt es nahe, dass *nur* V.33 nachträglich eingefügt wurde, denn es wird auch bei einer Herauslösung der Vv.17b–33 nicht klar, wer zu den Sängern zu zählen ist, da sie vorher nicht genannt werden. Zur Intention dieser Einfügung kann man einerseits annehmen, dass sich der nachträglich eingebaute V.33 auf V.32 bezieht und damit die Kehatiter zu Sängern erhoben werden. So vermutet es Peter B. Dirksen[80]:

> "What made the writer refer to the singers? An answer to this question may be found in the immediate context. In v. 32 the Kohathites are mentioned as responsible for the shewbread. The writer wants to avoid the misunderstanding of this being the main occupation of the Kohathites, since they feature prominently as singers (6,18 [transl. v. 33]; 2 Chr 20,19). So, after having mentioned that some of the Kohathites are taking care of the shewbread he adds that the majority of them, who are singers, are free from these menial cultic

---

78 JAPHET, 1 Chronik, 214. Leider führt Japhet nicht aus, inwiefern hier spätbiblisches Hebräisch vorliegt.

79 STEINS, Abschlußphänomen, 422f.: „Die jüngste Schicht der ersten Bearbeitungsstufe ist die Musiker-Torwächter-Schicht. Auf diese Schicht gehen zurück: 1 Chr 9,17b–33; 15,18*.19–23.27a.28*; 16,38.42; Die Bearbeitungsschicht von 1 Chr 23–26; 2 Chr 7,6; 20,19; 23,18aβ.19; 29,12–15.25–28.30; 30,31b; 31,13–19; 34,12aβ.13; 35,15."

80 DIRKSEN, Position, 96.

duties. *wĕ' ēlleh hamšōrĕrîm*, "but those, the singers", would then refer to the Kohathites in general, with the exclusion of those involved in the menial duties just mentioned."

Dieser Ansatz lässt sich noch weiter verfolgen: So könnte andererseits V.33 auch die Verse 31 *und* 32 zusammenfassen und somit auch die Korachiter zu Sängern erheben. Das würde die These von Rads untermauern, dass die Korachiter erst später zu den Sängern gerechnet wurden.[81]

Fazit:
Im Gegensatz zu Neh 11 zählen in IChr 9 sowohl die Torhüter als auch die Sänger zu den Leviten. Dass auch den Sängern diese hohe Stellung zukam, erklärt sich aus einer redaktionellen Erweiterung in Form von IChr 9,33. Zudem kann man vermuten, dass die Korachiter durch eben diese Erweiterung als Sänger begriffen werden. So erscheinen die Korachiter in diesem Kapitel sowohl als Torhüter, als Sänger wie auch als Leviten.

3.3.2 Analyse von IChr 12,1–8

In diesem Kapitel ist ebenfalls von den Korachitern die Rede, nur diesmal außerhalb der „genealogischen Vorhalle" im Kontext der Davidsgeschichte. Dort wird von den Korachitern Folgendes berichtet:

1 ואלה הבאים אל דויד לציקלג עוד עצוב מפני שאול בן קיש והמה בגבורים עזרי המלחמה

2 נשקי קשת מימינים ומשמאלים באבנים ובחצים בקשת מאחי שאול מבנימן

3 הראש אחיעזר ויואש בני השמעה הגבעתי ויזיאל ופלט בני עזמות וברכה ויהוא הענתתי

4 וישמעיה הגבעוני גבור בשלשים ועל השלשים

5 וירמיה ויחזיאל ויוחנן ויוזבד הגדרתי

6 אלעוזי וירימות ובעליה ושמריהו ושפטיהו החרופי

7 אלקנה וישיהו ועזראל ויועזר וישבעם הקרחים

8 ויועאלה וזבדיה בני ירחם מן הגדור

1 Und dies sind die, die zu David nach Ziklag kamen, als er sich noch verbarg vor Saul, dem Sohn von Kisch. Und sie sind unter den Helden, den Helfern des Kampfes,
2 ausgerüstet mit dem Bogen, um von rechts und von links mit Steinen (zu schleudern) und Pfeile mit dem Bogen abzuschießen: Von den Brüdern Sauls, aus Benjamin:
3 Das Oberhaupt Achiëser, und Joasch, die Söhne Schemaas, des Gibeatiters; und Jesiel und Pelet, die Söhne Asmawets; und Beracha, und Jehu, der Anatotiter
4 und Jischmaja, der Gibeoniter, ein Held unter den Dreißig und über die Dreißig;
5 und Jirmeja und Jahasiel und Jochanan, und Josabad, der Gederatiter;

---

81 VON RAD, Geschichtsbild, 118.

6 *Elusai und Jerimot und Bealja und Schemarja, und Schefatja, der Harufiter*
7 *Elkana und Jischija und Asarel und Joëser und Jaschobam, die Korachiter*
8 *und Joëla und Sebadja, die Söhne Jerochams, von Gedor.*

Mit Blick auf Korach und seine Nachkommen ist für die weitere Untersuchung festzuhalten, dass die Korachiter hier ausdrücklich als Helden im Kampf für David genannt werden. Es werden darüber hinaus nicht nur einzelne Söhne aus dem Korach-Zweig genannt, wie bei den anderen Versen, sondern diese Aufzählung schließt mit dem Wort הקרחים. Den Korachitern kommt hier eine hohe Auszeichnung zu. Auffällig ist aber, dass sich die Korachiter hier mitten in einer Aufzählung von Benjaminiten finden. Daraus schließt Japhet Folgendes: „Die in 12,7 genannten Gestalten sind ‚Korachiten': Korach ist ein sehr weit verbreiteter Name, belegt in Edom (Gen 36,5.14.16.18), im Stamm Levi (Ex 6,21 u. ö.) und in Juda (1 Chr 2,43). Dabei könnte es sich um Zweige derselben ethnischen Gruppe gehandelt haben, von der auch eine Familie eine Zeitlang in Benjamin saß." Es wäre aber auch möglich, dass hier unter den Helden an der Seite Davids die Korachiter platziert wurden, um ihnen ein besonderes Ansehen zu verleihen. Durch die Nennung Elkanas legt sich nahe, dass es sich hier nicht um eine „andere" Korach-Familie handelt als zum Beispiel in IChr 6 – dort ist Elkana gleich mehrfach im levitischen Stammbaum genannt. Zudem lassen sich die genannten Namen in V.7 bei keinem Benjamin-Stammbaum finden. Schließlich ist auffällig, dass ihre Nennung in V.7 die einzige ist, in der ein ganzes Geschlecht genannt wird. Sonst sind es Einzelpersonen wie im Vers zuvor zum Beispiel Schefatja, der Harufiter. Japhet schlussfolgert aus den zufällig erscheinenden Herkunftsorten der Männer (ein geographisches Prinzip sei dahinter nicht zu erkennen), dass diese Liste „echt" sei.[82] Ob auch V.7 zu der echten Liste zu zählen ist, bleibt offen.

3.3.3 Analyse von IChr 26,1b.19

Im Kapitel zuvor, in IChr 25, geht es wiederum um die Sängerfamilien. Als solche werden Asaf, Heman und Jeduthun genannt. Die Korachiter werden nicht explizit angeführt, wie in den Psalmüberschriften und in IIChr 20,19, sondern gemäß den Listen im ersten Chronikbuch finden sich nur die Sängerfamilien Heman, Asaf und Jeduthun. Auffällig an IChr 26 ist, dass Asaf als Korachit gesehen wird.
In V.1b heißt es:

לקרחים משלמיהו בן קרא מן בני אסף

Hinsichtlich der Korachiter: Meschelemja, der Sohn des Kore, von den Söhnen Asafs.

---

82 Vgl. JAPHET, 1 Chronik, 263.

Nach der großen Sängerliste in IChr 6 gehört die Asaf-Familie zu den Nachkommen Gerschoms. Nun stellt sich die Frage, warum Asaf hier unter den Korachitern aufgezählt ist oder ob dieser Name eventuell in „Ebjasaf" nach IChr 9,19 konjiziert werden muss.[83] Dazu sei im Vergleich IChr 9,19aα herangezogen, wo sich ebenfalls diese (oder zumindest eine ähnliche) Auflistung findet:

ושלום בן קורא בן אביסף בן קרח ואחיו לבית אביו הקרחים

Und Schallum, der Sohn des Kore, des Sohnes Ebjasafs, des Sohnes Korachs, und seine Brüder
vom Haus seines Vaters, die Korachiter

Der Konsonantenbestand legt es nahe und Sara Japhet ist Recht zu geben, dass mit Schallum und Meschelemja vermutlich dieselben Personen gemeint sind.[84] Die Konjektur von Asaf in Ebjasaf hat aber weder eine grammatische Begründung noch eine textkritische Bezeugung in hebräischen oder aramäischen Handschriften (nur in der Septuaginta, Codex Vaticanus). Vor dem Hintergrund, dass sich in der Chronik an manchen Stellen ein Wettstreit entdecken lässt, ob nun Heman oder Asaf die größere Sängerfamilie sei (zum Beispiel in den Formulierungen, wer zuerst genannt wird und wer an wessen rechter Seite stehe), ist es doch auffällig, dass hier Asaf zu den Korachitern gerechnet wird. Konjiziert man hier nicht, findet man in V.1 die Aussage, dass auch Asaf ein Korachit sei – also aus derselben Sängerfamilie stammt wie Heman. Somit wären Asaf und Heman gleichgesetzt und den Korachitern kommt dadurch eine besonders hohe Stellung zu, da aus ihnen beide großen Sängerfamilien hervorgehen. Das könnte einerseits als Vorstufe zu sehen sein, dass in IIChr 20,19 nun die Korachiter allgemein als Sänger auftreten und nicht konkret Asaf, Heman oder Etan/Jeduthun. Andererseits korrigiert diese Stelle das Bild von Esra und Nehemia: In Esr 2,41; 3,10; Neh 7,44 sind *nur* die Asafiten Sänger.

Darüber hinaus zeigt IChr 26,19 die Tradition, dass die Korachiter Torhüter waren:

אלה מחלקות השערים לבני הקרחי ולבני מררי

Das sind die Abteilungen der Torhüter von den Söhnen der Korachiter und von den Söhnen
Meraris.

---

83 So von Rad, Geschichtsbild, 118; Japhet, 1 Chronik, 410 u. ö.

84 Vgl. Japhet, 1 Chronik, 410: „Da die variierende Namensform Schallum/Schelemja mit dem Ono-
mastikon jener Zeit voll und ganz zusammengeht (vgl. Sacharja/Sakkur, Schemaja/Schamua, Jedaja/
Jaddua u. a.m.) ist Schallum mit Meschelemja gleichzusetzen; es handelt sich also um eine Familie,
die ihre Wurzeln in der Frühzeit der Restauration hat."

3.3.4 Analyse von IIChr 20,19

Die letzte Korach-Nennung in der Chronik findet sich innerhalb der Erzählung von Joschafats Sieg über die Ammoniter und Moabiter. Es wird berichtet, dass Joschafat sich zunächst vor der Bedrohung durch die Feinde fürchtete. Gott aber sprach zu ihm durch Jahasiël, dass er sich nicht zu fürchten brauche, denn nicht er kämpfe sondern JHWH. Joschafat betete und ganz Juda mit ihm, und die Korachiter unterstützten ihn mit ihrem Gesang. So heißt es in Vers 19:

ויקמו הלוים מן בני הקהתים ומן בני הקרחים להלל ליהוה אלהי ישראל בקול גדול למעלה

Und die Leviten, von den Söhnen der Kehatiter und von den Söhnen der Korachiter, standen auf, um JHWH, den Gott Israels, zu loben mit überaus lauter Stimme.

Es besteht Einigkeit in der alttestamentlichen Forschung, dass es sich bei diesem Vers um eine sekundäre Erweiterung handelt.[85] Wo im ersten Chronikbuch einzelne Sängerfamilien aufgezählt wurden, werden hier (nur noch) zwei große Richtungen genannt: die Kehatiten und die Korachiter. Während Heman noch unter die Kehatiter/Korachiter subsumiert werden kann, fallen Asaf und Etan als Nachkommen von Gerschom beziehungsweise Merari ganz aus den Sängern heraus (abgesehen von der oben analysierten Stelle IChr 26,1). Somit erhalten die Korachiter hier als Sänger eine besonders hohe Stellung, die die von Asaf und Etan übertrifft. Dies steigert noch die Aussage von IChr 26,1, wo Asaf als Nachkomme von Korach bezeichnet wird. G. Steins schlussfolgert hieraus, dass der Chronist an dieser Stelle die Fiktion einer Ordnung des kultmusikalischen Dienstes entwickelt, „die weder für die beschriebene Epoche noch für die Zeit des Chronisten zutrifft."[86] Die Existenz der korachitischen Musiker könne also für die Zeit des Chronisten als gesichert gelten, da sie als Musiker in den Psalmüberschriften gut bezeugt seien.

3.3.5 Zusammenfassung: Die Korachiter als Torhüter, Sänger und Helden an der Seite Davids

Das Resümee dieser Korachiter-Untersuchung lautet kurz und knapp: Die Nachkommen Korachs hatten nach chronistischem Bild die für den Kult wichtigen Ämter inne (sie waren als Leviten Torhüter und Sänger). Ihr Ansehen war besonders würdevoll, was die Darstellung als Helden für König David noch unterstreicht.

In der Einleitung zu diesem Kapitel wurde die Frage gestellt, ob die Korachiter in der Chronik als Torhüter, Sänger oder als Leviten im Allgemeinen verstanden wer-

---

85 Siehe zum Beispiel Steins, Abschlußphänomen, 422; Willi, Auslegung, 198.
86 Steins, Abschlußphänomen, 422.

den. Dazu wurden folgende Stellen untersucht: IChr 9,17–19.31–34; IChr 12,1–8; 26,1.19 sowie IIChr 20,19 einer kurzen Analyse unterzogen. Dies sind die Stellen, in denen speziell die Torhüter und Sänger thematisiert werden. Als Ergebnis dazu lässt sich zunächst festhalten, dass in der Chronik bei allen zentralen Ämtern im Tempel die Korachiter zu finden sind. Till Magnus Steiner formulierte die wichtige Rolle der Korachiter treffend wie folgt: „Anscheinend soll durch die gegebene Genealogie der Torwächter ein vermutlich nicht levitisches Amt in den levitischen Kultämtern verankert werden. Der Weg der Torwächter in das Levitenamt und das Tempelsängeramt führte also über eine genealogische Anbindung über Korach."[87]

Im Einzelnen seien die Ergebnisse noch einmal dargestellt:

- In IChr 9 zählen die Korachiter sowohl zu den Torhütern und den Sängern als auch zu den Leviten. Das ist insofern interessant, als in der Vergleichsstelle Neh 11 die Torhüter *keine* Leviten sind. Darüber hinaus wirkt V.33, der Vers, in dem die Korachiter als Sänger bezeichnet werden, als späterer Einschub, da er keine semantische Anbindung an die Liste zeigt. Im Vergleich mit IChr 6 fällt auf, dass hier von dem Korach-Sohn Ebjasaf Nachkommen aufgelistet werden, in Kapitel 6 jedoch nicht.
- In IChr 12 ist nicht von Torhütern, Sängern oder Leviten die Rede – hier werden Helden aufgezählt, die David im Kampf gegen Saul unterstützten. Darunter werden auch die Korachiter gelistet. Das ist insofern auffällig, als eigentlich von Benjaminiten die Rede ist, nicht von Leviten. V.7 könnte ein redaktioneller Einschub sein.
- In IChr 26 dreht es sich wiederum um die Sängerfamilien. Folgt man hier dem masoretischen Text, wird Asaf, der gemäß Kapitel 6 von Gerschom abstammt, unter die Korachiter eingereiht. Die Korachiter werden dadurch als Sängerfamilie aufgewertet; darüber hinaus werden sie auch als Torhüter benannt.
- Schließlich sind es in IIChr 20,19 die Korachiter und die Kehatiter, die JHWH besingen. Von den Sängerfamilien (Asaf, Heman, Etan/Jeduthun) aus dem ersten Chronik-Buch ist nichts zu lesen.

Schon oft wurde in der Forschung festgestellt, dass die Korachiter erst später zu Sängern aufgestiegen sind.[88] Dies belegen auch die analysierten Textstellen, die folgende relative Chronologie vermuten lassen:

---

87 STEINER, Korachiten, 147.
88 Zum Beispiel VON RAD, Geschichtsbild, 118. Anders sieht MÖHLENBRINK dieses Verhältnis (Überlieferungen, 230): Die Chronik spiegele den Niedergang der Korachiter wider, denn Heman sei an die Stelle Korachs getreten.

1. IChr 6:	Korachiter sind Leviten. Aus ihnen geht die Sängerfamilie des Heman hervor, wie auch der Prophet Samuel. Die Korachiter an sich werden aber nicht als Sänger bezeichnet.
2. IChr 9,33:	Die Korachiter sind Torhüter, Leviten *und* Sänger. Dass sie Sänger sind, wird erst später hinzugefügt. Der Stammbaum von IChr 6 wird um die Nachkommen des Ebjasaf erweitert.
3. IChr 26,1:	Die Korachiter erhalten eine hohe Stellung, weil unter ihnen nun auch die Sängerfamilie des Asaf subsumiert wird.
4. IIChr 20,19:	Hier sind es nun die Korachiter und die Kehatiter, die JHWH besingen, nicht mehr die einzelnen Sängerfamilien des Asaf, Heman oder Etan/Jeduthun. Das impliziert eine Steigerung zu den vorher genannten Listen.

IChr 12,7 ist nicht datierbar, da dieser Vers weder Leviten, Sänger noch Torhüter thematisiert. Es lässt sich zudem festhalten, dass einige Korach-Stellen, gerade mit Blick auf die Sängerschaft und die Torhüter, in der Darstellung von Esr/Neh abweichen.

3.4 Ein Vergleichspunkt: Überlegungen zum Stamm Juda in der „genealogischen Vorhalle" (IChr 1–9)

In den vorangegangenen Kapiteln wurde mehr als deutlich, dass „der Chronist" in den Genealogien nicht bloß schon überlieferte Namen aneinanderreihte, sondern er durch seine Art der Genealogie-Schreibung eigene, profilierte theologische Intentionen verfolgte. Dies wurde oben speziell hinsichtlich der Figur des Korach gezeigt. Dadurch, dass Korach einen anderen Vaternamen erhielt als der frevelnde Korach aus Num 16, intendiert „der Chronist" an dieser Stelle, dass eben diese beiden Korachs nicht ein und dieselbe Person sind. Weiterhin ist allgemein hinsichtlich des Levi-Stammbaums in der Chronik aufgefallen, dass dieser besonders hervorgehoben wird. Breit werden Leviten, Korachiter und Aaroniden dargestellt (und Aarons frevelnde Söhne – Nadab und Abihu – nicht erwähnt). Darüber hinaus wird Zadok in den Stammbaum des Aaron „hineingesetzt" – im sogenannten Deuteronomistischen Geschichtswerk ist Zadok dagegen kein Aaronide. Alles in allem dienen diese Varianten in den Stammbäumen dazu, den Stammbaum des Levi – darunter fallen auch die Aaroniden und die Korachiter – in einem sehr gutem Licht erscheinen zu lassen. Im Anschluss hieran stellt sich nun die Frage, ob dies auch für die anderen Kapitel der „genealogischen Vorhalle" gilt oder ob sich lediglich am Levi-Stammbaum eine (kleinere) Redaktionsschicht ausmachen lässt.

Die vorweg genommene These ist, dass „der Chronist" in der „genealogischen Vorhalle" sein Material durchaus gekonnt und mit großem theologischen (Eigen-) Interesse ausgewählt und angeordnet hat. Er hat dabei die Kenntnis des Pentateuch beziehungsweise des sogenannten Deuteronomistischen Geschichtswerks vorausgesetzt, hat aber manche Geschichten anders „erzählt". Deutlich sind seine eigenen theologischen Intentionen und Schwerpunktsetzungen zu erkennen. Diese Intentionen werden sowohl durch eine gewisse Reihenfolge sichtbar als auch durch „Hinzufügung" oder „Weglassung" verschiedener Namen in den Stammbäumen. Dabei bezieht sich das „Hinzufügen" oder „Weglassen" auf die vergleichbaren Stellen des Pentateuch oder des sogenannten Deuteronomistischen Geschichtswerks.

Dies soll nun im Folgenden noch einmal an einem anderen Beispiel dargestellt und erläutert werden. Dazu dient eine nähere Betrachtung des Stammes Juda, da auch dieser Stamm neben Levi für „den Chronisten" von großer Wichtigkeit ist.

Dass ein Stammbaum Israels mit Juda und nicht mit dem ältesten Sohn Jakobs, Ruben, beginnt, ist ein eigenes chronistisches Profil und eine besondere Schwerpunktsetzung auf den Stamm Juda. Es ist deutlich: Juda und Levi sind die beiden wichtigsten Stämme für „den Chronisten" – beide verdienen große Aufmerksamkeit. Manfred Oeming hält zum Juda-Stammbaum und dessen Intention in der „genealogischen Vorhalle" fest:

> „Insgesamt beansprucht Juda im Denken des Chr einen zentralen Ort; es ist der auserwählte Stamm, in dessen Gebiet nach chr Vorstellung der auserwählte Ort für den Tempel liegt. Er ist eng den von Jahwe auserwählten Personen und Orten verbunden, mit den Davididen, mit Benjamin und Levi. Die Aktivitäten der guten Könige richten sich auf Juda.
> Genau dieses Juda-Bild spiegelt sich vielfältig in der Struktur der Juda-Genealogie und der Vorhalle: a) Juda zuerst schließt als der erwählte Stamm an die ‚Welt-Genealogie‘, die in der Israel-Genealogie ihr Ziel findet (1Chr 1,1–2,2), an; b) der Bedeutung und dem Erwählungsbewußtsein entsprechend wird schon umfangmäßig zu diesem Stamm am meisten genealogisches Material mitgeteilt; c) Juda wird zum Maßstab für die anderen Stämme (vgl. 4,27b; 5,1f); d) innerhalb der Juda-Genealogie hat der ‚königliche Samen‘, die Davididen, eine deutliche Zentralstellung."[89]

Im Anschluss an diese These schwenkt Oeming den Fokus auf die benannte Zentralisierung auf David und führt diese weiter aus.

Oeming ist in allen Punkten Recht zu geben, allerdings lässt sich meiner Ansicht nach seine Auflistung noch weiter ergänzen beziehungsweise genauer differenzieren: Der Juda-Stammbaum wird auch dadurch hervorgehoben, dass in Bezug auf die Vergleichstexte aus dem Pentateuch oder dem sogenannten Deuteronomistischen Geschichtswerk manche Namen in die Juda-Stammbäume eingefügt

---

89 Oeming, Israel, 116f.

212 | Korach und die Korachiter in der Chronik

oder auch weggelassen werden. So erhält beispielsweise der Juda-Stammbaum nicht einfach *mehr* genealogisches Material als im Pentateuch beziehungsweise im sogenannten Deuteronomistischen Geschichtswerk vorliegt, sondern dieses Material ist darüber hinaus fein ausgesucht. Somit lässt sich gerade Punkt b) weiter ausführen. Es fällt nicht nur die Quantität auf, das heißt, dass viel genealogisches Material über den Stammbaum Juda mitgeteilt wird, sondern die Art des Materials ist vor allem interessant. Dies soll im Folgenden erläutert werden – auch hierbei stehen vor allem Personennamen und Abstammungsverhältnisse im Zentrum der Untersuchung.

3.4.1 Analyse des Juda-Stammbaums in IChr 2

Da die Nachkommen Judas sehr umfangreich in IChr 2 aufgeführt sind, sei hier der Blick vor allem auf einzelne Personen der Nachkommenschaft gelenkt. Interessant für die vorliegende Untersuchung sind vorrangig die Verse 1–9:

1אלה בני ישראל ראובן שמעון לוי ויהודה יששכר וזבלון:

2 דן יוסף ובנימן נפתלי גד ואשר:

3 בני יהודה ער ואונן ושלה שלושה נולד לו מבת שוע הכנענית ויהי ער בכור יהודה רע בעיני יהוה וימיתהו:

4 ותמר כלתו ילדה לו את פרץ ואת זרח כל בני יהודה חמשה:

5 בני פרץ חצרון וחמול:

6 ובני זרח זמרי ואיתן והימן וכלכל ודרע כלם חמשה:

7 ובני כרמי עכר עוכר ישראל אשר מעל בחרם:

8 ובני איתן עזריה:

9 ובני חצרון אשר נולד לו את ירחמאל ואת רם ואת כלבי:

1 Dies sind die Söhne Israels: Ruben, Simeon, Levi und Juda, Issaschar und Sebulon,

2 Dan, Joseph und Benjamin, Naftali, Gad und Asser.

3 Die Söhne Judas waren: Er, Onan und Schela; diese drei wurden ihm geboren von der Tochter Schuas, der Kanaaniterin. Und Er, der Erstgeborene Judas, war böse in den Augen JHWHs, und er ließ ihn sterben.

4 Tamar aber, seine Schwiegertochter, gebar ihm Perez und Serach. Alle Söhne Judas waren fünf.

5 Die Söhne des Perez waren Hezron und Hamul.

6 Und die Söhne Serachs waren Simri, Etan, Heman, Kalkol und Darda; sie alle waren fünf.

7 Und einer, der Söhne Karmis war Achar, der Israel ins Unglück brachte, weil er Untreue an dem Gebannten übte.

1Chr. 2,8 Und einer der Söhne Etans war Asarja.

1Chr. 2,9 Und die Söhne Hezrons, die ihm geboren wurden, waren Jerachmeel, Ram und Kalubai/Kaleb.

Graphisch dargestellt würde der Stammbaum Judas nach IChr 2 so aussehen:

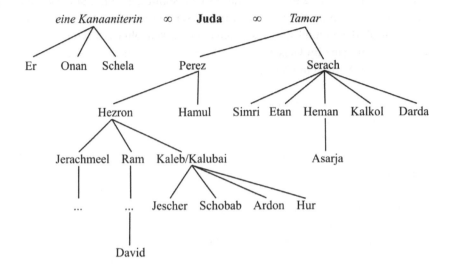

Erläuterung:
Im Gegensatz zu der Levi-Genealogie in IChr 6 gibt Kapitel 2 mehr Erläuterungen preis: Es wird in V.3 erklärt, dass zwar Er der Erstgeborene Judas ist, er aber in den Augen JHWHs Böses tat und sterben musste. Anschließend werden die Nachkommen Judas mit einer anderen Frau – mit Tamar – aufgelistet. V.4 beendet die Aufzählung der Juda-Söhne vorerst mit der Feststellung, dass Juda insgesamt fünf Söhne hatte. Im Folgenden sind für den „Chronisten" nur noch die Nachkommen der beiden Söhne wichtig, die von Tamar geboren wurden (Perez und Serach). Dementsprechend wendet sich der Blick in V.5 zunächst Perez zu, der zwei Söhne hatte. V.6 listet dann die Söhne Serachs auf und hält resümierend bezüglich der Söhne Serachs fest: „Und die Söhne Serachs sind/waren Simri, Etan, Heman, Kalkol und Darda. Sie alle waren fünf." Auch hier ist wiederum eine Fünfer-Linie abgeschlossen. Der nun folgende Vers lässt sich graphisch gar nicht in den Stammbaum integrieren, da er keinen Anschluss nach vorn besitzt: In Vers 7 heißt es ganz unvermittelt:

ובני כרמי עכר עוכר ישראל אשר מעל בחרם

Und einer, der Söhne Karmis war Achar, der Israel ins Unglück brachte, weil er Untreue an dem Gebannten übte.

214 | Korach und die Korachiter in der Chronik

Dieser Vers lässt sich deshalb nicht graphisch in den Stammbaum integrieren, weil vorher von Karmi noch keine Rede war. Es fehlt somit der Anknüpfungspunkt, von wem der genannte Karmi abstammt, wessen Sohn er ist. Das ist insofern interessant, als der Stammbaum ansonsten ohne Lücken, ohne „Ungereimtheiten" zu sein scheint, ganz im Gegensatz zum Stammbaum beziehungsweise zu den genealogischen Notizen in Kapitel 4.[90]

Drei Auffälligkeiten im Juda-Stammbaum sind hier von Interesse, die nun nacheinander eingehend analysiert werden sollen:

1) Von *Serach* werden im Pentateuch keine namentlichen Nachkommen genannt. Im Buch Josua hingegen wird von einer Genealogie Serachs gesprochen. Liest man Jos 7,1, ergibt sich eine vertikale Linie von Juda über Serach bis hin zu Achan, die lautet: Juda, Serach, Sabdi, Karmi und Achan. Hier, in IChr 2, werden fünf Nachkommen Serachs aufgezählt, in einer horizontalen Linie. Sie lauten: Simri, Etan, Heman, Kalkol und Darda.

2) IChr 2,7 steht völlig unvermittelt im Raum, da *Karmi* keinen vertikalen Anschluss hat. Es fehlt scheinbar eine Information, die lauten müsste: „Und Simris Sohn hieß Karmi", damit der Stammbaum lückenlos wäre. Ein Sohn Simris wird aber nicht erwähnt.

3) Im vorliegenden Kapitel wird ein *Kaleb* (oder auch ein Kalubai) als ein Sohn Hezrons erwähnt, in Kapitel 4 hingegen ist Karmi der entsprechende Sohn Hezrons. Kaleb hat in Kapitel 2 zudem einen außergewöhnlich langen Stammbaum vorzuweisen, während dieser in Kapitel 4 sehr knapp ist.

Die Serach-Nachkommen:
Der Stammbaum von Serach sei zum besseren Verständnis zunächst graphisch und im Vergleich mit IChr 4 und Jos 7 dargestellt:[91]

---

90 Der Juda-Stammbaum aus Kapitel 4 ist im Ganzen nicht graphisch darstellbar, da er voller Lücken oder kurzer, unzusammenhängender Notizen scheint. Dazu bemerkt JAPHET (1 Chronik, 129f.): „Das Haupthindernis für das Verständnis dieses Kapitels liegt in dem mangelnden Zusammenhang zwischen den einzelnen Teilen. […] Außerdem scheint der Text an etlichen Stellen hoffnungslos verderbt." OEMING (Israel, 104) beschreibt diesen Stammbaum als eine „Kollektion von Bruchstücken, die bald hier, bald da ergänzende Angaben teils genealogischer, teils geographischer oder theologischer Art zu Kap.2 bieten. Eine geordnete genealogische Abfolge will sich im Endtext nicht entdecken lassen."

91 Und zwar nur auszugsweise, in der Abstammungslinie von Juda bis zu den Serach-Söhnen.

Ein Vergleichspunkt: Überlegungen zum Stamm Juda in der „genealogischen Vorhalle" (IChr 1–9) | **215**

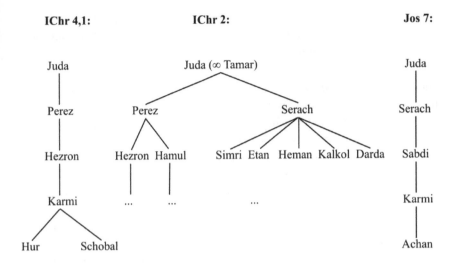

Wie gleich ins Auge fällt, ist in IChr 4 überhaupt nicht von einem Sohn Judas mit Namen Serach die Rede. IChr 4 konzentriert sich auf die Linie Perez – Hezron.

Der einzige Stammbaum Serachs ist neben IChr 2 in Jos 7,1bα verzeichnet. Dort heißt er:

ויקח עכן בן כרמי בן זבדי בן זרח למטה יהודה מן החרם

Und es nahm Achan, der Sohn Karmis, der Sohn Sabdis, der Sohn Serachs zugehörig zum Stamm Juda von dem Gebannten.

Im Pentateuch werden keine weiteren Nachkommen Serachs genannt. In Jos ist nur diese vertikale Linie Serach, Sabdi, Karmi und Achan zu lesen. Interessant ist natürlich, dass Jos 7 *das* Kapitel ist, in welchem Achan den Diebstahl am Gebannten begeht und daraufhin eine (sehr harte) Strafe erhält. Er hat sich nicht an Gottes Regeln gehalten – darauf steht die Todesstrafe. So wird in Jos 7,25 berichtet, dass Achan gesteinigt wurde.

In IChr 2 wird also nicht nur Achan nicht erwähnt, der nach Jos 7 in den Juda-Serach-Stammbaum hineingehört, sondern Serach erhält statt des frevelnden Achans und seines Vaters Karmi vier besonders herausragende Persönlichkeiten als Söhne: Etan, Heman, Kalkol und Darda. Sie sind vier besonders weise Männer, von denen in IReg 5,11a berichtet wird:

ויחכם מכל האדם מאיתן האזרחי והימן וכלכל ודרדע בני מחול

Und er war weiser als alle Menschen, weiser als Etan, der Esrachiter, als Heman, als Kalkol und als Darda, die Söhne Mahols.

Hier findet sich also dieselbe Vorgehensweise wie bei Korach und seinem Vater Jizhar: Der Vatername eines Frevlers, bekannt aus anderen „biblischen" Erzählungen, wird durch einen (oder mehrere) positiv konnotierte(n) Namen ersetzt. Durch diese Einfügung erscheint der Juda-Stammbaum in IChr 2 noch wichtiger.

Es fällt aber auf, dass „der Chronist" in Kapitel 2 durchaus Achan erwähnt – er bindet ihn grammatisch aber nicht in den Juda-Stammbaum ein; denn es fehlt die Information „Und Simris Sohn hieß Karmi". Diese Information wird meiner Ansicht nach bewusst nicht gegeben. Sie ist weder aus Versehen[92] noch aus strukturellen Gründen[93] weggefallen. Karmi und Achan sollen keinen Platz im ehrwürdigen Juda-Stammbaum erhalten. Im Übrigen wäre auch diese Variante mit Jos 7 inkongruent, da dort der Großvater von Achan Sabdi und nicht Simri hieß. Das kann meines Erachtens nur bedeuten, dass hier bewusst Achans Linie ausgeklammert und durch andere „wohlklingendere" Namen ersetzt wird. Warum hier allerdings Simri erwähnt wird, lässt sich nur vermuten: Es ist schließlich ein gängiger Königsname und dem Namen „Sabdi" nicht ganz unähnlich.

Wie dem auch sei, auch hier gilt: Alle Varianten der Textrekonstruktion, die aus dem Stammbaum in IChr 2 einen „glatten" Text in Anlehnung an Jos 7 erstellen wollen, sind meines Erachtens nicht überzeugend. Zum einen will „der Chronist" an dieser Stelle Simri und nicht Sabdi gelesen haben, zum andern soll kein Vers eingefügt werden, durch den Achan in den Juda-Stammbaum integriert wird. V.7 soll innerhalb der Genealogie keinen Anschluss haben, da Achan aus Sicht „des Chronisten" schlicht nicht gleichberechtigt zu den Juda-Söhnen dazu gehört. Der Stamm Juda kann keinen Frevler gegen Gottes Wort sein Eigen nennen.

Karmi oder Kaleb/Kalubai?

Karmi und Kaleb sind zwei Personen, mit denen der Leser in der Geschichte Israels entweder eine besonders positive Tat (Kaleb; vgl. Num 13f) oder eine besonders negative Tat (Karmi, der Vater von Achan; vgl. Jos 7) verbindet. Von Kaleb wird in Num 13f berichtet, dass er als Kundschafter ausersehen worden war, das Land Kanaan zu erkunden. Dies war Kaleb, der Sohn Jefunnes, aus dem Stamm Juda.

---

92 Dies vertreten zum Beispiel Dirksen (im Anschluss an Rothstein), 1 Chronicles, 50, oder Japhet, 1 Chronik, 103, oder Klein, 1 Chronicles, 82.

93 So Klein, Genealogy, 236: „It may be possible that the parallels in structure between the two lists is what motivated the Chronicler to forgo[t] the mentioning 'and the sons of Zimri: Carmi' in order to present five sons and two descendants [...]."

Er stellte sich gemeinsam mit Josua gegen das Volk, das gegen Mose und Aaron murrte, und so entkamen sie der Strafe Gottes: Alle anderen Kundschafter starben. Von Karmi wird dagegen nicht viel berichtet außer der Tatsache, dass er der Vater Achans war, der nach Jos 7 einen Diebstahl beging, sich damit gegen Gottes Wort stellte und dafür sterben musste. Auch Karmi gehörte zum Stamm Juda. Dass sich in IChr 2 genau hinsichtlich dieser beider Namen eine Abweichung zu anderen Stammbäumen findet, ist interessant. Kaleb findet sich im Stammbaum von IChr 2, während Karmi in IChr 4 und Jos 7 erwähnt wird. In IChr 4,1 heißt es:

בני יהודה פרץ חצרון וכרמי וחור ושובל

Und die Söhne Judas waren Perez, Hezron und Karmi – und Hur und Schobal.

Dabei sind Hur und Schobal in einer horizontalen Linie zu lesen, was zum einen die Masoreten durch ihre Akzente verdeutlichen und zum andern im Hebräischen durch das ו gekennzeichnet ist. Karmi ist ebenfalls mit einem ו gekennzeichnet, weil er der Letzte in der vertikalen Linie ist:[94]

בני יהודה פרץ חצרון וַכַרמִי וַחור וַשובל

Die Herausgeber der Biblia Hebraica Stuttgartensia schlagen zu diesem Vers vor, statt Karmi Kaleb oder Kalubai zu lesen. Dies sieht auch Julius Wellhausen so, der ebenfalls eine Konjektur in כלבי vorschlägt[95], ebenso vertritt dies Japhet[96]. Diese Variante wird allerdings durch keinen Textzeugen gestützt, sie dient lediglich der Harmonie mit IChr 2, sodass auch Thomas Willi aus diesem Grund keine Konjektur vornimmt.[97] Interessant ist, dass in der Forschung nicht der Versuch unternommen wird, die Textstelle IChr 2 mit Blick auf IChr 4 abzuändern. Wenn man auf der Suche nach dem älteren Textbestand ist, so würde es meiner Ansicht nach sinnvoller erscheinen, dass ein „ursprünglicher" Stammbaum Karmi in der Aufzählung nennt, der dann aufgrund theologischer und anthropologischer Aspekte von einem chronistischen Redaktor in Kaleb/Kalubai geändert wurde. Dementsprechend liegt es nahe, in IChr 4 einen älteren Textbestand anzunehmen als er in IChr 2 vorliegt; denn in IChr 4 findet sich Karmi, der Vater des frevelnden Achan (vgl. Jos 7). In IChr 2 wird an gleicher Stelle der positiv konnotierte Kaleb gelesen. IChr 4 an IChr 2 anzugleichen, ist in meinen Augen unsinnig, wenn man das Ziel verfolgt, mit Hilfe von Textkonjekturen einen älteren Text zu rekonstruieren. Es ist wesentlich

---

94 Zur Bedeutung und Verwendung des Waw vgl. oben S. 177ff.

95 Vgl. WELLHAUSEN, Gentibus, 20: „Ergo citra omnem dubitationem pro כרמי v. 1 legendum est כלבי."

96 Vgl. JAPHET, 1 Chronik, 130f.; und auch DIRKSEN, 1 Chronicles, 68, sowie KLEIN, 1 Chronicles, 124.

97 Vgl. WILLI, Chronik. 1. Teilband, 123.

einleuchtender, dass in einem älteren Text ein Name in einem Stammbaum zu lesen ist, der den ehrwürdigen Juda-Stammbaum in einem schlechteren Licht erscheinen lässt. Deshalb sieht sich ein späterer Redaktor gezwungen, den Juda-Stammbaum wieder zu Ehren zu bringen, indem er den negativ besetzten Namen in einen positiven ändert. Dieses Vorgehen ist nach obigen Ausführungen zu Korach schon bekannt. Auch bekannt ist die Tatsache, dass diese Änderung des Namens nur bei der wichtigen, zentralen Darstellung des Stammbaums geschieht – es wird nicht an allen Stellen geändert: Der Juda-Stammbaum wird als erstes in Kap 2 ausführlich vorgestellt – und dort ist er ohne Makel. Der Levi-Stammbaum folgt in aller Ausführlichkeit mit Betonung der Leviten, Korachiter und Aaroniden in Kapitel 6,1–15.33–38. Auch hier ist der Stammbaum makellos, unter anderem dadurch, dass Korach durch einen anderen Vaternamen in ein anderes, eben nicht negatives Licht gerückt wird.

Nun könnte man jedoch einwenden, dass hier ja nicht von Karmi, dem Sohn Sabdis und Enkel Serachs, die Rede ist und somit der frevelnde Achan gar keine Rolle spielt. Genauso ist nicht Kaleb in IChr 2 derselbe Held wie in Num 13f, weil sein Vater anders hieß. Ich vermute jedoch, dass es hier um reine Assoziationen beim Leser geht: Liest ein Leser den Namen Karmi, assoziiert er Negatives, auch wenn es ein anderer Karmi ist; liest ein Leser den Namen Kaleb assoziiert er etwas Positives, auch wenn dieser Kaleb ein anderer ist als der Held aus dem Buch Numeri, der Sohn Jefunnes.

In IChr 4 findet sich im Übrigen eine kurze genealogische Notiz zu Kaleb, dem Sohn Jefunnes. Es heißt dort:

ובני כלב בן יפנה עירו אלה ונעם ובני אלה וקנז

Und die Söhne Kalebs, des Sohnes Jefunnes, waren Iru, Ela und Naam; und die Söhne des Ela [waren …] und Kenas.

Dieses Versende mutet unvollständig an. Daher bieten die Varianten hierbei andere Vorschläge: Beispielsweise schlagen Septuaginta, Vulgata und ein Targum vor, schlicht das ו vor Kenas zu eliminieren, sodass zu übersetzen wäre:

Und die Söhne Kalebs, des Sohnes Jefunnes, waren Iru, Ela und Naam; und einer der Söhne des Ela war Kenas.

Bleibt man beim masoretischen Text, so müsste man diesen meiner Ansicht wie folgt wiedergeben:

Und die Söhne Kalebs, des Sohnes Jefunnes, waren Iru, Ela und Naam; und zu den Söhnen Elas zählte unter anderem Kenas.

An dieser Stelle ist Kaleb zwar aufgelistet, aber man kann ihn nicht konkret einer größeren Abstammungslinie zuordnen.

3.4.2 Schlussfolgerungen zur Juda-Genealogie

Der Stammbaum von Juda findet sich ausführlich in Kapitel 2 und im Vergleich dazu weniger stringent und ausführlich in Kapitel 4 des ersten Chronikbuches. Beide Stammbäume haben Gemeinsamkeiten und Unterschiede, beide verfolgen unterschiedliche Intentionen. Sara Japhet fasst ihre Beobachtungen zu IChr 4 wie folgt zusammen:

> „Die Genealogien insgesamt weisen keine typisch chronistischen Züge auf, weder in sprachlicher noch in sonstiger Hinsicht. Vermutlich hat der Chronist sie aus Quellen zu den aktuellen sozio-historischen Verhältnissen der Familien von Juda genommen; die Hauptfrage ist die, ob es sich um überwiegend vor- oder nachexilische Angaben handelt. Ich meinerseits sehe keine zwingende Notwendigkeit, in diesem genealogischen Rahmen Zustände der Restaurationszeit oder danach reflektiert zu sehen; ich neige dazu, das hier vorliegende Material als Niederschlag vorexilischer Verhältnisse zu betrachten, obwohl wir es chronologisch nicht genau festmachen können."[98]

Es ist Japhet an dem Punkt Recht zu geben, dass hier zumindest die Frage nach „typisch chronistischem" Material gestellt werden müsste. Meines Erachtens stammt Kapitel 4 aus einer anderen Tradition als Kapitel 2 und ist älter. Ob diese Tradition in Kapitel 4 nun vorexilisch ist oder nicht, lässt sich meiner Meinung nach nicht mit Sicherheit bestimmen. So wenig man über den Stamm Juda aus IChr 4 sicher sagen kann, so ist eines aber deutlich geworden: Beide Stammbäume Judas verfolgen in diesen Kapiteln unterschiedliche Intentionen. In Kapitel 2 wird zunächst der Stamm Juda mit all seinen wichtigen und herausragenden Personen vorgestellt; in Kapitel 4 geht es dann um das Land, das der Stamm Juda besiedelt hatte. So hält auch Thomas Willi fest: „Kapitel 4 will die Entwicklung der Besiedlung Judas beleuchten und auf die verschiedenen, schon in 1Chr 2 genealogisch eingeordneten Stämme und Geschlechter zurückführen."[99] Es könnten aktuelle Verhältnisse der damaligen Zeit beschrieben sein, obwohl Manfred Oeming dazu festhält: „Wie ein Studium der Karten leicht ergibt, beschreiben die Ortschaften nicht die nachexilischen Verhältnisse […], sondern umreißen das Siedlungsstammland des Stammes Juda in viel älterer Zeit."[100]

---

98 Japhet, 1 Chronik, 130f.
99 Willi, Chronik. 1. Teilband, 122.
100 Oeming, Israel, 109.

Kapitel 4 würde ich nach all diesen Überlegungen nicht als sekundären Nachtrag bezeichnen wollen, sondern es ist viel eher eine andere Sicht der Dinge auf den Stamm Juda: nämlich siedlungstechnisch. So ist Willi Recht zu geben, der konstatiert:

> „1Chr 4 hat aber seine eigene Qualität und Funktion im Ganzen und sollte auf einer anderen Ebene als 1Chr 2 oder 1Chr 3 gelesen werden. [...] Kapitel 4 will die Entwicklung der Besiedlung Judas beleuchten und auf die verschiedenen, schon in 1Chr 2 genealogisch eingeordneten Stämme und Geschlechter zurückführen."[101]

Demnach ist die Methode, einen Text an den anderen angleichen zu wollen – sei es, Kapitel 2 an 4 oder umgekehrt oder auch die chronistische Sicht an die der vorderen Geschichtsbücher – hier fehl am Platz. „Der Chronist" will in Kapitel 2 seine Perspektive und Theologie darstellen und das geschieht nicht, indem er Kapitel 4 ändert, sondern das Kapitel stehen lässt. Er schreibt allerdings seine Version des Stammbaums nieder und die lautet: Juda hat einen makellosen und ehrwürdigen Stammbaum zu bieten! In ihm sind keine Aufständischen zu finden, sondern ganz im Gegenteil: Aus ihm kommt nicht nur König David. Auch vier besonders weise und berühmte Männer (als Nachkommen Serachs) stammen von Juda ab. Achan und sein Vater Karmi zählen selbstverständlich nicht zu diesem Stamm, ebenso wenig Personen mit in etwa gleichlautenden Namen.

Einem damaligen Leser kann durchaus zugemutet werden, solche „Widersprüche" zwischen den beiden Stammbäumen in Kapitel 2 und 4 auszuhalten. Dies ist in der Hebräischen Bibel schließlich nicht einzigartig: Es wird zum Beispiel zweimal erzählt, wie die Stadt Bethel ihren Namen erhielt, dreimal sogar findet sich eine Erklärung dafür, wie David an den Königshof kam etc.

Wenn man überhaupt eine Abhängigkeit der Stammbäume untereinander ausmachen will, dann ist meines Erachtens Kapitel 4 älter als das 2. Kapitel; denn in 1Chr 2 findet sich ein deutlich geschönter und wohl formulierter Stammbaum, der das vorhandene Material in Kapitel 4 aus seiner Sicht der Dinge korrigiert.

3.4.3 Ein Vergleich der Stammbäume Judas und Levis in der Chronik

Als Ergebnis sei vorweg gestellt:

„Dem Chronisten" sind sowohl der Levi- wie auch der Juda-Stammbaum sehr wichtig. Von daher wird ein geschönter und ehrwürdiger Stammbaum von beiden an jeweils einer Stelle in der Chronik präsentiert. Dort liegt der Schwerpunkt der Darstellung. Die anderen Darstellungen der Stammbäume sind von der Bedeutung

---

101 WILLI, Chronik. 1. Teilband, 122.

her sekundär, beziehungsweise legen sie ihren Schwerpunkt auf andere Phänomene, wie zum Beispiel die Besiedlung oder die Abstammung der einzelnen Sänger.

Zum Levi-Stammbaum:

Aaron und Zadok:
Kennt man als Bibel-Leser die Figur des Aaron, so weiß man aus Lev 10, dass seine Söhne Nadab und Abihu einen Frevel gegen Gott begehen. In IChr 5 werden beide im Zuge der Darstellung des Aaron-Stammbaums erwähnt. Dort wird zwar ein Stammbaum Aarons aufgelistet, aber ohne weiteren Kommentar. In IChr 6 schließlich werden die Aaroniden besonders hervorgehoben: Sie dürfen den Dienst am Allerheiligsten verrichten und Sühne wirken. Im Anschluss an diesen Satz folgt noch einmal ein Aaron-Stammbaum, diesmal ohne Nennung der frevelnden Söhne Nadab und Abihu. Bis einschließlich der Nennung Zadoks als Nachkomme Aarons sind die Stammbäume in den Kapiteln 5 und 6 identisch (absteigend zu lesen):

Aaron – Eleasar – Pinhas – Abischua – Bukki – Usi – Serachja – Merajot – Amarja – Achituv – Zadok

Dass beide Stammbäume auf Zadok hinauslaufen, ist insofern interessant, als in den Samuelbüchern die Abstammung Zadoks nicht erwähnt wird. „Der Chronist" macht den bedeutenden Priester zu einem Nachkommen Aarons aus dem Stamm Levi.

Korach:
In IChr 6,1–15 findet sich ein ausführlicher Stammbaum Levis, darunter auch in den Vv.7–15 ein Stammbaum der Korachiter. Dabei wird in IChr 6,7 Korachs Vater Amminadab genannt. Der Bibel-Leser weiß an dieser Stelle, dass Korach aus dem Buch Numeri als Frevler schlechthin gegen Mose und Aaron bekannt ist. Doch ist der Frevler ein Sohn des Jizhar. In der würdevollen Genealogie Levis und der Korachiter ist der Stammvater der Korachiter nun Amminadab – von einem Frevler also keine Spur – im Gegenteil: Hier geht es um die wohlverdienten Korachiter. Schließlich, weiter hinten im Stammbaum der Sängerfamilien (Vv.22f), ist der Vater Korachs wieder, wie es der Bibel-Leser gewohnt ist, Jizhar.

Zu Beginn geht es in diesem Stammbaum allerdings konkret um das Geschlecht der Korachiter (da steht der Name Amminadab), weiter hinten (mit Jizhar) um die Sängerfamilien allgemein. „Der Chronist" eliminiert somit innerhalb des zentralen Levi-Stammbaums den Frevler Korach, Sohn des Jizhar, und ersetzt ihn mit dem „neutralen" Korach, Sohn des Amminadab – beide sollen nicht verwechselt werden.

Samuel:

Auch Samuel wird ähnlich wie Zadok in den Levi-Korach-Elkana-Stammbaum in IChr 6 hineingesetzt. Von ihm ist allerdings aus 1Sam 1,1 bekannt, dass er eigentlich Ephraimiter sei, doch die Nennung Samuels lässt den Levi-Stammbaum in IChr 6 und somit den Korach-Stammbaum noch ehrwürdiger erscheinen. Samuels frevelnde Söhne, Joel und Abija, wie sie aus 1Sam 8 bekannt sind, werden „umgangen". Von ihnen wird in 1Sam 8,1–3 gesagt, dass Samuel sie als Richter einsetzte, sie aber keinen guten Dienst taten, sondern stattdessen das Recht beugten (ויטו משפט). In IChr 6 wird der Stammbaum wie folgt aufgelistet: Samuel hatte zwei nicht näher genannte Söhne und noch einen dritten, der dann Abija hieß.[102] In 1Sam 8 heißt es, Samuels Erstgeborener war Joel und der andere Abija. Von einem dritten Sohn ist nicht die Rede.

Samuel findet sich in der Chronik in dem hervorgehobenen Stammbaum in IChr 6,1–15, in dem es um die Korachiter geht, ohne seine korrupten Söhne. In dem Teil der Sängerfamilien (in IChr 6,18) wird hingegen Joel ausdrücklich als Sohn des Samuel genannt.

Zum Juda-Stammbaum:

Serach:

In Kapitel 2 hat Serach insgesamt fünf Söhne, davon sind vier als die weisesten Männer bekannt. In Kapitel 4 hingegen gibt es überhaupt keinen Serach; da liegt die Konzentration auf den Nachkommen Judas, und zwar, inwiefern sie welches Gebiet besiedelt hatten. Dieser Stammbaum ist bruchstückhaft und will gar nicht als vollständiger Juda-Stammbaum gelesen werden, sondern Besiedelungsgebiete und dortige Herrscher erklären.

Der kundige Bibel-Leser weiß aus Jos 7, dass Serach der Vater des Achan ist, der sich gegen Gottes Wort stellte und verbotenerweise einen Diebstahl beging. Er wurde getötet. Dies verschweigt „der Chronist" in Kapitel 2 und setzt stattdessen vier weise Männer als Söhne ein.

Kaleb oder Karmi?

In Kapitel 2 erscheint Kaleb als Sohn von Hezron, einem Urenkel Judas selbst. Man kennt Kaleb aus Num 13f als Kundschafter, der von Gott auserwählt wurde und sich konsequent für Gott gegen das Volk Israel einsetzte. Er war ein Held der Wüstenzeit. In Num 13f war er jedoch der Sohn Jefunnes. In IChr 2 erhält Kaleb einen langen, ehrwürdigen Stammbaum. Karmi wird mit seinem Sohn Achan zwar auch hier erwähnt, doch lässt sich dieser Vers grammatisch nicht in den Stammbaum integrieren. Es scheint, als würde er nebenbei erwähnt werden (V.7).

---

102 Siehe dazu die ausführliche Analyse der Samuel-Verse auf S. 179.

Ein Vergleichspunkt: Überlegungen zum Stamm Juda in der „genealogischen Vorhalle" (IChr 1–9) | **223**

In Kapitel 4 heißt der Sohn von Hezron nicht Kaleb sondern Karmi. Karmi ist nach Jos 7 der Vater eben desjenigen Achan, der sich gegen Gott stellte. Kaleb ist zwar auch in diesem Kapitel genannt, doch heißt er „Sohn des Jefunne" – wie auch in Num 13f. Er lässt sich aber nur schwer in den Stammbaum einreihen: V.15 steht völlig losgelöst in diesem Kapitel. Kalebs Stammbaum beschränkt sich hier auf drei Söhne und einen Enkel.

Vermutlich soll ein Leser den Juda-Stammbaum als makellos und achtunggebietend wahrnehmen. Deshalb wird der Name Karmi durch Kaleb/Kalubai ersetzt und Achan außen vorgelassen und nicht mit dem Stammbaum verknüpft. Ein Leser soll beim Namen Kaleb Positives assoziieren und nichts Negatives, wenn er den Namen Karmi lesen würde.

All diese „Namensänderungen" der Stämme Levi und Juda ergeben folgende kurz gefasste Ergebnisliste:
1) Korach bekommt einen anderen Vaternamen
2) Nadab und Abihu werden verschwiegen
3) Zadok wird ein Aaronide
4) Kaleb wird statt Karmi ein Judäer mit riesigem Stammbaum
5) Serach, der Juda-Nachkomme, erhält vier weise Söhne
6) Achan wird aus Juda „ausgeklammert"
7) Samuel wird in den Levi-Korach-Elkana-Stammbaum eingesetzt (in 1Sam 1,1 war er Ephraimiter)
8) Die „schlechten" Söhne Samuels werden umgangen.

Zusätzlich lässt sich als Arbeitsweise des „Chronisten" erkennen, dass die Genealogie von Zelofhad korrigiert wird, damit sie „schlüssig ist".[103] In Num 27 geht es darum, dass Zelofhad zwar in der Zeit des Aufstandes des Korach gelebt hat, er aber nicht unter den Aufständischen war. Nach dem Stammbaum, den dieses Numeri-Kapitel selbst bietet, kann dies aber nicht stimmen, ist es innerhalb des Numeribuches nicht kongruent. „Der Chronist" erkennt dies als Fehler und benennt Zelofhad als Sohn des Machir. Somit stimmt die Generation mit Korach wieder überein.

Mit Blick auf die Fülle der „Namensänderungen" in der Chronik lassen sich Textkonjekturen kaum plausibel machen, die eine Angleichung an die anderen Geschichtsbücher zum Ziel haben. Vielmehr drängt sich doch die Frage auf, was „der Chronist" damit bezwecken wollte?

---

103 Siehe dazu die Analyse von Zelofhad in Kapitel 1.2.8 Korach in Num 27.

224 | Korach und die Korachiter in der Chronik

Im Anschluss sollen Charakter und Funktion der Chronik vor dem Hintergrund der aktuellen Chronik-Forschung bestimmt werden.

3.5 Bietet die Chronik eine Alternative zu Numeri und zu den anderen Geschichtsbüchern? Redaktionsgeschichtliche Überlegungen zur Chronik anhand der Figur des Korach und anderer Figuren aus Levi und Juda

Die Chronikbücher gehören zu den meist kommentierten Büchern der Hebräischen Bibel[104] mit durchaus ganz unterschiedlichen Ergebnissen und Ansätzen; denn einer der hervorstechendsten Züge ist ihre Heterogenität.[105] Von daher wird in der alttestamentlichen Forschung[106] immer wieder analysiert und erläutert, inwiefern die Chronikbücher aus einem Guss sind, ob sie (mindestens einmal) fortgeschrieben wurden[107], ob sie mehrere Bearbeitungen oder Ergänzungen erfahren haben[108], vor allem aber, was ihre vorrangige Intention und ihr Zweck sei und wann sie geschrieben wurden. Zusammenfassend sei festgehalten, dass sich in der alttestamentlichen Forschung die Thesen zur Abfassungszeit der Chronik von der Perserzeit[109], über die Zeit Alexanders[110] bis zur makkabäischen Epoche[111] erstrecken. Hinsichtlich

---

104 Vgl. WILLI, Chronik als Auslegung, 47.

105 Vgl. JAPHET, 1 Chronik, 30.

106 Ein Forschungsbericht über Chronik und Esra-Nehemia findet sich auch bei WILLI, Zwei Jahrzehnte Forschung. Hier liegt der Schwerpunkt aber etwas anders, da einerseits die Chronik selbst im Mittelpunkt steht und das sog. chronistische Geschichtswerk außen vor bleibt. Andererseits ist die Sortierung eine andere mit dem Ziel, vor allem die unterschiedlichen Ansätze zu Abfassungszeit und Zweck der Abfassung hervorzuheben.

107 So unterscheidet zum Beispiel Kurt Galling zwischen einem ersten und einem zweiten Chronisten. Letzterer erarbeitete eine „zweite, vermehrte und verbesserte Auflage der vom [1.] Chron gebotenen Fassung" (GALLING, Bücher, 8). Dagegen hält Wilhelm Rudolph fest, dass die späteren Hinzufügungen viel zu mannigfaltig und widerspruchsvoll seien, „als daß sie e i n e m Manne zugeschrieben werden könnten" (RUDOLPH, Chronikbücher, VIII).

108 Diese Bearbeitungen können auch sehr gering sein, so zum Beispiel S. Japhet, die im wesentlichen die Chronik einem Autor zuschreibt, wobei aber nicht nachträgliche Erweiterungen ausgeschlossen werden (JAPHET, 1 Chronik, 32).

109 Als Beispiel sei hier Heinrich Ewald genannt. Er spricht beispielsweise dabei von einem Zeitalter, in dem „Denkwürdigkeiten *(Memoiren)*" zu schreiben aufkam, und datiert die Chronik in die spätpersische, maximal frühgriechische Zeit. Ihr Autor sei ein levitischer Musiker am Tempel in Jerusalem gewesen. (EWALD, Geschichte, 216ff).

110 So beispielsweise MATHYS, Chronikbücher. Er konstatiert, dass der durch Alexander ausgelöste Schock und die durch ihn sowie die Diadochen bewirkte Umgestaltung des Nahen Ostens einen Hauptgrund für die Abfassung der Chronikbücher bilden (MATHYS, Chronikbücher, 51).

111 Vgl. STEINS, Abschlußphänomen. Er setzt die Abfassung der Chronikbücher in der makkabäischen Zeit an und wies der Chronik die Aufgabe zu, als „kanonisches Abschlußphänomen" zu fungieren.

der Intention der Chronik reichen die Vorschläge von „nomistische Geschichtsbetrachtung"[112] über „Historiographie"[113], „rewritten bible"[114], „relecture"[115] und „Auslegung"[116] bis hin zu „kanonisches Abschlussphänomen"[117], um nur einige wenige Positionen der alttestamentlichen Forschung zu nennen. Diesen Versuchen zur Zweckbestimmung hält Hugh G.M. Williamson entgegen, dass es nicht möglich sei, der Chronik nur eine Kategorie zuzuweisen.[118]

Im Folgenden werden nicht alle in der Forschung existierenden literar- und redaktionsgeschichtlichen Modelle der Chronik-Bücher vorgestellt. Vielmehr soll vor dem Hintergrund der Ergebnisse der Korach-Analysen ein Gespräch über den Charakter und über die Intention der Chronik geführt werden. Da Korach und die Korachiter in der Chronik hauptsächlich in der sogenannten „genealogischen Vorhalle" Erwähnung finden, werden diese neun Kapitel die Grundlage der folgenden Überlegungen bilden. Durch diesen gewählten Schwerpunkt auf den Kapiteln IChr 1–9 ohne Analyse der gesamten Chronik ist natürlich eine Theorie zur Intention der *gesamten* Chronik mit Bedacht zu genießen. Trotzdem soll mit dieser Studie eine neue Idee in die Forschungsdiskussion eingebracht werden; denn es ist deutlich, dass, egal welchem Forschungsmodell man folgt, die Chronik stets als eine Art Nacherzählung oder Auslegung der anderen Texte der Geschichtsbücher angesehen wird. Mit dieser Annahme läuft man meines Erachtens jedoch Gefahr, dass die eigene Intention der Chronik nicht vollständig erfasst wird. Deshalb wird in dieser Arbeit für die Chronik beziehungsweise für die „genealogische Vorhalle" als neue Idee eingebracht: Die Chronik ist, zumindest in Teilbereichen, eine

---

„Das Buch der Chronik spielt eine wichtige Rolle in der Formierung des Kanonteils ‚Schriften', es ist kanongeschichtlich als ‚Abschlußphänomen' zu betrachten: Mit diesem Buch wird in der ersten Hälfte des 2. Jh. v. Chr. *eine* Gestalt der ‚Schriften' abgeschlossen; möglicherweise ist das Buch der Chronik sogar vorrangig zu diesem Zweck verfaßt worden" (STEINS, Abschlußphänomen. 516).

112 So Gerhard von Rad, Geschichtsbild, 104: Das Geschichtsbild der Chronik sei eigenständig trotz vieler Übernahmen aus dem deuteronomistischen Geschichtswerk, und ihr „theologischer Pragmatismus" sei „ungleich starrer und gewalttätiger. Sie schildert nicht, ‚wie es gewesen', sondern pragmatistisch; die Logik der Ereignisse, der Zusammenhang von Ursache und Wirkung wird unbedenklich zerschnitten, sei es, daß die eigentlichen Wirkungen von Ereignissen fehlen, sei es, daß weitgehend für Wirkungen theoretisch Ursachen erdichtet werden."

113 So beispielsweise KALIMI, Historian.

114 Vgl. KNOPPERS, I Chronicles 1–9.

115 Siehe GABRIEL, Friede.

116 So zum Beipiel WILLI, Auslegung.

117 Diese These vertritt Georg Steins in seinem Buch: Die Chronik als kanonisches Abschlußphänomen.

118 WILLIAMSON, 1 and 2 Chronicles, 23: "In conclusion, therefore, it emerges that we should beware of attempts simplistically to reduce to a single category the nature of the Chronicler's composition or his use of sources which was determined by it."

„Alternative". Diese Bezeichnung beinhaltet, dass man zwar die Sicht der anderen Geschichtsbücher kennt, ihnen aber etwas Eigenes, Alternatives entgegenstellt.

Zur Begründung dieser These seien zunächst die Ergebnisse zu Korach und den Korachitern in der Chronik kurz zusammengefasst:

Korach wird mehrfach in der Chronik genannt, und alle diese Nennungen finden sich ausschließlich in Stammbäumen oder in kurzen genealogischen Notizen. Die Sicht auf Korach und die Korachiter ist, wie beim Buch Numeri, nicht einheitlich. Es liegt nahe anzunehmen, dass die Chronik, auch innerhalb der sogenannten „genealogischen Vorhalle" (IChr 1–9), fortgeschrieben und/oder dass sie aus verschiedenen Stücken unterschiedlicher Herkunft zusammengesetzt wurde. Mit Blick auf die Chronik insgesamt ist die Annahme einer Fortschreibung durch die „genealogische Vorhalle" wahrscheinlich, die später als Beginn der Chronik vorangesetzt wurde, aber auch innerhalb von einzelnen Kapiteln und Abschnitten sind Fortschreibungen naheliegend.

Der in der „genealogischen Vorhalle" genannte Korach ist ein Levit, wie er dies auch im Pentateuch ist. Den Leviten schenkt „der Chronist" besondere Aufmerksamkeit und Würdigung. Dies geschieht zum einen dadurch, dass der Levi-Stammbaum eine zentrale Positionierung erhält. Er ist in der Mitte der „genealogischen Vorhalle" platziert und nimmt dort großen Raum ein. Zum andern mutet der Levi-Stammbaum in IChr 6,1–15.33–35 durch bekannte Namen sehr ehrwürdig an. Liest man vergleichbare Stammbäume oder Erzählungen über die Leviten, ist diese chronistische Abstammungsliste deutlich „geschönt". Obwohl man als Bibel-Kenner durchaus die eine oder andere negative Erzählung von Levi-Nachkommen kennt (zum Beispiel den Fehltritt der Aaron-Söhne), tauchen diese hier nicht auf. So liegt der Fall auch bei Korach: Man kennt die Korachiter zwar als eine berühmte Sängerfamilie aus den Psalmen, weiß aber auch, dass Korach und seine Schar eine Rebellion gegen Mose und Aaron angeführt haben. „Der Chronist" geht mit dieser Tatsache nun aber so um, dass er die berühmten Korachiter in seinem Levi-Stammbaum nennt, Korach aber einen anderen Vaternamen erhält. Korachs Vater heißt im Buch Numeri Jizhar, an dieser Stelle der Chronik heißt er Amminadab. Dies sind zwei völlig anders lautende Namen, damit niemand Gefahr läuft, diese beiden Korachs zu verwechseln. Also stellt „der Chronist" die Geschichte so dar, dass die berühmten korachitischen Sänger keine Nachfahren eines Rebellen waren; denn sie stammen von Korach, dem Sohn Amminadabs ab, der auch ein Levit ist, und nicht von Korach, dem Sohn Jizhars, dem Rebellen. Darüber hinaus integriert „der Chronist" Samuel in den Levi-Stammbaum, wodurch der Stammbaum insgesamt einen noch höheren Stellenwert erhält. Samuel hatte jedoch zwei korrupte Söhne, Joel und Abija, diese umgeht „der Chronist" ganz geschickt. Auch Aarons frevelnde Söhne werden an dieser Stelle nicht genannt, sodass der Levi-Stammbaum von IChr 6,1–15.33–35 „perfekt" und erhaben erscheint.

Die Korachiter – und die Leviten im Allgemeinen – fallen äußerst positiv in der Chronik auf. Die Korachiter erhalten, wenn man die Chronikbücher von vorne nach hinten liest, ein immer größeres Ansehen. Sie werden sogar als Helden im Kampf an der Seite Davids bezeichnet, und ihnen kommt in IIChr 20,19 die Ehre zu, JHWH besingen zu dürfen. Den Leviten allgemein werden mehr Ämter zuerkannt, als dies in Esr/Neh der Fall ist. Auch in dem erwähnten Stammbaum in IChr 6 werden die Leviten in ihrer Stellung angehoben. Gerade das Kapitel IChr 6 schaltet sich in die Diskussion des Numeribuches um den Rang von Leviten und Aaroniden ein und liefert eine eigene Stellungnahme. Num 3 hat „dem Chronisten" dabei als Vorlage gedient – dies zeigt ein Vergleich von IChr 5,27 – IChr 6,33 mit Num 3[119]:

1) Num 3,1–10 zeigt dieselben Themen hinsichtlich Aaron und seiner Söhne wie IChr 5,27 – IChr 6,33, auch in derselben Reihenfolge. Num 3 beginnt mit dem Aaron-Stammbaum (Vv.1–4) mit dem Hinweis, dass dieser elementar und nicht diskutierbar sei. Er sei Mose am Sinai von JHWH verkündet worden.[120] Trotz alledem verschweigt der Autor nicht die frevelnden Aaron-Söhne Nadab und Abihu. In den Vv.5–9 folgt eine Verhältnisbestimmung zwischen den Leviten und Aaron. In V.10 findet sich abschließend eine kurze Anweisung zum Dienst Aarons und seiner Söhne mit dem Hinweis: Wenn sich ein Fremder nähert, stirbt er. Nach V.10 folgt eine nicht zu übersehende Zäsur im Numeritext. „Der Chronist" beginnt ebenso in IChr 5,27–40 mit den Nachkommen Aarons. Dann folgt jedoch in zentraler Stellung und hervorgehoben der Stammbaum Levis über die Kehat-Amminadab-Korach-Nachfahren. Anschließend werden ausführlich die levitischen Sängerfamilien dargestellt. In V.33 platziert „der Chronist" dann eine Verhältnisbestimmung der Leviten zu Aaron mitsamt einer kurzen Dienstbeschreibung der Leviten. Dieser folgt die Angabe über den Dienst Aarons (V.34). Der Aaron-Stammbaum beschließt in den Vv.35–38 die Thematik der Aaroniden, wobei dieser Stammbaum die frevelnden Söhne Nadab und Abihu auslässt. Auffällig sind in dieser Passage (IChr 6,33–38) die wörtlichen Übereinstimmungen mit Num 3: Wie bereits oben erwähnt wird das Dienstverhältnis der Leviten durch die

---

119 Dahingehend ist die These von Sara Japhet zu modifizieren: Nicht nur Num 3,17–20 hat als Vorlage für IChr 6 gedient (vgl. JAPHET, 1 Chronik, 171), sondern ganz Num 3 lag „dem Chronisten" vor (dies wird durch einige wörtliche Übereinstimmungen in beiden Kapiteln deutlich), und er nutzte sie für seine Darstellung von Aaroniden und Leviten.

120 Vgl. dazu ausführlich Kapitel 1.2.2 Die Levitenthematik in Num 3,1–13.

Formulierung נתונים bestimmt. Darüber hinaus wird ihre Arbeit als עבדת משכן be-schrieben, wie auch in Num 3,7.8 und Num 16,9.[121]

Tabellarisch lässt sich dies so darstellen:

Num 3	IChr 5f
Vv.1–4: Aaron-Stammbaum mit deutlicher Betonung der Wichtigkeit[122] (aber mit Nennung der frevelnden Söhne Nadab und Abihu)	Vv.27–41 Der Stammbaum Levis, beginnend mit der Linie Kehat – Amram – Aaron – Eleasar über Zadok bis zum Exil (mit Nennung der frevelnden Söhne Nadab und Abihu)
	IChr 6,1–15: Der Stammbaum Levis, darin ausführlich die Linie Kehat – Amminadab – Korach über Samuel bis Asaja
	Vv.16–32 die levitischen Sängerfamilien
Vv.5–9 Verhältnisbestimmung der Leviten zu Aaron	V.33 Verhältnisbestimmung der Leviten zu Aaron mitsamt einer kurzen Dienstbeschreibung der Leviten
V.10 der Dienst Aarons und seiner Söhne	V.34 der Dienst Aarons und seiner Söhne
	Vv.35–38 der Aaron-Stammbaum (ohne Nadab und Abihu) über Eleasar bis zu Ahimaaz, dem Vater von Zadok
Vv.14–39 Aufzählung der Leviten gemäß ihrer Familien, ihren Wohnungen und ihren Dienstaufgaben	Vv.39–66 Die Wohnungen der Leviten

Num 3 setzt deutlich den Schwerpunkt der Darstellung auf die Aaroniden. Die Leviten werden diesen klar untergeordnet. In IChr 5f sind die Aaroniden auch sehr wichtig. Das ist vor allem daran zu erkennen, dass auch ihr Stammbaum „geschönt" ist: Zadok wird gleich zweimal betont in den Aaron-Stammbaum integriert (IChr 5,38 und IChr 6,38) – im sogenannten Deuteronomistischen Geschichtswerk ist Zadok kein Aaronide. Zudem werden in IChr 6 die frevelnden Söhne Aarons schlicht nicht genannt. Des Weiteren stellt „der Chronist" Aarons Aufgabe mit Blick auf Num 8,19 richtig: Nur Aaron und seinen Nachkommen ist es erlaubt, ein Sühneopfer zu wirken, nicht den Leviten.[123] Eine weitere chronistische Umdeutung in der Aufgabenverteilung von Aaroniden und Leviten stellt im Übrigen IChr 23,13 dar. Hier werden dieselben Formulierungen wie in Dtn 10,8 verwendet, um die Aufgaben der Leviten zu beschreiben, nur werden diese auf die Aaroniden umgedeutet: Laut Chronik ist es Aaron und seinen Söhnen und nicht etwa den

---

121 Dieser Ausdruck findet sich nur noch in Ex 39,32.40; hier wird aber allgemein von der Errichtung und Einrichtung der Stiftshütte berichtet.

122 Die Wichtigkeit des Aaron-Stammbaums wird durch den Hinweis unterstrichen, dass dies eine Toledot sei, die JHWH Mose am Sinai verkündete. Vgl. dazu ausführlich Kapitel 1.2.2 Die Levitenthematik in Num 3,1–13.

123 Die Aaroniden und die Leviten bilden zwei verschiedene Priesterklassen, obwohl natürlich Aaron selbst auch zum Stamm Levi gehört.

Leviten vorbehalten, JHWH zu dienen und in seinem Namen zu segnen. Während in Dtn 10,8 hinsichtlich der Leviten noch gesagt wird, dass sie in JHWHs Namen segnen dürfen „bis zum heutigen Tag", so wird diese Angabe in der Chronik nun unmissverständlich auf „bis in alle Ewigkeit" zugespitzt. Es liegt die Vermutung nahe, dass der Autor der Chronik-Stelle die Deuteronomiumsstelle kannte, sie wörtlich aufnahm und umdeutete, um seine Theologie zu vertreten.

Die Kapitel IChr 5f vertreten also eine hohe Meinung von Aaron und seinen Nachkommen, aber natürlich fällt auch die ausführliche Darstellung und die zentrale Positionierung der Korach-Nachfahren besonders positiv auf. Korach wird nicht als Rebell dargestellt, und seine Söhne erhalten einen besonders ehrwürdigen Sänger-Stammbaum.

In IChr 5f soll demnach dem Leser deutlich werden, dass *sowohl* Aaron und seinen Söhnen *als auch* den Leviten eine besondere Rolle im Kult des Volkes Israels zukommt. Beide Gruppierungen sind wichtig.

Gerade durch die Leviten-Thematik und ihre Ausgestaltung in Numeri und Chronik lässt sich der These von Hans-Peter Mathys zustimmen: Numeri und Chronik sind nahe Verwandte. Sie stehen sich erstaunlich nahe und teilen viele Interessen und Fragen, wenn auch ihre Antworten häufig nicht miteinander übereinstimmen.[124] Mathys benennt neun gemeinsame Interessensbereiche beider Bücher (die Leviten, Pesach, der Zehnte, die Tempelfinanzierung, die Erfassung des Volkes, keine Kollektivhaftung, Heiliger Krieg, Landwirtschaft und die Darstellung). Die Leviten und (Priester) stellt er dabei zu Recht als erstes großes Thema heraus und bemerkt, dass dieser Bereich ein zentrales Anliegen sei, nehme man schon allein wahr an „der puren Masse an Texten, in welchen die Leviten im Mittelpunkt stehen"[125]. Mathys geht natürlich Recht in der Annahme, dass die Leviten in beiden Büchern von großem Interesse sind, jedoch muss mit Blick auf das Numeribuch seine These modifiziert werden. Mathys hält fest: „Während Numeri (P) die Leviten als Diener der Priesterschaft darstellt, ist der ‚Blickwinkel der Chronik der der Leviten'."[126] Zum einen ist in Frage zu stellen, inwiefern sich überhaupt P-Texte in Numeri finden. Zum andern ist die Darstellung der Leviten in Numeri diffiziler als von Mathys angeführt, sodass ich folgende Formulierung als weiterführender empfinde:

Während in Numeri eine Diskussion stattfindet, ob Leviten oder Aaroniden das höhere Amt bekleiden, ob oder inwiefern es Unterordnungen gibt, favorisiert die Chronik einen hohen Stellenwert für beide Gruppierungen. Dies herauszustellen

---

124 Vgl. MATHYS, Verwandte, 578.
125 MATHYS, Verwandte, 556.
126 MATHYS, Verwandte, 556.

und Numeri an dieser Stelle zu korrigieren, ist „dem Chronisten" sehr wichtig. Ebenso liegt ihm der Levit Korach am Herzen – genauso wie dem Redaktor des Numeribuches – nur mit genau gegenteiligem Interesse. In IChr 6,1–15 gibt es keinen Rebellen namens Korach, nur Korach, den Stammvater der berühmten Sänger. Numeri und Chronik teilen also gemeinsame Interessen, aber geben unterschiedliche Antworten.

Nun stellt sich die Frage, was „der Chronist" mit seiner Sichtweise, mit seiner Gegendarstellung zum Numeribuch erreichen möchte. Dazu möchte ich folgende These aufstellen:

Die Chronik will bei ihrer Gestaltung von Personen als eine Alternative zu den Darstellungen von Gen-IIKön wahrgenommen werden.
Hierbei soll besonders die „genealogische Vorhalle" Berücksichtigung finden, die sonst in der alttestamentlichen Forschung bei der Frage nach dem Zweck der Chronik häufig ausgeklammert wird. Dabei ist selbstredend diese Kategorisierung der Chronik nicht die einzig mögliche. Mit Hugh G.M. Williamson sei betont, dass es nicht möglich sei, der Chronik nur eine Kategorie zuzuweisen.[127]

Die Definition „Chronik als Alternative" stellt den Versuch dar, das Phänomen zu beschreiben, dass die Lebensläufe der für die Geschichte Israels wichtigen Personen gegenüber dem Pentateuch und dem sogenannten Deuteronomistischen Geschichtswerk anders dargeboten werden. Dass König David eine ganz eigene chronistische Darstellung hat, eine Darstellung ohne Makel, ist unbestritten. Abigail wird beispielsweise nicht genannt. Auch Hiskia und Josia werden in der Chronik anders dargestellt als in den Königebüchern.[128] Von König Hiskia wird zum Beispiel zusätzlich berichtet, er habe das Pesachfest gefeiert (IIChr 30). Dies wird nur von wichtigen Personen und bei zentralen historischen Ereignissen erwähnt.[129] Darüber hinaus kommt auch Mose in der Chronik eine über den Pentateuch hinausgehende Rolle zu, als Garant theokratischer Zukunftserwartung.[130] Es wurden in der Forschung allerdings bisher stets nur einzelne Personen dargestellt, und es

---

127 WILLIAMSON, 1 and 2 Chronicles, 23: "In conclusion, therefore, it emerges that we should beware of attempts simplistically to reduce to a single category the nature of the Chronicler's composition or his use of sources which was determined by it."

128 Vgl. BAE, Suche.

129 Neben Mose, der das Fest einsetzt, feiert Josua Pessach in Jos 5 nach dem Jordandurchzug und vor Beginn der Landnahme im Westjordanland. König Josia feiert dies im Zusammenhang seiner Reformen in IIReg 23. In Esr 6 wird Pessach gefeiert im Zusammenhang der Einweihung des Zweiten Tempels.

130 Vgl. dazu DÖRRFUSS, Mose.

wird nicht das Phänomen zu beschreiben und benennen versucht, dass die Chronik alle wichtigen Lebensläufe verändert.

Blickt man zunächst auf die Darstellung von König David, auf sein Reich und alles, was nach ihm passierte (ab IChr 10), so könnte man diese Art der Darstellung mit Gary N. Knoppers zu Recht als „rewritten bible" beschreiben. Knoppers[131] gibt als Abfassungszeit der Chronik das späte 4. oder frühe 3. Jh. an und definierte sie – wohlweislich anachronistisch[132] – als „rewritten bible".[133] Die Kategorie sei zwar in der Forschung meist unterschiedlich beschrieben worden, doch ließen sich folgende gemeinsame Punkte festhalten, die auch auf das Werk der Chronik zuträfen: Die „rewritten bible" nehme ihren Ausgangspunkt bei einem biblischen Buch (oder mehreren Büchern), sie selektiere, interpretiere, kommentiere dies und dehne manche Abschnitte aus, sie habe Unklarheiten und Widersprüche und andere Probleme mit dem Quellentext im Blick. Dabei folge aber die „rewritten bible" der Form des Quellentextes. Die Hauptintention dabei sei, "to provide a coherent interpretive reading of the biblical text"[134]. Die Kommentare, die die „rewritten bible" dabei in die Quelle einfüge, seien oft moralischer, theologischer oder didaktischer Natur. Knoppers lässt bei seiner Definition allerdings die ersten neun Kapitel der Chronik außen vor. Meiner Ansicht nach kann die „genealogische Vorhalle" auch nicht als „rewritten bible" beschrieben werden, auch wenn vieles von Knoppers Konstatierte ebenso auf die Chronik *inklusive* der „genealogischen Vorhalle" zutrifft. Auch die ersten Chronik-Kapitel selektieren, interpretieren, kommentieren und dehnen manche Abschnitte aus, haben Unklarheiten und Widersprüche und andere Probleme mit dem Quellentext im Blick. Es ist meiner Ansicht nach allerdings deutlich hervorzuheben, dass „der Chronist" nicht immer kohärent sein will, sondern dass er sogar weitere Widersprüche in Kauf nimmt, um seine theologische Linie nicht zu verlassen. Die Genealogien lassen sich zudem kaum als „rewritten bible" definieren, da diese Gattung ausschließlich narrative Texte beschreibt. So charakterisiert Geza Vermes: "In order to anticipate questions, and to solve problems in advance, the midrashist inserts haggadic development into the biblical narrative"[135]. Auch Philip S. Alexander hält als ersten von neun Punkten zur Definition der „rewritten bible" fest, dass die Texte der rewritten Bible immer „narratives" sind, „which follow a sequential, chronological order".[136] Genealogien sind jedoch schlicht keine erzählenden Texte, wie es das lateinische Wort „narrativ"

---

131 KNOPPERS, I Chronicles 1–9.
132 KNOPPERS, I Chronicles 1–9, 130.
133 KNOPPERS, I Chronicles 1–9, 116.
134 KNOPPERS, I Chronicles 1–9, 116.
135 VERMES, Scripture, 95.
136 ALEXANDER, Retelling, 116.

beschreibt. Es sind vielmehr Listen oder Notizen. Auch der Punkt Alexanders, dass der Aufbau eines Textes der rewritten Bible mit dem der Vorlage übereinstimmt, lässt sich für die Genealogien in IChr 1–9 nicht behaupten. „Der Chronist" ordnet die Stammbäume nach der Wichtigkeit der Personen neu an (Juda und Levi werden als erste dargestellt, nicht der erstgeborene Ruben). Die komplette Chronik der Gattung „rewritten bible" zuzuweisen, geht meiner Ansicht nach also nicht auf, aber von der Intention der rewritten bible ist die Chronik inklusive der Genealogien nicht weit entfernt, wie D. Andrew Teeter festhält: „Every rewritten Bible composition is defined by its own retelling strategy or program."[137] So könnte man jedoch sagen, der Anlass zum Schreiben der Genealogien beziehungsweise der Chronik war der Gedanke, Passagen der „Bibel" noch einmal zu schreiben aus anderer Sicht, mit anderen Schwerpunkten. So unterscheidet auch Moshe J. Bernstein zwischen einer Gattung „rewritten bible" und dem Prozess „rewriting the bible".[138] Die Chronik als Produkt eines Prozesses „rewriting the bible" anzusehen, ist meiner Ansicht nach auch für die vorliegende Untersuchung anschlussfähig, sodass man mit Reinhard G. Kratz annehmen kann, bei der Chronik handelt es sich um den Prozess des „Rewritings" und somit um eine Art „second edition" von anderen schon bekannten Texten. Dabei wäre allerdings über Kratz hinaus zu betonen, dass dieser Prozess meines Erachtens keine Form der *Interpretation* ist.[139] Die Chronik möchte an vielen Stellen eher eine andere Geschichte erzählen, als eine vorhandene zu interpretieren. Nimmt man also mit Kratz für die Chronik den Prozess von „Rewriting the bible" an, so ist meines Erachtens jedoch noch keine Aussage über die Besonderheit dieses Phänomens getroffen. Es ist keine klare Aussage über seine Intention. Bei der Annahme der Chronik als eine Alternative sei hervorgehoben, – und das wurde gerade mit Blick auf Korach deutlich –, dass man zunächst die eigene Sichtweise „des Chronisten" wahr- und ernst nimmt. Dass das in der Regel nicht geschieht, wird vor allem daran deutlich, wie häufig Namen in der Chronik zu bekannten Namen aus dem Pentateuch oder den anderen Geschichtsbüchern konjiziert werden (ohne, dass dafür textkritische Anhaltspunkte oder überhaupt Textzeugen vorliegen). Zunächst muss gefragt werden, was die

---

137 Teeter, Rewritten Scripture, 374.

138 Bernstein, Rewritten Bible, 195: „It is necessary to distinguish between the process "rewriting the Bible" and the genre "rewritten Bible"; the former, unlike the latter, is not a literary classification."

139 Kratz, Rewriting, 280: „In short: Rewriting as a form of interpretation occurs equally in writings inside and outside the Bible. […] Concerning the rewritten-bible texts it is, as far as I can see, generally accepted that rewriting is a particular form of interpretation. Chronicles, the Book of Jubilees, Temple Scroll, or Genesis Apocryphon reformulate their biblical sources, either to clarify matters of ambiguity in the text or to align the text with one's own needs and interests, by rearranging the material, omitting text or adding explanations or supplements – they are, if we want to call them that, a kind of second edition of an existing work."

überlieferte chronistische Lesart bezwecken will, ob diese für sich genommen einen Sinn ergibt. Zu oft wird in der Forschung der Chroniktext an den Pentateuch angepasst (wie dies in Kommentaren gerade bei vom Pentateuch abweichenden Stammbäumen häufig zu beobachten ist) – das ist meines Erachtens die falsche Methode. In Bezug auf die Korachiter gilt demnach: Der Vatername Amminadab ist in IChr 6 ernst zu nehmen, genauso wie das Fehlen der Namen der beiden erstgeborenen Samuel-Söhne. Dass die Namen nicht an den Pentateuch angepasst werden sollen, wird vor allem mit einem Blick auf die Juda- und Levi-Genealogie deutlich. Diese beiden Stämme Israels sind „dem Chronisten" sehr wichtig, deshalb sollen beide dem Leser als „perfekt" der weiteren Lektüre vorangestellt werden.

Das heißt im Einzelnen:
- Korach bekommt anderen Vaternamen
- Nadab und Abihu werden verschwiegen
- Zadok wird ein Aaronide
- Kaleb wird ein Judäer mit riesigem Stammbaum
- Serach, der Juda-Nachkomme, erhält vier weise Söhne
- Achan wird aus Juda „ausgeklammert"
- Samuel wird in den Levi-Korach-Elkana-Stammbaum eingesetzt
- (in 1Sam 1,1 war er Ephraimiter)
- Die „schlechten" Söhne Samuels werden umgangen.

Die Fülle von Namensabweichungen gerade bei negativ konnotierten Figuren aus dem Pentateuch ergibt, dass diese beabsichtigt sind. Betrachtet man also alle diese Abweichungen im Vergleich mit dem Pentateuch oder dem sogenannten Deuteronomistischen Geschichtswerk, dann wird klar: Man soll hier nicht konjizieren und an die anderen Geschichtsbücher anpassen – „der Chronist" schildert bewusst eine andere, alternative Sichtweise. Die Chronik führt mehrere Linien aus dem Enneateuch (und den Psalmen) zusammen, greift aber darüber hinaus korrigierend ein und erzählt die Geschichte aus ihrer Perspektive neu. Es ist Thomas Willi zuzustimmen, dass sich die Chronik nicht ohne die Samuel- und Königs-Bücher verstehen lässt; „ja mehr noch: sie will gar nicht ohne sie verstanden sein."[140] Doch ist dem Fazit von Willi noch hinzuzufügen, dass die Chronik nicht nur auslegen und die Vorlage erhellen[141], sondern durchaus auch an gegebener Stelle die Vorlage modifizieren und gerade dabei Charaktere verändern will. Die Analyse von

---

140 WILLI, Auslegung, 66.

141 So WILLI, Auslegung, 66: „Ihre Art der Geschichtsschreibung, Auslegung im besten Sinne des Wortes, hat das Ziel, zum Verständnis der Quelle anzuleiten, die Primärvorlage auf einen bestimmten historisch-theologischen, d. h. heilsgeschichtlichen Gegenstand hin durchsichtig zu machen, zu erhellen, den Text der Vorlage auf dieses Thema hin zu konzentrieren und Zusammenhänge aufzudecken."

IChr 6 kann nur als Beispiel gelten, dass hier Stellen aus dem Pentateuch und den Geschichtsbüchern aufgegriffen, mit anderen Stellen kombiniert und dadurch verändert werden. Im Leviten-Stammbaum von IChr 6 fließen die Genealogien aus Ex 6 und Num 3 ein, die Erzählung vom Aufstand „Korachs und seiner Schar" aus Num 16, die Erzählung von dem Frevel der Aaron-Söhne, die legislativen Texte des Numeribuches hinsichtlich der Stellung von Aaroniden und Leviten, die Genealogie und die Erzählung von Samuel und seinen Söhnen (ISam 8) und die Erwähnung der Sänger aus den Psalmüberschriften. Alles zusammen ergibt ein neues Bild der einzelnen Personen und Gruppierungen.

Hinsichtlich aller genannten Figuren – Mose, Aaron, Korach (und mit diesen der Stamm Levi allgemein), Serach (und mit ihm der Stamm Juda allgemein), Zadok, Kaleb, Samuel, David, Hiskia und Josia – will „der Chronist" manches ergänzen und korrigieren, somit eine Alternative bieten und manches allerdings auch als bekannt voraussetzen. Letzteres zeigt beispielsweise die Redewendung in IIChr 36,8: „Was aber mehr von Jojakim zu sagen ist, und seine Gräueltaten, die er tat, und was ihm sonst widerfuhr, siehe, das steht geschrieben im Buch der Könige von Israel und Juda."

Mit Blick auf Korach und seine Nachkommen in der gesamten Chronik ist nach der obigen Analyse festzuhalten, dass die Chronik an einigen Stellen betonen will, welch wichtige Rolle die Korachiter in der Geschichte Israels gespielt haben und noch in der Zeit des Zweiten Tempels spielen. In IChr 6 gehen aus dem Korach-Stammbaum sowohl der Sänger Heman als auch der Prophet Samuel hervor. In IChr 9,33 wird durch eine redaktionelle Ergänzung herausgestellt, dass die Korachiter Torhüter *und* Sänger aus dem Stamm Levi gewesen seien. In den Büchern Esra und Nehemia hingegen werden die Torhüter und Sänger nicht zu dem Stamm Levi gerechnet. IChr 12,7 erwähnt die Korachiter außerhalb ihrer sonstigen Funktionen als Helden im Kampf an der Seite Davids. Auch dieser Vers könnte als redaktionelle Glosse angesehen werden, da sich die Nennung der Korachiter mitten in einer Auflistung von Benjaminiten findet. So ist es möglich zu vermuten, dass in diese Liste die Korachiter nachträglich platziert wurden, um ihnen ein hohes Ansehen zu verleihen. In IChr 26,1 erhalten die Korachiter ebenfalls eine hohe Stellung, weil unter ihnen nun auch die Sängerfamilie des Asaf subsumiert wird. Abschließend werden die Korachiter und die Kehatiter in IIChr 20,19 als diejenigen benannt, die JHWH besingen; es sind nicht mehr die einzelnen Sängerfamilien des Asaf, Heman oder Etan/Jeduthun.

Hat ein Leser der Chronik nun die Erzählung von Num 16 vor Augen, wird das Anliegen „des Chronisten" noch deutlicher: Die Korachiter sind keine Nachkommen eines Frevlers und Rebellen, sondern sie waren Helden im Kampf an der Seite

Davids und bekleiden nun wichtige Ämter am Tempel. Zudem waren Korach und Aaron keine Gegner – sie waren verschwägert.

Diese andere, alternative Sichtweise kann durchaus als „Paradox" zu anderen Bibel-Stellen erscheinen, auch innerhalb der Chronik selbst. Dass der Chronik an sich ein gewisses Paradox innewohnt, stellt Ingeborg Gabriel heraus,[142] und das ist meiner Ansicht nach auch gerade in Bezug auf Korach deutlich zu erkennen. Dieses Paradox nimmt „der Chronist" in Kauf. In ihrer Dissertation über Krieg und Frieden in der Chronik arbeitet Gabriel zudem heraus, dass die Chronik als *relecture* zu verstehen sei. Die Chronik möchte einen als autoritativ verstandenen Text erklären und gleichzeitig diesen offenhalten. So wohne der Chronik wie dem Midrasch ein gewisses Paradox inne. Darüber hinaus stellt Gabriel fest, „daß die Chr eine eigenständige Geschichtsinterpretation gibt, die einen hohen Grad von Systematisierung und formaler Geschlossenheit aufweist. Die Auslegungsmethoden, derer sie sich dazu bedient, stellen eine Vorform jener Techniken dar, die später in verfeinerter Form von der rabbinischen Exegese verwenden [sic!] werden. Von der innerbiblischen Exegese der Chr scheint demnach eine direkte Linie zur späteren Midraschexegese zu führen. [...] Das Umschreiben der Heilsgeschichte, die als ein dynamisches Beziehungsgeschehen zwischen Jahwe und seinem Volk verstanden wird, dient demnach ihrer Aktualisierung. Die religiöse Krise, die für Israel aufgrund seiner politischen Unterlegenheit entstanden war, sollte durch ein neues, zeitgemäßes Verständnis der Heilsgeschichte überwunden werden. Dazu werden bestimmte Perikopen, die zum Träger gegenwärtiger Hoffnungen werden können, aus der dtr Geschichte übernommen, andere jedoch gestrichen. Gewisse theologische Linien werden verstärkt herausgearbeitet, andere verlieren sich. Für wesentlich erachtete ethische Werte werden propagiert, andere übergangen."[143]

Diesem Statement ist für den hier untersuchten Bereich zuzustimmen; denn zur Zeit „des Chronisten" existierten wahrscheinlich Korachiter – nach den Erzählungen von Num 16f darf es sie aber nicht geben. Ihre Nachkommen wurden komplett ausgelöscht. An dieser Stelle erklärt „der Chronist" somit vermutlich auch seine vorfindliche Wirklichkeit und aktualisiert die biblische Sicht. Diese Fakten lassen sich auch in Bezug auf verschiedene Personen beziehungsweise Figuren zeigen: Manches wird aus der „Geschichte" übernommen, manches gestrichen, manches wird verstärkt herausgearbeitet, manche Linien verlieren sich. Und vor allem: „Für wesentlich erachtete ethische Werte werden propagiert, andere übergangen."[144] Dies ist „dem Chronisten" besonders wichtig: Frevler gegen Gott sind nicht Teil der Stämme Levi und Juda!

---

142 Zu dieser Ansicht vgl. GABRIEL, Friede, 12 (in Anlehnung an I. L. Seeligmann, Voraussetzungen der Midraschexegese, VT.S 1 [1978], 181).

143 GABRIEL, Friede, 10f.

144 GABRIEL, Friede, 11.

Um das zu unterstreichen, wird an den herausgehobenen Stellen ein ehrwürdiger Stammbaum präsentiert: Juda in IChr 2 und Levi in IChr 6,1–15.33–38. Dass diese Stammbäume für uns heutige Leser einige Widersprüche zu den Kapiteln davor oder danach oder zum Pentateuch beziehungsweise zum sogenannten deuteronomistischen Geschichtswerk bieten, war für Leser der damaligen Zeit kein Problem.[145] Der Chronik wohnt wie dem Midrasch ein gewisses Paradox inne – so drückt es Gabriel aus. Es waren eben verschiedene Sichtweisen, andere Schwerpunktsetzungen. Wenn in vorliegender Studie zu Korach die Ansicht vertreten wird, dass die Chronik eine Alternative sei, dann ist dies nicht weit entfernt von der These, dass die Chronik eine *relecture* sei, wie dies Gabriel vertritt. Anschlussfähig ist hierbei die Tatsache, dass nach Gabriel die Chronik einen autoritativen Text zu erklären versucht und diesen offenhält und zu diesem Zweck auch Paradoxa in Kauf nimmt wie ein Midrasch. In diesem Sinne stelle nach Gabriel die Chronik eine Vorstufe der Midraschexegese dar. Dass „der Chronist" Paradoxa oder Disharmonien in Kauf nimmt, um seine theologische Sicht zu vertreten, wird anhand der Figur des Korach und seiner Nachkommen besonders deutlich, wie dies unten dargestellt wird. Doch der Ansatz von Gabriel geht meines Erachtens nicht weit genug: Die Chronik möchte nicht zwingend einen Vorlagentext erklären sondern manchmal eher schlicht ihre Sicht der Dinge darlegen.

Von daher greift auch die These, die Chronik als Auslegung zu betrachten, zu kurz, obwohl sich auch gerade zu dem Ansatz von Thomas Willi Übereinstimmungen zeigen. Anfang der 70er Jahre des 20. Jh.s setzt Thomas Willi – wie auch zuvor Heinrich Ewald – die Abfassungszeit in der spätnachexilischen Zeit, in der ausgehenden persischen und beginnenden griechischen Periode, an.[146] Als Hauptintention der Chronik bestimmt Willi die „Chronik als Auslegung", vor allem soll das sogenannte deuteronomistische Geschichtswerk ausgelegt werden. Methodisch versucht er dabei, die „Form der Chronik in ihrer Wechselbeziehung zu den erhaltenen Vorstufen, den hier als ‚Vorlage' bezeichneten Büchern (Genesis–) Samuel–Könige"[147] zu klären. Dazu teilt er die Vorgehensweise des Chronisten in neun Kategorien ein: 1. Der Text stimmt mit Sam–Kön überein. 2. Der Text stimmt überein, erlitt aber einige Beschädigungen. 3. Es gibt orthographische und grammatische Abänderungen. 4. Es gibt kleinere Auslassungen und Kürzungen (die Weglassungen betreffen Textteile der Vorlage, die dem Chronisten überflüssig zu

---

145 Um diese Behauptung kurz zu untermauern, sei darauf hingewiesen, dass auch in der Genesis zwei unterschiedliche Erklärungen gleichberechtigt nebeneinander existieren für die Tatsache, wie die Stadt Bethel zu ihrem Namen gekommen ist. Vergleichbar bieten die Samuelbücher drei verschiedene Gründe an, warum David an den Königshof kam.

146 WILLI, Auslegung, 10 u. ö.

147 WILLI, Auslegung, 188.

sein schienen). 5. Es gibt verdeutlichende Zusätze und Änderungen (die Änderungen dienen zur Verdeutlichung der Vorlage). 6. Es gibt Adaptationen (Unbekanntes wird weggelassen oder durch Bekanntes ersetzt). 7. Es finden sich theologische Modifikationen (im Sinne einer Eintragung eigener Konzeptionen in das überlieferte Geschichtsbild). 8. Die Chronik enthält Rezensionen (Vereinheitlichung der Texte nach anderen Stellen). Und 9. gibt es Typologien.[148]

Eine Stärke des Ansatzes von Willi ist die detaillierte Herausarbeitung der verschiedenen Modifikationen, mit der die Chronik arbeitet. In seiner Liste wäre jedoch meines Erachtens die Kategorie der „anthropologischen Modifikation" zu ergänzen. Denn nicht nur Korach wird anders als im Pentateuch dargestellt, auch Samuel und Aaron erhalten in IChr 6 ein anderes Bild, wenn ihre frevelnden Söhne „übergangen werden"; ebenso erhält Serach vier andere Söhne statt seines in Misskredit geratenen Sohnes Achan. Auch eine weitere These von Willi möchte ich mit Blick auf das Verhältnis Chronik – Geschichtsbücher korrigieren: Nach Willi hat die Chronik zum Ziel, „zum Verständnis der Quelle anzuleiten, die Primärvorlage auf einen bestimmten historisch-theologischen, d. h. heilsgeschichtlichen Gegenstand hin durchsichtig zu machen, zu erhellen, den Text der Vorlage auf dieses Thema hin zu konzentrieren und Zusammenhänge aufzudecken."[149] Den Untersuchungen mit Blick auf Korach und seinen levitischen Stammbaum zufolge liegt jedoch darüber hinaus die Vermutung nahe, dass die Chronik an manchen Stellen *nicht* ihre Vorlage *erhellen* will, sie will sie korrigieren. Gegebenheiten, die nicht genannt werden, werden nicht immer „vom Chronisten" vorausgesetzt, manche „Gegebenheiten" aus dem levitischen Stammbaum sollen verschwiegen werden. „Der Chronist" will nicht nur auslegen sondern durchaus auch manches korrigieren oder anders erzählen.

Diese Sicht ist anschlussfähig an die Definition von Isaac Kalimi[150], der die Chronik als Historiographie bezeichnet. Er votiert dafür, dass der Autor der Chronikbücher weder „be considered as a midrashist, commentator or theologian".[151] Die Chronik sei vielmehr als Historiographie zu verstehen. Der Chronist sei allerdings nicht ein einfacher Abschreiber oder Plagiarist sondern ein kreativer Künstler, der sein Material von älteren Büchern auswählt, neu organisiert und herausgibt.[152] Da die Chronik keine griechischen Wörter oder hellenistisches Gedankengut verarbeite, dafür aber persische Wörter und Namen vorzuweisen habe, sei die Chronik vor die Eroberung Palästinas durch Alexander den Großen zu datieren.[153] Nach

---

148 Vgl. WILLI, Chronik als Auslegung, 67–163.
149 WILLI, Chronik als Auslegung, 66.
150 KALIMI, Historian.
151 KALIMI, Historian, 39.
152 KALIMI, Historian, 39.
153 KALIMI, Historian, 64f.

Kalimi stamme die ganze Chronik aus der Feder des Chronisten, eventuell mit Ausnahme der letzten beiden Verse.[154] Ein zentrales Anliegen von Kalimi war es, verschiedene Techniken des Chronisten offenzulegen. So erkannte er in der Arbeit des Chronisten unter anderem historiographische Korrekturen, Ergänzungen, Auslassungen, Ersetzung gegebener durch gleichwertige Namen, Harmonisierung, Gestaltung von Personen.[155] Bei seinen Analysen ließ er jedoch die ersten neun Kapitel weitgehend außer Acht.

Auch die hier vorliegende Arbeit betont die chronistischen Techniken von Korrekturen, Ergänzungen und Auslassungen. Auch dass Namen ersetzt werden, ist zentral für die Untersuchung von Korach und dem Levitenstammbaum. Dass hier allerdings Ersetzungen durch gleichwertige Namen stattfinden, ist für den Levi- und Judastammbaum so nicht zu sehen. Auch eine Harmonisierung ist zwar manchmal gewollt, manches Mal aber auch gerade nicht. Beispielsweise lässt sich zeigen, dass „der Chronist" durch Korrekturen sogar bewusst Widersprüche erschaffen und diese nicht korrigiert hat; er harmonisiert nicht, er disharmonisiert an dieser Stelle. Auch hinsichtlich des Kapitels bei Kalimi der „Gestaltung von Personen"[156] (Kap. VIII) wäre ein Blick gerade in die Genealogien ertragreich gewesen. Dass Samuel in der Chronik als Levit erwähnt wird, hatte Kalimi zwar berücksichtigt[157], darüber hinaus ist aber auffällig, dass zum Beispiel Samuels frevelnde Söhne nicht beziehungsweise anders erwähnt werden.

Die Analyse von Korach und den Korachitern hat gezeigt, dass die Chronik meiner Ansicht nach eine eigene, besondere theologische Intention besitzt. Die Verfasser der Chronik, so ließ sich in der „genealogischen Vorhalle" feststellen, reihten hier nicht bloß Namen aneinander, sondern durch ihre Art der Genealogie-Schreibung verfolgten sie eigene, profilierte theologische Intentionen. Das zeigt deutlich: Auch in Form von Genealogien kann man Theologie treiben[158] – Genealogien drücken schließlich Identität aus – vor allem dann, wenn eine gewisse Kenntnis des Pentateuch beziehungsweise des sogenannten Deuteronomistischen Geschichtswerks vorausgesetzt ist. Die „genealogische Vorhalle" der Chronik richtet sich an „Bibel-Kenner", sie will aber nicht Bekanntes voraussetzen oder auslegen, sondern sie will korrigieren, ergänzen oder eine Alternative bieten.

---

154 Vgl Kalimi, Geschichtsschreibung.

155 Im Anhang weist Kalimi jedoch auch auf Ausnahmen wie zum Beispiel Inkonsequenzen bei der inhaltlichen Harmonisierung oder Widersprüche zu anderen Versen durch Textänderung hin (vgl. Kalimi, Geschichtsschreibung, 328ff.).

156 Kapitel VIII in: Kalimi, Geschichtsschreibung.

157 Kalimi, Geschichtsschreibung, 138f.

158 Dies ist natürlich keine neue These, vgl zum Beispiel den Aufsatz von Plum, Genealogy.

Die Chronik als eine Alterative zu bezeichnen, ist nicht weit von den Charakterisierungen der Chronik als „Rewriting the bible" oder Chronik als relecture (mit einem ihr innewohnenden Paradox) entfernt. Sie ist jedoch nicht reine Auslegung, keine klare Form der rewritten bible, kein Abschlussphänomen in erster Intention, sondern meiner Ansicht nach mit Blick auf die Gestaltung der wichtigen Personen eine Alternative. Denn bei all den genannten Vorschlägen kommt zu kurz, die Chronik als eigenständiges Werk wahrzunehmen. Sie ist natürlich nur verständlich vor dem Hintergrund der anderen Geschichtsbücher, aber sie will ihre eigene Geschichte erzählen. Von daher würde ich in dieser Hinsicht unterstreichen, dass die Chronik weiterhin ein Aschenputtel-Dasein in der alttestamentlichen Forschung führt, wie dies Louis Jonker benennt.[159] Und das verlässt sie auch erst, wenn man sie nicht mehr an die anderen Geschichtsbücher anpassen will, sondern sie selbst zu Wort kommen lässt. Deshalb sind Konjekturen nach der Vorlage des Pentateuch oder des sogenannten Deuteronomistischen Geschichtswerk mit Vorsicht zu genießen. In diesem Sinne hält auch James T. Sparks fest, dass die eigene Aussage der Chronik dadurch verschwimme, dass sie oft mit anderen Büchern der Hebräischen Bibel harmonisiert werde.[160]

Diese These von der Chronik als Alternative ist jedoch vor allem vor dem Hintergrund der Genealogien und Person-Darstellungen getroffen. Damit ist nicht auszuschließen, dass man der Chronik noch (einige) andere Zweckbestimmungen zuweisen kann.

---

159 Vgl. dazu die Formulierung Jonkers, in der Einleitung zitiert.
160 Vgl. SPARKS, Genealogies, 1: „The unfortunate consequence is that the reader fails to appreciate the Chronicler's own message."

4. Gesamtschau – Korach zwischen Numeri, den Psalmen und der Chronik und die Frage nach dem „Wozu?"

Nun: Gibt es einen Zusammenhang zwischen den Korach-Nennungen in Numeri, den Psalmen und der Chronik? Kann man demnach eine Gesamtschau zu Korach, dem Leviten, wagen? Lässt sich das „Korach-Problem" lösen? Und: Wozu wird Korach in Num 16f in diesem Maße diffamiert?

Gunther Wanke schreibt dazu in seiner Monographie über die Korachiter, dass ein primärer Zusammenhang zwischen der „Rotte Korach" aus Num 16 und den Korachpsalmen nicht plausibel sei: „Ein solcher hätte bestimmt einen anderen Niederschlag in der Koracherzählung Num 16 gefunden und gewiß den fast naiven Gebrauch der Korachtradition in Num 26 9f. und 27 3 verhindert."[1] Hartmut Gese gelangt dagegen zu der Schlussfolgerung, dass Num 16 nicht in erster Linie als Denunzierung der Korachiter sondern als Erklärung zu lesen sei, warum so viele Korachiter dem Sängeramt zuströmten. Gese geht davon aus, dass die Korachiter zuerst das Amt der Torhüter innehatten, dann das Priesteramt anstrebten und schließlich – als dies nicht funktionierte – ein Teil von ihnen zu wichtigen Sängerfamilien emporstiegen.[2]

Beiden Meinungen möchte ich nach umfänglichen Analysen Folgendes entgegenstellen:

Als Fazit einer die Bibel übergreifenden Korach-Untersuchung lässt sich zunächst festhalten, dass es kein einheitliches Korach-Bild gibt. Das heißt aber nicht, dass diese verschiedenen Korach-Bilder und -Texte nichts miteinander zu tun hätten – ganz im Gegenteil. Sie weisen aufeinander hin, widersprechen einander, harmonisieren oder wollen eine andere Sichtweise repräsentieren. Auch innerhalb der einzelnen Bücher gibt es unterschiedliche Korach-Darstellungen, sodass die Rekonstruktion eines möglichen redaktionellen Netzes mit Blick auf alle Korach-Stellen diffizil ist. Tatsache ist aber, dass Korach Teil eines großen redaktionellen Netzes, eines Verweissystems, innerhalb der Hebräischen Bibel ist. Das brachte vor allem die Korach-Analyse im Numeribuch ans Licht. Es findet über die Figur des Korach eine

---

1 WANKE, Zionstheologie, 28.
2 Vgl. GESE, Kultsänger, 233.

doch größere, nicht zu verachtende innerbiblische Exegese statt, und von daher ist es geboten, zu der jeweils einzelnen Analyse auch die anderen Korach-Nennungen im Blick zu haben: So ergeben die Überschriften über den Pss 49; 84f und 87f (nur) einen Sinn, wenn man durch Num 16f auch die historischen Verhältnisse, in denen die Korachiter lebten, im Blick behält; die Chronik-Stellen lassen sich ebenfalls nur im Vergleich – ohne Harmonisierung! – mit den Numeristellen lesen. Desgleichen muss die große Diffamierungsgeschichte in Num 16f vor dem Hintergrund der Korachpsalmen – und meines Erachtens auch gerade der bedeutenden Zionspsalmen 46 und 48 – gesehen werden. Eine Frage kann man dabei als Exeget nicht ignorieren: Warum werden im Numeribuch die Repräsentanten der Zionstheologie in ein derart schlechtes Licht gerückt?

Zur chronologischen Abfolge der einzelnen Korach-Belege lässt sich Folgendes vermuten:

In nachexilischer Zeit existierte ein berühmtes Sängergeschlecht, die Söhne Korachs. Sie sammelten einige Psalmen und edierten diese. Darunter sind Psalmen, die den heiligen Berg, den Zion, in den höchsten Tönen besingen. Dann jedoch erfolgte ein Bruch: Korach wurde in die Aufstandserzählungen gegen Mose und Aaron in Num 16f hineingeschrieben, und dadurch wurde der Stammvater der Söhne Korachs zum Frevler gegen Mose schlechthin charakterisiert. Dies rief drei Reaktionen auf den Plan: Zum einen sammelten die Söhne Korachs einer folgenden Generation wiederum Psalmen, die jedoch einen anderen Charakter zeigen. Aus ihnen ist nun eine Traurigkeit und Sehnsucht nach dem Zion ablesbar. Es scheint ihnen der Weg zum Zion versperrt. Dies wäre nachvollziehbar, da sie durch die Diffamierung ihres Stammvaters kein am Tempel dienendes, berühmtes Sängergeschlecht mehr gewesen sein konnten. Nach wie vor ist von einem aufständischen Korach im Psalter keine Spur zu entdecken. „Der Chronist" versuchte zum andern, gegen die Sichtweise von Num 16f gegenzusteuern, indem er klarstellte, dass Korach von Num 16f ein anderer Korach sei als der Stammvater der Sänger und Tempeldiener. „Der Chronist" änderte den Vaternamen und stellte dies in den Vordergrund. Damit war zugleich auch das „Korach-Problem" gelöst: Die Nachfahren Korachs, der Sohn Jizhars, wurden mit ihm vom Erdboden verschluckt. Die Tempeldiener und Sänger, die Korachiter, stammten von Korach, dem Sohn Amminadabs, ab und haben einen ehrwürdigen Stammbaum vorzuweisen. Zudem stattete „der Chronist" die Korachiter mit weiteren Ämtern und Ehren aus. Damit präsentiert die Chronik eine alternative Sicht zu Numeri: Die korachitischen Sänger sind hochzuschätzendes Tempelpersonal. Die dritte Reaktion auf die erste Korachbearbeitung in Num 16f ist in Ps 49 zu erkennen. Der Psalmist unterstellte hier Korach den Untergang seiner Nachfahren zu Recht, weil er so reich gewesen sei – eine Sichtweise, die so in der Hebräischen Bibel neu ist.

Damit liegt als Chronologie der Korach-Belege nahe:

1. Entstehung/Sammlung und Edition der Psalmen 42–48
2. Korachbearbeitung(en) von Num 16f
3. Entstehung/Sammlung und Edition der Pss 84f.87f
4. etwa zeitgleich die Korachtradition in der Chronik
5. Zuschreibung von Ps 49 an die Söhne Korachs

Argumentation der Gesamtschau en détail:
Zunächst muss mit Blick auf die Korachpsalmen differenziert werden: Es ist zu vermuten, dass es *eine* Korachpsalmensammlung (Pss 42–48) gegeben hat, in der das ל der Überschrift tatsächlich als Herausgeber-Angabe zu lesen ist: Die Korachiter waren die Sammler und somit „Herausgeber" der Pss 42–48. Diese Psalmen verweisen auf ein real existierendes Sängergeschlecht der Korachiter, zeigen aber keinen literarischen Bezug zu Num 16 – vermutlich, weil sie älter sind als die Erzählung aus dem Numeribuch. Die Pss 42–48 bieten eine Vielfalt in inhaltlicher wie formaler Hinsicht: Es sind freudige Zionslieder, ein Lied über eine königliche Hochzeit, genauso Klagelieder voller Sehnsucht. Man könnte meinen, die Verfasser oder Herausgeber dieses Liederbuches seien populär und weltoffen: Sie besingen in erster Linie ihren theologisch wichtigen Ort, den Zion, die Gottesstadt, dann wenden sie sich dem Königshof zu, und sie kennen auch den persönlichen Schmerz. Das spricht für eine Zeit, in der die Herausgeber der Psalmen Ansehen genossen, ja, „Männer von Welt" waren. Sie vertraten wichtige theologische Ansichten, genauso besangen sie den König und hatten auch den einzelnen Beter im Blick. Eine solche Vielfalt spricht eher für einen Sammler-Hintergrund als für eine nachträgliche Zuschreibung oder eigene Autorenschaft, da die einzelnen Psalmen doch recht verschieden sind. Vor allem fällt dabei der sogenannte Königspsalm Ps 45 ins Auge, bei dem eine einzelne Zuschreibung an die Korachiter jeder thematischen Grundlage entbehrt. Auch sind in den Pss 42–48 ältere wie jüngere Motive zu entdecken, was ebenfalls für eine Sammlung und nicht für eine Autorenschaft spricht. Beispiele dafür sind der Umgang mit der Zionstheologie und die Gott-Beter-Beziehung in den Pss 46 und 48. Mit den Pss 42–48 könnte, neben der Chronik, somit ein Beleg vorliegen, dass die Korachiter ein berühmtes Sängergeschlecht in nachexilischer Zeit waren.

Dass die Psalmen 42–48 gebündelt zu Beginn des zweiten Psalmbuches stehen und die weiteren Korachpsalmen im dritten Psalmbuch platziert sind, unterstreicht die These, dass es nicht von vorneherein *eine* große Korachpsalmensammlung gegeben hat. Die Pss 84f.87f zeigen zwar eine ähnliche Motivik und Sprache wie die Korachpsalmensammlung in Pss 42–48, doch haben sie nicht dieselbe Gattungsvielfalt und setzen auch teils andere theologische Schwerpunkte. Es sind hauptsächlich Klagelieder, die eine Sehnsucht nach dem Zion ausdrücken ohne die Möglichkeit, dorthin zu gelangen. Diese Lieder zeigen keine solche Offenheit mehr – und das ist ganz menschlich: In den Höhen des Lebens, in den Blütezeiten, zeigt sich der Mensch weltoffen, er ist interessiert an Vielem, dem Glauben, der Weltpolitik und an Privatem. In den dunklen Zeiten zieht der Mensch sich in der Regel aus dieser Weltoffenheit zurück, er kreist um sein eigenes Leid, wird wesentlich verschlossener. Es spiegelt sich hier so gelesen der Zwiespalt wider, in dem sich die Nachfahren des Korach nach der Schmach des Stammvaters im Anschluss an Num 16f befanden: Sie wollten Gott und den Zion loben, aber sie empfanden tiefe Not, Bedrängnis durch ihre Widersacher, und auch ihre Verwandten und Freunde hatten sich von ihnen abgewandt. Sie waren auch die Herausgeber dieser Psalmen. Sie sammelten diese Psalmen, weil sie ihnen aus der Seele sprachen. Nur war es nicht mehr die Generation von Korachitern, die die Blütezeit am Tempel erlebte. Es waren diejenigen, die bereits durch Num 16f eine öffentliche und breit angelegte Diffamierung erfahren hatten. Und diese hatte Wirkung gezeigt. Die Korachiter beleuchteten hier ihre eigene Situation und boten sie als Identifikationspunkt dem Leser an. Meines Erachtens liegt bei den Pss 84f.87f keine Nachahmung der Korachpsalmensammlung 42–48 vor. Es gab auch keine einheitliche Sammlung, die aufgesprengt wurde. In den Pss 84f.87f kommen wie auch in der Korachpsalmensammlung Korachiter als Herausgeber zu Wort, aber die Korachiter einer späteren Zeit. Dies liegt auch deshalb nahe, da man sich hier in zwei verschiedenen Psalmbüchern bewegt.

So ist im Psalter eine ganz andere Sicht als in Num 16f präsent, in der die Korach-Nachkommen als gottesfürchtig und voller Sehnsucht, nicht aber als Frevler dargestellt werden. Das ist auch nur verständlich, da vermutlich die levitischen Sänger mehrheitlich die Trägergruppe des Psalters darstellen. Susan Gillingham ist somit Recht zu geben, die schreibt:

> "I would argue that the *compilation and editing* of the Psalter occurred within the Temple community, being the result of the work of Levitical singers [...]. I am persuaded that the Levites acted as a sort of 'conduit' – they assimilated psalms from many diverse origins, edited some of them, and imposed upon the entire collection their own theology and ideology. [...] I would go so far to say that through the editing of the Psalter I find an alternative voice – one akin to the Chronicler – which believed that orthodoxy and orthopraxy could best be achieved through advocating Jerusalem and its liturgy as the place of unifying diverse theological traditions, past and present."[3]

Führt man dieses Statement mit der obigen Analyse zu einer Synthese zusammen, würde dies bedeuten, dass die levitischen Sängergruppen – eventuell die Korachiter

---

3 GILLINGHAM, Levitical Singers, 121f.

selbst – die Mehrheit des Psalters kompiliert und ediert hätten und dabei auch die Überschriften setzten. Das würde erklären, dass sie damit natürlich kein negatives Korach-Bild in Szene setzten, sondern dass sie im Zuge der anscheinend verlorenen Rangstreitigkeiten eher das Leid und die Sehnsucht der Korachiter ebenso wie ihre Gottesfurcht untermauerten. Damit ist Gillingham recht zu geben, dass hier eine „alternative Stimme" zu Wort kommt, ähnlich die der Chronik, die ein anderes Bild der Korachiter vermittelt als dies in Numeri zu greifen ist. Dass Psalmen Erzählungen aus den Geschichtsbüchern erhellen wollen, ist eine durchaus öfter festzustellende Praxis. Ein Beispiel dafür sind die erläuternden Überschriften über den Davidspsalmen, wobei durch diese Psalmen die Davidsgeschichte interpretiert werden soll. Im vorliegenden Fall würden die Korachpsalmen 84f.87f die Nachgeschichte von Num 16 illustrieren und in gewissen Zügen auch modifizieren; denn durch die Aufnahme weiterer Korachpsalmen in den entstehenden Psalter wird deutlich, dass man sich nicht der stattfindenden Diffamierung der Korachiter anschließt. Im Gegenteil kann man eher die Zerrissenheit der Sänger in den Pss 84f.87f entdecken, die hier nicht desavouiert werden, sondern vielmehr wird Mitleid mit den Korachitern erregt. Wenn man der These von Gillingham zustimmen möchte, dass der Psalter von levitischen Sängergruppen geschaffen wurde, dann ist diese Absicht auch nicht verwunderlich. Die späte Einfügung von Ps 49 und die Zuschreibung an die „Söhne Korachs" wäre dann auf eine andere, spätere Redaktorengruppe zurückzuführen.

Die Korachpsalmen werden also nach dem 4./3. Jh. v. Chr. trotz der Schmach des Stammvaters tradiert, obwohl Korach in manchen Kreisen schon als Frevler galt – der Bekanntheitsgrad von Num 16f ist in der Wirkungsgeschichte schließlich breit belegt[4], sodass daraus durchaus Rückschlüsse auf die Zeit im 3. Jh. gezogen werden können. Die Präsenz der negativen Korach-Wirkungsgeschichte wird darüber hinaus durch die Hinzufügung von Ps 49 an die Korachpsalmensammlung Pss 42–48 verdeutlicht. Vokabular und Theologie von Ps 49 weisen auf eine Entstehungszeit frühestens im späten 3. Jh. hin. In Ps 49 ist im Gegensatz zu allen anderen Psalmen eine negative, polemisierende Sicht gegen die „Söhne Korachs" greifbar. Das ist ein Zeichen dafür, dass hier keine eigene Herausgeberschaft der Korachiter vorliegt, da sie mit reichen und arroganten Menschen identifiziert wurden. Eventuell ist diese Zuschreibung der von Matthias Brütsch herausgearbeiteten Vorliebe für Pseudepigraphie im 2. Jh. v. Chr.[5] geschuldet. Diese Zuschreibung erfolgte, als die Korachiter keine hohe Stellung mehr innehatten, vielleicht existierten sie schon gar nicht mehr als Tempelpersonal.

---

4 Zur Wirkungsgeschichte von Korach und den Korachitern siehe das folgende Kapitel.
5 Brütsch, Israels Psalmen, 220.

Warum aber schreibt man Ps 49 einem Nachkommen eines Frevlers gegen Mose zu?

Hier ist die Überschrift in Ps 49,1 לבני קרח מזמור als Aussage „mit Blick auf die Korachiter ein Psalm" zu lesen. Kennt ein Psalmenredaktor die Korach-Erzählung von Num 16 und die Notizen in Num 26, dann lässt sich dieser Psalm leicht als Erhellung dieser Erzählung verstehen: Die Söhne Korachs ringen mit dem Tod, für den ihr Vater verantwortlich ist. Sie hoffen darauf, dass Gott sie aus dem Tod errettet, aber ihr ganzer Reichtum und ihre Ehre werden sie vor dem Tod nicht beschützen. Sie werden trotzdem untergehen. Interessant ist natürlich, dass es hier darum geht, dass ein reicher Mann von hohem Ansehen stirbt – dies ist genau das Bild, das Josephus (ähnlich auch der Hiobtargum) von Korach zeichnet. Dass Korach reich gewesen sein soll, ist weder in Numeri noch in der Chronik zu lesen. Entweder hatte sich im späten 3. Jh. bereits eine Tradition gebildet, die Korach und seine Nachkommen als reich und berühmt angesehen hat, und der Psalm wurde deshalb den „Söhnen Korachs" zugeschrieben, oder Josephus (wie auch der Hiobtargum) kombiniert die Korach-Stellen der Hebräischen Bibel miteinander und erhält so, über Ps 49, die Aussage, dass Korach reich und berühmt gewesen sei.

Dass einige Psalmen Stellen aus den Geschichtsbüchern erhellen wollen, ist kein Einzelfall im Psalter. Gerhard Bodendorfer stellt heraus, dass, vor allem in rabbinischer Hermeneutik, aufgrund von Psalmen eine Konkretisierung und Erläuterung anderer biblischer Texte ermöglicht wird und diese in einen bestimmten Kontext gestellt werden.[6] So wurden in der Antike Psalmen zur Interpretation von anderen historischen Kontexten herangezogen.

Im Psalter ist also ein klarer gesellschaftlicher Wandel der Korachiter greifbar: Vom starken, selbstbewussten Sängergeschlecht hin zu traurigen, gesellschaftlich isolierten Korachitern. In allen Korachpsalmen legt es sich also nahe, das ל der Überschriften als Identifikationspunkt zu verstehen: Diese Psalmen sollen mit Blick auf die Korachiter (Ps 49) beziehungsweise aus dem Blickwinkel der Korachiter gelesen und gebetet werden. Und Ps 49 wird zum Repräsentant der Wirkungsgeschichte der Korachiter: Ab dem 2. Jh. v. Chr. wird Korach wohl fast ausschließlich als Frevler, nicht als Vorfahr des berühmten Sängergeschlechtes wahrgenommen.[7] Diese Differenzierung innerhalb der Korachpsalmen kann somit die oben dargestellten Forschungsmeinungen modifizieren: Es gibt, mit Wanke gesprochen, zwischen den Pss 42–48 und Num 16 keinen primären Zusammenhang – zumindest insofern,

---

6 BODENDORFER, Historisierung, 230.

7 Dies zeigt auch die Septuaginta-Version von Ex 38,22, wo – anachronistisch – auf Korachs Frevel hingewiesen wird. Zur Analyse siehe das Schlusskapitel 5.1 „Korach und seine Schar" in der Literatur der hellenistisch-römischen Zeit.

Gesamtschau – Korach zwischen Numeri, den Psalmen und der Chronik und die Frage nach dem „Wozu?"

als die Pss 42–48 keinen Rückgriff auf die Korach-Erzählung in Num 16f erkennen lassen. Sie sind vorher zusammengestellt worden. Dem Redaktor der Überschriften über den Pss 49; 84f; 87f ist jedoch eine Kenntnis von Num 16 zu unterstellen.

Natürlich bleibt die Vermutung, warum die Überschriften zu welcher Zeit über die Psalmen gesetzt wurden, in gewissem Maße hypothetisch, ebenso, inwiefern die Korachiter eventuell selbst auch Psalmen geschrieben und nicht bloß gesammelt haben. Wie dem auch sei, es sollte bei einer Psalmen- wie Psalterexegese meiner Ansicht nach auch nach der Intention der Überschrift gefragt werden. Die Überschriften dienen nicht nur dazu, Psalmen in Gruppen zusammenzufassen, um sie dann gemeinsam zu analysieren – in diesem Fall hätte man keine Namen als Identifikationspunkte über die Psalmen setzen müssen. Vielmehr gewinnen die Psalmen – gerade durch eine nachträglich platzierte Überschrift – eine „zusätzliche Bedeutungsdimension"[8], die in der Forschung bisher kaum berücksichtigt wird. Überschriften sind Redaktionsschichten, die zu einem bestimmten Zweck über den Psalm gesetzt wurden und die den Psalm auch in seiner Intention verändern – genauso, wie redaktionelle Überarbeitungen im Pentateuch zu deuten sind.

Eine wesentliche Frage ist immer noch offen: Was könnte einen Redaktor des Numeribuches dazu veranlasst haben, den „Stammvater" der Herausgeber der Zionspsalmen Pss 46 und 48 in ein solch schlechtes Licht zu rücken? Warum wird Korach in diesem Maße diffamiert? Welche Verhältnisse spiegeln sich darin wider, welche Interessen?

Zunächst lässt sich für die Zeit aller untersuchten Texte rückschließen, dass man sich mit den Korach-Belegen ausschließlich in der nachexilischen Zeit bewegt. Es ist die Anfangszeit des Zweiten Tempels, und sie stellt eine wichtige Formierungsphase in mehrerlei Hinsicht dar. Am Tempel wird anscheinend konkret diskutiert, welches Personal welche Befugnisse hat. Das allein ist schon aus den Leviten-Belegen im Buch Numeri abzulesen. Rangstreitigkeiten sind hier zu erkennen, wie dies in der Forschung auch meist gesehen und vertreten wird. Die Frage ist jedoch, welche

---

8 Juliane Schlegel stellt bei ihrer Untersuchung von Ps 88 richtig fest, dass dieser Psalm im Kontext der Korachitensammlung eine zusätzliche Bedeutungsdimension erhält, die auch durchaus als Verschärfung des Inhalts angesehen werden kann (vgl. SCHLEGEL, Prüfstein, 70). Doch leider bezieht sie nur die Nachbarpsalmen mit in ihre Betrachtung ein und fragt nicht daran anschließend, ob auch schon die Zuschreibung an die Söhne Korachs eine andere Bedeutungsdimension intendiert als dies im Grundpsalm (ohne Überschrift) der Fall ist. Die Analyse von Nissim Amzallag Ps 87 ist hier positiv zu werten. Er arbeitet für Ps 87 den Zusammenhang der Überschrift mit dem Psalmeninhalt heraus. Für seine Interpretation des Psalms ist jedoch noch der Zusammenhang mit Num 16f. zu ergänzen.

Ämter oder Klassen sich hier einen Schlagabtausch lieferten. Nach Reinhard Achenbach stehe die „Korach-Leviten-Bearbeitung im Rahmen eines theokratischen Konzepts, nach welchem die kultische und politische Führung auf die zadokidischen Hohenpriester übergeht.[9] Die Leviten werden also den Zadokiden untergeordnet. Inwiefern hier jedoch konkret die Zadokiden und nicht die Aaroniden im Blick sind, bleibt meiner Ansicht nach ungeklärt. Es ist – natürlich erzählerisch stringent – in Num 16f stets nur von Aaron und seinen Nachkommen die Rede. Aaroniden und Zadokiden müssen jedoch nicht zwangsläufig dieselbe Gruppierung darstellen, nur weil die Chronik Zadok zu einem Nachkommen Aarons bestimmt. Diese chronistische Theologie ist nur mit Vorsicht auf die tatsächlichen historischen Verhältnisse zu übertragen, wie im Anschluss an die Chronik-Analyse zu sehen ist. Zudem ist in der Forschung die Identifizierung der Aaroniden mit den Zadokiden äußerst umstritten. Während Ulrike Dahm beispielsweise die Position vertritt, dass die Zadokiden nachexilisch als Aaroniden ausgewiesen wurden und dass eine Gruppe von Aaroniden historisch nie bestanden habe[10], gab es nach Joachim Schaper ein Nebeneinander von Aaroniden und Zadokiden in nachexilischer Zeit.[11] Darüber hinaus zeigen einige Qumranschriften, dass zur Zeit der essenischen Gemeinde möglicherweise beide Gruppierungen existierten beziehungsweise bekannt waren, da sowohl von den Söhnen Aarons als auch von den Söhnen Zadoks die Rede ist.[12] Deshalb ist es durchaus denkbar, dass beide Gruppierungen je für sich existierten. Wie dem auch sei, es bleibt doch auffällig an Num 16f, dass Korach vor allem mit Mose und eben nicht mit Aaron im Streit liegt. Aarons Rolle bleibt schweigsam im Hintergrund. In der Korach-Leviten-Bearbeitung wird mehr Wert auf den Frevel Korachs/der Leviten gelegt, als dass Aaron und sein Geschlecht als die einzig legitimen Priester dargestellt werden. Letzteres ist wesentlich deutlicher in der Erzählung über die 250 Männer wahrzunehmen als in der Korach-Leviten-Bearbeitung von Num 16f.

---

9 ACHENBACH, Vollendung, 123 (Achenbach setzt bei seiner These die Definition von Theokratie nach Josephus voraus; vgl. ACHENBACH, Vollendung, 130f.). Zu dieser theokratischen Bearbeitungsschicht I gehören neben Num 16–17* ebenso Num 1–2; 3,1–10.14–23.25–29.31.33f. (sek. 3,24.30.32.35*); 4*; 10,11*.13–28.34; 13f.; 18*; 26–27; 32*; 33,50–56; 34–35; 36,13.

10 Vgl. DAHM, Opferkult, 94ff. Nach Dahm fällt die Gestaltung der Figur des Aaron („Levit durch Herkunft, aber Hoherpriester durch Erwählung der zadokidischen Priesterschaft") frühestens in das 4. Jh. (vgl. DAHM, Opferkult, 105). Diese Annahme zu Grunde gelegt, müsste die 250-Männer-Erzählung im 4. Jh. verfasst worden sein. Gerade hinsichtlich von Ps 106, der auf diese Erzählung anspielt, ist diese Datierung nicht unproblematisch.

11 Vgl. SCHAPER, Priester, 173, der zudem von einem Konflikt zwischen Aaroniden und Zadokiden spricht.

12 Vgl. zum Beispiel 1QSa I 22b–27. Nach Dahm sind allerdings hier beide Bezeichnungen austauschbar und somit miteinander identifizierbar (DAHM, Opferkult, 96).

In der Erzählung um Korach und seine Schar geht es nach Achenbach um die Verteilung der Aufgaben am Heiligtum beziehungsweise am Tempel, wenn sich die Episode als Rückprojizierung in die Mose-Zeit versteht. Num 16f stelle somit einen wichtigen Text dar, in welchem versucht würde, den vorhandenen Kompetenzverlust der Leviten zu erklären. Dementsprechend hält Achenbach fest:

> „In der Endgestalt des Textes geht es um die Position des Priestertums und des Levitentums zueinander, d. h. historisch um die Frage der Entwicklung von der sog. Levitisierung des Priestertums und seiner neuerlichen Ausdifferenzierung in eine herrschende hohepriesterliche Familie und einen levitischen Clerus minor.“[13]

Der Tempel an sich und der dortige Kult stehen nach Achenbach nicht zur Diskussion sondern die Frage, wer dort zu welchem Dienst befähigt ist.

Diese Diskussion um die Position des Priester- und Levitentums möchte ich als Bedeutungsebene 1 bezeichnen, als Textoberfläche. Die Aussagen hierzu sind eindeutig im Text ausgesprochen: Korach und mit ihm den Leviten wird von Mose Amtsanmaßung und Überheblichkeit vorgeworfen.

Nun ist für den Leser allerdings klar, dass Korach nicht einfach irgendein Levit ist, der sich hier auflehnt. Man darf nicht unterschätzen, welche Tragweite die Nennung Korachs bietet. Allein durch die Figur des Korach ergeben sich Relationen zu den anderen Korach-Texten der Hebräischen Bibel, weshalb es meines Erachtens unmöglich ist, Num 16f für sich allein zu analysieren. Eine Interpretation von Num 16f muss im Kontext der anderen Bücher und Erzählungen erfolgen, in denen Korach eine Rolle spielt; denn sobald der Leser mehrere Korach-Texte kennt, konstituiert sich hier eine Intertextualität[14]: Der Leser von Num 16f hat bei der tragenden Figur des Korach sein ganzes Wissen um Korach und seine Nachkommen mit im Bewusstsein. Somit ist ihm klar: Hier lehnt sich nicht nur Korach, der Levit, gegen Mose und Aaron auf, sondern Korach, der Stammvater der Korachiter, der Tempelsänger, der Torwächter, der Stammvater der Hüter über die heiligen Geräte, der Helden an der Seite Davids. Ungewöhnlich ist doch, dass ausgerechnet dieser Held seine aufrührerische Rede gegen Mose schwingt! So muss sich meines Erachtens der Leser fragen, ob sich in dieser Erzählung um den Aufstand Korachs nicht noch eine 2. Bedeutungsebene findet, ein symbolisches Verständnis der Protagonisten, das dem Wissen um beide Personen (Mose und

---

13 ACHENBACH, Vollendung, 35.
14 Nach HOLTHUIS, Intertextualität, 31: „Mit anderen Worten konstituiert sich Intertextualtät als Relation zwischen Texten erst im Kontinuum der Rezeption und nicht, wie von ausschließlich textimmanent verfahrenden Konzeptionen angenommen, im und durch den Text selbst.“

Korach) Rechnung trägt. Meiner Ansicht nach ist es möglich, in Num 16f nicht nur einen zwischenmenschlichen Streit um priesterliche Kompetenzen abzulesen, der durch einen Gottesentscheid beendet wird. Es ist durchaus möglich, hier einen der literarischen Diskussionspunkte zwischen Tora- und Tempeltheologie zu sehen. Dazu muss man beide Protagonisten als symbolhafte Figuren begreifen:

Dass Mose als Symbolfigur verstanden werden kann, ist augenfällig: „Die bereits inneralttestamentlich einsetzende Entwicklung Moses zur symbolträchtigen literarischen Gestalt hat die gesamte Rezeptionsgeschichte bis in die Gegenwart hinein geprägt."[15] Mose wird in erster Linie im Zusammenhang mit der Tora gesehen. Er war es, der von Gott selbst die Tora entgegen genommen hat. Er ist der Mittler der Tora. Er steht für die Tora ein. Nicht umsonst trägt die Tora häufig die Bezeichnung תּוֹרַת מֹשֶׁה „Tora des Mose"[16]. Im Neuen Testament steht Mose schließlich explizit wie implizit für die Tora und die jüdische Tradition im allgemeinen.[17] Ein Aufstand gegen Mose kommt demnach einem Auflehnen gegen Gottes Gebote gleich.

Ich plädiere dafür, auch Korach auf einer 2. Bedeutungsebene eine solch symbolhafte Rolle zuzugestehen: Korach, der Levit, der Stammvater der Korachiter, der berühmten Tempelsänger und -diener mit den vielfältigen Aufgaben, repräsentiert den Tempel. Kein anderer Levit würde sich meines Erachtens besser eignen, den Tempel symbolhaft zu verkörpern, als Korach.

Liest man nun Num 16f auf dieser 2. Bedeutungsebene und versteht Mose und Korach als Synonyme für Tora und Tempel, so erhält man folgendes Bild:

Korach, der die Tempel- und Kulttheologie repräsentiert, fordert, dass alle heilig sind. So versteht Korach die Worte JHWHs, die direkt vorher zu hören/lesen waren. Am Schluss von Kapitel 15 heißt es:

> *Deshalb sollt ihr an alle meine Gebote denken und sie tun, dass ihr heilig seid eurem Gott. Ich bin JHWH, euer Gott, der euch aus Ägyptenland geführt hat, damit ich für euch euer Gott sei, ich, JHWH, euer Gott.*

Korach beginnt demnach seinen Aufstand gegen Mose mit den Worten: „Genug für Euch (beide)! Wir alle sind heilig!" Somit ist auch der Tempel, den Korach repräsentiert, heilig und wichtig. Damit provoziert Korach Mose, der die Tora repräsentiert; denn dieser versteht die JHWH-Rede anders: Alle, die die Tora befolgen, sind heilig. Um heilig zu werden, braucht man keinen Tempel. Was nun

---

15 GERTZ, Mose.

16 So in Jos 8,31f.; 23,6; 2Reg 14,6; 23,25; Mal 3,22; Dan 9,11.13; Esr 3,2; 7,6; Neh 8,1; 2Chr 23,18 und 30,16.

17 Vgl. GERTZ, Mose.

im Anschluss an die JHWH-Rede in Kapitel 15 folgt, gleicht einer rabbinischen Diskussion um die richtige Auslegung. Mose hält dazu dezidiert fest, dass der Weg zu Gott nur über seinen, Gottes, Willen führt, der sich in der Tora offenbart. Das sei wahre Religionsausübung. Dies würde Gott auch in einem Gottesentscheid bestätigen und veranschaulichen. So gelesen verdeutlicht Num 16f, dass die Tora in der Person des Mose höher steht als der Kult am Tempel, dargestellt durch den Stammvater der Korachiter.

Was spricht für eine Wahrnehmung einer solchen 2. Bedeutungsebene in Num 16f?

Zunächst spricht meines Erachtens für eine solche 2. Bedeutungsebene, dass es sich bei „Tempel" und „Tora" um die zentralen Begriffe der Theologie und Frömmigkeit der nachexilischen Zeit handelt. Innerbiblisch ist auf der einen Seite die Diskussion um den Tempel zu greifen, inwiefern ein Wiederaufbau für die Frömmigkeit, für Gott überhaupt notwendig ist. Zwei der entscheidenden Stellen dazu lassen sich in Jes 66 und beim Propheten Haggai greifen. Dieses Ringen um den Stellenwert des Zweiten Tempels ist auch bei Ben Sira und einigen frühchristlichen Autoren schließlich zu lesen.[18] Auf der anderen Seite weisen zum Beispiel die Pss 1 und 119 auf eine Ausbildung einer Torafrömmigkeit hin. Nach Rainer Albertz entstand die Torafrömmigkeit nach und nach in der Zeit nach dem Exil als Teil der persönlichen Frömmigkeit. Die Trägergruppe hierzu ist in den Gelehrten zu sehen, die den Frommen aller Schichten ein einendes Band zueignen wollten. Darüber hinaus wollten sie ein klares theologisches Kriterium allen Diskussionen zugrunde legen.[19] Wolfgang Oswald bezeichnet die Begriffe „Tora und Tempel" schließlich

---

18 Eine Transformation des Tempelbegriffs ist schließlich auch in Qumran und im Neuen Testament zu finden. Die Gemeinde selbst wird sowohl in qumranischen Schriften als auch im Neuen Testament metaphorisch als Tempel verstanden. An mehreren Stellen wird im Neuen Testament das Bild des Tempels auf die Menschen übertragen. So werden beispielsweise in Gal 2,9 Jakobus, Kephas und Johannes als Säulen bezeichnet werden (Ἰάκωβος καὶ Κηφᾶς καὶ Ἰωάννης, οἱ δοκοῦντες στῦλοι εἶναι). Bei dieser Verwendung steht das Tempelbild zur Interpretation im Hintergrund. Deutlich wird die Gemeinde als Tempel verstanden in 2Kor 6,16:

ἡμεῖς γὰρ ναὸς θεοῦ ἐσμεν ζῶντος
Wir aber sind der Tempel des lebendigen Gottes

Die These von Georg Klinzing, dass dieser neutestamentliche Gebrauch zwingend von Qumran herkomme (KLINZING, Umdeutung, 210: „Wenn die christliche Gemeinde von sich selbst als dem Tempel spricht, kann kein Zweifel darüber bestehen, daß diese Vorstellung aus der Qumrangemeinde stammt."), ist allerdings mit Vorsicht zu genießen; denn die Tempeltheologie scheint auch in den Schriften der Hebräischen Bibel in Ansätzen modifiziert worden zu sein.

19 Vgl. ALBERTZ, Religionsgeschichte, 630.

als „zwei Brennpunkte einer Ellipse" des Frühjudentums in hellenistischer Zeit.[20] Zum Verhältnis beider theologischen Strömungen hielt Thomas Willi über die Zeit des Zweiten Tempels fest, dass sich die nationale Identität der Israeliten zwar nicht ohne, aber auch nicht ausschließlich durch den Kult definiere, sondern letztlich in der auf die Tora bezogenen Lebenshaltung ihren gültigen Ausdruck gefunden habe. Das perserzeitliche Judentum sei zuerst eine Torakultur gewesen, eine Kultur der geschriebenen Tora, und erst dann eine Tempelkultur.[21]

Neben der hohen Bedeutung der Theologoumena Tempel und Tora also muss deutlich herausgestellt werden, dass die Literaturgeschichte der Hebräischen Bibel überwiegend Niederschlag von theologischen Diskursen in nachexilischer Zeit ist.[22] Das Numeribuch im besonderen hat darüber hinaus einen Diskussionscharakter inne, der innerhalb der Hebräischen Bibel seinesgleichen sucht, sodass das Numeribuch auch als Schauplatz schriftgelehrter Interpretationen und Diskussionen zu beschreiben möglich ist, wie sie sich später in Mischna und Talmud wiederfinden.[23] Dass sich eine Auseinandersetzung um eine rechte Religionsausübung, also mehr Kult- oder mehr Tora-zentriert, ausführlich in der Mitte des Numeribuches findet, halte ich durchaus für wahrscheinlich.

Darüber hinaus ist ein symbolisches Verständnis der Figuren Mose und Korach auch in der Wirkungsgeschichte wahrzunehmen. Gerade bei Josephus und Pseudo-Philo wird Korach als eine Person stilisiert, die sich über Gottes Gebote hinwegsetzte. Liest man Num 16f isoliert auf der Textoberfläche, so ist davon jedoch keine Rede. Mose wird hier bereits als Verkörperung der Tora, der Gebote Gottes, gesehen, gegen die Korach sich auflehnt. Gerade Josephus und Pseudo-Philo gestalten ihre Version der Korach-Episode weit aus und erkennen in Korachs Aufstand einen immensen Frevel gegen Gott und seine Gebote (und keine Rebellion gegen Aaron). Für die Theologie von Josephus und von Pseudo-Philo ist die Tora *die* zentrale Größe, an der es sich zu orientieren gilt. Josephus war in seiner späten Zeit ein Pharisäer. Für Pseudo-Philo ist „das Gesetz eine einheitliche, fraglose Größe, die der Erklärung nicht bedarf. Es ist *der* Heilsfaktor für Israel und seine Geschichte; durch das Gesetz wird der Bund konstituiert, und im Halten des Gesetzes wird der Bund bewahrt."[24] Auch Rabbi Jehuda ben Bethera zeigt in einer Diskussion im Traktat Sanhedrin, dass es bei Korach um das Übertreten von Geboten geht.

---

20 „Im hellenistischen Judentum entwickelten sich die Tora und der Jerusalemer Tempel –vergleichbar den zwei Brennpunkten einer Ellipse – zum politischen, kulturellen und religiösen Doppelzentrum des Frühjudentums (vgl. 1Makk 14,29)." Oswald, Tora.

21 Willi, Leviten, 83.

22 Dazu vgl. Otto, Schlüssel, 1.

23 Vgl. dazu Römer, Numeri, 230.

24 Dietzfelbinger, Pseudo-Philo, 97.

Rabbi Jehuda ben Bethera führt ein Zitat aus Ps 119 an (Ps 119,176) und vergleicht Korach mit jemandem, der kurzzeitig seinen Weg aus den Augen verloren hat, der aber die Gebote Gottes nicht vergessen will.[25]

Dass auch die Figur des Korach symbolisch interpretiert werden konnte, zeigen einige rabbinische Texte. Der Ausdruck „Korach und seine Schar" wurde in rabbinischer Tradition als Synonym für essenische Gruppierungen gebraucht.[26] Warum sollte dieser Ausdruck nicht bereits vorher Symbolcharakter gehabt haben, wenn auch etwas anders geartet?

Für eine symbolhafte Wahrnehmung von Korach und Mose spricht auch, dass die Erzählung um Korach unlokalisiert ist. Es ist nicht wichtig, wo dieser Aufstand stattfindet, zu welcher Zeit und am welchem Ort der Wüstenwanderung. Dies könnte die These unterstützen, dass die Korach-Erzählung im übertragenen Sinne verstanden werden will.[27]

Nimmt man Num 16f auf dieser 2. Bedeutungsebene wahr, so sollte man dieser breit angelegten Diffamierungserzählung definitiv die Bewertung „Proprium" zusprechen, wie Achenbach dies vorgenommen hat; denn das ist ein theologischer Paukenschlag: Der Tempel zeigt geringen Wert für die Frömmigkeit, ja er ist der Tora deutlich untergeordnet! Oder anders ausgedrückt: „Wo man Tora lernt, braucht man keinen Tempel."[28]

So gesehen lässt sich auch ohne weiteres der Achenbachschen Definition der Korachbearbeitung als einer *„theokratischen* Bearbeitungsschicht" zustimmen; denn hier geht es definitiv um theologische und theokratische Angelegenheiten. Wenn in Num 16f tatsächlich eine Auseinandersetzung zweier theologischer Strömungen zu greifen ist, dann ist das unumstritten ein Proprium und stellt somit eine zentrale Frage im Numeribuch dar, auch wenn Numeri an sich ein Konglomerat verschiedener Texte und Strömungen ist.

Allein auf der Basis der Erzählung von Num 16f bleibt eine solche Interpretation natürlich im Spekulativen. Es ist schwer nachweisbar, ob der Redaktor Korach als Synonym für eine theologische Strömung ansah oder ob er schlicht Interesse an der Diffamierung dieser berühmten Familie zeigte. Die Leser von Num 16f könnten jedoch dies schon früh als theologische Diskussion wahrgenommen haben. Der Schlüssel also für die Beantwortung dieser Fragen liegt in der frühen Wirkungsgeschichte sowie in den religionsgeschichtlichen Zusammenhängen in der Zeit des Zweiten Tempels.

---

25 Vgl. dazu die Darstellung im Kapitel 5.1.3 Korach in rabbinischer Literatur.

26 Dies arbeitet Jonathan A. DRAPER heraus (,Korah', 172). Vgl. dazu auch oben Kapitel 5.1.3 Korach in rabbinischer Literatur.

27 Ähnlich auch ACHENBACH, Vollendung, 38.

28 So der gleichnamige Aufsatz von Stefan SCHREINER.

Liest man vor diesem Hintergrund der beiden möglichen Bedeutungsebenen von Num 16f schließlich die Chronik, könnte „der Chronist" zu beiden intendierten Diskussionen Stellung bezogen haben. Zum einen waren die Korachiter in seinen Augen wichtiges und angesehenes Tempelpersonal, denen sehr viele Aufgaben zukamen. Zweitens ist die Tempel-Theologie natürlich wichtig auf der Basis der Tora und ihr nicht entgegengestellt. Der Kult ist Vollzug dieses Wortes. „Nicht der Kult als solcher, *qua opus operatum*, ist also für den Chronisten das Entscheidende, sondern die Tatsache, daß er nach der *Israel* anvertrauten Art, der Mose von Gott zuhanden *Israels* übergebenen und als Schrift vorliegenden Tora geschieht!"[29] Man braucht also beides: Tempel und Tora.

Was lässt sich über die Sozialgeschichte der Aaroniden und Korachiter sagen?
Ob es nun die Aaroniden wirklich gegeben hat oder wie einflussreich die Korachiter gewesen waren, lassen sich aufgrund der Bibeltexte nicht abschließend beantworten. Eine sozialgeschichtliche Analyse wird dadurch erschwert, dass sich hinsichtlich der Korachiter kaum eine *external evidence* nachweisen lässt. Möglicherweise ist der Name „Korach" inschriftlich auf zwei Ostraka belegt. Einerseits findet sich die Formulierung בני קרח auf einem Ostrakon des 8. Jh., das in Arad gefunden wurde und das vermutlich eine Lieferliste für spezielle Rationen an verschiedene Personen bietet.[30] Andererseits ist „Korach" eventuell in Lachisch am Ende des 7. Jh.s auf einem Ostrakon mit einer Personenliste belegt.[31] Auf letzterem Ostrakon ist allerdings nur ein ן mit anschließendem קר zu lesen. Ob es sich hierbei tatsächlich um einen Beleg für die Korachiter handelt, ist deswegen unsicher. Rückschlüsse auf die tatsächliche Historizität der Korachiter, ihren möglichen Aufstieg und Niedergang, können nur spekulativ bleiben und sich aus den biblischen Texten und ihrer Wirkungsgeschichte speisen. Da sich dabei sowohl positive wie negative Korach(iter)-Bilder finden, liegen dementsprechend levitische/aaronidische Rangstreitigkeiten am Tempel als Vermutung nahe. So muss man – leider – der Schlussfolgerung Gerhard v. Rads zustimmen:

> „Es ist z. B. nicht möglich, die in sich uneinheitliche Geschichte vom Aufruhr Korachs geschichtlich als bestimmte Phase der Entwicklung Levis einzuordnen. Wir wissen zu wenig von diesen Fragen, Rückschlägen und Konflikten, und wüßten wir mehr, so wäre noch lange nichts über die Geschicke der Familie Korach im besonderen innerhalb der großen levitischen Bewegung ausgemacht."[32]

---

29 WILLI, Leviten, 86.
30 Ostr. 49; HAE I/1, 153–155.
31 Ostr. 31; HAE I/1, 314.
32 VON RAD, Geschichtsbild, 89.

Aufgrund der Textlage lässt sich lediglich vermuten, dass es ein Geschlecht der Korachiter in der Zeit des Zweiten Tempels gegeben hat. Ihre Popularität könnten sie vermutlich im 3. Jahrhundert v. Chr. erreicht haben. Die Söhne Korachs haben meiner Ansicht nach (als Tempelpersonal/Sänger) vermutlich existiert – warum sonst hätte man sich die Mühe einer groß angelegten Diffamierung machen sollen? Dass aber der Aufstand Korachs historisch ist, halte ich für unwahrscheinlich. Korach wurde nie vom Erdboden verschluckt; denn „Korach und seine Schar" erscheinen nur als bewusste Einfügungen in bereits bestehende Aufstands-Erzählungen der Hebräischen Bibel. Dies wird aus der literargeschichtlichen Analyse zu den Numeri-Stellen deutlich.

Eine Frage bleibt meiner Ansicht nach nun noch offen: Wenn es verschiedene Redaktoren und Autoren gegeben hat, die ein unterschiedliches Bild von den Korachitern in der Hebräischen Bibel entworfen haben – wer hatte Erfolg? Welches Bild von Korach und seinen Nachkommen hat sich durchgesetzt? Ist mehrheitlich die Sicht aus dem Buch Numeri, Korach als großer Rebell gegen Mose und Aaron, in der Wirkungsgeschichte präsent, oder hat es die Chronik geschafft, dagegen anzusteuern, und werden die Korachiter vorrangig als wichtiges Tempelpersonal in Erinnerung bleiben?

5. Wirkungsgeschichtlicher Ausblick

Das Besondere an Korach, dem Leviten, ist, dass seine Figur entweder ganz negativ besetzt ist (vor allem im Buch Numeri) – als Frevler gegen Mose und Aaron – oder als berühmtes Sängergeschlecht ganz positiv hervortritt, wie es die Psalmen und die Chronik nahelegen. Das lässt den Schluss zu, dass es wohl ein berühmtes Geschlecht der Korachiter gab, die ein kultisches Amt am Tempel ausübten, deren Stand aber durchaus umstritten war. Die Texte der Hebräischen Bibel zeigen diese Diskussion auf. Die Chronik vertritt hierbei natürlich eine kultorientierte Sicht, insofern, als die Korachiter, die großen Tempeldiener, keine Nachfahren eines Frevlers gegen Mose sein können und als die von ihnen vertretene Zionstheologie weiterhin zentral ist. Mit dieser Perspektive stecken wir mitten in den theologisch relevanten Fragen der nachexilischen Zeit. Von daher ist es meines Erachtens wichtig, dass die Korach-Texte nicht isoliert analysiert sondern vor dem Hintergrund der anderen Texte gelesen werden. Sonst nimmt man nur *eine* Sicht *eines* Redaktors und eben nicht die Diskussion wahr.

Zu fragen ist nun, welche Darstellung von Korach die Literatur der hellenistisch-römischen Zeit dominiert. Konnte sich Korach, der fromme Stammvater der berühmten Tempeldiener und –sänger, gegen Korach, den Rebellen gegen Mose, behaupten?

Im Folgenden werden nun kurz drei Septuaginta-Belege dargestellt sowie die Auffassungen von Josephus, Philo und Pseudo-Philo über Korach nachgezeichnet. Daran anschließend soll der Blick kurz sowohl in die frühchristliche wie auch in die frühjüdische Rezeption gelenkt werden.

5.1 „Korach und seine Schar" in der Literatur der hellenistisch-römischen Zeit

5.1.1 Korach in der Septuaginta

James Findlay[1] stellt in einem Aufsatz die These auf, dass die Septuaginta-Version von Num 16f eine klar pro-aaronidische Ideologie widerspiegele, mehr als dies in der Hebräischen Bibel der Fall ist. Um diese These zu überprüfen, ist dieser Arbeit

---

1 Vgl. FINDLAY, Ideology.

eine ausführliche Analyse der Septuaginta-Version als Anhang beigegeben. Als Ergebnis wird jedoch hier Folgendes vorweggenommen und zusammengefasst:

Es fällt bei Num 16,1–17,15LXX auf, dass der/die Übersetzer in erster Linie einen in seiner/ihrer Zeit verständlichen Text ohne Widersprüche schaffen wollte/n. Bewusste Modifikationen, ob mit gesetzestheologischem oder priesterlichem Schwerpunkt, lassen sich eventuell in Num 17,1.9 feststellen, indem Gott zu Mose *und Eleasar* beziehungsweise *Aaron* spricht. Die sonstigen vom hebräischen Text abweichenden Lesarten, wie zum Beispiel in Num 16,16.18, zeigen vielmehr den Hang zur Harmonisierung der Erzählung und weniger die Hervorhebung Aarons, zumal dieser dabei lediglich am Rande genannt wird. Von daher ist es schwierig, der These James Findlays, die Septuaginta-Variante enthalte eine klar pro-aaronidische Ideologie, zuzustimmen, zumindest ist dieser Text nicht wesentlich pro-aaronidischer als seine hebräische Vorlage. Der Übersetzer ist hingegen auffällig bemüht, alle Spannungen des hebräischen Textes zu glätten, Verse miteinander zu harmonisieren und die ganze Perikope von Num 16,1–17,15 untereinander zu vernetzen. Korach ist in dieser griechischen Version derselbe Rebell wie in der Hebräischen Bibel.

Interessant ist aber nun eine weitere Stelle im Pentateuch der Septuaginta: In Ex 38,22 wird bereits beim Bau der Stiftshütte auf den Frevel Korachs hingewiesen. Es heißt dort:

οὗτος ἐποίησεν τὸ θυσιαστήριον τὸ χαλκοῦν ἐκ τῶν πυρείων τῶν χαλκῶν, ἃ ἦσαν τοῖς ἀνδράσιν τοῖς καταστασιάσασι μετὰ τῆς Κορε συναγωγῆς.
Dieser machte die bronzene Opferstätte aus den bronzenen Räucherpfannen, die den Männern gehört hatten, die in der Versammlung des Kore einen Aufstand angezettelt hatten.

Diese Passage ist Teil der Erzählung von der Errichtung der Stiftshütte. Innerhalb der biblischen Chronologie ist Korachs Aufstand aber erst später anzusetzen, nachdem das Volk Israel den Horeb wieder verlassen hatte. Für den Septuaginta-Übersetzer ist an dieser Stelle der Frevel Korachs so zentral, dass er diesen Anachronismus billigend in Kauf nimmt.

Über diese beiden Pentateuch-Stellen hinaus findet Korach noch beim Väterlob von Ben Sira Erwähnung. Dort wird vom Aufstand Korachs erzählt. Es heißt in Sir 45,18f:

18 ἐπισυνέστησαν αὐτῷ ἀλλότριοι
καὶ ἐζήλωσαν αὐτὸν ἐν τῇ ἐρήμῳ,
ἄνδρες οἱ περὶ Δαθαν καὶ Αβιρων
καὶ ἡ συναγωγὴ Κορε ἐν θυμῷ καὶ ὀργῇ·

„Korach und seine Schar" in der Literatur der hellenistisch-römischen Zeit | **259**

19 εἶδεν κύριος καὶ οὐκ εὐδόκησεν,
καὶ συνετελέσθησαν ἐν θυμῷ ὀργῆς·
ἐποίησεν αὐτοῖς τέρατα
καταναλῶσαι ἐν πυρὶ φλογὸς αὐτοῦ.

Verschworen gegen ihn [scil. Aaron] haben sich Feinde,
und sie eiferten gegen ihn in der Wüste:
Männer, die um Datan und Abiram herum (waren),
und die Gemeinschaft des Korach in Zorn und Wut.
Es sah der Herr (dies), und es gefiel ihm nicht.
Und sie fanden ein Ende in Zorneswüte;
er machte ihnen schreckliche Zeichen,
er verzehrte sie in flammendem Feuer.

Diese Erwähnung Korachs bei Ben Sira ist in zweierlei Hinsicht interessant: Einerseits wird hier – wie oben bereits dargestellt[2] – deutlich, dass dem Verfasser des Väterlobs bereits die Kompilation aller Aufstandserzählungen in Num 16f bekannt war. Andererseits wird Korach hier nicht, wie in Ps 106, ausgeblendet: Korach gehört klar zu den Rebellen gegen Mose dazu.

Es lässt sich anhand dieser Belege für das Korach-Bild in der Septuaginta festhalten, dass Korach als Rebell und Frevler wahrgenommen, sogar noch weiter hervorgehoben wird (Num 16LXX hat jedoch keine wesentlichen Abweichungen gegenüber dem MT zu verzeichnen).

5.1.2 Korach bei Josephus, Philo und Pseudo-Philo

Bei Josephus nimmt die Darstellung des Korach einen breiteren Raum als in der Hebräischen Bibel ein. Zu Beginn seines Korach-Kapitels stellt Josephus Korach wie folgt dar (Ant. 4,14):[3]

Κορῆς τις Ἑβραίων ἐν τοῖς μάλιστα καὶ γένει καὶ πλούτῳ διαφόρων ἱκανὸς δ᾽ εἰπεῖν καὶ δήμοις ὁμιλεῖν πιθανώτατος ὁρῶν ἐν ὑπερβαλλούσῃ τιμῇ τὸν Μωυσῆν καθεστῶτα χαλεπῶς εἶχεν ὑπὸ φθόνου καὶ γὰρ φυλέτης ὢν ἐτύγχανεν αὐτοῦ καὶ συγγενής ἀχθόμενος ὅτι ταύτης τῆς δόξης δικαιότερον ἂν τῷ πλουτεῖν ἐκείνου μᾶλλον μὴ χείρων ὢν κατὰ γένος αὐτὸς ἀπέλαυε
Korach, ein durch Herkunft und Reichtum hervorragender Hebräer, der geschickt war im
Reden und sehr überzeugend im Umgang mit dem Volk, sah Mose in überwältigender Ehre

---

2 Siehe dazu 1.1.2 Literargeschichtliche Analyse von Num 16,1–17,15.

3 Diese Passage wurde oben bereits analysiert, von daher sei auch hierbei kurz auf die Ergebnisse hingewiesen.

dastehen, und er war verärgert und voller Neid – er kam mit ihm aus demselben Stamm und war ihm verwandt –, weil er sich für einen Würdigeren dieser Ehre hielt, da er reicher war als jener und nicht geringer gemäß seiner Abstammung.

Josephus baut die biblische Erzählung um Korachs Rebellion deutlich aus und versucht, die Leerstellen des Bibeltextes zu füllen. So erhellt Josephus beispielsweise die Person des Korach und beschreibt ihn als reich und aus gutem Hause stammend. Gleich zweimal betont dies Josephus hier. Diese Charakterisierung ist in der Korach-Erzählung von Num 16 nicht präsent, auch nicht in der chronistischen Darstellung der Korachiter, sondern sie stammt entweder aus der Historie oder aus Ps 49.[4] Als nächstes bewertet Josephus Korach als guten Redner. Auch dies geht über die biblische Erzählung hinaus. Dass Korach geschickt war im Reden, wird in der Tradition (vor allem in rabbinischer) über das Wort ויקח hergeleitet, das eine Empörung Korachs intendiert.[5] Weiterhin füllt Josephus in seiner Darstellung die Leerstelle über die Ursache des Aufstandes. In Num 16 erfährt der Leser nichts über Grund oder Anlass von Korachs Aufruhr, in Ps 106,16 wird kurz Neid als Motiv der Rebellion genannt. Auch Josephus stellt Korach als neidisch auf Aaron dar, indem Korach Mose vorwirft, dass er Aaron nur aus Bruderliebe zum Priester für das Volk gemacht habe. Unter den Leviten sei er selbst, Korach, würdiger dieser Ehre. Will man aber diese Ehre an den ältesten Stamm übergeben, so müssten Datan, Abiram und Phalaus zu Priestern gesalbt werden.[6] Mit dieser Darstellung beantwortet Josephus die offene Frage von Num 16, warum Datan, Abiram und Korach gemeinsam einen Aufstand gegen Mose und Aaron initiierten.

Louis H. Feldman zeigt in seinem Aufsatz, dass – im Gegensatz zu Josephus – Philo deutlich weniger Wert auf die Darstellung des Korach legt.[7] Dazu verlagere Philo den Schwerpunkt der Darstellung auf die theologische Seite. Die Gottlosigkeit Korachs werde bei Philo mehr betont als die Auseinandersetzung mit Mose. Darüber hinaus nutze Philo die Erzählung um den Aufstand Korachs für eine philosophische

---

4 Siehe dazu 2.3.3 Psalm 49.

5 Dazu vgl. die entsprechende Stelle im Midrasch Bamidbar Rabba. Zu der schwierigen Übersetzung von ויקח siehe den *Exkurs zur Übersetzung von Vers 1*.

6 Josephus, Ant 4,19: εἰ δὲ τῇ πρεσβυτάτῃ τῶν φυτλῶν, εἰκότως ἂν ἡ Ῥουβήλου τὴν τιμὴν ἔχοι λαμβανόντων αὐτήν· Δαθάμου καὶ Ἀβιράμου καὶ Φαλοῦς· πρεσβύτατοι γὰρ οὗτοι τῶν ταύτην τὴν φυλὴν νεμομένων καὶ δυνατοὶ χρημάτων περιουσίᾳ.

7 Nach Feldman geschah dies aus drei Gründen (FELDMAN, Josephus' portrait, 400): "presumably because Philo was not a priest and had no direct ties to the Temple; secondly, because he personally was apparently not subjected to jealousy on the part of his fellow-countrymen; and thirdly, because in his day the revolutionaries against Rome were not yet on the verge of serious revolt."

Abhandlung über die Konsequenzen von unbegründetem Stolz (ἀλόγου φρονήμα-τος).[8] Die Darstellung des Korach ist bei Philo aber insofern dem Josephus ähnlich, als auch bei Philo in seiner Schrift „De Praemiis et Poenis" als Motiv des Aufstandes einerseits der Neid beschrieben, andererseits Mose Nepotismus vorgeworfen wird, weil er seinen Bruder nur aus verwandtschaftlichen Gründen zum (Hohen-)Priester ernannt habe. Eine Denunzierung Korachs scheint Philo aber nebensächlich zu sein. So berichtet Philo zwar von dem Aufstand, aber ohne Korach namentlich zu erwähnen. Die Revolte wurde demnach nicht von Korach sondern von einigen „Tempelwächtern und Tempeldienern, die etwa den Rang von Torhütern einnahmen"[9], ausgetragen.

Die Darstellung Korachs bei Philo steht ganz im Gegensatz zu der Schilderung Korachs in Pseudo-Philos Liber Antiquitatum Biblicarum. Das 16. Kapitel ist vollständig Korach gewidmet und berichtet ähnlich ausführlich wie Josephus über Korachs Aufstand. Zu Beginn wird als Motiv für den Aufstand eingeführt, dass von Gott ein Gebot ausgegangen sei, an das sich Korach nicht halten wollte.

Vers 1: In jener Zeit gab er ihnen Befehl über die Quasten, und damals widersetzte sich Korah und zweihundert Männer mit ihm, und sie sprachen und sagten: „Warum wird uns unerträgliches Gesetz auferlegt?"[10]

Darauf antwortet Gott direkt, zürnend, in einer langen Rede mit schöpfungs- und geschichtstheologischen Argumenten. Mose ist der Übermittler der Gottesrede, Aaron spielt bei Pseudo-Philo an dieser Stelle keine Rolle. Nach der von Mose übermittelten Gottesrede wird nun dargestellt, wie Pseudo-Philo das „Korach-Problem" zu lösen versucht: Die Söhne Korachs waren unschuldig. Sie waren bei der Auseinandersetzung ihres Vaters mit Mose/Gott nicht dabei, und als sie herbeigerufen wurden, wollten sie den Weg des Vaters nicht einschlagen und bekannten sich stattdessen zu Gott, ihrem Schöpfer:

Verse 4b–5: Da sandte Korah, daß seine sieben Söhne zusammengerufen wurden, die nicht mit ihm bei der Beratung waren. Jene aber trugen ihm auf und sagten: […] Und jetzt: wenn wir wandeln in seinen Wegen, werden wir deine Söhne sein, wenn du aber ungläubig bist, geh deinen Weg." Und sie gingen nicht zu ihm hinauf.[11]

---

8 Vgl. FELDMAN, Josephus' portrait, 401.
9 Philo, De Praemiis et Poenis, XIII (LCL 341 S. 356): ἦσάν τινες νεωκόροι καὶ ἱερόδουλοι τὴν πυλω-ρῶν τεταγμένοι τάξιν.
10 Übersetzung nach DIETZFELBINGER, Pseudo-Philo, 143.
11 Übersetzung nach DIETZFELBINGER, Pseudo-Philo, 144.

262 | Wirkungsgeschichtlicher Ausblick

Diese Darstellung von Korachs Aufstand konzentriert sich auf die Auflehnung Korachs gegen den Willen Gottes. Das wird einerseits durch die lange Gottesrede deutlich, andererseits fehlen die Nebenakteure wie Datan, Abiram, die 250 Männer und auch Aaron vollständig. Interessant ist, dass Aaron sowohl bei Josephus als auch bei Pseudo-Philo ganz aus dem Text, aus der Diskussion verschwunden ist. Korach stellt sich direkt gegen Mose, beziehungsweise direkt gegen Gott und seine Gebote.

5.1.3 Korach in rabbinischer Literatur

Hier soll nun auszugsweise Korach im babylonischen Talmud, im Targum und im Midrasch beleuchtet werden.

Korach im babylonischen Talmud:
Geht der Blick zunächst in den babylonischen Talmud, so fällt auf, dass Korach an sich kein großes Interesse erhält, wenn man bedenkt, welch zentral positionierte Stellung ihm im Numeribuch zuteil wird. Lediglich im Traktat Sanhedrin wird ausführlicher die Korach-Erzählung ausgelegt. Darüber hinaus wird Korach in weiteren Traktaten genannt, meist sehr kurz, mit jeweils unterschiedlichem Akzent. Zusammengestellt finden sich von Korach folgende Aspekte im babylonischen Talmud:

- Korach begehrte etwas, das ihm nicht zustand (so im Traktat Sotah 9b).
- Korach fand einen Schatz. Dadurch wurde er reich, was ihm Unglück brachte (so im Traktat bPes 119a).
- Korach hatte drei Söhne, die Psalmen dichteten (so im Traktat bBB 15a).
- Korachs Söhne überlebten in der Gehinnom (so im Traktat bSanh 110a // bMeg 14a).
- Korachs Schar ist eventuell mit den Kundschaftern gleichzusetzen. Dies wird mit Hilfe der Erbauseinandersetzung mit Zelofhads Töchtern zu klären versucht (so im Traktat bBB 117b–118b).
- Der Tod Korachs (dies befindet sich in einer Abhandlung über den Verbrennungstod im Traktat bSanh 52a).
- Korach führte eine nicht akzeptierte Kontroverse (so im Traktat bAboth 5).
- Korach hat keinen Anteil an der kommenden Welt (so in der Mischna in bSanh 108a).

Zwei der hier genannten Stellen nehmen die Söhne Korachs als Psalmendichter in den Blick und tragen zur Lösung des „Korach-Problems" bei. Zunächst wird in Traktat bBB 15a schlicht festgestellt, dass die drei Söhne Korachs Psalmen dichteten. Aus den Psalmüberschriften ist die Zahl der Psalmendichter, der Söhne Korachs,

"Korach und seine Schar" in der Literatur der hellenistisch-römischen Zeit | **263**

nicht zu erkennen. Der rabbinische Autor intendiert hier sicher Assir, Elkana und Ebjasaf, wie sie im Stammbaum von IChr 6,7f und Ex 6,24 genannt werden.

Zu den Söhnen Korachs und der Widersprüchlichkeit, dass sie eigentlich mit der Schar Korachs starben, aber trotzdem Psalmen dichteten, geben zwei Talmud-Stellen Auskunft. In Traktat bSanh 110a (// bMeg 14a) heißt es:

ובני קרח לא מתו, תנא, משום רבינו אמרו: מקום נתבצר להם בגיהנם, וישבו עליו ואמרו שירה

Die Söhne Korachs starben nicht. Es wurde gelehrt im Namen unseres Meisters: Ein Ort wurde ihnen angewiesen in der Gehinnom. Sie ließen sich auf ihm nieder und sangen ein Lied.

Der Traktat Sanhedrin stellt in der Beleuchtung des Korach die interessanteste Schrift dar; denn hier wird Korach bereits in der Mischna genannt, und in der Gemara wird schließlich die Erzählung aus dem Numeribuch erörtert. Die auszulegende Mischna wirft das Problem auf, wer einen Anteil an der kommenden Welt hat, wer zum (Jüngsten) Gericht wieder aufersteht. Mit Bezug auf Korach heißt es dort (bSanh 108a):

עדת קרח אינה עתידה לעלות, שנאמר ותכס עליהם הארץ - בעולם הזה, ויאבדו מתוך הקהל - לעולם הבא, דברי רבי עקיבא, רבי אליעזר אומר: עליהם הוא אומר ה' ממית ומחיה מוריד שאול ויעל.

Die Schar Korachs wird nicht wieder heraufkommen, denn es heißt: „Und es bedeckte sie die Erde" – in dieser Welt; „und sie gingen zugrunde mitten aus der Gemeinde" – für die zukünftige Welt. So die Worte von Rabbi Akiba. Rabbi Eliezer sagt aber: „Über sie wird gesagt: Gott tötet und macht lebendig, er stürzt in die Unterwelt und führt herauf.

Interessanterweise wird Korach an dieser Stelle nicht als der zum Tode verurteilte Frevler gesehen – zumindest nicht nur. Rabbi Eliezer wertet Korachs Ansehen auf, indem er es offen lässt, ob Gott ihn für immer verdammt hat oder ob er doch zu denjenigen gehört, die noch einmal auferstehen werden. Dies wird nun weiter in der Gemara diskutiert, und auch hier findet sich ein Befürworter für Korach: Rabbi Jehuda ben Bethera wendet gegen Rabbi Akiba ein (bSanh 109b):

רבי יהודה בן בתירא אומר: הרי הן כאבידה המתבקשת, שנאמר תעיתי כשה אבד בקש עבדך כי מצוותיך לא שכחתי.

Rabbo Jehuda ben Bethera sagt: Diese sind wie etwas Verlorenes, das gesucht wird; denn es heißt: „Ich bin wie ein verirrtes und verlorenes Schaf; suche deinen Knecht."

Rabbi Jehuda ben Bethera führt zur Entlastung Korachs und seiner Schar ein Zitat aus Ps 119 an (Ps 119,176) und vergleicht Korach mit jemandem, der kurzzeitig seinen Weg aus den Augen verloren hat. Dass für Korach noch Hoffnung besteht, weil er bereut und sich nicht für immer gegen Gott und seine Gebote stellen wollte, macht die Fortsetzung des hier nur angespielten Zitats deutlich. Der Psalmvers lautet im Ganzen: Ich bin wie ein verirrtes und verlorenes Schaf; suche deinen Knecht, *denn ich vergesse deine Gebote nicht.*

Darüber hinaus bietet dieser Abschnitt des Traktats Sanhedrin Erörterungen über die Figuren On und Peleth, Datan und Abiram, welche ebenfalls in der Korach-Episode von Num 16 eine Rolle spielen. Die Frauen von On und Korach werden hierbei beispielsweise mit Hilfe von Prov 14,1 beschrieben: *Die Weisheit der Frauen baut ihr Haus; aber ihre Torheit reißt's nieder mit eigenen Händen.* Die Weisheit hat ihr Haus gebaut – das ist die Frau Ons, des Sohnes des Peleth; die Narrheit reißt es mit ihren Händen nieder – das ist die Frau Korachs. Zudem wird das Problem diskutiert, wie letztendlich Korach den Tod gefunden hat. Wurde er von der Erde verschlungen oder starb er im Gottesfeuer oder ist beides eingetreten? Darüber finden die Rabbinen keinen Konsens.

Die Erörterung über Korach im Traktat Sanhedrin ist in dieser Untersuchung hervorzuheben, weil sie die einzige ausführliche Stelle ist, in der Korach auch von dem einen oder anderen Rabbi rehabilitiert wird. Meist wird Korach nur als der Frevler gegen Mose und gegen Gottes Gebote betrachtet, und er wird mit anderen negativen Dingen oder charakterlich schlechten Menschen assoziiert. Als Beispiel sei hier Traktat Sotah 9b vorgestellt. Es heißt dort:

וכן מצינו בקין, וקרח, ובלעם, ודואג, ואחיתופל, וגחזי, ואבשלום, ואדוניהו, ועוזיהו, והמן, שנתנו עיניהם במה שאינו ראוי להם, מה שביקשו לא ניתן להם, ומה שבידם נטלוהו מהם.

Genauso findet es man bei Kain, Korach, Bileam, Doeg, Achitofel, Gehasi, Abschalom, Adonija, Usija und Haman; denn sie legten ihre Augen auf etwas, das sie nicht ansehen sollten, auf etwas, das sie forderten, es aber ihnen nicht gegeben wurde, was in ihren Händen war, aber es von ihnen genommen wurde.

Die Mischna, die diese Textstelle auslegt, handelt vom Ehebruch. Die Gemara hierzu erörtert nun „Dinge", die man begehrt, die einem aber nicht zustehen. Neben dem Bild des Ehebruchs wird in diesem Zusammenhang auf die Schlange in der Urgeschichte zurückgegriffen. Daran anschließend folgt eine Zusammenstellung von Kain, Korach, Bileam und noch sieben weiteren Personen[12], die charakterisiert werden als solche Menschen, die ihre Augen auf etwas legten, was sie nicht anschauen sollten; und das, was sie forderten, bekamen sie nicht. Korach wird nur kurz und prägnant erwähnt, seine Erzählung als bekannt vorausgesetzt.

---

12 Ähnlich so im Judasbrief, s. unten.

Interessant ist auch die Nennung von Korach in der Mischna in bAboth 5. Hier wird betont, dass es sich bei „Korach und seiner Schar" um eine unbegründete, nicht akzeptierte Kontroverse handelt; diese Auseinandersetzung wurde nicht im Namen des Himmels geführt. Es heißt:

כל מחלוקת שהיא לשם שמים סופה להתקיים ושאינה לשם שמים אין סופה להתקיים איזו היא מחלוקת
שהיא לשם שמים זו מחלוקת הלל ושמאי ושאינה לשם שמים זו מחלוקת קרח וכל עדתו

Jede Auseinandersetzung, die im Namen des Himmels geführt wird, wird am Ende Bestand haben. Und die, die nicht im Namen des Himmels geführt wird, wird am Ende keinen Bestand haben. Welches ist eine Auseinandersetzung, die im Namen des Himmels geführt wird? Das ist eine Auseinandersetzung zwischen Hillel und Schammai. Und welche ist eine nicht im Namen des Himmels? Das ist eine Auseinandersetzung von Korach und seiner Schar.

Nach Jonathan A. Draper wird Korach in der rabbinischen Sicht zum „archetype for the unacceptable controversy"[13]. Darüber hinaus zeigt Draper, dass der Ausdruck „Korach und seine Schar" in den rabbinischen Schriften aus der Zeit des Zweiten Tempels durchaus als Übertragung auf die essenische Sekte verstanden werden kann.[14] Somit würde „Korach und seine Schar" zum Deckmantel, zum Synonym einer Auseinandersetzung mit den Essenern.

Ein Aspekt, der sich ausgeprägt in der Wirkungsgeschichte aber nur implizit in den Texten der Hebräischen Bibel findet, ist der von Korachs Reichtum. Wie auch bei Josephus wird im babylonischen Talmud der Reichtum Korachs angesprochen. Dazu bietet bPes 119a (auch in bSanh 110a) die Erklärung, Joseph habe Schätze in Ägypten versteckt, und einen davon habe Korach gefunden:

שלש מטמוניות הטמין יוסף במצרים. אחת נתגלה לקרח, ואחת נתגלה לאנטונינוס בן אסוירוס, ואחת
גנוזה לצדיקים לעתיד לבא. +קהלת ה'+ עשר שמור לבעליו לרעתו, אמר רבי שמעון בן לקיש: זו עשרו
של קרח, אמר רבי לוי: משאוי שלש מאות פרדות לבנות היו מפתחות בית גנזיו של קרח, וכולהו אקלידי
וקליפי דגלדא.

Drei Schätze versteckte Joseph in Ägypten; einen davon hat Korach entdeckt, einen hat Antonius, Sohn des Severus, entdeckt. Und einer ist für die Frommen in der Zukunft bestimmt. (Kohelet 5:) Reichtum, der von seinem Besitzer zu seinem Unglück gehütet wird; Rabbi

---

13 DRAPER, 'Korah', 155.

14 Vgl. DRAPER, 'Korah', 172: "It seems likely, from this examination of the material relating to Korah and his company in Rabbinic writings, that the epithet derives from polemic against a rival sect. Further, the details which remain in the tradition seem to present a strong connection with the Dead Sea Scrolls, the Damascus Document and the related Essene movements."

Schimon ben Laqisch sagte, dies sei der Reichtum Korachs. [...] Rabbi Levi sagte: Die Schlüssel der Schatzkammern Korachs waren eine Last für dreihundert weiße Maultiere, und alle Schlüssel und Verschlüsse waren aus Leder.

Anhand eines Kohelet-Zitats wird nun der von Korach gefundene Schatz als Bringer des Unglücks charakterisiert. Korachs Reichtum kam ihm nicht zu Gute, sondern wird ihm zur Last gelegt.

Korach in den Targumim:

Auch im Targum zu Hiob 15,29 wird, wie oben dargestellt[15], Korach als sehr reich beschrieben. Dazu werden ebenso Datan und Abiram negativ erwähnt, sodass es naheliegt, dass der Übersetzer hier Korach, Datan und Abiram durch den gemeinsamen Aufstand gegen Mose miteinander verbindet. Der Targum Pseudo-Jonathan verschiebt den Schwerpunkt in der Darstellung von Korach, Datan und Abiram leicht, indem er Datan und Abiram schon vor dem Aufstand gegen Mose als sündige Männer hinstellt. Zu Beginn des Exodusbuches werden in Ex 2,13f (Tg Pseudo-Jonathan) die zwei streitenden Männer, unter denen Mose schlichten will, als Datan und Abiram identifiziert. Sie bekommen dadurch einen Anlass, sich gegen Mose aufzulehnen. In Ex 16,20 werden Datan und Abiram des Weiteren als sündige Männer bezeichnet (גוברייא חייבייא).[16]

Korach im Midrasch:

In den haggadischen Midraschim lässt sich Korach allein über 800 Mal nachweisen. Eine Darstellung hiervon würde den Rahmen der Arbeit sprengen. Es sei allerdings hervorgehoben, dass Korach in vielerlei Hinsicht als Beispiel dient, wenn es, allgemein gesprochen, um „Menschen mit schlechtem Charakter geht". Im Midrasch Bereschit Rabba wird er dementsprechend in der Auslegung der Urgeschichte genannt. Es wird gesagt, dass es vier „Figuren" in der Geschichte gäbe, die zornig waren und im Zorn untergegangen sind. Diese waren die Schlange, der Bäcker in der Josefsnovelle, Korach und Haman (so in BerR Par. 19). Auch bei der Sodom-Erzählung darf Korach nicht fehlen (BerR Par. 50 – hier wieder mit dem Aspekt seines Reichtums). Freilich findet auch das „Korach-Problem" in den Midraschim Erwähnung und ebenso Lösungsansätze. So liest man beispielsweise in BerR Par. 98, dass Korachs Schar in der Tiefe versank, bis Hanna für sie betete:

---

15 Vgl. dazu S. 146f.

16 Eine weitere über die Hebräische Bibel hinausgehende Erwähnung von Datan und Abiram findet sich im Targum Pseudo-Jonathan zu Ex 14,2.

רבנן אמרי כך היתה עדתו של קרח שוקעת ויורדת שוקעת ויורדת עד שעמדה חנה ונתפללה עליהן ה'
ממית ומחיה מוריד שאול ויעל.

Und die Rabbinen sagen: Es geschah so, als die Schar Korachs versank und hinabstieg. Sie
versank und stieg hinab bis Hanna aufstand und für sie betete: Gott/JHWH tötet und macht
lebendig; er führt in die Scheol hinunter und wieder herauf.

Einen ähnlichen Versuch wie in bSanh 110a, das „Korach-Problem" zu lösen (die
Söhne Korachs standen in der Gehinnom und sangen[17]), zeigt die Schrift Pirqe de
Rabbi Elieser. Dort standen die Söhne Korachs auf dem אבן שתיה und dichteten ihre
Lieder.[18] Auf der *mythischen* Ebene der Wahrnehmung würde das Bild der Söhne
Korachs, die am Sheᵉtijja-Stein stehen und beten, bedeuten, dass sie jetzt, anders als
ihr Vater, bemüht sind, die chaotischen Kräfte des Lebens zu domestizieren und
sie auf diese Weise dem Bereich der Schöpfung, dem Bereich des geordneten und
somit segensreichen Lebens zuzuführen; denn der Even Sheᵉtijja steht als Sinnbild
dieser Schnittstelle zwischen Chaos und Schöpfung und fungiert als *Transformati-*
onsmedium. Auf der Ebene der *theologischen* Sprache könnte man als Äquivalent für
diesen Vorgang den Prozess der Umkehr nennen: Es gilt, die chaotischen, das heißt
aus dem Bund ausscherenden Energien, zu beherrschen (durch Gebet, und das ist
gewissermaßen gleichbedeutend mit Umkehr) und sie so zu schöpferischen statt zu
zerstörerischen Zwecken zu instrumentalisieren. Umkehr bedeutet in der Sprache
der Mythologie Transformation, Verwandlung, Kultivierung, Hineinkommen in
das Bundesgeschehen, sich, das heißt jene Kräfte, die sich gegen Gott wenden,
binden oder binden lassen, sie an Gott binden.[19] Dementsprechend wollen die
Söhne Korachs sich wohl von den Sünden des Vaters ab- und sich Gott zuwenden.

Ergebnis:
Es lässt sich feststellen, auch wenn die rabbinische Wirkungsgeschichte hier nur
schlaglichtartig dargestellt werden konnte, dass in den rabbinischen Schriften Korach mehrheitlich mit seinem Aufstand aus Num 16f verbunden wird. Sein schlech-
ter Charakter wird betont. Eine Ausnahme stellt jedoch Traktat Sanhedrin dar,
in dem zwei Rabbinen versuchen, Korach in gewissem Umfang zu rehabilitieren.
Auch im Hiob-Targum wird die negative Tradition weiter beleuchtet, während
im Targum Pseudo-Jonathan zu Exodus eher der Schwerpunkt auf den sündigen
Männern Datan und Abiram zu liegen scheint als auf Korach. Dass Korach der
Stammvater einer berühmten Sängergilde gewesen war und aufgrund dessen ein

---

17 bSanh 110a:

ובני קרח לא מתו, תנא, משום רבינו אמרו: מקום נתבצר להם בגיהנם, וישבו עליו ואמרו שירה.

18 Pirqe de Rabbi Elieser Kap. 9:

וראה שם אבן שתיה קבועה בתהומות, וראה שם בני קרח עומדין ומתפללין עליה.

19 Zitiert nach Walburga Zumbroich, mündlich am 18.3.2015.

268 | Wirkungsgeschichtlicher Ausblick

hohes Ansehen genoss, wie es in der Chronik formuliert ist, wird in den rabbinischen Schriften weitestgehend ausgeblendet. Seine Nachfahren finden allerdings als Sänger Erwähnung, zum einen dergestalt, dass sie schlicht als Psalmendichter genannt werden, zum andern, dass das „Korach-Problem" zu lösen versucht wird, insofern als die Söhne Korachs nicht starben, sondern weiterhin als geläuterte Sänger ihren Dienst tun.

Die Korachiter (הקרחים) finden im Übrigen außer im Buch der Chronik keine nennenswerte Erwähnung, weder im Talmud noch im Midrasch.

5.1.4 Korach in frühchristlichen Schriften

Korach wird ein einziges Mal im Neuen Testament erwähnt. Als Aufrührer hielt er Einzug in den Judasbrief, in welchem er in einer Reihe mit Kain und Bileam genannt wird. Es heißt in Jud 11:

οὐαὶ αὐτοῖς, ὅτι τῇ ὁδῷ τοῦ Κάϊν ἐπορεύθησαν καὶ τῇ πλάνῃ τοῦ Βαλαὰμ μισθοῦ ἐξεχύθησαν καὶ τῇ ἀντιλογίᾳ τοῦ Κόρε ἀπώλοντο.
Wehe ihnen! Denn sie sind auf dem Weg Kains gegangen und in den Irrtum Bileams gefallen wegen des Gewinnens und in dem Aufruhr Korachs zu Grunde gegangen.

Der Judasbrief hat deutlich die Aufforderung zur Abgrenzung von Irrlehrern zum Ziel. So besteht fast der gesamte Brief, der vermutlich um die Wende zum 2. Jh. verfasst wurde, aus einer Polemik gegen „Gottlose", die sich in die Gemeinde eingeschlichen haben.[20] Bei dieser Aufzählung dient Korach nun als Paradebeispiel.

Blickt man auf weitere christliche Schriften der Alten Kirche, so findet Korach auch im Ersten Clemensbrief Erwähnung, allerdings nur in Anspielungen. Obwohl Korach also nicht namentlich genannt wird, erscheint er doch im kurzen Bericht über den Aufstand gegen Mose. In 1Clem 4,12 heißt es:

ζῆλος Δαθὰν καὶ Ἀβειρὼν ζῶντας κατήγαγεν εἰς ᾅδου διὰ τὸ στασιάσαι αὐτοὺς πρὸς τὸν θεράποντα τοῦ θεοῦ Μωϋσῆν.
Eifersucht führte Datan und Abiram lebendig in den Hades hinab, weil sie Aufruhr gemacht hatten gegen den Diener Gottes, Mose.

Interessant hierbei ist, dass von der Aufstandserzählung aus Num 16f nur Datan und Abiram als Akteure erwähnt werden, die lebendig in den Hades stiegen – vom Erdboden verschluckt wurden. Nach obiger Textanalyse bleibt das Schicksal von

---

20 Zum Judasbrief vgl. FELDMEIER, Judasbrief, 343.

„Korach und seine Schar" in der Literatur der hellenistisch-römischen Zeit | **269**

Datan und Abiram in Num 16f allerdings unerwähnt. Laut masoretischem Text werden nur Korach „und seine Rotte" von der Erde verschlungen. Es stellt sich die Frage, warum der Verfasser hier nicht auf Korach, den Berühmteren aus der Numeri-Passage, verweist, sondern stattdessen Datan und Abiram erwähnt. Meiner Ansicht nach liegt es daran, dass in der Tradition, sichtbar im Väterlob von Sir 48, Datan und Abiram mit dem Wort ἐζήλωσαν beschrieben werden, während Korach in „Wut und Zorn ist". Da das 4. Kapitel des Ersten Clemensbriefes von Menschen handelt, die eifersüchtig oder neidisch waren, wird Korach hier folgerichtig nicht erwähnt.

Aber noch eine weitere Stelle im Ersten Clemensbrief rekurriert auf den Aufstand gegen Mose in der Wüste. In 1Clem 51,3–4 wird gesagt:

> 3 καλὸν γὰρ ἀνθρώπῳ ἐξομολογεῖσθαι περὶ τῶν παραπτωμάτων ἢ σκληρῦναι τὴν καρ-δίαν αὐτοῦ, καθὼς ἐσκληρύνθη ἡ καρδία τῶν στασιασάντων πρὸς τὸν θεράποντα τοῦ θεοῦ Μωϋσῆν, ὧν τὸ κρίμα πρόδηλον ἐγενήθη.
> 4 κατέβησαν γὰρ εἰς ᾅδου ζῶντες, καὶ θάνατος ποιμανεῖ αὐτούς.
>
> 3 *Besser nämlich für einen Menschen ist es, ein Bekenntnis abzulegen über die Verfehlungen, als sein Herz zu verhärten, so wie verhärtet wurde das Herz derer, die einen Aufruhr gemacht hatten gegen den Diener Gottes, Mose, deren Verdammnis offenkundig wurde.*
> 4 *„Sie fuhren nämlich lebendig hinab in den Hades, und der Tod wird sie weiden."*

Auch hier wird Korach nicht namentlich erwähnt, andere Akteure jedoch auch nicht. Der Autor dieser Stelle kombiniert allerdings zwei Zitate der Hebräischen Bibel miteinander, und die Kombination lässt Rückschlüsse auf Korach zu. Der erste Halbsatz „Sie fuhren nämlich lebendig hinab in die Unterwelt" ist ein Zitat aus Num 16,33LXX, der zweite Halbsatz „und der Tod wird sie weiden" stammt aus Ps 48,15LXX. Das ist derjenige Psalm, der in der Wirkungsgeschichte häufig auf die Person des Korach selbst gedeutet wurde. Daraus entstammt auch die Idee des Josephus, dass Korach reich gewesen sei.

Auf den ersten Blick erscheint es irritierend, dass Korach im Ersten Clemensbrief nicht namentlich erwähnt ist, vor allem, wenn man die Situation der Abfassung des Ersten Clemensbriefes bedenkt: Dieser Brief wurde vermutlich von einem führenden Mann der römischen Gemeinde im letzten Jahrzehnt des 1. Jahrhunderts geschrieben.[21] Als Anlass der Abfassung wird im Brief selbst ausgesagt, dass die ecclesia der Korinther sich gegen ihre Presbyter aufgelehnt und sie ihres Amtes enthoben hat (1Clem 47,6 und 1Clem 44,3f). Der Anlass des Briefes war also ein

---

21 Vgl. LINDEMANN, Clemensbriefe, 12f.

270 | Wirkungsgeschichtlicher Ausblick

Aufstand gegen die Oberen, gegen die Leiter der Gemeinde. Da würde ein Vergleich mit der Korach-Erzählung eigentlich auf der Hand liegen, zumal der Autor auch durchaus auf andere biblische Geschichten und Beispiele zurückgreift. Auf den zweiten Blick hingegen ist es einleuchtend, dass Korach hier nicht erwähnt wird: In 1Clem 4 wird er nicht genannt, weil er nicht eifersüchtig ist, in 1Clem 51 wird er nicht erwähnt, weil niemand in diesem Kapitel mit Namen genannt wird – aber es wird durch die Kombination zweier Zitate deutlich sichtbar gemacht, dass der Verfasser Korach und seine Schar im Blick hat, wenn er von Menschen spricht, denen das Herz verhärtet war.

Es bleibt festzuhalten, dass im Ersten Clemensbrief Korach zwar nicht genannt, aber auf ihn angespielt wird, und zwar mit Hilfe des Zitats von Ps 48,15LXX.

5.2   Ergebnis: „Korach und seine Schar" in der Literatur der hellenistisch-römischen Zeit

Ein Kennzeichen der Literatur der hellenistisch-römischen Zeit ist es, dass erzählerische Leerstellen der Bibeltexte gefüllt werden. So ist hinsichtlich der Korach-Episode zum einen das Bemühen erkennbar, dem Aufstand ein Motiv zu geben, zum andern, das „Korach-Problem" zu lösen. Freilich werden aber die Motive des Aufstandes von Korach und seiner Schar in der Literatur der hellenistisch-römischen Zeit unterschiedlich ausgelegt, vor allem hinsichtlich der Frage, ob die Auseinandersetzung von Korach primär politisch (aus Neid gegen Mose) oder theologisch (als Rebellion gegen die Tora) zu verorten sei. Auch gibt es Unterschiede in der Darstellung der Söhne Korachs. In mancher Tradition wie bei Pseudo-Philo oder in den Pirqe de Rabbi Elieser werden die Nachkommen Korachs als gottesfürchtige Israeliten dargestellt, die sich von der Sünde des Vaters abkehrten und in ihrer Umkehr Lieder auf den Zion sangen. Bei Josephus hingegen wird das Schicksal der Söhne Korachs nicht anders als in Num 16f dargestellt. Gerade das Korach-Portrait des Josephus bietet ein anschauliches Beispiel dafür, wie Bibeltexte in der Zeit um die Zeitenwende verstanden wurden und welchen Stellenwert sie hatten. Auffällig ist dabei, dass Josephus für seine Darstellung die Numeritexte und Ps 49 berücksichtigte, auf die Chronik jedoch keinen erkennbaren Bezug nahm. Dies zeigen auch die anderen oben analysierten Texte aus hellenistisch-römischer Zeit. Die Chronik scheint insgesamt einen klar niedrigeren Stellenwert als der Pentateuch gehabt zu haben – zumindest setzt ihr Blick auf Korach kaum eine Wirkungsgeschichte in Gang. Die Chronik hatte mit ihrer alternativen Geschichtsdarstellung keinen Erfolg gegen den bereits renommierten Pentateuch. Wenn man annimmt, dass der Pentateuch bereits im ausgehenden 4. Jh. v. Chr. endgültig abgeschlossen war und

Ergebnis: „Korach und seine Schar" in der Literatur der hellenistisch-römischen Zeit | **271**

nicht mehr fortgeschrieben wurde[22], und somit die Tora nach dieser Vollendung anfing, kanonisch zu werden[23], dann ist es verständlich, dass die Chronik an diesen Stellenwert nicht mehr heranreichen konnte – die chronistischen Korach-Belege sind frühestens im ausgehenden 4. Jh. v. Chr. anzusetzen.

So hat also der kurze Blick in die Literatur der hellenistisch-römischen Zeit gezeigt, dass sich primär der frevelnde, rebellierende Korach aus Num 16f in der Überlieferung durchgesetzt hat, ob man nun die frühjüdische oder die frühchristliche Tradition verfolgt. Dass die Chronik versucht hat, gegen diesen negativen Korach anzusteuern, hat kaum Spuren in der Wirkungsgeschichte hinterlassen. Dies zeigt schon die Septuaginta-Übersetzung, in der der Frevel Korachs noch zusätzlich in das Buch Exodus eingefügt wurde. Einzig unter den hier dargestellten Werken gehen der Erste Clemensbrief und vereinzelte Talmudstellen mit der Korach-Tradition vorsichtig um: Der Verfasser des Ersten Clemensbriefes spielt auf die Korach-Erzählung an, nennt aber den Namen „Korach" nicht. Im Traktat Sanhedrin findet sich zweimal der Versuch, Korach als demütigen Sünder ein Stück weit zu rehabilitieren.

---

22 So OTTO, Pentateuch, 1101.
23 Vgl. ACHENBACH, Vollendung, 633.

Anhang: Die Tendenz von Num 16f in der Septuaginta

Zum Abschluss der Korach-Analyse von Num 16f sei ein Blick auf die Septuaginta-Version von Num 16,1–17,15 geworfen, vor allem deshalb, weil James Findlay die These aufstellt, die Septuaginta-Version von Num 16f zeige eine deutlich pro-aaronidische Linie.[1] Diese These gilt es im Folgenden zu prüfen.

Übersetzung:
1) Und es sprach Kore, der Sohn Issaars, der Sohn Kahats, der Sohn Levis, ebenso Datan und Abiron, die Söhne Eliabs und Aun, der Sohn Phalets, des Sohns Rubens.
2) Und sie erhoben sich gegen Mose und Männer der Söhne Israels 250: Anführer der Versammlung, Zusammengerufene des Rates und berühmte Männer,
3) sie versammelten sich gegen Mose und gegen Aaron und sprachen: „Es soll bei euch der Zustand sein, dass die ganze Versammlung alles Heilige sind und unter ihnen der Herr ist; und weswegen stellt ihr euch gegen die Versammlung des Herrn?"
4) Und Mose hörte dies, fiel auf das Angesicht
5) und sprach zu Kore und zu seiner ganzen Versammlung: Gott hat geprüft und erkannt, die die seinen sind und die Heiligen, und er hat sie zu sich gebracht. Und die er für sich ausgewählt hat, die hat er zu sich gebracht.
6) Dies tut: Nehmt euch selbst Räucherpfannen – Kore und seine ganze Schar
7) und legt auf sie Feuer und legt auf sie Räucherwerk vor dem Herrn morgen. Und es soll der Mann, den der Herr erwählen wird, heilig sein. Es sei genug für euch, Söhne Levis!"
8) Und Mose sprach zu Kore: „Hört doch auf mich, Söhne Levis!
9) Ist es nicht wenig für euch, dass der Gott Israels euch ausgesondert hat aus der Versammlung Israels und euch herangeführt hat zu ihm, um den Dienst am Zelt des Herrn zu leisten und um gegenüber der Versammlung zu stehen, um ihnen zu dienen?
10) Und er hat dich gebracht und alle deine Brüder, die Söhne Levis mit dir. Ihr aber strebt danach, Priester zu sein?
11) So bist du und deine ganze Versammlung, die sich gegen Gott vereinigt hat, und Aaron: wer ist er, dass ihr gegen ihn murrt?"

---

1 FINDLAY, Ideology, 428: „The translator's ideology, in short, can seen as anti-Levitical and pro-Aaronide."

12) Und es schickte Mose (aus), um Datan und Abiron, die Söhne Eliabs, zu rufen. Und sie sprachen: „Wir kommen nicht hinauf!

13) Ist es nicht wenig, dass du uns heraufgebracht hast aus einem Land, in dem Milch und Honig fließen, um uns zu töten in der Wüste, dass du dich zum Herrscher über uns aufwirfst?

14) Aber auch wenn du uns in ein Land geführt hast, in dem Milch und Honig fließen, und du uns gegeben hast ein Erbteil von Feld und Weinbergen, dann hast du die Augen dieser Männer ausgestochen: Wir kommen nicht hinauf!"

15) Und Mose wurde sehr missmutig und sprach zum Herrn: „Wende dich nicht ihrem Opfer zu! Weder habe ich etwas Begehrtes von einem von ihnen genommen, noch habe ich einem von ihnen etwas Böses getan."

16) Und Mose sprach zu Kore: „Heilige deine Versammlung und seid bereit vor dem Herrn, du und sie und Aaron morgen!

17) Und ein jeder nehme seine Räucherpfanne und lege in sie Räucherwerk und bringe jeder seine Räucherpfanne vor den Herrn: 250 Räucherpfannen und du und Aaron, jeder seine Räucherpfanne."

18) Und sie nahmen jeder seine Räucherpfanne und sie legten Feuer in sie und sie taten in sie Räucherwerk. Und Mose und Aaron standen neben dem Eingang des Zelts des Zeugnisses.

19) Und Kore versammelte vor ihnen seine ganze Versammlung neben dem Eingang des Zelts des Zeugnisses. Und es erschien die Herrlichkeit des Herrn der ganzen Versammlung.

20) Und der Herr sprach zu Mose und zu Aaron:

21) „Sondert euch aus der Mitte dieser Versammlung aus! Ich will sie auf einmal vernichten."

22) Und sie fielen auf ihr Angesicht und sprachen: „Gott, Gott der Geister und allen Fleisches, wenn ein Mann sündigt, soll über die ganze Versammlung der Zorn des Herrn (kommen)?"

23) Und der Herr sprach zu Mose:

24) „Sprich zur Versammlung: ,Entfernt euch rundherum der Versammlung Kores.'"

25) Und Mose erhob sich und ging zu Datan und Abiron. Und gemeinsam mit ihm gingen alle Ältesten Israels.

26) Und er sprach zur Versammlung: „Entfernt euch von den Zelten dieser verstockten Männer und berührt nichts von allem, was ihnen ist, damit ihr nicht zusammen weggerafft werdet wegen all ihrer Sünde."

27) Und sie entfernten sich von dem Zelt Kores rundherum. Datan und Abiron traten heraus und standen neben den Eingängen ihrer Zelte, ebenso ihre Frauen, ihre Kinder und ihr Anhang.

28) Und Mose sagte: „Darin sollt ihr erkennen, dass der Herr mich gesandt hat, zu tun all diese Taten, dass das nicht von mir kam.

Anhang: Die Tendenz von Num 16f in der Septuaginta | **275**

29) Wenn diese gemäß dem Tod sterben wie alle Menschen sterben, wenn ihre Heimsuchung gemäß der Heimsuchung aller Menschen sein wird, dann hat der Herr mich nicht gesandt hat.

30) Oder aber der Herr wird (es) durch eine Erscheinung zeigen, und die Erde wird ihren Schlund öffnen und sie verschlucken und ihre Häuser und ihre Zelte und alle, die zu ihnen gehören, und lebend werden sie zum Hades hinunterfahren, und ihr werdet erkennen, dass diese Männer den Herrn erzürnt haben.“

31) Und als er aufgehört hatte, alle diese Worte zu sprechen, da spaltete sich die Erde unter ihnen,

32) und die Erde wurde geöffnet und verschluckte sie und ihre Häuser und alle Menschen, die bei Kore waren, und ihren Besitz (an Vieh).

33) Und sie und alles, was bei ihnen lebte, fuhren hinunter zum Hades. Und die Erde bedeckte sie. Und sie gingen zugrunde mitten aus der Versammlung.

34) Und ganz Israel floh – alle, die um sie herum waren – wegen ihres Geschreis, weil sie sagten, „Niemals möge uns die Erde verschlucken!“

35) Und Feuer trat vom Herrn hervor und aß die 250 Männer, die das Räucherwerk darbrachten.

Num 17,1–15:

1) Und der Herr sprach zu

2) Mose und zu Eleasar, dem Sohn Aarons, dem Priester: „Hebt heraus die bronzenen Räucherpfannen aus der Mitte des Verbrannten heraus und verteile dieses fremde Feuer dort, weil sie geheiligt haben

3) die Räucherpfannen dieser Sünder in ihrem Leben[2], und mache sie zu gehämmerten Metallplatten als Abdeckung für den Altar, weil sie vor den Herrn gebracht, geheiligt und zum Zeichen für die Söhne Israels wurden.“

4) Und Eleasar, der Sohn Aarons, des Priesters, nahm die bronzenen Räucherpfannen, mit denen die Verbrannten dargebracht hatten, und sie stellten sie hin als Überzug für den Altar

5) als Erinnerung für die Söhne Israels, damit kein Fremder herzukommt, der nicht aus der Nachkommenschaft Aarons ist, um Räucherwerk zu legen vor

---

2 Diese schwer verständliche Aussage ist eine wörtliche Übersetzung des hebräischen Textes. Zieht man nur den griechischen Text heran, ist der Inhalt des Verses wie folgt: „Verteile dieses fremde Feuer dort, weil sie die Räucherpfannen dieser Sünder noch zu ihren Lebzeiten geheiligt hatten!“ Dadurch schafft der Übersetzer einen Bogen zu seiner – eingefügten – Aussage in
Num 16,16. Dort spricht Mose zu Korach, dass er seine Versammlung (und mir ihr wohl ihre Räucherpfannen) heiligen solle. Durch diese Verbindung ist es meines Erachtens nicht möglich, Num 17,3LXX ἐν ταῖς ψυχαῖς mit „durch ihre Leichen“ zu übersetzen (so Rösel/Schlund, in: Septuaginta deutsch). Dass hier „Leichen“ gemeint sind, ist nur aus dem hebräischen Text zu erschließen (vgl. oben S. 28 Anm. 15).

dem Herrn, und damit keiner sein wird wie Kore und sein Aufruhr, wie der Herr durch die Hand Moses geredet hatte.

6) Und es murrten die Söhne Israels am nächsten Morgen gegen Mose und gegen Aaron: „Ihr habt das Volk des Herrn getötet!"

7) Und es geschah während sich die Versammlung gegen Mose und Aaron versammelte, da eilten sie zum Zelt des Zeugnisses und dieses bedeckte die Wolke und es erschien die Herrlichkeit des Herrn.

8) Und Mose und Aaron traten hinaus vor das Zelt des Zeugnisses,

9) und der Herr sprach zu Mose und Aaron:

10) „Sondert euch ab aus der Mitte dieser Versammlung! Ich will sie auf einmal vernichten." Da fielen sie auf ihr Angesicht.

11) Und Mose sprach zu Aaron: „Nimm die Räucherpfanne und gib in sie Feuer vom Altar und lege auf sie Räucherwerk und bringe (sie) schnell in das Lager und schaffe Sühne für sie. Denn der Zorn trat vom Angesicht des Herrn aus, er hat begonnen, das Volk zu zerbrechen.

12) Und es nahm Aaron, was Mose ihm gesagt hatte, und er rannte hin zur Versammlung. Und siehe, das Zerbrechen im Volk hatte (schon) begonnen. Und er legte das Räucherwerk auf und schuf Sühne für das Volk.

13) Und er war in der Mitte von Getöteten und Lebenden und das Zerbrechen hörte auf.

14) Und es waren die Getöteten während des Zerbrechens 14700 ohne die Getöteten wegen Kore.

15) Und Aaron ging zurück zu Mose zum Eingang des Zeltes des Zeugnisses, und das Zerbrechen hatte aufgehört.

In der Septuaginta-Übersetzung sind wenige Varianten im Vergleich zum MT erkennbar. Diese Varianten sind vor allem in der Hinzufügung oder Auslassung von Namen deutlich. Der Name Aaron wird eingefügt, zweimal werden die Namen Datan und Abiram weggelassen. Findlay folgert aus diesem Befund, dass der Übersetzer eine anti-levitische und eine pro-aaronidische Ideologie verfolgte.[3] Es sei aus der Septuaginta-Variante von Num 16f einerseits abzulesen, dass es in der Zeit der Übersetzung Spannungen zwischen Leviten und Aaroniden gegeben habe, andererseits, dass der Übersetzer klar eine pro-aaronidische Ideologie verfolgte.[4] Es ist jedoch offensichtlich, dass bereits der hebräische Text deutlich anti-levitisch ist

---

3 FINDLAY, Ideology, 428: „The translator's ideology, in short, can seen as anti-Levitical and pro-Aaronide."

4 FINDLAY, Ideology, 421: "This evidence leads to the conclusion that tensions between Levitical and Aaronide groups were present at the time the Septuagint translation was being produced, and that the translator exhibits a distinctly pro-Aaronide ideology in the rendering of Numbers 16–17."

Anhang: Die Tendenz von Num 16f in der Septuaginta | **277**

und dass er, wie oben gezeigt, aus mehreren Schichten und Redaktionen zusammengesetzt ist. Somit könnten die Septuaginta-Varianten schlicht Glättungen der Widersprüche sein, die im hebräischen Text durch Redaktionsarbeit aufgetreten sind. Alle Varianten zum MT seien hier nun aufgelistet und kommentiert:

Der Befund des Vergleichs zwischen Num 16–17,15 MT und LXX lautet:

- In V.1 wird statt des schwierigen ויקח קרח ein anderer Kapitelanfang gewählt: „Und es sprach Kore"[5]
- In V.3 fehlt „zu ihnen", und aus dem Imperativ wird eine Forderung: Statt „Genug für Euch! Denn alle sind heilig" steht „Es soll für euch der Zustand sein, dass alle Heilige sind". Auffällig ist, dass sich die Wendung רב לכם auch in V.7 findet, im Griechischen aber in V.7 anders als in V.3 wiedergegeben wird. In V.7 heißt es: ἱκανούσθω ὑμῖν, während in V.3 Ἐχέτω ὑμῖν steht.
- Den Anfang der wörtlichen Rede in V.5 verstand der Übersetzer als zwei Verben im Perfekt und Qal: בֹּקֶר wurde als בָּקַר gelesen, וְיֹדַע als וְיָדַע. Die Zeitangabe „morgen" fiel somit weg: Gott hat bereits erkannt und auserwählt – dies geschieht nicht erst am darauffolgenden Tag. Zudem wird das Tetragramm mit θεῖος nicht mit κύριος wiedergegeben.[6]
- V.6 hat ein zusätzliches „für sie/selbst".
- V.8 hat über den hebräischen Text hinausgehend, dass die Söhne Levis „auf mich" (also auf Mose) hören sollen
- In V.11 wird על יהוה mit πρὸς τὸν θεόν wiedergegeben (vgl. V.5)
- In V.14 ist „das Ausstechen der Augen" im Gegensatz zum MT nicht als Frage gestaltet.
- In V.15 wird aus einem „Esel" „etwas Begehrtes".
- In V.16 erhält die Rede von Mose an Korach einen Zusatz: Nach dem MT soll Korach mit seiner Schar morgen vor JHWH sein, nach der LXX hingegen soll Korach seine Versammlung erst heiligen und dann vor den Herrn treten.
- In V.18 stehen zunächst nur Mose und Aaron vor dem Zelt des Zeugnisses, nicht Korach mit seiner Versammlung.
- Datan und Abiram fehlen in V.24; zudem wird משכן als „ἀπὸ τῆς συναγωγῆς/ Versammlung" übersetzt.
- Datan und Abiram fehlen in V.27; hier wird משכן als „τῆς σκηνῆς/Zelt" übersetzt.

---

5 Auf welche Weise die Namen transkribiert werden, wird hier nicht näher erläutert, vgl. dazu WEVERS, Notes, 258f.

6 Vgl. auch WEVERS, Notes, 261. Findlay hat diese Stelle nicht aufgelistet, obwohl es durchaus in der Interpretation einen Unterschied macht, ob Gott diejenigen, die zu ihm gehören, bereits erwählt hat oder ob er dies erst „morgen" tun wird.

Anhang: Die Tendenz von Num 16f in der Septuaginta

- In V.32LXX *wird* die Erde *geöffnet*, während sie im Hebräischen selbst ihren Mund öffnet.
- In V.33 fahren alle, *die bei ihnen lebten*, in den Hades hinunter. Dies intendiert auch der MT. In Anlehnung an V.30 allerdings liegt im hebräischen Konsonantentext die Aussage näher, dass sie „lebend" in den Hades hinabfuhren.
- Die Sortierung der Vv.17,1–3 ist zwischen MT und LXX größer als zwischen dem hebräischen Konsonantentext und der LXX. Von daher wurde vorne der Konsonantentext übersetzt und die masoretische Akzentsetzung als Interpretation verstanden. Darüber hinaus gibt es aber noch folgende Abweichungen: Im hebräischen Text spricht JHWH nur zu Mose, dieser wiederum soll zu Eleasar sprechen. In der LXX spricht Gott jedoch zu beiden. Dadurch muss der Septuaginta-Übersetzer den folgenden Imperativ in den Plural setzen. Zudem werden die Räucherpfannen zusätzlich als „bronzene" gekennzeichnet.
- In V.4 wird Aaron eingetragen.
- In V.5 fehlt „zu ihm".
- In V.6 fehlt „die ganze Schar".
- In V.9 redet JHWH zu Mose und Aaron.

Dieser Befund lässt sich in vier Kategorien einteilen: Die Varianten beruhen 1) auf einer vom Konsonantentext des MT abweichenden Vorlage, sind 2) Übertragungen in Zeit und Sprache der Übersetzer ohne Sinnänderung, stellen 3) Glättungen der Widersprüche dar, die durch die Redaktionsarbeit im hebräischen Text entstanden sind, oder sind 4) theologische Modifikationen.

Unter Kategorie 1) sind folgende Varianten zu zählen:
- Die Formulierung in V.8, dass die Söhne Levis „auf mich" (also auf Mose) hören sollen, könnte einer anderen Lesart folgen als die, die im MT vorliegt. Auch Findlay deutet an, dass hier die Partikel נא als das Suffix ני aufgefasst sein könnte, und er folgert daraus, dass dadurch der LXX-Text den Konflikt zwischen Mose und Korach noch stärker betont.[7] Diese Schlussfolgerung ist möglich, aber keinesfalls zwingend.
- In V.15 wird aus einem „Esel/המור" „etwas Begehrtes/חמוד".[8]
- Im weitesten Sinne ist zu dieser Kategorie auch die Wiedergabe von V.5 zu zählen. Hier lag zwar kein abweichender Konsonantentext vor, doch wurde dieser anders verstanden: Statt בֹּקֶר wurde בְּקֶר gelesen, statt וְיֹדַע וְיָדַע. Somit fehlt zum einen in Num 16,5LXX die zeitliche Angabe „morgen", zum andern wird dieser Vers perfektisch verstanden, da alle Verbformen im Aorist wiedergegeben

---

7 Vgl. FINDLAY, Ideology, 423.
8 So WEVERS, Notes, 267.

Anhang: Die Tendenz von Num 16f in der Septuaginta | **279**

werden: Gott wird nicht erst die Seinen heiligen, sondern er hat es bereits getan. Wer damit allerdings konkret gemeint ist, wird an dieser Stelle noch offen gelassen.

- Ebenso ist die Aussage in V.33 als mögliche Interpretation ohne bewusste Sinnänderung des Konsonantentextes zu sehen, dass alle, *die bei ihnen lebten*, zum Hades hinabfuhren, anstatt dass alle *lebend* zum Hades gelangten.

Zur Kategorie 2) „Übertragungen in Zeit und Sprache der Übersetzer" sind folgende Varianten zu rechnen:
- Aus der Totenwelt „Scheol" in V.30.33 wurde der „Hades".
- In diesen Zusammenhang mit der Erde und der Totenwelt gehört ebenfalls die Verwendung des Passivum DiviNum in V.32. Nach Ansicht des Übersetzers kann die Erde nicht wie eine Person agieren und sich selbst öffnen. Daher verwendet der Übersetzer an dieser Stelle eine passive Form im Sinne des Passivum Divinum: Die Erde wurde geöffnet (von Gott).[9]

Zur Kategorie 3) „Glättungen" sind folgende Verse zu rechnen:
- Zunächst stellt der Kapitelanfang „Und es sprach Kore" eine Glättung des schwer verständlichen „ויקח קרח" dar.[10]
- In V.5 und V.11 ist die Wiedergabe von יהוה mit ϑεῖος eine Angleichung an V.9, da in allen drei Versen davon die Rede ist, dass JHWH beziehungsweise der Gott Israels Korach und die Leviten bereits auserwählt hat. Um dies nochmal zu unterstreichen, verwendet der Übersetzer in den Vv.5 und 11 ebenso die Formulierung ὁ ϑεῖος wie in V.9. Damit glättet der Übersetzer den Text, schafft aber keinen Bedeutungsunterschied, ob er hier nun ϑεῖος oder κύριος verwendet, da klar der israelitische Gott JHWH gemeint ist. Vielmehr schafft der Übersetzer eine Verbindung zwischen den Vv.5.9.11. Während Wevers anmerkt, dass die Verwendung von ὁ ϑεῖος in V.11 nicht klar sei[11], sieht Findlay hingegen in V.11 (wie in V.5) den Wunsch des Übersetzers, Korachs Beziehung zum Gott Israels herunterzuspielen, indem er den göttlichen Namen verschweigt.[12] Dieser Ansatz trifft aber auf V.5 nicht zu, da dort berichtet wird, dass Gott bereits geprüft

---

9 Dies stellt natürlich eine theologische Modifikation dar, diese hat aber in erster Linie nichts mit der Erzählung von Num 16f. zu tun, sondern allgemein mit dem Gottesbild der damaligen Zeit.

10 Auch Josephus (Ant. 4,14) und einige rabbinische Schriften vermuten hinter der Formulierung ויקח, dass es sich hierbei um „reden" handeln müsse. So hält John D. DERRETT (case, 67f.) vor dem Hintergrund der rabbinischen Schriften fest: „*Wayyiqqaḥ* at Num 16:1 means many things, but certainly that he was a very plausible speaker (Num R. XVIII.2)."

11 Vgl. WEVERS, Notes, 264.

12 Vgl. FINDLAY, Ideology, 424.

und erkannt hat, wer die Seinen und somit Heilige sind. Er hat sie ausgewählt. In diesem Vers ist von einem Bezug Korach – Gott keine Rede.

- Durch das Lexem „heilig" schafft der LXX-Übersetzer eine Vernetzung von mehreren Versen: Zunächst versteht der Übersetzer Num 16,3 als eine Forderung statt einer Feststellung: Die 250 Männer fordern, es sollen alle heilig sein, während im hebräischen Text die Männer konstatieren, sie seien alle heilig. Dementsprechend erwidert Mose in Num 16,16LXX, dass Korach doch seine Versammlung heiligen solle, wie es zu Beginn gefordert wurde. In Num 17,3LXX wird darauf wiederum Bezug genommen, indem festgestellt wird, dass die Räucherpfannen der Sünder zu ihren Lebzeiten geheiligt worden waren. Nach dem griechischen Text haben Korach und die 250 Männer demnach ihre Forderung und die Aufforderung von Mose erfüllt und haben sich selbst und ihre Räucherpfannen geheiligt. Damit vernetzt der Übersetzer Num 16,3.16 und Num 17,3 miteinander, auch indem er deutlich in den Text eingreift und in Num 16,16 einen Halbvers ergänzt. Dies ist meines Erachtens vielmehr dem Wunsch geschuldet, einen harmonischen Text herzustellen als der Tatsache, theologische Modifikationen vorzunehmen. Wevers hält es bei Num 16,16 für möglich, dass den Übersetzern ein anderer Text vorgelegen habe[13], während Findlay in diesem Vers eine klare theologische Modifikation des Übersetzers sieht. So hebe der Übersetzer die Rolle des Mose an, indem Mose einen Imperativ der Heiligung an Korach richtet. Dadurch würde Korach erniedrigt. Dies würde intendieren, dass Korach sich erst heiligen muss, während Mose und Aaron diesen Zustand bereits innehaben.[14] Der Schlussfolgerung Findlays, dass Mose und Aaron durch diesen Ausspruch eine höhere Stellung als Korach einnehmen, ist sicher richtig, doch liegt das Hauptaugenmerk des Übersetzers nicht auf der Stellung von Aaron und Korach, sondern vielmehr auf dem Bemühen, den Text zu glätten und einzelne Verse miteinander zu vernetzen. Dadurch, dass der Übersetzer die Aussage einfügt, dass Korach sich selbst und seine Versammlung (und somit auch die Räucherpfannen) heiligen soll, erklärt sich die Formulierung ἐν ταῖς ψυχαῖς in Num 17,3: Entgegen der Übersetzung der Septuaginta deutsch (mit „durch ihre Leichen") ist hier „zu ihren Lebzeiten" gemeint[15], sodass dieser Vers eine Klammer mit Num 16,16 (und Num 16,3) bildet.
- Darüber hinaus sind vor allem Glättungen an den Stellen zu sehen, wo es um die Standorte der einzelnen Personen geht. Deshalb werden Datan und Abiram in den Vv.24.27 gestrichen und משכן einmal als Versammlung, einmal

---

13 Vgl. WEVERS, Notes, 267.

14 Vgl. FINDLAY, Ideology, 424. Leider erklärt Findlay nicht, wie es zu dieser Lesart gekommen sein könnte, sondern interpretiert diese lediglich.

15 Siehe S. 28 Anm. 15.

als Zelt wiedergegeben. Somit stehen Datan und Abiram während der Strafe neben ihren eigenen Zelten. Zudem wird von Mose und Aaron gesagt, dass sie zuerst vor dem Zelt des Zeugnisses stehen (V.18) und dann Korach mit seiner Versammlung dazukommt.[16] Anschließend fordert Gott sie auf, sich von Korach zu entfernen, woraufhin sie zu Datan und Abiram gehen.

- In Num 17,1–9 wird zweimal der Name „Aaron" zusätzlich eingetragen. Dies stellt aber nicht zwingend eine bewusste Hervorhebung Aarons dar, sondern schlicht eine Harmonisierung der Verse, in denen von Eleasar gesprochen wird. Somit sind diese Einfügungen als Anlehnung an Num 17,1 zu verstehen, wo Eleasar als *Sohn Aarons, des Priesters* vorgestellt wird.
- In Num 17,5 wird „zu ihm" [scil. zu Eleasar] weggelassen. Im hebräischen Text findet sich die Aussage, dass Gott zu Eleasar durch Mose geredet hatte. Da aber Gott in Num 17,1fLXX zu Mose *und* Eleasar redet, muss im Sinne einer Glättung das „zu ihm" im griechischen Text wegfallen.
- Nach Num 17,6LXX murren die Söhne Israels, während im hebräischen Text die Schar der Söhne Israels murrt. Dies stellt ebenso eine Glättung dar, da die griechische Version die Vokabel עדה mit συναγωγή wiedergibt und nur für die „Versammlung Korachs" gebraucht. Der hebräische Text ist dahingehend verwirrend, da עדה sowohl für das Volk als auch für die Schar Korachs gebraucht wird.

Zu (bewussten) Modifikationen als Kategorie 4) sind eventuell lediglich folgende Varianten zu rechnen:
- Eine kleine Abweichung vom hebräischen Konsonantentext stellt V.14 dar. Dass Mose laut Datan und Abiram die Augen dieser Männer ausstechen will, wird im Griechischen nicht als Frage formuliert. Im Griechischen ist diese Aussage Teil eines Konditionalsatzes und somit auch hierbei keine Tat, die Mose wirklich begangen hat. Somit liegt hier zwar eine abweichende Konstruktion, aber keine Sinnänderung vor.
- In Num 17,1f spricht Gott zu Mose *und* Eleasar, nicht nur zu Mose allein wie im hebräischen Text. Dies könnte eine Betonung der Aaroniden darstellen. Zudem wird Aaron in Num 17,9 ergänzt, sodass Gott auch hier zu Mose *und* Aaron spricht. Wenn man allerdings den hebräischen Konsonantentext zu Num 17,1–2 betrachtet, fällt auf, dass die entscheidenden Worte aus denselben Buchstaben bestehen. So ist es meines Erachtens auch möglich, dass den Septuaginta-Übersetzern ein anderer Konsonantentext vorlag, der einen

---

16 Gegen Findlay, Ideology, 424f., der konstatiert, nur Mose und Aaron stehen neben dem Zelt der Begegnung. Diese liturgische Rolle wolle die griechische Lesart von V.18 betonen. Findlay übersieht allerdings, dass in V.19 dezidiert gesagt wird, dass auch Korach am Zelt des Zeugnisses steht.

Anhang: Die Tendenz von Num 16f in der Septuaginta

Abschreibfehler beinhaltete: Eine Verwechslung von einem hebräischen וידבר אל אלעזר ויאמר zu einem וידבר יהוה אל משה אל אלעזר לאמר אמר יהוה אל משה ist mit einer angenommenen Haplographie nicht abwegig. So könnte es durchaus möglich sein, dass die Rede JHWHs zu Mose *und* Eleasar im griechischen Text keine bewusste Höherstellung der Aaroniden bezweckte, sondern lediglich einen Lesefehler darstellt.[17]

Fazit:

Zusammenfassend lässt sich festhalten, dass der/die Übersetzer in erster Linie einen in ihrer Zeit verständlichen Text ohne Widersprüche schaffen wollten. Bewusste Modifikationen, ob mit theologischem oder priesterlichem Schwerpunkt, lassen sich nur eventuell in Num 17,1.9 feststellen, indem Gott zu Mose *und Eleasar beziehungsweise Aaron* spricht. Die sonstigen abweichenden Lesarten, zum Beispiel in Num 16,16.18, zeigen vielmehr den Hang zur Harmonisierung der Erzählung als zur Hervorhebung Aarons, zumal Aaron lediglich am Rande genannt wird. Nur aufgrund dieser zwei Abweichungen in Num 17,1.9 ist es schwierig, der These Findlays, die Septuaginta-Variante enthalte eine klar pro-aaronidische Ideologie, zuzustimmen, zumindest ist dieser Text nicht wesentlich pro-aaronidischer als seine hebräische Vorlage. Der Übersetzer ist hingegen auffällig bemüht, alle Spannungen des hebräischen Textes zu glätten, Verse miteinander zu harmonisieren und die ganze Perikope von Num 16,1–17,15 miteinander zu vernetzen. Dementsprechend dient das Lexem „heilig" als Klammer zwischen Num 16,3.16 und Num 17,3. Genauso wird der Gottesname angepasst (Num 16,5.9.11).

Theologisch interessant ist jedoch, ohne dass es eine bewusste Änderung des Textes einschließt, dass Gott die Seinen bereits erwählt und geheiligt hat – dies ist im griechischen Text deutlich eine Tat in der Vergangenheit im Gegensatz zur hebräischen Variante.

---

17 Leider sind diese Verse nicht in Qumran bezeugt.

Literatur

Die verwendeten Abkürzungen richten sich nach Schwertner, S.M., IATG[3] – internationales Abkürzungsverzeichnis für Theologie und Grenzgebiete. Zeitschriften, Serien, Lexika, Quellenwerke mit bibliographischen Angaben, 3. überarb. u. erw. Auflage Berlin/Boston 2014.

Textausgaben

a.)   Masoretischer Text

Biblia Hebraica, R. Kittel (Hg.), editionem tertiam denuo elaboratam ad finem perduxerunt editionem septimam auxerunt et emendaverunt A. Alt et O. Eissfeldt, Stuttgart 1937.
Biblia Hebraica Stuttgartensia, K. Elliger/W. Rudolph (Hg.), Stuttgart [4]1990.

b.)   Griechische Übersetzung

Septuaginta. Id est Vetus Testamentum graece iuxta LXX interpretes, A. Rahlfs (Hg.), Stuttgart 1935/79.

c.)   Lateinische Übersetzung

Biblia Sacra iuxta Vulgatam Versionem, R. Weber (Hg.), Stuttgart [5]2007.

d.)   Neues Testament und Apostolische Väter

Die Apostolischen Väter. Griechisch-deutsche Parallelausgabe auf der Grundlage der Ausgaben von F.X. Funk/K. Bihlmeyer/M. Whittaker mit Übersetzungen von M. Dibelius/D.-A. Koch. Neu übersetzt und hg. v. A. Lindemann/H. Paulsen, Tübingen 1992.
Novum Testamentum Graece, post Eb. et. Erw. Nestle, K. Aland (Hg.), [28]Stuttgart 2012.

e.)   Targumim

OakTree Software. acCordance™. Software for Biblical Studies. Version 11.2.3, Altamonte Springs 2016.
MANGAN, C., The Targum of Job. The Targum of Proverbs (by J.F. Healy). The Targum of Kohelet (by P.S. Knobel), ArBib 15, Edinburgh 1991.

284 | Literatur

STEC, D.M., The Targum of Psalms. Translated with a Critical Introduction, Apparatus, and Notes; ArBib 16; London/New York 2004.

f.) Jüdische Schriften aus hellenistisch-römischer Zeit

Josephus. With an English Translation by R. Marcus; Jewish Antiquities. Books XII–XIV; Bd. VII; hg. v. Goold, G.P.; LCL 365; Cambridge/Mass./London 1986.

Philo. With an English Translation by F.H. Colson, Bd. VIII, LCL 341, Cambridge/Mass. 1941.

Unterweisung in erzählender Form. Pseudo-Philo: Antiquitates Biblicae (Liber Antiquitatum Biblicarum), JSHRZ II, Lieferung 2, C. Dietzfelbinger (Hg.), Gütersloh 1975.

g.) Rabbinische Texte und Textgrundlage zu Raschi

Midrasch Tehillim oder haggadische Erklärung der Psalmen. Nach der Textausgabe von Salomon Buber zum ersten Male ins Deutsche übersetzt und mit Noten und Quellenangaben versehen von A. Wünsche, Erster Band, Trier 1892.

Mikra'ot Gedolot Haketer. A revised and augmented scientific edition of ,Mikra'ot Gedolot'. Based on the Aleppo Codex and early Medieval MSS, M. Cohen (Hg.), Ramat Gan 2003.

Talmud Bavli, ed. Wilna 1880–86.

Talmûd bavlî: the Schottenstein edition; the Gemara: the classic Vilna edition, with an annotated, interpretive elucidation, as an aid to talmud study/elucidated and edited by a team of scholars under the general editorship of Rabbi Hersh Goldwurm, Brooklyn/New York 1996ff.

Responsa. Version 15.0, The Responsa Project – Bar Ilan University, Ramat Gan 2007.

Hilfsmittel

BAUER, W., Griechisch-deutsches Wörterbuch zu den Schriften des Neuen Testaments und der frühchristlichen Literatur, völlig neu bearbeit. im Institut f. neutestamentl. Textforschung/Münster unter bes. Mitwirkung v. V. Reichmann, Aland, K. u. B. (Hg.), Berlin/New York [6]1988.

Hebräisches und aramäisches Lexikon zum Alten Testament (HALAT). 3. Auflage. Lieferung 1 unter der Mitarbeit von Hartmann, B. u. Kutscher, E.Y., neu bearbeitet v. Baumgartner, W., Lieferung 2 unter der Mitarbeit von Hartmann, B. u. Kutscher, E.Y., neu bearbeitet von Baumgartner, W., Hartmann, B., Reymond, P.H. u. Stamm, J.J. (Hg.), Lieferung 3 unter der Mitarbeit v. Ben-Ḥayyim, Z., Hartmann, B. und Reymond, P.H., neu bearbeitet v. Baumgartner, W. u. Stamm, J.J., Lieferung 4 unter der Mitarbeit v. Ben-Ḥayyim, Z., Hartmann, B. und Reymond, P.H., neu bearbeitet v. Stamm, J.J., Leiden u. a. 1967ff.

GESENIUS, W. U. KAUTZSCH, E., Wilhelm Gesenius' Hebräische Grammatik. Völlig umgearbeitet von Kautzsch, E., Leipzig [28]1909 [Nachdr. 1985].

GIBSON, J.C.L., Davidson's Introductory Hebrew Grammar. Syntax, Edinburgh [4]1994 [Nachdr. 1997].

JOÜON, P., rev. by MURAOKA, T., A Grammar of Biblical Hebrew. Bd. I und II., SubBi 14/I u. II, Rom 2000.

LIDDELL, H.G. U. SCOTT, R., A Greek – English Lexikon, Oxford [9]1989.

REHKOPF, F., Septuaginta-Vokabular, Göttingen 1989.

RENZ, J./RÖLLIG, W., Handbuch der Althebräischen Epigraphik. Bd. I: RENZ, J., Die althebräischen Inschriften. Teil 1: Text und Kommentar, Darmstadt 1995.

WEHR, H., Arabisches Wörterbuch für die Schriftsprache der Gegenwart. Arabisch – Deutsch. Unter Mitwirkung von Lorenz Kropfitsch neu bearbeitet und erweitert, Wiesbaden [5]1985.

Sekundärliteratur

ACHENBACH, R., Das *Versagen* der Aaroniden. Erwägungen zum literarischen Ort von Leviticus 10, in: M. Augustin/H.M. Niemann (Hg.), „Basel und Bibel". Collected Communications to the XVIIth Congress of the Old Testament, Basel 2001, BEAT 51, Frankfurt a. Main u. a. 2004, 55–70.

– Die *Vollendung* der Tora. Studien zur Redaktionsgeschichte des Numeribuches im Kontext von Hexateuch und Pentateuch, BZAR 3, Wiesbaden 2003.

ALBERTZ, R., *Religionsgeschichte* Israels in alttestamentlicher Zeit. Teil 2: Vom Exil bis zu den Makkabäern, GAT 8/2, Göttingen [2]1997.

– Das Buch *Numeri* jenseits der Quellentheorie. Eine Redaktionsgeschichte von Num 20–24 (*Teil I*), ZAW 123, 2011, 171–183.

– Das Buch *Numeri* jenseits der Quellentheorie. Eine Redaktionsgeschichte von Num 20–24 (*Teil II*), ZAW 123, 2011, 336–347.

ALEXANDER, P.S., „*Retelling* the Old Testament", in: D.A. Carson/H.G.M. Williamson (Hg.), It is Written: Scripture Citing Scripture. Essays in Honour of Barnabas Lindars, Cambridge 1988, 99–121.

AHUIS, F., *Autorität* im Umbruch. Ein formgeschichtlicher Beitrag zur Klärung der literarischen Schichtung und der zeitgeschichtlichen Bezüge von Num 16 und 17. Mit einem Ausblick auf die Diskussion um die Ämter in der Kirche, CThM.BW 13, Stuttgart 1983.

AMZALLAG, N., The Cosmopolitan *Character* of the Korahite Musical Congregation: Evidence from Psalm 87, VT 64, 2014, 361–381.

ARTUS, O., Enjeux passès et actuels de l'Exégèse du *Livre des Nombres*, RB 123, 2016, 161–182.

– *Etudes* sur le livre des Nombres. Récit, Histoire et Loi en Nb 13,1–20,13, OBO 157, Freiburg/ CH/Göttingen 1997.

- Les Dernières *Rédactions* du Livre des Nombres, in: Th. Römer/K. Schmid (Hg.), Les Dernières Rédactions du Pentateuque, de L'Hexateuque et de L'Ennéateuque, BEThL 203, Leuven u. a. 2007, 129–144.

AULD, A.G., *Samuel*, Numbers, and the Yahwist-Question, in: J.C. Gertz/K. Schmid/M. Witte (Hg.), Abschied vom Jahwisten. Die Komposition des Hexateuch in der jüngsten Diskussion, BZAW 315, Berlin/New York 2002, 233–246.

AURELIUS, E., Der *Fürbitter* Israels. Eine Studie zum Mosebild im Alten Testament, CB.OT 27, Stockholm 1988.

BADEN, J.S., J, E, and the *Redaction* of the Pentateuch, FAT 68, Tübingen 2009.

BAE, H.-S., Vereinte *Suche* nach JHWH. Die Hiskianische und Josianische Reform in der Chronik, BZAW 355, Berlin/New York 2005.

BEENTJES, P.C., „Die *Freude* war groß in Jerusalem" (2Chr 30,26). Eine Einführung in die Chronikbücher, SEThV 3, Wien 2008.

BEHRENS, A., „*Grammatik* statt Ekstase!" Das Phänomen der syntaktischen Wiederaufnahme am Beispiel von Am 7,1–8,2, in: A. Wagner (Hg.), Studien zur hebräischen Grammatik, OBO 156, Freiburg/CH – Göttingen 1997, 1–9.

BERNER, C., Vom *Aufstand* Datans und Abirams zum Aufbegehren der 250 Männer. Eine redaktionsgeschichtliche Studie zu den Anfängen der literarischen Genese Num 16–17, BN 150, 2011, 9–33.

- Wie *Laien* zu Leviten wurden. Zum Ort der Korachbearbeitung innerhalb der Redaktionsgeschichte von Num 16–17, BN 152, 2012, 3–28.

BERNSTEIN, M.J., „*Rewritten Bible*": A Generic Category Which Has Outlived its Usefulness? Textus 22, 2005, 169–196, (abgedruckt: http://www.hum. huji.ac.il/upload/_FILE_1371728015.pdf), [Zugriffsdatum: 29.6.2015].

BLUM, E., *Issues* and Problems in the Contemporary Debate Regarding the Priestly Writings, in: S. Shectman/J.S. Baden (Hg.), The Strata of the Priestly Writings. Contemporary Debate and Future Directions, AThANT 95, Zürich 2009, 31–44.

- *Studien* zur Komposition des Pentateuch, BZAW 189, Berlin – New York 1990.

BODENDORFER, G., Zur *Historisierung* des Psalters in der rabbinischen Literatur, in: E. Zenger (Hg.), Der Psalter in Judentum und Christentum, HBS 18, Freiburg i. Br. u. a. 1998, 215–234.

BOOIJ, TH., *Psalm LXXXIV*. A Prayer of the Anointed, VT 44, 1994, 433–441.

BRONGERS, H.A., Alternative *Interpretationen* des sogenannten Waw copulativum, ZAW 90, 1978, 273–277.

BRÜTSCH, M., *Israels Psalmen* in Qumran. Ein textarchäologischer Beitrag zur Entstehung des Psalters, BWANT 193 (Zehnte Folge, Heft 13), Stuttgart 2010.

CARR, D.M., *Data* to Inform Ongoing Debates about the Formation of the Pentateuch. From Documented Cases of Transmission History to a Survey of Rabbinic Exegesis, in: J.C. Gertz u. a., The Formation of the Pentateuch. Bridging the Academic Cultures of Europe, Israel, and North America, FAT 111, Tübingen 2016, 87–106.

CASETTI, P., Gibt es ein *Leben* vor dem Tod? Eine Auslegung von Psalm 49, OBO 44, Freiburg/CH/Göttingen 1982.

CROW, L.D., The *Rhetoric* of Psalm 44, ZAW 104, 1992, 394–401.

DAHM, U., *Opferkult* und Priestertum in Alt-Israel. Ein kultur- und religionswissenschaftlicher Beitrag, BZAW 327, Berlin/New York 2003.

DELITZSCH, FZ., Biblischer Commentar über die *Psalmen*, BC 4. Theil: Poetische Bücher, Friedrich Delitzsch (Hg.), Leipzig [5]1894.

DERRETT, J.D.M., The *case* of Korah versus Moses reviewed, JSJ 24, 1993, 59–78.

DIEHL, J.F., Hebräisches *Imperfekt* mit Waw copulativum. Ein Arbeitsbericht, in: J. Luchsinger/H.-P. Mathys/M. Saur (Hg.), «… der seine Lust hat am Wort des Herrn!»(FS E. Jenni), AOAT 336, Münster 2007, 23–45.

– „*šry 'nwš*, der über *Weisheit* meditiert und zur Einsicht aufschaut" Sir 14,20 – Überlegungen zur *'ašrê*-Formel bei Ben Sira, in der Hebräischen Bibel und in Qumran, in: R. Egger-Wenzel/K. Schöpflin/J.F. Diehl (Hg.), Weisheit als Lebensgrundlage (FS F.V. Reiterer), DCLS 15, Berlin/Boston 2013, 47–64.

DIESEL, A.A., »*Ich bin Jahwe*«. Der Aufstieg der Ich-bin-Jahwe-Aussage zum Schlüsselwort des alttestamentlichen Monotheismus, WMANT 110, Neukirchen-Vluyn 2006.

DIRKSEN, P.B., *1 Chronicles*, Historical Commentary on the Old Testament, Leuven 2005.

– 1 Chronicles 9,26–33: Its *Position* in Chapter 9, Bib. 79, 1998, 91–96.

DÖRRFUSS, E.M., *Mose* in den Chronikbüchern. Garant theokratischer Zukunftserwartung, BZAW 219, Berlin/New York 1994.

DRAPER, J.A., '*Korah*' and the Second Temple, in: W. Horbury (Hg.), Templum Amicitiae. Essays on the Second Temple presented to Ernst Bammel, JSNT.S 48, Sheffield 1991, 150–174.

DUHM, B., Die *Psalmen*, KHC 14, Tübingen 1899.

DYMA, O., „Gottes *Angesicht* schauen" oder „vor ihm erscheinen" als Wallfahrtsterminologie?, in: S.Ö. Steingrímsson (Hg.), Literatur- und sprachwissenschaftliche Beiträge zu alttestamentlichen Texten. Symposion in Hólar í Hjaltadal, 16. – 19. Mai 2005 (FS W. Richter), ATSAT 83, St. Ottilien 2007, 23–36.

EHLICH, K., Verwendungen der *Deixis* beim sprachlichen Handeln. Linguistisch-philologische Untersuchungen zum hebräischen deiktischen System, Teil 1 und 2, Forum Linguisticum 24, Frankfurt u. a. 1979.

ERBELE-KÜSTER, D., *Lesen* als Akt des Betens. Eine Rezeptionsästhetik der Psalmen, WMANT 87, Neukirchen-Vluyn 2001.

EWALD, H., *Geschichte* des Volkes Israel bis Christus, Bd. 1, Göttingen 1843.

FABRY, H.-I., Art. עֵדָה *'edāh* V. Qumran, ThWAT V, Stuttgart u. a. 1986, 1092f.

FELDMAN, L.H., *Josephus' portrait* of Korah, OTEs 6, 1993, 399–426.

FELDMEIER, R., Der *Judasbrief*, in: K.-W. Niebuhr (Hg.), Grundinformation Neues Testament. Eine bibelkundlich-theologische Einführung, Göttingen [2]2003, 342–345.

FIDANZIO, M., *Composition* des Psaumes 84–88, in: E. Zenger (Hg.), The Composition of the Book of Psalms, BEThL 238, Leuven u. a. 2010, 463–468.

FINDLAY, J., The Priestly *Ideology* of the Septuagint Translator of Numbers 16–17, JSOT 30, 2006, 421–429.

FIRTH, D., *Reading* Psalm 46 in Its Canonical Context: An Initial Exploration in Harmonies Consonant and Dissonant, BBR 30, 2020, 22–40.

FISK, B.N., *Gaps* in the story, Cracks in the Earth: The Exile of Cain and the Destruction of Korah in Pseudo-Philo (Liber Antiquitatum Biblicarum 16), in: C.A. Evans (Hg.), Of Scribes and Sages: Early Jewish Interpretation and Transmission of Scripture. Bd. 2: Later Versions and Traditions, Studies in Scripture in early Judaism and Christianity 10, published under: Library of second temple studies 51, London/New York 2004, 20–33.

FRANKEL, D., The *Murmuring* Stories of the Priestly School. A Retrieval of Ancient Sacerdotal Lore, VT.S 89, Leiden/Boston/Köln 2002.

FREVEL, C., *Alte Stücke* – späte Brücke? Zur Rolle des Buches Numeri in der jüngeren Pentateuchdiskussion, in: C. Maier (Hg.), Congress Volume Munich 2013, VT.S 163, Leiden/Boston 2014.

– „ ... dann gehören die *Leviten* mir". Anmerkungen zum Zusammenhang von Num 3; 8 und 18, in: S. Ernst (Hg.), Kulte, Priester, Rituale: Beiträge zu Kult und Kultkritik im Alten Testament und Alten Orient (FS Theodor Seidl), St. Ottilien 2010, 133–158.

FREY, J., Der implizite *Leser* und die biblischen Texte, ThBeitr 23, 1992, 266–290.

FRITZ, V., *Israel* in der Wüste. Traditionsgeschichtliche Untersuchung der Wüstenüberlieferung des Jahwisten, MThSt 7, Marburg 1970.

GABRIEL, I., *Friede* über Israel. Eine Untersuchung zur Friedenstheologie in Chronik I 10 – II 36, ÖBS 10, Klosterneuburg 1990.

GÄRTNER, J., Die *Geschichtspsalmen*. Eine Studie zu den Psalmen 78, 105, 106, 135 und 136 als hermeneutische Schlüsseltexte im Psalter, FAT 84, Tübingen 2012.

GALLING, K., Die *Bücher* der Chronik, Esra, Nehemia, ATD 12, Göttingen 1954.

GERTZ, J.C., *Grundinformation* Altes Testament. Eine Einführung in Literatur, Religion und Geschichte des Alten Testaments. In Zusammenarbeit mit A. Berlejung/K. Schmid/M. Witte, UTB 2745, Göttingen [3]2009.

– Art.: *Mose*, in: www.wibilex.de [Zugriffsdatum: 20.9.2018].

– *Tradition* und Redaktion in der Exoduserzählung. Untersuchungen zur Endredaktion des Pentateuch, FRLANT 186, Göttingen 2000.

GESE, H., Zur Geschichte der *Kultsänger* am Zweiten Tempel, in: O. Betz/M. Hengel/P. Schmidt (Hg.), Abraham unser Vater. Juden und Christen im Gespräch über die Bibel (FS O. Michel), AGSU 5, Leiden/Köln 1963, 222–234.

GILLINGHAM, S.E., The *Levitical Singers* and the Editing of the Hebrew Psalter, in: E. Zenger (Hg.), The Composition of the Book of Psalms, BEThL 238, Leuven u. a. 2010, 91–123.

GOULDER, M.D., The *Psalms* of the Sons of Korah, JSOT.S 20, Sheffield 1982.

HÄNEL, J., *Kommentar* zum ersten Buch der Chronik. von D. Dr. J. Wilhelm Rothstein. Nach des Verfassers Tod bearbeitet, abgeschlossen und eingeleitet von D. Johannes Hänel, KAT XVIII. Teil 2, Leipzig 1927.

HIEKE, TH., Die *Genealogien* der Genesis, HBS 39, Freiburg u. a. 2003.

Holthuis, S., *Intertextualität*. Aspekte einer rezeptionsorientierten Konzeption, Stauffenberg-Colloquim 28, Tübingen 1993.

Hossfeld, F.-L., *Ps 106* und die priesterliche Überlieferung des Pentateuch, in: K. Kiesow/T. Meurer (Hg.), Textarbeit. Studien zu Texten und ihrer Rezeption aus dem Alten Testament und der Umwelt Israels (FS P. Weimar), AOAT 294, Münster 2003, 255–266.

Janowski, B., Die *Toten* loben JHWH nicht. Psalm 88 und das alttestamentliche Todesverständnis, in: F. Avemarie/H. Lichtenberger (Hg.), Auferstehung – Resurrection: the fourth Durham-Tübingen Research Symposium Resurrection, Transfiguration and Exaltation in Old Testament, Ancient Judaism and Early Christianity (Tübingen, September, 1999), WUNT 135, Tübingen 2001, 3–45.

– Die Toten loben JHWH nicht – *Psalm 88*, in: H.-H. Auel (Hg.), Der rätselhafte Gott. Gottesdienste zu unbequemen Bibeltexten, Göttingen 2010, 60–75.

Japhet, S., *1 Chronik*, HThK.AT, Freiburg/Basel/Wien 2002.

Jenni, E., Die hebräischen Präpositionen. Band 3: Die Präposition *Lamed*, Stuttgart/Berlin/Köln 2000.

Jonker, L., Reading the Pentateuch's *Genealogies* after the Exile: The Chronicler's Usage of Gen 1–11 in Negotiating an All-Israelite Identity, OTE 25/2, 2012, 316–333.

Kalimi, I., An Ancient Israelite *Historian*, Studies in the Chronicler, His Time, Place and Writing, SSN 46, Assen 2005.

– Zur *Geschichtsschreibung* des Chronisten. Literarisch-historiographische Abweichungen der Chronik von ihren Paralleltexten in den Samuel- und Königsbüchern, BZAW 226, Berlin/New York 1995.

Kellermann, D., Art.: מִשְׁכָּן *miškān*, ThWAT V, Stuttgart u. a. 1986, 62–69.

Kleer, M., »Der liebliche *Sänger* der Psalmen Israels«. Untersuchungen zu David als Dichter und Beter der Psalmen, BBB 108, Bodenheim 1996.

Klein, N., Between *Genealogy* and Historiography. Er, Achar and Saul in the Book of Chronicles, VT 66, 2016, 217–244.

Klein, R. W., *1 Chronicles*. A Commentary, Hermeneia, Augsburg 2006.

Klinzing, G., Die *Umdeutung* des Kultus in der Qumrangemeinde und im Neuen Testament, StUNT 7, Göttingen 1971.

Knierim, R./Coats, G.W., *Numbers*, FOTL IV, Grand Rapids/Michigan 2005.

Knoppers, G.N., *I Chronicles 1–9*. A New Translation with Introduction and Commentary, AnchBib 12, New York u. a. 2003.

Koch, K., Art.: אֹהֶל *ʾohäl*, ThWAT I, Stuttgart u. a. 1973, 128–141.

Körting, C., *Zion* in den Psalmen, FAT 48, Tübingen 2006.

Kratz, R.G., Das *Judentum* im Zeitalter des Zweiten Tempels, FAT 42, Tübingen 2004.

– Die *Komposition* der erzählenden Bücher des Alten Testaments. Grundwissen der Bibelkritik, UTB 2157, Göttingen 2000.

– *Rewriting Torah* in the Hebrew Bible and the Dead Sea Scrolls, in: B.U. Schipper/D.A. Teeter (Hg.), Wisdom and Torah. The Reception of ‚Tora‘ in the Wisdom Literature of the Second Temple Period, JSJ.S 163, Leiden/Boston 2013, 273–292.

KRAUS, H.-J., *Psalmen. 1. Teilband*: Psalmen 1–59, BK.AT XV/1, Neukirchen-Vluyn [6]1989.

– *Psalmen. 2. Teilband*: Psalmen 60–150, BK.AT XV/2, Neukirchen-Vluyn [6]1989.

KUENEN, A., De *opstand* van Korach, Dathan en Abiram, Num XVI, ThT 12, 1878, 139–162.

LAATO, A., The Levitical *Genealogies* in 1 Chronicles 5–6 and the Formation of Levitical Ideology in Post-Exilic Judah, JSOT 62, 1994, 77–99.

LEUENBERGER, M., "Gott ist ihrer *Mitte*, sie wankt nicht" (Ps 46,6). Zur Formation und Transformation dreier zionstheologischer Kernvorstellungen, in: R. Ebach/M. Leuenberger (Hg.), Tradition(en) im alten Israel. Konstruktion, Transmission und Transformation, FAT 127, Tübingen 2019.

– *Grosskönig* und Völkerkampf in Ps 48. Zur historisch, religions- und theologiegeschichtlichen Verortung zweier Zionstheologischer Motive, in: A. Grund-Wittenberg u. a. (Hg.), Studien zur israelitischen und altorientalischen Gebetsliteratur (FS B. Janowski), Gütersloh 2013, 142–156.

LEVIN, Y., From *Lists* to History: Chronological Aspects of the Chronicler's Genealogies, JBL 123, 2004, 601–636.

LEVINE, B.A., *Offerings* Rejected by God: Numbers 16:15 in Comparative Perspective, in: J. Coleson/V.H. Matthews (Hg.), "Go to the Land I Will Show You". Studies in Honour of Dwight W. Young, Winona Lake 1996, 107–116.

LIM, S.E., *Königskritik* und Königsideologie in Ps 44–46. Eine exegetische Untersuchung zum theologischen Sinn in den kompositorischen „Unterbrechungen" der Psalmen-Trias, gelesen in lectio continua, gedeutet nach dem Prinzip der concatenatio, ATM 29, Münster 2017.

LINDEMANN, A., Die *Clemensbriefe*, HNT 17: Die Apostolischen Väter I, Tübingen 1992.

LUX, R., »Und die *Erde* tat ihren Mund auf…«. Zum »aktuellen Erzählinteresse« Israels am Konflikt zwischen Mose und Datan und Abiram in Num 16, in: D. Vieweger/E.-J. Waschke (Hg.), Von Gott reden. Beiträge zur Theologie und Exegese des Alten Testaments (FS S. Wagner), Neukirchen-Vluyn 1995, 187–216.

MAIER, C.M., »*Zion* wird man Mutter nennen«. Die Zionstradition in Psalm 87 und ihre Rezeption in der Septuaginta, ZAW 118, 2006, 582–596.

MAIER, M.P.: *Israel* und die Völker auf dem Weg zum Gottesberg. Komposition und Intention der ersten Korachpsalmensammlung (Ps 42–49), in: E. Zenger (Hg.), The Composition of the Book of Psalms, BEThL 238, Leuven u. a. 2010, 653–665.

MATHYS, H.-P., *Chronikbücher* und hellenistischer Zeitgeist, in: Ders. (Hg.), Vom Anfang und vom Ende: fünf alttestamentliche Studien, BEAT 47, Frankfurt u. a. 2000, 41–155.

– Numeri und Chronik: Nahe *Verwandte*, in: Th. Römer (Hg.), The Books of Leviticus and Numbers, BEThL 215, Leuven/Paris/Dudley 2008, 555–578.

MICHEL, D., *Grundlegung* einer hebräischen Syntax. Teil II: Der hebräische Nominalsatz, A. Behrens u. a. (Hgg.), Neukirchen-Vluyn 2004.

MILGROM, J., The *Rebellion* of Korah, Numbers 16–18: A Study in Tradition History, SBLSP 27, 1988, 570–573.

- *Korah's rebellion*: A Study in redaction, in: M. Carrez, J. Doré u. P. Grelot (Hg.), De la Tôrah au Messie. Études d'exégèse et d'herméneutique bibliques offertes à Henri Cazelles pour ses 25 années d'enseignement à l'Institut Catholique de Paris (Octobre 1979), Paris 1981, 135–146.

MILLARD, M., Die *Komposition* des Psalters. Ein formgeschichtlicher Ansatz, FAT 9, Tübingen 1994.

MITCHELL, D.C., 'God Will Redeem My Soul from *Scheol*': The Psalms of the Sons of Korah, JSOT 30, 2006, 365–384.

MÖHLENBRINK, K., Die levitischen *Überlieferungen* des Alten Testaments, ZAW 52, 1934, 184–231.

MÜLLER, H.-P., Nicht-junktiver *Gebrauch* von *w*- im Althebräischen, ZAH 7, 1994, 141–174.

VON MUTIUS, H.-G., Das Verständnis der *Verbform* נשׂאתי in Numeri 16,15 im Licht des Targums Neofiti 1, BN 87, 1997, 34–38.

NIHAN, C., La *Mort de Moïse* et L'Édition finale du Livre des Nombres, in: T. Römer/K. Schmid (Hg.), Les Dernières Rédactions du Pentateuque, de L'Hexateuque et de L'Ennéateuque, BEThL 203, Leuven u. a. 2007, 145–182.

- The Priestly *Covenant*, Its Reinterpretations, and the Composition of "P", in: S. Shectman/ J.S. Baden (Hg.), The Strata of the Priestly Writings. Contemporary Debate and Future Directions, AThANT 95, Zürich 2009, 87–134.

DERS./RÖMER, TH., Le débat actuel sur la *formation* du Pentateuque, in: Th. Römer u. a. (Hg.), Introduction à l'Ancien Testament. Textes édités par Thomas Römer, Jean-Daniel Macchi et Christophe Nihan, MoBi (G) 49, 2004, 85–113.

NOTH, M., Das vierte Buch Mose. *Numeri*, ATD 7, Göttingen [2]1973.

- Die israelitischen *Personennamen* im Rahmen der gemeinsemitischen Namengebung, BWANT 46 (dritte Folge Heft 10), Stuttgart 1928.

OEMING, M./VETTE, J., Das Buch der *Psalmen*. Psalm 42–89, NSK.AT 13/2, Stuttgart 2010.

OEMING, M., Das wahre *Israel*. Die »genealogische Vorhalle« 1 Chronik 1–9, BWANT 7 Folge 8, Stuttgart/Berlin/Köln 1990.

VAN OORSCHOT, J., Der ferne *deus praesens* des Tempels. Die Korachpsalmen und der Wandel israelitischer Tempeltheologie, in: I. Kottsieper u. a. (Hg.), »Wer ist wie du, Herr, unter den Göttern?« Studien zur Theologie und Religionsgeschichte Israels (FS O. Kaiser), Göttingen 1994, 416–430.

OSWALD, W., Art.: *Tora* (AT), in: www.wibilex.de [Zugriffsdatum 20.9.2018].

OTTO, E., Art.: *Pentateuch*, RGG[4] 6, Tübingen 2003, 1089–1102.

- Tora als *Schlüssel* literarischer Vernetzungen im Kanon der Hebräischen Bibel. Überlegungen zur Einführung, in: R. Achenbach/M. Arneth/E. Otto (Hg.), Tora in der Hebräischen Bibel. Studien zur Redaktionsgeschichte und synchronen Logik diachroner Transformationen, BZAR 7, Wiesbaden 2007.

PASSARO, A., Theologicals *Hermeneutics* and Historical Motifs in Pss 105–106, in: N. Calduch-Benages/J. Liesen (Hg.), History and Identity. How Israel's Later Authors Viewed Its Earlier History, DCLY, Berlin/New York 2006, 43–55.

PLUM, K.F., *Genealogy* as Theology, SJOT 3, 1989, 66–92.

POLA, T., Die ursprüngliche *Priesterschrift*. Beobachtungen zur Literarkritik und Traditionsgeschichte von P^g, WMANT 70, Neukirchen-Vluyn 1995.

PYSCHNY, K., Verhandelte *Führung*. Eine Analyse von Num 16–17 im Kontext der neueren Pentateuchforschung, HBS 88, Freiburg/Basel/Wien 2017.

VON RAD, G., Das *Geschichtsbild* des chronistischen Werkes, BWANT (4. Folge Heft 3, Heft 54 der ganzen Sammlung), Stuttgart 1930.

RIVKIN, E., The *Story* of Korah's Rebellion: Key to the Formation of the Pentateuch, SBLSP 27, Atlanta/Ga. 1988, 574–581.

RÖMER, TH., Das Buch *Numeri* und das Ende des Jahwisten. Anfragen zur „Quellenscheidung" im vierten Buch des Pentateuch, in: J.C. Gertz/K. Schmid/M. Witte (Hg.), Abschied vom Jahwisten. Die Komposition des Hexateuch in der jüngsten Diskussion, BZAW 315, Berlin/New York 2002, 215–231.

– *Nombres*, in: Ders. u.a. (Hg.), Introduction à l'Ancien Testament. Textes édités par Thomas Römer, Jean-Daniel Macchi et Christophe Nihan, MoBi (G) 49, 2004, 196–210.

– Zwischen *Urkunden*, Fragmenten und Ergänzungen: Zum Stand der Pentateuchforschung, ZAW 125, 2013, 2–24.

RUDOLPH, W., *Chronikbücher*, HAT 21, Tübingen 1955.

SAMUEL, H., Von *Priestern* zum Patriarchen. Levi und die Leviten im Alten Testament, BZAW 448, Berlin/Boston 2014.

SAUR, M., Die *Königspsalmen*. Studien zur Entstehung und Theologie, BZAW 340, Berlin/New York 2004.

SCHAPER, J., *Priester* und Leviten im achämenidischen Juda. Studien zur Kult- und Sozialgeschichte Israels in persischer Zeit, FAT 31, Tübingen 2000.

– *Psalm 47* und sein »Sitz im Leben«, ZAW 106, 1994, 262–275.

– »Wie der *Hirsch* lechzt nach frischem Wasser«. Studien zu Ps 42/43 in Religionsgeschichte, Theologie und kirchlicher Praxis, BThSt 63, Neukirchen-Vluyn 2004.

SCHARBERT, J., *Numeri*, NEB Lief. 27, Würzburg 1992.

SCHART, A., Mose und Israel im *Konflikt*. Eine redaktionsgeschichtliche Studie zu den Wüstenerzählungen, OBO 98, Freiburg/CH/Göttingen 1990.

SCHLEGEL, J., Psalm 88 als *Prüfstein* der Exegese. Zu Sinn und Bedeutung eines beispiellosen Psalms, BThSt 72, Neukirchen-Vluyn 2005.

SCHMIDT, L., Das 4. Buch Mose. *Numeri*. Kapitel 10,11–36,13, ATD 7,2, Göttingen 2004.

– *Literatur* zum Buch Numeri, ThR 63, 1998, 241–266.

– *Studien* zur Priesterschrift, BZAW 214, Berlin/New York 1993

SCHNOCKS, J., *Musiker*, Machtmensch und Messias. Redaktionsgeschichtliche Überlegungen zu David als einer theologischen Schlüsselfigur im Psalter, in: U. Berges u. a. (Hg.), Zur Theologie des Psalters und der Psalmen, BBB 189, Göttingen 2019, 261–286.

– *Psalmen*, UTB Grundwissen Theologie, Paderborn 2014.

– *Vergänglichkeit* und Gottesferne, in: A. Berlejung/B. Janowski (Hg.), Tod und Jenseits im alten Israel und in seiner Umwelt, FAT 64, Tübingen 2009, 3–23.

Schreiner, St., Wo man *Tora* lernt, braucht man keinen Tempel. Einige Anmerkungen zum Problem der Tempelsubstitution im rabbinischen Judentum, in: B. Ego/A. Lange/P. Pilhofer (Hg.), Gemeinde ohne Tempel. Community without temple. Zur Substituierung und Transformation des Jerusalemer Tempels und seines Kults im Alten Testament, antiken Judentum und frühen Christentum, WUNT 118, Tübingen 1999, 371–392.

Seebass, H., Das Buch Numeri in der heutigen *Pentateuchdiskussion*, in: Th. Römer (Hg.), The Books of Leviticus and Numbers, BEThL 215, Leuven/Paris/Dudley 2008, 233–259.

– *Numeri. 2. Teilband* Numeri 10,11–22,1, BK IV/2, Neukirchen-Vluyn 2003.

Seybold, K., Die *Psalmen*, HAT I/15, Tübingen 1996.

Sparks, J.T., The Chronicler's *Genealogies*. Towards an Understanding of 1Chronicles 1–9, SBL 28, Leiden/Boston 2008.

Sperling, U., Das theophanische *Jahwe-Überlegenheitslied*. Forschungsbericht und gattungskritische Untersuchung der sogenannten Zionlieder, EHS.T 426, Frankfurt/Main u. a. 1991.

Spieckermann, H., *Heilsgegenwart*. Eine Theologie der Psalmen, FRLANT 148, Göttingen 1989.

– *Zion*, Jakob und Abraham. Die Psalmen 46 bis 48 in ihrem Zusammenhang, ZAW 132, 2020, 542–557.

Starbuck, S.R.A., Court Oracles in the Psalms. The so-called Royal Psalms in their ancient Near Eastern context, SBL.DS 172; 1999.

Steiner, T.M., „Des Nachts sing ich seine *Lieder*" (Ps 42,9). Erinnerung, Zion und die Völker im Ersten Korachspalter (Ps 42–49), in: U. Berges u. a. (Hg.), Zur Theologie des Psalters und der Psalmen, BBB 189, Göttingen 2019, 221–236.

– Die *Korachiten*, in: F.-L. Hossfeld/J. Bremer/T.M. Steiner (Hg.), Trägerkreise in den Psalmen, BBB 178, Bonn 2017, 133–159.

Steins, G., Die Chronik als kanonisches *Abschlußphänomen*. Studien zur Entstehung und Theologie von 1/2 Chronik, BBB 93, Weinheim 1995.

Stemberger, G., *Einleitung* in Talmud und Midrasch, München [8]1992.

– *Midrasch*: Vom Umgang der Rabbinen mit der Bibel. Einführung – Texte – Erläuterungen, München 1989.

Süssenbach, C., Der elohistische *Psalter*, FAT 2. 7, Tübingen 2005.

Teeter, D.A., On "Exegetical Function" in *Rewritten Scripture*: Inner-Biblical Exegesis and the Abram/Ravens Narrative in Jubilees, HTR 106, 2013, 373–402.

Veijola, T., Das fünfte Buch Mose. *Deuteronomium*, ATD 8,1, Göttingen 2004.

Vermes, G., *Scripture* and Tradition in Judaism: Haggadic Studies, StPB 4, Leiden, [2]1973.

Wagner, T., Gottes *Herrlichkeit*. Bedeutung und Verwendung des Begriffs kābôd im Alten Testament, VT.S 151, Leiden/Boston 2012.

Wanke, G., Die *Zionstheologie* der Korachiten in ihrem traditionsgeschichtlichen Zusammenhang, BZAW 97, Berlin 1966.

Weinfeld, M., Art.: כָּבוֹד *kābôd*, ThWAT IV, Stuttgart u. a. 1984, 23–40.

WELLHAUSEN, J., De *Gentibus* Et Familiis Judaeis: Quae 1. Chr. 2. 4. Enumerantur, Göttingen 1870.

DE WETTE, W.M.L., *Beiträge* zur Einleitung in das Alte Testament. Mit einer Vorrede von dem Herrn Geh. Kirchenrat D. Griesbach, Bd. 1: Kritischer Versuch über die Glaubwürdigkeit der Bücher der Chronik mit Hinsicht auf die Geschichte der Mosaischen Bücher und Gesetzgebung. Ein Nachtrag zu den Vaterschen Untersuchungen über den Pentateuch, Halle 1806.

WEVERS, J.W., *Notes* on the Greek Text of Numbers, SBL.SCSt 46, Atlanta/Ga. 1998.

WILLGREN, D., The *Formation* of the 'Book' of Psalms. Reconsidering the Transmission and Canonization of Psalmody in Light of Material Culture and the Poetics of Anthologies, FAT 2. 88, Tübingen 2016.

WILLI, TH., *Chronik. 1. Teilband* 1. Chronik 1,1–10,14, BK 24, Neukirchen-Vluyn 2009.

– Die Chronik als *Auslegung*. Untersuchungen zur literarischen Gestaltung der historischen Überlieferung Israels, FRLANT 106, Göttingen 1972.

– *Leviten*, Priester und Kult in vorhellenistischer Zeit. Die chronistische Optik in ihrem geschichtlichen Kontext, in: B. Ego/A. Lange/P. Pilhofer (Hg.), Gemeinde ohne Tempel. Community without temple. Zur Substituierung und Transformation des Jerusalemer Tempels und seines Kults im Alten Testament, antiken Judentum und frühen Christentum, WUNT 118, Tübingen 1999, 75–98.

– Zwei Jahrzehnte *Forschung* an Chronik und Esra-Nehemia, ThR 67 ,2002, 61–104.

WILLIAMSON, H.G.M., *1 and 2 Chronicles*, NCBC, Grand Rapids/London, 1982.

WINKLER, M., Der *Levit* als totaler Stellvertreter: theologische Vorstellungen zum Levitentum im Ausgang von Num 3–4, BN 162, 2014, 3–22.

WITTE, M., "Aber Gott wird meine *Seele* erlösen" – Tod und Leben nach Psalm XLIX, VT 50, 2000, 540–560.

– Der *Segen* Bileams – eine redaktionsgeschichtliche Problemanzeige zum »Jahwisten« in Num 22–24, in: J.C. Gertz/K. Schmid/M. Witte (Hg.), Abschied vom Jahwisten. Die Komposition des Hexateuch in der jüngsten Diskussion, BZAW 315, Berlin/New York 2002, 191–213.

– Die biblische *Urgeschichte*. Redaktions- und theologiegeschichtliche Beobachtungen zu Genesis 1,1 – 11,26, BZAW 265, Berlin/New York 1998.

– *Texte* und Kontexte des Sirachbuchs. Gesammelte Studien zu Ben Sira und zur frühjüdischen Weisheit, FAT 98, Tübingen 2015.

ZENGER, E., Zur redaktionsgeschichtlichen *Bedeutung* der Korachpsalmen, in: K. Seybold/ E. Zenger (Hg.), Neue Wege der Psalmenforschung, HBS 1, Freiburg/Basel/Wien 1994, 175–198.

ZENGER, E./FREVEL, C., Die Bücher Levitikus und Numeribuch als Teile der *Pentateuchkomposition*, in: Th. Römer (Hg.), The Books of Leviticus and Numbers, BEThL 215, Leuven/Paris/Dudley 2008, 3574.

ZENGER, E./HOSSFELD, F.-L., *Die Psalmen I. Psalm 1–50*, NEB, Würzburg 1993

– *Psalmen. 51–100*, HThK.AT, Freiburg u. a. 2000.

– *Psalmen. 101–150*, HThK.AT, Freiburg u. a. 2008.

ZWICKEL, W., *Räucherkult* und Räuchergeräte. Exegetische und archäologische Studien zum Räucheropfer im Alten Testament, OBO 97, Freiburg/CH/Göttingen 1990.

Namen und Sachen

Im folgenden Register werden die Namen Korach, Mose, Aaron, Levi/Leviten und Aaroniden nicht aufgelistet, da diese sich in der gesamten Arbeit finden.

A

Abihu   24, 31, 46, 48–51, 63, 64, 69–71, 193, 196, 197, 199, 210, 221, 223, 227, 228, 233

Abiram   21–26, 30–34, 37–47, 49, 52–59, 61, 62, 84, 85, 93, 98, 99, 109, 157–159, 161, 259, 260, 262, 264, 266–268, 276, 277, 280, 281, 290

Achan   24, 31, 214–218, 220, 222, 223, 233, 237

Amminadab   167, 175, 176, 178, 180–184, 187, 191, 197, 199, 221, 226–228, 233

Arad   254

Asaf   123, 153, 186, 187, 189, 191, 192, 206–210, 234

aussondern   76, 77, 96, 97

B

Bileam   107, 264, 268

Bund   82, 83, 252, 267

D

Darda   123, 212–216

Datan   21–26, 30–34, 37–47, 49, 52–59, 61, 62, 84, 85, 93, 98, 99, 109, 157–159, 161, 259, 260, 262, 264, 266–268, 273, 274, 276, 277, 280, 281, 290

David   13, 83, 105, 110, 116, 117, 123, 125, 138, 139, 147, 162, 163, 170, 186, 192, 196, 199, 205, 206, 208, 209, 211, 220, 230, 231, 234, 236, 289, 292

Deuteronomistischen Geschichtswerk   15, 18, 210, 211, 228, 230, 233, 239

E

Eleasar   28, 30, 33, 50, 51, 55, 60, 61, 69, 71, 73–75, 160, 180, 194, 221, 228, 258, 275, 278, 281, 282

Erstgeburt   70, 73–78, 98, 174

Esra   139, 207, 224, 234, 288, 294

Etan   123, 153–155, 186, 187, 189, 191, 192, 207–210, 212–216, 234

F

Feuer   26, 28, 31, 46, 48, 50, 58, 59, 61, 63, 69, 84, 157–161, 259, 273–276

Fremder   67, 75, 81, 104, 227, 275

G

Genealogie   70, 81, 168, 170–173, 175, 177, 178, 180, 185–187, 189, 191, 193, 197, 199, 200, 203, 209–211, 213, 214, 216, 219, 221, 223, 233, 234, 238

H

haggadisch   95, 104

Halacha   71, 72, 105

halachisch   95

Heiligkeit   37, 40, 48, 62, 103, 170

Heilig-Sein   29, 39, 41

Heiligtum   36, 43, 69, 74–78, 81, 94, 97, 98, 132, 142, 164, 195, 249

Heman   117, 121, 123, 153–155, 184, 186, 189, 191, 192, 201, 204, 206–210, 212–216, 234

Herrlichkeit JHWHs   27, 29, 48, 52, 55, 60, 61

298 | Namen und Sachen

Hiob 24, 43, 57, 146, 266, 267
Hiskia 230, 234
Hohepriester 97, 102, 248

I
Intertextualität 249, 289
Itamar 69, 71, 73

J
Jeduthun 114, 153, 206, 207, 209, 210, 234
Jizhar 21, 167, 172, 174, 179–183, 186, 187, 191, 197, 199, 216, 221, 226
Joel 36, 44, 100, 179, 186, 187, 191, 197, 222, 226
Josephus 19, 65, 102, 103, 145, 146, 246, 248, 252, 257, 259–262, 265, 269, 270, 279, 284, 287
Josia 134, 230, 234
Juda 18, 154, 167, 168, 170, 171, 183, 194, 206, 208, 210–216, 218–220, 222–224, 232–236, 292

K
Kaleb 212, 214, 216–219, 222, 223, 233, 234
Kalkol 123, 212–216
Karmi 214–218, 220, 222, 223

L
Lachisch 254
legislativ 15, 93, 103–105
Leser 16, 17, 21, 31, 41, 50, 62, 66, 68, 69, 73, 75, 85, 93–95, 97, 98, 109, 110, 118, 129, 132, 155, 163–165, 167, 178, 181, 193, 204, 216, 218, 220–223, 229, 233, 234, 236, 244, 249, 253, 260, 288

M
Midrasch 104, 138, 160, 235, 236, 260, 262, 266, 268, 284, 293

N
Nadab 24, 31, 46, 48–51, 63, 64, 69, 70, 193, 196, 197, 199, 210, 221, 223, 227, 228, 233
Nehemia 139, 202, 207, 224, 234, 288, 294

P
Perserzeit 141, 224
Peschitta 23, 182
Pinhas 81–84, 98, 101, 107, 194, 221
Priesterschrift 49, 56, 101, 115, 292
Pseudo-Philo 252, 257, 259, 261, 262, 270, 284, 288

Q
Qumran 57, 91, 179, 182, 251, 282, 286, 287

R
Rabbi 13, 71, 72, 252, 263–265, 267, 270, 284
Raschi 13, 105, 284
rewriting the bible 232
rewritten bible 225, 231, 239
Rezeption 249, 257, 289, 290
Ruben 21, 23, 24, 45, 62, 84, 85, 168, 211, 212, 232

S
Samuel 37, 41, 61, 85, 107, 178–180, 185, 186, 189, 191, 197–199, 210, 222, 223, 226, 228, 233, 234, 236–238, 286, 289
Scheol 13, 27, 40, 60, 96, 125, 139, 143, 145, 267, 279, 291
Septuaginta 19, 23, 25, 28, 87, 88, 141, 154, 179, 207, 218, 246, 257–259, 271, 273, 275, 276, 278, 280–283, 285, 290
Sich-Nahen-Lassen 54
Sinai 50, 69, 70, 72, 78, 105, 227, 228
Stammbaum 21, 24, 45, 56, 62, 74, 84–89, 91, 154, 167, 168, 170–172, 174, 175,

177–179, 184–186, 188, 189, 191–194, 196–200, 206, 210, 211, 213–217, 219–223, 226–229, 233, 234, 236, 237, 242, 263

Stein der Umkehr 13

Sühne 30, 33, 49, 55, 63, 66, 76–78, 81–83, 94, 97, 98, 105, 194, 196, 221, 276

T

Talmud 19, 71, 72, 105, 252, 262, 263, 265, 268, 284, 293

Targum 24, 146, 179, 182, 218, 262, 266, 267, 283, 284

Tempel 18, 47, 65, 98, 115, 121, 128, 131, 133, 136, 138, 147, 149, 150, 152, 169, 170, 209, 211, 224, 235, 242, 244, 247, 249–254, 257, 288, 293, 294

Textgefüge 14

Tora 18, 47, 62, 102, 103, 107, 160, 199, 250–254, 270, 285, 289, 291, 293

V

vorexilisch 122, 130, 141, 219

Vulgata 23, 154, 182, 218

W

Wiederaufnahme 49, 52, 53, 78, 79, 168, 171, 178, 202, 286

Z

Zadok 193, 196, 197, 210, 221–223, 228, 233, 234, 248

Zelofhad 89–91, 95, 223

Zion 65, 111, 119, 121, 124, 128–135, 137, 138, 142, 149, 151, 152, 156, 162, 164, 242, 243, 270, 289, 290, 293